Im Zaubergarten der Worte

Ausgabe 2017

Im Zaubergarten der Worte

Ausgabe 2017

Eine Anthologie
neuer deutschsprachiger
Autorinnen und Autoren

Herausgegeben von
Rita G. Fischer

R. G. Fischer Verlag

Die Texte in diesem Band sind zum Teil in der bisherigen, zum Teil in der neuen deutschen oder schweizerischen Rechtschreibung, aber auch nach den speziellen Wünschen der Autorinnen und Autoren verfasst. Wir haben damit die individuelle Einstellung der Verfasserinnen und Verfasser zur Rechtschreibreform respektiert.

Bibliografische Informationen der Deutschen Nationalbibliothek
Die Deutsche Nationalbibliothek verzeichnet diese Publikation in der Deutschen Nationalbibliografie; detailliertere bibliografische Daten sind im Internet über http://dnb.de abrufbar.

© 2017 by R. G. Fischer Verlag
Orber Straße 30, D-60386 Frankfurt/Main
Alle Rechte vorbehalten
Schriftart: Palatino Linotype
Herstellung RGF/Bf
ISBN 978-3-8301-1754-4

INHALTSVERZEICHNIS

Vorwort 11
Rita G. Fischer *Ein Rückblick auf vierzig Jahre*
                 R. G. Fischer Verlag 13

ERZÄHLUNGEN

Margarete Bauer-Hild 23	Malte Kühl-Friedrich 139
Sabine Benz-Wendlandt 38	Brigitte Lederich 145
Conrad Boehm 42	Alexandra Leicht 150
Elisabeth Borghorst 54	E. Maria 153
Stefan Bußhardt 63	Eva Miersch 155
Harry H. Clever 82	Sabine Niemeyer 158
Tamara Dragus 87	Kurt Theodor Oehler 161
Anne Iris Fresien 90	Peter Raffalt 163
Margarethe Gemsjäger 93	Eleonore Henriette Rosentreter 165
Rolf Giebelmann 95	Christian Schmidt 176
Arne Glapa 99	Josefine-Helene Steilmann 179
Georges Greco 101	Elmar Stelzer 181
Heike Hartmann 107	Alfred Tersek 189
Johannes Henke 109	Elfe Weiß 192
Antje Huke 116	Wolfgang Wesemann 204
Heidi M. Jung 118	Hanjo Winkler 208
Karl-Heinz Käpnick 132	Johannes Wöstemeyer 212

GEDICHTE

Thomas Barmé	218
Mariann Bush	220
Gerd Diemunsch	222
Wolfgang Eichhorn	226
Mel Evans	230
Margarethe Gemsjäger	234
Wolfgang Gräßler	236
Sonja Hajek	240
Christa Kieser	246
Hilde Klammer-Fichtl	248
Gerhard Kohtz	250
Ingeborg Katharina Leiber	251
Carmen Möbius	254
Christa Müller	256
Kurt Riffel	258
Bernd Ringwald	260
Peter Röttscher	262
Thomas Schneider	264
Ursula Schöbe	266
Hans Schricker vom Paukowitsch	268
Günter Storjohann	290
Ursula Strohm	300
Sabine Swientek	304
Lissy Theissen	306
Ingrid Wedekind	310
Elfriede Werner-Meier	312
Hanjo Winkler	314

Preisträger Literaturwettbewerb
Frischer Wind in der Literatur 2015/2016
in der Sparte »Gedichte« 316

Autorenübersicht 319

Auswahl des Literaturwettbewerbs
Frischer Wind in der Literatur, 2016/2017 333

ERZÄHLUNGEN

Munir Alubaidi 335
Udo Bantje 336
Carina Baron 338
Olga Bernasconi 340
Arnd Buse 342
Katharina Deckenbach 344
Julia Eppel 347
Bastian Exner 349
Anastasia Glawatzki 351
Nadine Groß 353
Bernd Großmann 356
Leonard Karnath 358
Andrea Karrasch 360
Charlotte Köther 362
Manfred Kollmansperger 364
Felisa Kowalewski 367
Alexandra Leicht 369

Cholena Maurer 371
Lisa Meyer 374
Anna Niedieck 376
Katharina Nobis 378
Cornelia Scharfschwerdt 380
Martin Simon 383
Saskia Stelter 385
Lisa Strobl 387
Elke Werner 390
Cornelia Zarth 392

GEDICHTE

Maja G. Anders 396	Elisabeth G. Schmidt 404
Thomas Barmé 396	Stefanie Schneider 404
Svenja Bertermann 396	Thomas Schneider 405
Harriet Bosse 397	Jennifer Sellner 406
Daniela von Glasow-Kalischek 397	Ennow Strelow 407
Annette Gonserowski 398	Julia Strobl 407
Franz Juhra 398	Ursula Strohm 408
Jürgen Keidel 399	Alfred Tersek 408
Helene Klein 399	Hannelore Thürstein 409
Horst Kooi 400	Ralle Tik 409
Birgit Linhard 400	Katharina Weiss 410
Wolfgang März 401	Anne Magdalena Wejwer 410
Erika Merkel 401	Elke Werner 411
Karin Mulawa 402	Kerstin Werner 412
Gudrun Nagel-Wiemer 402	Julius Wolf 412
Wolfgang Rödig 403	
Sarah-Veronica Schließl 403	

Vorwort

Sie halten die Jubiläumsanthologie zum 40jährigen Bestehen des R. G. Fischer Verlages in der Hand und ich heiße Sie herzlich willkommen zu einem literarischen Streifzug durch diesen »Zaubergarten der Worte«.

40 Jahre übersteht ein Unternehmen sicher nur, wenn es zweierlei tut: Bewährtes pflegen einerseits, aber auch stets offen sein für Neues andererseits. So wurden auch die Konzepte unserer Anthologien im Laufe der Jahre immer wieder einmal verändert, doch geblieben ist eines: sie sind nach wie vor eine vielfältige Mischung an Themen und Stilrichtungen, so dass auch dieser Band gewiss für jeden Geschmack den passenden Lesestoff enthält. Wenn Ihnen also etwas nicht gefällt, blättern Sie einfach weiter, schon der nächste Beitrag kann wieder ganz anders sein.

Mehrere tausend Bücher habe ich in den letzten 40 Jahren publiziert und ebenso viele Autoren kennengelernt – faszinierende Bücher, faszinierende Menschen. Hinter jedem Text steckt ja immer ein Mensch, auf den man als Verleger immer neugierig ist. Besonders glücklich bin ich darüber, dass eine beachtliche Anzahl meiner Autoren meinem Verlag über viele, viele Jahre mit mehreren Büchern treu geblieben ist, manche mir zu guten Bekannten oder gar Freunden geworden sind. Unsere liebe Hannelore Hau, die in den letzten 26 Jahren 14 Bücher bei uns publiziert hat, viele davon in mehreren Auflagen, ist sicher jedem bekannt, der uns in Frankfurt auf unseren Messeständen besucht. Für viele neue Autoren ist sie zur Mentorin geworden und meine Enkeltöchter können sich an keine einzige Messe ohne sie erinnern. Um noch ein weiteres Beispiel zu nennen: Brigitte Welters macht gerade ihr 32. Buch bei uns – kann es einen schöneren Beweis für gute, vertrauensvolle Zusammenarbeit geben?

Auch die in diesem Jubiläumsband vertretenen Autorinnen und Autoren sind zum Teil »Wiederholungstäter« und den treuen Lesern unserer Anthologien schon gute alte Bekannte. Und dazwischen leuchten neue Sterne, die es zu entdecken gilt. Insofern ist eine Anthologie ein ganzer Kosmos, ein wahres Feuerwerk der unterschiedlichsten Beiträge.

So, wie ein Garten die ordnende Hand des Gärtners braucht, so haben wir in all der Vielfalt auch ein wenig systematische Ordnung geschaffen, indem wir Erzählungen und Gedichte in eigenen Rubriken anordnen und nach diesem Prinzip auch verfahren beim Abdruck ausgewählter Texte aus unseren Literaturwettbewerben im Anhang, wo auch die Gewinnertexte des Vorjahres abgedruckt sind. Am besten orientieren Sie sich am Inhaltsverzeichnis, das Ihnen als »Wegekarte« durch unseren Zaubergarten dienen kann.

In einer Zeit, in der Kommunikation hauptsächlich über IT und soziale Netzwerke läuft, jeder den Blick fest auf das Display des Handys oder Tablets gerichtet hat, gibt es immer noch Menschen, die sich zuhause gemütlich mit einem Buch wie diesem in den Lesesessel oder an den Tisch setzen und sich auf genussvolle Lektüre freuen. Das sollen Sie, liebe Leserin, lieber Leser, auch weiterhin tun. Ich werde auch nach 40 Jahren nicht müde werden, Ihnen immer neuen Lesestoff nachzuliefern, ist es doch die schönste Arbeit, die ich mir auf dieser Welt vorstellen kann: Bücher machen, Zauberwelten schaffen zwischen zwei Buchdeckeln. Universen, in denen man sich verlieren kann, in denen man aber auch findet, viele, viele, unverhoffte, wundervolle Worte, Gedanken, Gedichte und Geschichten. Geschichten haben einen ganz eigenen Zauber, Gedichte oft noch viel mehr, weil sie in wenigen Zeilen zusammenfassen, worüber manchmal ganze Romane geschrieben werden. Immer, immer werden Gedichte meine ganz besondere Liebe haben, liegt in ihnen doch oft die ganze Welt, eine magische Tiefe, ein treffsicherer Blick auf die Dinge, die uns Menschen seit jeher im Innersten bewegen – und es immer tun werden, so lange es Menschen auf dieser Welt gibt.

Mein Verlagsteam und ich sind glücklich und stolz, dass es uns gelungen ist, vier Jahrzehnte lang in einem Markt zu bestehen, der auf ständige Neuheiten fixiert ist. Nichts ist im Buchhandel so alt wie ein Buch vom letzten Jahr, und doch entstehen Longseller, doch gibt es Themen, die immer wiederkehren. In diesem Band ist die ganze Vielfalt liebevoll zusammengetragen worden, da gibt es Ernstes und Heiteres, leichte Unterhaltung und sehr besinnlich stimmende Texte mit Tiefgang. Lassen Sie sich verzaubern, Sie finden für jede Lesestimmung die passende Lektüre. Flanieren Sie durch unseren Zaubergarten der Worte, verweilen Sie je nach Lust und Laune auf sonnigen oder schattigen Plätzen, freuen sich an bunter Farbenpracht oder an eher stiller Einkehr. Und wenn Sie dieses Buch mit einem Lächeln aus der Hand legen, dann hat es seinen Sinn erfüllt.

Mit einem Lächeln grüße ich Sie und mit einem Lächeln werde ich meine schöne Arbeit weitermachen, denn 40 Jahre sind ein Meilenstein, aber noch lange kein Schlusspunkt.

Im September 2017

Ihre Rita G. Fischer

Rita G. Fischer

40 Jahre
R. G. Fischer Verlag
Ein Rückblick

Vierzig Jahre – ist das nun eine kurze oder eine lange Zeit? Für einen Menschen und für eine Firma ist es eine recht lange Zeit. Kinder werden in dieser Zeit groß und auch Firmen wachsen. Nicht nur meine Töchter sind groß geworden, sondern auch schon meine Enkelkinder. Und wenn ich mir meine Büros, meine Läger, meine Verlagsverzeichnisse ansehe, stelle ich fest, dass auch meine Unternehmen recht groß geworden sind. 1977 begann ich als junges Mädchen, Bücher zu machen und hatte noch gar keine rechte Vorstellung davon, wie sich diese Beschäftigung weiter entwickeln würde. Wenn man jung ist, »macht« man einfach, es liegt ja noch so endlos viel Zukunft vor einem.

Ein guter Teil dieser Zukunft ist jetzt schon Vergangenheit geworden. Doch noch immer freue ich mich auf jeden Tag, der angefüllt ist mit der schönsten Arbeit, die es für mich gibt: Bücher machen. Mehrere tausend Titel habe ich in diesen vier Jahrzehnten produziert, und wenn das Schicksal gnädig mit mir ist, werde ich noch einige weitere Jahre arbeiten, und dann werden es noch viel mehr sein, die ich in der Hand hielt, wenn sie aus der Druckerei kamen, noch duftend nach Buchbinderleim und frisch geschnittenem Papier. Und immer das gleiche, immer wieder wunderbare Ritual: das neue Buch beinahe zärtlich in die Hand nehmen, Papier und Umschlag befühlen, meine Nase hineingestecken und diesen unvergleichlichen Geruch schnuppern. So viele Male Freude, so viele Male Glück und auch ein wenig Stolz hat mir meine Arbeit tagtäglich geschenkt. Und noch immer freue ich mich über jedes neue Buch, als wäre es mein erstes. Es war ein glückhafter Tag, an dem ich mich entschied, einen Verlag zu gründen!

Schon als Kind habe ich Bücher geliebt, habe die wenigen, die ich als Kind armer Leute besaß, gehütet wie einen kostbaren Schatz. Als Elfjährige hatte ich alle Kinder- und

Jugendbücher in der Bibliothek des kleinen Städtchens im Vogelsberg, wo ich aufwuchs, gelesen und stand mit begehrlichem Blick vor den Regalen mit den Büchern für die »Großen«. Die Bibliothekarin hatte ein Einsehen und lieh mir fortan auch diese Bücher (allerdings achtete sie noch ein paar Jahre darauf, dass mir nichts in die Finger geriet, was sie als »pikant« bezeichnete). Wie habe ich diese kleine, alte Dame mit dem Haarknoten und der Nickelbrille geliebt, die den Schlüssel hatte zu all diesen Wunderwelten, in denen ich mich verlor, sobald ich ein Buch aufklappte.

Und doch, wie naiv war ich geblieben – es kam mir noch nicht in den Sinn, beruflich etwas mit Büchern zu machen. Geschrieben habe ich oft und viel, mit dreizehn fing ich an, mir mit ein paar Heftchenromanen Geld zu verdienen. Wie gut, dass ich mit den Verlagen nur schriftlich korrespondierte, die müssen mich für uralt (mindestens 30) gehalten haben, so sorgsam gestelzt formulierte ich meine Briefe. Dann schrieb ich Artikelchen für die Zeitung; der beste Weg, meine Träume von einer Journalistenkarriere platzen zu lassen, denn der Termindruck in der Redaktion, die langweiligen Anlässe, denen man sich mitunter widmen muss, machten mir klar, dass Journalismus ein sehr hartes Brot ist. Heute, da die Sitten auch im Journalismus verwildern und es meistens mehr um die »Story« geht als um wahrheitsgemäße und sorgfältigst recherchierte Berichterstattung, bin ich allerdings ganz froh darum, diesen Weg nicht eingeschlagen zu haben. Für seriöse Journalisten ist es doch immer wieder eine moralische Zerreißprobe, sich der politischen Ausrichtung ihres Blattes zu beugen oder für einen reißerischen Artikel Halb- und Unwahrheiten schreiben zu müssen und damit Menschen zu verletzen, die sich nicht dagegen wehren können. Ich stelle es mir sehr kräftezehrend vor, das über viele Jahre auszuhalten.

Mit siebzehn machte ich durch die Kurzschuljahre Abitur und hörte von allen Seiten: »Kind, mach was Vernünftiges!« Vernünftig erschien mir die Wirtschaft, im Hinterkopf wieder einmal Träume, diesmal von einer Karriere als Steuerberaterin oder gar Börsenmaklerin. So ging ich nach Frankfurt und begann Volkswirtschaft zu studieren. Wie gut, dass ich mir mein Studium selbst finanzieren musste – schon in den zweiten Semesterferien landete ich in einer Buchhandlung mit angeschlossenem wissenschaftlichen Verlag. Und dort machte es dann »Klick«: ich begriff, dass Bücher nicht vom Himmel in die Bücherläden und Bibliotheken fallen, sondern dass es Menschen gibt, die Bücher machen. Einer dieser Menschen wollte ich nun auch werden. Jetzt war die Richtung klar, in der ich meine Jobs suchte: sie mussten etwas mit diesem wunderbaren Handwerk zu tun haben. Ich fand solche Jobs und lernte das Handwerk von der Pike auf.

Doch noch nahm der eigene Verlag nicht Gestalt an, ich betreute Übersetzungsprojekte für andere Verlage, machte Lektoratsarbeiten, wurde in einem jungen Verlag so etwas wie Assistentin der Geschäftsleitung, hielt Augen und Ohren auf. Und als mich ein Studienfreund eines Tages darauf ansprach, dass er seine Doktorarbeit drucken lassen müsse und 150 Exemplare davon an der Universität abgeben sollte, erinnerte ich mich daran, dass ein Doktorand viel weniger Pflichtexemplare an der Hochschule abgeben muss, wenn seine Dissertation in einem Verlag erscheint. Er war begeistert, bot an, den Druck zu bezahlen, denn die Kosten entstünden ja ohnehin. Ein zweiter hörte davon, sie bestürmten mich: »Du weißt doch, wie man Bücher macht – sei du doch unser Verlag!« Warum eigentlich nicht? Ich hatte das Know-how, Schreibmaschine und Telefon zuhause, die Kosten waren daher zunächst gering. So entstand am Schreibtisch in meiner Studentenbude ein kleiner wissenschaftlicher Verlag, der so hieß wie ich: Rita G. Fischer Verlag.

Und als ich mein Studium beendete, hatte etwas Wunderschönes bereits angefangen: ich hatte nicht nur ein kleines wissenschaftliches Programm, sondern auch die »edition fischer« mit belletristischen Büchern war schon geboren. Daran erinnere ich mich besonders gern. Zunächst hatte ich nur wissenschaftliche Bücher produziert, für die die Autoren einen Druckkostenzuschuss zahlten, denn viel Geld hatte ich nicht, zumal das Betreiben eines Verlags mit der Zeit doch eine ganze Menge für Werbung, Lagerhaltung und Büroarbeit verschlingt.

Eines Tages hatte mir ein Autor sein wissenschaftliches Buch gebracht. Als alles besprochen war, zog er ein weiteres Manuskript aus der Tasche und sagte: »Ich habe hier noch etwas, was ich gern veröffentlichen würde. Meinen Sie, Sie könnten das auch machen? Es sind Gedichte. Ich bin auch bereit, mich wie bei dem anderen Buch an den Kosten zu beteiligen.« Zunächst war ich perplex. Es war plausibel, dass jemand Geld ausgab für seine Dissertation, Examensarbeit oder Habilitationsschrift, wenn es vernünftiger war, die gleiche Summe für eine Verlagspublikation auszugeben, die einem eine Buchveröffentlichung im Lebenslauf sicherte und Honorar aus verkauften Büchern. Das Geld hätte man ohnehin ausgegeben für einen Berg Pflichtexemplare, der in irgendwelchen Universitätskellern verschwunden wäre. Doch warum sollte man das Konzept des Druckkostenzuschusses, das im wissenschaftlichen Bereich gang und gäbe ist, nicht auch bei Belletristik anwenden können? Die Verlage können nicht alle eingesandten Manuskripte veröffentlichen, weil nicht genügend Kapital zur Verfügung steht. Was sollte falsch daran sein, wenn ein Autor, der keinen Verlag findet, sein Buch mit einem Zuschuss fördert? Er erfüllt sich damit einen Wunsch, so wie er sich mit einer Reise, einem Auto, mit Möbeln oder Garderobe einen Wunsch erfüllt. Und wieder einmal sagte ich »Warum nicht?« – und habe es nie bereut.

So entstanden die belletristischen Verlagszweige edition fischer und edition litera im R. G. Fischer Verlag. Unter diesen Verlagsbezeichnungen bringen wir sowohl verlagsfinanzierte wie auch bezuschusste belletristische Titel heraus. Inzwischen macht unser belletristisches Programm über Dreiviertel unserer Verlagsproduktion aus, und schon lange sind es nicht mehr nur Wissenschaftler, die uns auch ihre belletristischen Manuskripte anbieten, sondern auch und vor allem Menschen »wie du und ich«. Natürlich veröffentlichen wir aber weiterhin zahlreiche wissenschaftliche und Sach- und Fachbücher. Das ist eine schöne Mischung, man trifft auf die unterschiedlichsten Menschen – und

Rita G. Fischer (links) im Kreise von Autoren

viele meiner Autorinnen und Autoren sind mir inzwischen gute Bekannte, manche sogar liebe Freunde geworden. Längst war mir klar, dass ich durch eine glückliche Fügung meinen Traumberuf gefunden hatte. Fortan war ich mit Leib und Seele Verlegerin. Leicht war es anfangs nicht, aber ich war jung und voller Energie, durchgearbeitete Nächte, fehlende Wochenenden, kein Urlaub, das alles störte mich nicht, Arbeit war Hobby und Hobby war Arbeit. Ich boxte mich in Buchhandlungen durch, baute einen Kundenstamm auf, knüpfte Verbindungen zu Zeitungen, Rundfunk und Fernsehen, verhandelte mit Setzern, Druckern und Graphikern.

Meine Energie war grenzenlos, meine Arbeit gab mir soviel Kraft, dass ich mich allem gewachsen fühlte, keiner Herausforderung wollte ich ausweichen. Ich war nicht nur Verlegerin, ich war auch eine junge Frau, ich wollte auch ein Kind. 1979 wurde meine Tochter Anika geboren. Mein Wochenbett war übersät mit Manuskripten, Anikas Babywippe stand auf meinem Schreibtisch, gerade zwei Wochen alt lag sie in ihrer Tragetasche neben einer Druckmaschine und schlief selig, sie wuchs auf zwischen Schreibmaschinengeklapper und läutenden Telefonen und Bergen von Papieren. Im Grunde war ich erstaunt, dass ihr erstes Wort nicht »Buch« war. Sie sagte ihre ersten beiden Worte nahezu zeitgleich: »Mama« und »Wauwau«, denn ihr bester Babysitter war Judy, meine Bobtailhündin, Covergirl meines Buches über diese Hunderasse, das ich 1978 herausgegeben hatte und das immerhin fünf Auflagen erlebte und mich lange Zeit zu einer Art deutscher Bobtailkummerbriefkastentante gemacht hat, als der Bobtail zum Modehund wurde. Glücklicherweise ist er das heute nicht mehr, sondern wieder das, was er in den Siebzigern in Deutschland war: ein Hund für Individualisten.

Weil Anika so ein entzückendes kleines Persönchen war, wollte ich unbedingt noch ein zweites Kind, und so wurde 1983 mit meiner zweiten Tochter Alina unser Dreimäderlhaus komplett.

Welche Erleichterung war es, als ich mir die erste Halbtagsangestellte leisten konnte, die mich von Telefondienst und Routineschreibarbeiten erlöste, nachdem ich ein kleines, idyllisches Haus am Main gemietet hatte. Dort, in Alt Fechenheim in Frankfurt, entstand allmählich ein richtiges Büro, die damals segensreiche Einrichtung eines Telex (heute wissen die jungen Leute gar nicht mehr, was das ist) wurde angeschafft, Textverarbeitungsmaschinen, ein Fotokopierer mit Normalpapier, nicht mehr das alte Ding, in das man stinkende Flüssigkeiten schütten musste, und das auf Spezialpapier schmierige Kopien machte, die im Lauf der Zeit vergilbten und auf denen die Schrift mehr und mehr verblasste.

Satz wurde damals meist noch mit Composern gemacht, einer Art Spezialschreibmaschine, natürlich ohne Speichermöglichkeit. Korrekturabzüge wurden fotokopiert. Wie schrecklich, wenn Fehler korrigiert werden mussten: dann wurde geschnitten und geklebt, manche Druckoriginale hatten zwei-, drei- oder gar vierfache Klebekorrekturen. Und dann das Zittern: hoffentlich fallen die geklebten Stellen nicht ab, wenn die Seiten in der Druckerei montiert werden und statt der mühsam geklebten Korrekturen werden die darunter liegenden Fehler gedruckt. Das Zittern hörte auf, als Fotosatz erschwinglich wurde, damals das Nonplusultra, heute belächelt von den Setzern, die am Computer sitzen und mühelos Textpassagen hin- und herschieben, Schriftarten und -größen mit einem Tastendruck verändern, Graphiken an jeder gewünschten Stelle einbauen, Bilder einscannen und dann eine pdf-Datei als Druckvorlage schicken statt der Papierstapel von früher, die sorgfältig verpackt und als Wertpaket per Post an die Druckerei geschickt wurden.

Überhaupt, die Technik: vor vierig Jahren war der Anrufbeantworter noch Luxus für mich, heute stehen vernetzte Computer in jedem Büro, E-Mails und Daten werden online hin- und hergeschickt, mit dem Handy ist man überall erreichbar, mit Notebook und Tablet kann man auf der grünen Wiese auch im Urlaub arbeiten, alles wird immer leichter, schneller, besser. Manchmal erstaunt es mich, dass bei all diesen technischen Wundern die Menschen immer noch nach dem guten alten Buch greifen. Lange Zeit kursierten die Unkenrufe, dass die neuen Medien das Buch vom Markt drängen, dass E-Book, Internet, Hörbuch und was es noch alles so gibt, viel zeitgemäßer seien, als ein gedrucktes Buch. Doch es werden mehr Bücher als je zuvor gedruckt und seit langem gehören Bücher zu den meistverkauften Artikeln im Internet. Das Internet hat das Buch also nicht verdrängt, sondern ihm zu einer ungeahnten Popularität verholfen. Wie schön, dass die Menschen es noch immer genießen, Papier in der Hand zu haben, anzustreichen und Eselsohren zu knicken, Bücher mit ins Bett und an den Strand zu nehmen, als Begleiter in der Reisetasche und liebevoll sortiert daheim in den Regalen stehen zu haben.

Kein Unkenruf kann mich mehr erschüttern. Ich habe erlebt, dass wir von Jahr zu Jahr mehr Bücher produzierten und verkauften, und ich bin sicher, dass es auch in den nächsten Jahren so weitergeht. Der Verlag wuchs immer mehr, weitere Mitarbeiterinnen kamen hinzu, zufällig zunächst nur Frauen, ein tolles, fröhliches Team, das lange Zeit als »Neue« wieder nur Frauen haben wollte. Der erste Mann, der zu uns kam, wurde mit sehr gemischten Gefühlen empfangen; inzwischen ist unsere Männerquote Gewohnheit geworden. Der erste Mann musste einfach her, als wir Gefahr liefen, als reiner Emanzenladen zu gelten, was wirklich nicht im Sinne unserer Sache war.

Das Büro wuchs, und mit wachsender Bürogröße standen immer wieder Umzüge an. Wir zogen in die Wilhelmshöher Straße in Frankfurt und mieteten später ein weiteres Büro in der Kruppstraße an, die Werbeabteilung blieb in der Wilhelmshöher Straße, das Lager hatte ich in Wiesbaden-Nordenstadt, wo ich in einem alten Bauernhaus wohnte, in dessen wetterfest gemachten Scheunen und Nebengebäuden immer mehr Regale aufgestellt wurden, bis schließlich kein freies Plätzchen mehr zu finden war. Was war das für eine Hin- und Herfahrerei, ein Kopieren aller möglichen Vorgänge, ein Telefonieren und Faxen!

Alle atmeten auf, als wir 1994 in die Orber Straße zogen, wo wieder beide Büros zusammen sind und in der angrenzenden Halle unser Handlager untergebracht ist. Hier ist es kein Problem mehr, eine Buchbestellung am gleichen Tag, an dem sie bei uns eingeht, zum Versand zu bringen. Post und Büchersammeldienste fahren uns an, Computer drucken in Windeseile die Rechnungen und Lieferscheine aus, die eingespeicherten Titel werden nur angeklickt, vieles geht nur noch online. Wenige Jahre vorher waren wir noch stolz auf unsere riesige Fakturiermaschine, die die einzelnen Posten zwar selbstständig zusammenrechnete, bei der aber Anschrift und bestellte Titel eingetippt werden mussten, der Durchschlag noch mit Kohlepapier, später dann mit selbstdurchschreibenden Kopiersätzen erstellt wurde. Aus heutiger Sicht einfach nur steinzeitlich!

Der technischen Entwicklung bei Büro-, Satz- und Druckmaschinen ist es zu verdanken, dass unsere Arbeit immer schneller und besser erledigt werden kann. Dahinter stehen aber immer auch Menschen. Diesen Menschen möchte ich an dieser Stelle danken: Autorinnen und Autoren, die uns treu geblieben sind und zum Teil mehr als zehn, zwanzig oder gar dreißig Bücher bei uns veröffentlicht haben – für mich der schönste Beweis für Zufriedenheit – und wir haben einzelne Titel in zehnter und elfter Auflage lieferbar; Setzern, Druckern, Lektoren und Graphikern, die schon seit vielen Jahren gut und zuverlässig für uns arbeiten, Buch- und Großhändlern, die sich für unser Programm engagieren, Journalisten und Rezensenten, die unsere Bücher besprechen und Autoren interviewen, meinen Mitarbeiterinnen und Mitarbeitern, von denen viele ebenfalls schon seit vielen Jahren im Verlag arbeiten – und es gerne tun, das merke ich an fröhlichen Gesichtern, am Gelächter, das mitunter durchs Haus schallt, an der Bereitschaft, bei Krankheit und Urlaub einzuspringen, Überstunden zu machen, das Wochenende am Messestand zu sein, einfach und ohne Umstände überall anzupacken, wo etwas erledigt werden muss. Natürlich sind auch einige menschliche Enttäuschungen nicht ausgeblieben – aber das passiert einem immer und überall einmal im Leben. Dann grämt man sich eine Weile, bis es Vergangenheit geworden ist – und schaut wieder optimistisch in die Zukunft.

Auch wirtschaftlich hatten wir oft zu kämpfen, Rezessionen und Buchhandelspleiten machten uns zu schaffen. Reichtümer häuft man mit einem Verlag nicht an; kaum ist einmal Geld da, wird es wieder investiert, zu viele interessante Manuskripte liegen in den Regalen und warten auf Veröffentlichung. Bis diese Investitionen wieder eingespielt sind, müssen viele Bücher verkauft werden. Jeder

Verleger verschätzt sich auch einmal. Ein Buch, das ihm persönlich gefällt, muss nicht unbedingt draußen auf dem Büchermarkt, dessen geheimnisvolle Regeln kein Mensch durchschaut, zum Bestseller werden. Dafür »laufen« dann wieder andere Bücher besser als erwartet, und irgendwie gleicht sich immer alles aus.

Welche Probleme gab es noch? Den üblichen Alltagsärger, denn wo gearbeitet wird, werden auch mal Fehler gemacht. Da wird mal ein Druckfehler übersehen, da geht mal etwas nicht schnell genug. Das bügeln wir aus, und das kostet niemanden den Kopf. Ab und zu gibt es Anfeindungen prinzipienreitender Zeitgenossen, es sei unseriös, einen Teil unserer Publikationen mit Kostenzuschüssen herauszubringen. Da stehen wir drüber. Schließlich haben in der Vergangenheit berühmte Schriftsteller ihre Bücher auch bezuschusst, auch einige der ganz großen Verlage arbeiten mit Zuschüssen, ohne es publik zu machen – merkwürdigerweise wird das immer nur den kleineren und mittleren Verlagen übel angekreidet. Allerdings gab und gibt es in dieser Branche wirklich einige schwarze Schafe, die sich mit überaus klangvollen Namen schmücken, Autoren das Geld aus der Tasche ziehen und sich nicht für ihre Bücher einsetzen. Manche verschwinden dann so schnell von der Bildfläche, wie sie erschienen sind, andere geben sich mit immer neuen hochtrabenden Namen und Ablegern im Ausland öfter mal ein neues Image. Die Leidtragenden sind immer die Autoren, die sich zu Beginn von Hochglanzbroschüren auf geduldigem Papier und schönen Versprechungen blenden ließen, und so etwas bringt eine ganze Branche in Verruf. So haftet in manchen Köpfen dem Publikationszuschuss immer noch ein Hautgout an, den subventionierte Theaterkarten beispielsweise nicht haben. Schade.

Schön war es zu erleben, wie meine Verlage immer bekannter wurden, immer weiter wuchsen und auch die Bereiche Hörbuch, Literaturagentur und USA-Pubikationen abdeckten und wie das Vertrauen in die Seriosität meiner Unternehmen wuchs und andere Verlage, die ihr belletristisches Programm aufgaben, ihre Autoren und Bücher uns anvertrauten. So übernahmen wir z. B. im Jahr 2000 das Belletristik-Programm des Roderer-Verlages und 2002 das des Schwarzenraben-Verlages. Als 2007 der Print-on-Demand-Verlag »mein Bu.ch« Insolvenz anmeldete, kamen von dort ebenfalls viele Autoren zu uns.

Anfeindungen gab und gibt es manchmal wegen unserer Programmvielfalt. Doch da lasse ich mich keineswegs beirren. Wenn ich ein Buch von einem Juden mache, mache ich auch gern eines von einem Palästinenser, ich will sowohl religiöse als auch atheistische Bücher herausbringen, ich will konventionelle und kritische Autoren haben, ich will Pro und Contra, die ganze Vielfalt. Niemals werde ich mich festlegen auf eine Richtung, unser Programm wird immer offen sein für Neues, das hält lebendig und jung. Wer es uns verübelt, dass wir uns als einer der ersten Verlage an das Thema Sterbehilfe wagten, dass wir gerne kritische Autoren unterstützen, der soll es tun, das ficht uns nicht an. Die Zeit belehrt jeden irgendwann eines Besseren. Ich erinnere mich noch, dass wir 1982 ein sehr sachliches

Buch des Bonner PLO-Vertreters Frangi herausbrachten, das damals von einigen Buchhandlungen boykottiert wurde. »Terroristenbücher führen wir nicht!« hieß es zu diesem Buch, das ein einziges, besonnenes Plädoyer für den Frieden ist. Heute, nachdem die PLO salonfähig geworden ist, wird dieses Buch bestellt wie jedes andere.

Dieser Linie werden wir treu bleiben. Jedes Buch, das schlüssig Kritik übt, wird bei uns seine verlegerische Heimat finden können. Wir sind von nichts und niemandem abhängig – in dem Moment, in dem ich es wäre, würde ich meinen Verlag zumachen. Zensur könnte ich nicht ertragen, die Freiheit des Wortes ist uns heilig.

Mit viel Liebe widmen wir uns auch einer Literaturgattung, die vielerorts zum Stiefkind geworden ist: dem Gedicht. »Gedichte sind nicht mehr zeitgemäß, Gedichte verkaufen sich nicht«, sagen viele Verlage. Ersteres stimmt sicher nicht, das Zweite stimmt zum Teil. Der Markt ist nicht groß, Gedichtbände »bringen« meist nur kleine Auflagen. Aber in einem Gedicht liegt manchmal die ganze Welt!

Mit fortschreitendem Alter muss man in einem Unternehmen auch rechtzeitig an die Nachfolge denken. Ich habe das große Glück, dass meine älteste Tochter und ein eingespieltes, engagiertes Team bereitstehen, mein Lebenswerk weiterzuführen, so dass ich mich in einigen Jahren peu à peu aus der Geschäftsführung zurückziehen werde und dann vielleicht endlich Zeit habe, all die Bücher zu lesen, die noch ungelesen zuhause in den Regalen stehen. Was für eine schöne Perspektive für mich: ich bekomme Entlastung im gewünschten Ausmaß, werde aber mit Sicherheit dem Verlag noch lange in Maßen verbunden bleiben und somit weiterhin diese schönste Arbeit verrichten, die ich mir vorstellen kann. Nicht mit Kaisern und Königen möchte ich tauschen!

Nun will ich schließen, mit nochmaligem herzlichen Dank an alle, die meine Verlagsarbeit in diesen vier Jahrzehnten begleitet haben – und voller Vorfreude auf hoffentlich noch viele vor uns liegende Jahre.

Erzählungen

Margarete Bauer-Hild

Das Osterfeuer

Die ganze Nacht geht das schon so. Die Salsa-Rhythmen dringen staccatoartig durch die Persianas des Schlafzimmerfensters und holen sie immer wieder aus dem Schlaf, der eher einem erschöpften Hingestrecktsein gleicht. Von dumpfem Trommeln begleitet, spürt sie die heiseren, gutturalen Naturstimmen vibrierend auf ihrer Haut. Sie empfindet Furcht, bis sich der Magen verkrampft und ihr Herz schneller schlägt. Jeder Windstoß peitscht heiße Luft in das Zimmer. Wie paralysiert liegt sie auf dem feuchten Laken, nicht fähig, den Bann zu brechen. Sie hat Grund, sich zu fürchten.

Und so horcht sie auf jedes Geräusch, das nicht zur Musik der österlichen Fiesta gehört. Sie lauscht dem Peitschen der Palmblätter, die im Sturm auf das Dach schlagen, und schrickt auf, als es draußen klirrt. Sie beruhigt sich erst wieder, nachdem sie erkennt, dass es die Katzen sind, die an den Milchnapf stoßen.

Sie schiebt ihren Arm hinüber ins andere Bett, bis sie Wilhelm berührt. Aber er ist ihr keine Beruhigung. Er schläft weiter fest und tief. Nur manchmal stößt er den Atem durch seine Zähne, was sie wie Gleichgültigkeit empfindet. Wie kann er so ruhig schlafen, nachdem schon alle im Dorf es wissen, Jos, von der Tankstelle, die Fischer, die jeden Abend in der Confradia stehen und sich noch letzte Woche so laut unterhielten, dass Wilhelm es hören konnte: Paco hat gedroht, ein Osterfeuer zu legen, in der Semana Santa. Er will das »Poco Loco« anzünden, Wilhelms Restaurant ... »Poco Loco«, »ein wenig verrückt« ... Aber waren hier nicht alle verrückt?

Auf der Insel geschieht alles nach festen Regeln. Trotzdem erhält jeder seine Chance – wenn er dazugehört. Wilhelm hatte schon viel getan für die Einheimischen, die Majoreros; ihre Bootsmotoren repariert, alte Wasserleitungen geflickt und mit den Fischern ihren einzigen Esel beerdigt. Er hatte seinen Landrover vor den Karren mit dem toten Esel gespannt und bis an den Nordstrand gezogen. Die Pescadores schritten hinter dem seltsamen Gefährt her, ernst und würdig, und begruben den Esel, der jahrein, jahraus ihre Boote aus dem Wasser gezogen hatte, wie einen der ihren. Nein, das vergaßen sie Wilhelm nicht, und deshalb verrieten sie ihm auch auf ihre Art, was Paco plante. Und Wilhelm glaubte so fest an ihre schützenden Hände, dass er einfach überzeugt war, sie würden Paco auch daran hindern, eine Dummheit zu machen.

In der Hoffnung, auf dieser Insel sein Glück zu finden, hatte Wilhelm in Deutschland alle Brücken hinter sich abgebrochen, damals, und hatte ein schönes großes Haus in die Dünen gebaut. Man konnte vom Schlafzimmer aus das Meer rauschen hören. Als Wilhelm die Stille allein nicht länger ertragen konnte, kam ihm die Idee, das Haus in ein Restaurant umzubauen.

Es kamen ohnehin immer mehr Menschen hierher, Spanier vom Festland, Spekulanten und Touristen, viele Touristen. Als das Restaurant fertig war, nannte er es »Poco Loco«. Aber weil er von dem Geschäft nicht viel verstand, verpachtete er es an einen Engländer.

Der Umbau hatte sein ganzes Geld verschlungen. Glücklicherweise dauerte es nicht lange, da fühlte Wilhelm sich erneut reich, denn er hatte jetzt sie, seine kleine Freundin, die er am Strand kennenlernte, und die nun das Bett mit ihm teilte. Diese Verliebtheit schenkte ihm so etwas wie Frieden und Zuversicht. Und so bemerkte er auch nicht, dass die Frauen der Majoreros ihm plötzlich aus dem Weg gingen, ihn nicht mehr einluden zu ihren Familienfesten. Schließlich war sie nicht seine Frau, sondern eine, die das Gefüge von Sitte und Anstand störte und die alten Werte durcheinanderbrachte. Wer weiß, was noch passieren würde ...

Während sie so daliegt und mit dem Schlaf ringt, fragt sie sich, wie sie das alles aushält mit ihm zusammen, in diesem Wohnschlafzimmer hinter dem Lokal, und ohne Geld. Alles hatte er dem Restaurant geopfert, einfach alles. Und es ist so schwer, hier Freunde zu finden. Sie zahlt einen hohen Preis. Aber dann tröstet sie sich wieder, denn schließlich liebt sie Wilhelm.

Die Musik hat schlagartig aufgehört, und da hält sie inne in ihren halb geträumten Gedanken. Es müsste jetzt gegen sieben Uhr sein. Die Sonne war inzwischen aufgegangen und zeichnete helle Streifen auf den Fußboden. Sie horcht hinaus in die erlösende Ruhe. Selbst der Wind hat sich aufs Meer zurückgezogen. All die Nächte der Osterwoche schlief sie erst richtig ein, wenn es wieder hell wurde und die Gefahr gebannt war, wie sie glaubte. Und heute war Ostersonntag. Die Semana Santa war vorüber. Am Ostersonntag würde nichts mehr passieren. Sie hatten es geschafft! Zufrieden schlingt sie das Laken um ihren Körper und sinkt endlich in wohligen Schlummer.

Paco, der Koch, ist unter den letzten Tänzern, die sich auf dem wie leergefegten Dorfplatz wankend im Rhythmus der Kapelle wiegen. Paco hat viel Rum getrunken in dieser Nacht. Er ist in Trance. Aber jetzt erschreckt auch ihn die plötzliche Stille. Torkelnd steigt er die Stufen des Festplatzes hinunter. Er tritt auf eine Cola-Dose. Dabei stolpert er, strauchelt, flucht, rappelt sich wieder hoch. Irgendwie fällt ihm ein, dass er noch einiges zu tun hat diesen Morgen. Zuerst einmal geht er zum Bäcker, der gerade die Ladentür aufsperrt. Er kauft eine Torta de Pasqua für seine Familie. Schließlich ist Ostern.

Er sucht in seiner Hosentasche nach ein paar Pesetas. Es

reicht nicht mehr. Er flucht erneut, aber der Bäcker Fernando, der schickt ihn fort: »Geh, Paco, geh nach Hause, zu deinen Kindern. Nimm dein Paket und mach' keine Dummheiten, Paco, hörst du?«

Paco war jetzt in mieser Stimmung. Wer war er, war er ein solcher Hungerleider, dass er der Familie keinen Osterkuchen nach Hause bringen konnte? Die anderen waren schuld, sie alle, er hatte sein Grundstück verkauft, sein einziges Grundstück mit den Ziegen drauf, mit dessen Erlös er sich bei dem Engländer im »Poco Loco« als Teilhaber eingekauft hatte. Drei Millionen Pesetas, weg, einfach weg. Er war verschwunden, der Engländer, dieses Schwein, bei Nacht und Nebel. Und Wilhelm, er steckte mit ihm unter einer Decke, er ist ein Deutscher, ein Kapitalist, er ist schuld an seinem Unglück, er allein.

Paco läuft in Zickzackschritten die Avenida hinunter. Die Sonne steht schon ziemlich hoch. Außer ihm ist keiner mehr auf der Straße, sie gehen ihm jetzt aus dem Weg. Sie bleiben in ihren Häusern. Sie lugen hinter den Vorhängen durch die Fenster, die Frauen und Kinder, die Männer, die sich nicht einmischen, weil alle Dinge ihren Preis haben ... Paco torkelt weiter mit seinem Kuchenpaket, das er mit einer Schnur ums Handgelenk trägt, gestikulierend, seine Tat ankündigend.

Nun ist er am Ziel. Das Kuchenpaket legt er sorgfältig in einiger Entfernung auf den Boden. Dann tritt er mit dem Fuß gegen die Tür des Lokals. Er will sich schadlos halten, alles herausholen, was zu holen ist. Aber die Tür gibt nicht nach, und da fällt ihm wieder ein, dass er ein Osterfeuer legen wollte. Er sucht nach Streichhölzern. Als er sie endlich findet, startet er mehrere vergebliche Versuche, sie zu entzünden. Seine Reaktionen sind eingeschränkt. Endlich hat er es geschafft. Er hält das Flämmchen an den Pappmascheekellner mit der Speisekarte aus Plastik auf dem Bauch. Im Nu brennt es lichterloh.

Das Feuer klettert hinauf zu den dürren Bougainvilleas, die einen Kranz um die Tür des Lokals bilden, und schon fangen auch sie an zu qualmen, erst zögerlich noch, dann mehr und mehr in Flammen stehend.

Nach dem ersten Tiefschlaf schreckt sie durch die dröhnenden Schläge gegen die Tür des Lokals wieder hoch. Das Herz klopft ihr bis zum Hals. Sie lauscht angespannt, aber erneut ist alles ruhig. Doch jetzt hört sie es knistern, ja, das ist es, es brennt – »Wilhelm, Wilhelm«, sie trommelt auf seine Brust, »es brennt!« Mit einem Knurren dreht er sich zur Seite.

»Wilhelm, schnell, es brennt ...«

Und da ist der Bann gebrochen. Mein Gott, man muss handeln, schnell handeln, und sie springt hinaus auf die Straße in ihrem dünnen Nachthemd, und jetzt kommt auch Wilhelm hinterher. Als er die Flammen sieht, schreit er: »Policia, Policia ...«

In Panik rennt er die Avenida hoch, klopft an verschlossene Türen, immer wieder nach der Polizei rufend. Endlich findet er die Tür eines Deutschen offen und stürzt ins Haus, um zu telefonieren.

Paco steht auf der Straße, steif, unbeweglich, er guckt einfach zu, wie es brennt. Verzweifelt geht sie auf Paco zu: »Paco, so hilf doch, hilf, lass uns das Feuer löschen! Die Polizei wird dich mitnehmen, du wirst ins Gefängnis kommen …!«

Da kommt Leben in Paco. Eigensinnig wie ein kleines Kind schreit er: »Ich will meine drei Millionen Pesetas zurück, sofort, Santa Maria, drei Millionen Pesetas …«

Er weint jetzt, fuchtelt mit seinen Armen durch die rauchige Luft. Sie schreit zurück: »Lo siento mucho, Paco, es tut mir leid, dass du dein Geld verloren hast. Aber Wilhelm kann dir nicht helfen. Er hat kein Geld! Du musst dich doch erinnern, wie er täglich spät abends zu dem Engländer ins Lokal kam, nach der Abrechnung, und auf sein Geld wartete …«

Paco schluchzt, beschwört die Vergangenheit: »Habe ich euch nicht immer ein gutes Steak gebraten?«

»Ja, Paco, das hast du, aber wir sind nicht schuld an deinem Unglück!« In der Ferne heult die Sirene einer Funkstreife, der Ton kommt rasch näher. Paco macht keine Anstalten, wegzulaufen. Er droht: »Schick die Polizei weg … Wenn sie mich einsperren, dann werden andere meine Arbeit vollenden, dann wird nur noch Hass sein und Vernichtung …«

Sie geht jetzt ganz nah auf Paco zu, legt ihre Arme um seinen Hals. Sie ist umgeben von einem Nebel von Alkohol. Aber irgendwie ist es ihr nicht einmal unangenehm. Ein Funken des Verständnisses und Mitleids springt von ihr auf Paco über.

»Si, Paco, keine Polizei, ich werde sie wegschicken, aber lass uns das Feuer löschen!«

Paco erwidert ihre Umarmung, drückt sie an sich in ihrem dünnen Hemdchen, während die Flammen hochschlagen, und als er sie dabei ansieht, muss er plötzlich lachen und sagt zärtlich: »Dio mio, du bist ja voll Ruß im Gesicht!«

Dann wischt er mit seinem Ärmel die ölige schwarze Farbe von ihrer Nasenspitze und stellt mit Bewunderung, ja, fast mit Rührung in der Stimme fest: »Du bist eine gute Frau.«

Jetzt erst packt er einen Sonnenschirm und schlägt auf die Bougainvilleas ein. Er reißt sich daran die Hände blutig, während er das brennende Gestrüpp vom Haus abzuwehren versucht.

Sie greift nach dem lodernden Pappkameraden und zerrt ihn hinaus auf die Fahrbahn. Jetzt kommt auch Wilhelm herbeigelaufen. Sie zischt ihm zu, er solle verschwinden, bevor die Polizei da sei, sie kriege das schon in Ordnung. Wilhelm ist nicht sehr mutig. Als er sieht, dass das Gebäude selbst nicht mehr gefährdet ist, versteckt er sich sofort. Irgendwie fühlt er, dass es nicht gut war, die Polizei zu rufen, um Paco ans Messer zu liefern …

Die Funkstreife wird auf der Fahrbahn durch die Rauchschwaden gestoppt. Zwei Polizisten springen aus dem Wagen. »Que pasa …??!!«

»Es brennt …«

»Ja, das sehen wir, aber wer war es, hat jemand das Feuer gelegt?«

Sie blicken auf Paco. Sie sagt, sie sei erst aus dem Haus gekommen, als es schon brannte.

»Wer hat die Polizei gerufen?«

Fragend zieht sie die Schultern hoch, blickt um sich. Sie kann niemanden sehen. Die Polizisten folgen ihrem Blick, dann schauen sie wieder auf Paco. Aber bevor sie noch etwas sagen können, erklärt sie ihnen, Paco habe ihr geholfen, das Feuer zu löschen. Sie zieht Paco zur Seite, nimmt das Kuchenpaket vom Boden auf und drückt es ihm in die Hand: »Geh jetzt heim, Paco, es genügt. Geh heim zu deiner Frau und deinen Kindern!«

Gehorsam zieht Paco ab, aber so langsam, als würde er sich nur ungern von ihr trennen. Immer wieder dreht er sich um, tänzelnd, das Kuchenpaket dabei schwenkend. Sie blickt ihm nach, bis er verschwunden ist. Die Polizisten sind froh, dass es nichts zu tun gibt. Sie machen eine kurze Notiz und brausen mit eingeschaltetem Horn davon. Sie wussten natürlich, dass es Paco war. Alle wussten es. Langsam kommt wieder Bewegung in den Ort, man schickt sich zum Kirchgang an. Schließlich ist Ostersonntag.

Ab dieser Nacht schläft sie wieder tief und gleichmäßig, während sie unverbrüchlich Wilhelms Hand hält. Von nun an genießt auch sie das Ansehen und den Schutz der einheimischen Männer und Frauen. Sie gehört von nun an dazu. Schließlich hat sie dafür gesorgt, dass Paco so gut aus der Sache herauskam.

Wie vormals steht Paco, der Koch, am Grill, nur dass jetzt er Pächter des »Poco Loco« ist. Und wie früher brät er seine berühmten Steaks, für Wilhelm und seine kleine Freundin. Manchmal, wenn er gerade Zeit hat, blinzelt er ihr zu.

Wilhelm sitzt wie immer Abend für Abend im Lokal, bis die letzten Gäste gegangen sind. Er wartet auf einen Abschlag auf die monatliche Pacht, die Paco ihm schuldet. Manchmal erhält er etwas, und manchmal auch nicht, zum Beispiel, wenn Paco die Fleischerrechnung bezahlen muss oder den Bäcker.

Aber Wilhelm weiß, dass es trotzdem eine gute Entscheidung war, das Lokal an einen Majorero zu geben.

Vollmond

Das lange Warten zermürbte ihn. Die groben Latten der Holzbank hatten sich in seinen hageren Körper gedrückt und seine Glieder gefühllos werden lassen. Er stand auf, um sich die Beine zu vertreten. Leise ging er den langen Korridor auf und ab. Dann blieb er vor einem von Fingern verschmierten Fenster stehen. Tagsüber herrschte Leben in diesem düsteren Bauwerk, was ihm aber keinesfalls seine Trostlosigkeit nahm. Hier hatte er die letzten Jahre seines Lebens verbracht. Er kannte jeden Winkel dieses riesigen Gebäudekomplexes.

Das Rückgebäude, auf das er durch die schmutzigen Fenster starrte, war mit dem Haupthaus durch einen Seitentrakt verbunden. Es hob sich kaum von dem rußgeschwärzten Wolkenhimmel ab, den das Mondlicht mit seinen fahlen Strahlen impfte. Im Rückgebäude waren die Frauen untergebracht. Hinter keinem der kleinen, vergitterten Fenster konnte er einen Lichtschein ausmachen. Und doch wusste er, dass sich hinter ihnen Leben befand.

Die Wolkenwand zog sich immer dichter zusammen und platzierte sich auf dem Dach des Rückgebäudes. Er lachte spröde auf. Ein amputiertes Echo warf die Tonfetzen in den grau getäfelten Korridor zurück. Das war sehr leichtsinnig gewesen. Doch hier im Haupttrakt lagen nur die Arbeitsräume, in denen sich nachts niemand aufhielt.

»Ich hole sie«, dachte er. »Ich hole sie. Jetzt.« Dabei fing sein Herz an zu klopfen. Sein Penis regte sich und drückte gegen die Jeans, die eng seine Beine umschlossen. Bis jetzt war er »cool« gewesen. Nichts hatte sich gerührt in ihm, so, als wäre er tot. Wie eine Marionette hatte er sich nach seiner Flucht über die Mauer wieder ins Gebäude geschlichen, an der hell erleuchteten Pforte vorbei. Die grelle Glühbirne warf lange Lichtkegel voraus. Er musste sich eng am Boden unter dem verglasten Tresen vorbeischieben, damit der Wachmann dahinter nicht von seinem Schatten getroffen wurde. Das Krachen einer Jeansnaht schlug ihm wie das Platzen eines Reifens in die Ohren. Doch der Mann in Uniform rührte sich nicht. Die letzten Schritte in die erlösende Dunkelheit des Treppenaufgangs erledigte er in langen tiefen Sprüngen.

Er verdrängte die Frage, wie er es schaffen würde, mit »ihr« aus der Anstalt herauszukommen, denn in das Rückgebäude gelangte man nur durch den Haupteingang. Er hielt sich noch immer für »cool«, obwohl er seinen Zeitplan durcheinandergebracht hatte. Er war sich klar darüber, dass viele Unternehmungen schon daran gescheitert waren, wenn nur das Geringste am Plan geändert worden war, oder weil einer plötzlich verrückt spielte. War auch er verrückt? Warum kam sie ihm nicht entgegen? Fühlte sie nicht, dass er hier war, sie zu holen? Er sah sie vor sich, blond, zart, zerbrechlich. Er dachte begehrend an ihre warme, schmiegsame Haut. Dabei wusste er, dass sie noch nicht da sein konnte.

Der Anstaltspfarrer, dieser Naivling, hatte ihr sein Briefchen zugeschmuggelt. Dafür durfte er besonders lang die Hand des Pfaffen drücken, bis die behaarten alten Finger ganz weiß wurden und sich die Handflächen mit Schweiß füllten.

Er tastete sich vorwärts durch das Halbdunkel, hinüber in das Seitengebäude. Er durchquerte den Waschraum, vorbei an den langen Reihen der Becken mit ihren zerkratzten emaillierten Oberflächen. Kaltes Wasser tropfte aus undichten Zinkhähnen. Er hörte das Zerplatzen der Tropfen auf den Beckenböden. Es war wie eine Melodie. Über den nur brusthoch gezogenen Kunststoff-Trennwänden hing der säuerliche Geruch der Knabentoiletten. Er atmete erst wieder, als er den ihm so vertrauten Trakt hinter sich gebracht hatte.

Er gelangte an das schwere Portal der Anstaltskirche. Hier hatte alles begonnen.

Jeden Sonntag fieberte er dem Zeitpunkt entgegen, als er, schweigend und von strengen Blicken bewacht, in die Kirche ging. Dieser Besuch bedeutete so viel für ihn, dass er der einzige Grund war, die Woche über möglichst nicht aufzufallen. Tanzte er aus der Reihe, wussten sie ihn am ehesten zu treffen, indem sie ihm den Kirchgang verbaten. Sie hielten ihn für fromm, diese Narren. Die wahre Ursache, warum er so verrückt danach war, in die Kirche zu gehen, lag in den Mädchen, die er dort sah. Man trieb sie gleich einer Viehherde dorthin.

Mädchen bekam er sonst nur selten zu Gesicht, aber am Sonntag konnte er sie in den gegenüberliegenden Bankreihen anstarren. In ihren grauen Kitteln und Kopftüchern blickten sie frech herüber. Er hätte nicht sagen können, dass ihm eine besonders gefiel. Ein paar von ihnen schickten ihm schon mal eine Nachricht zu, indem sie beim Hinausgehen ein künstliches Durcheinander inszenierten und dabei einen Zettel fallen ließen. Aber auf diesen Botschaften standen obszöne Texte, die ihn abstießen. Er zog es vor, diese Mädchen in seinen Träumen zu besitzen. Wenn er sie während der Messe fixierte, fand er immer neue Anregungen für seine Phantasien in den Nächten der Unruhe. Wozu diese Geheimnistuerei auf beiden Seiten, das Tuscheln und Gelächter hinter vorgehaltener Hand, wenn doch nichts dabei herauskam? Sollten die anderen ihren Spaß daran haben. Er verriet niemals, was in ihm vorging.

Eines Sonntags trat »sie« das erste Mal durchs Kirchenportal. Sie ging in der letzten Reihe und wäre ihm nicht weiter aufgefallen, da sie mit ihrem Kopftuch wie alle anderen aussah. Aber was ihn auf sie aufmerksam machte, war ihr wiegender Gang. Sie schaute keinen an. Erhobenen Hauptes schritt sie an den Männerreihen vorbei. Und doch konnte er erkennen, dass ein leises belustigtes Lächeln in ihren Mundwinkeln saß. Sie drückte sich in die Bankreihe ihm schräg gegenüber. Er konnte sie gut sehen und ließ kein Auge von ihr.

Sie spürte instinktiv, dass er sie mit seinen Blicken durchbohrte. Sie drehte leicht ihren Kopf nach ihm hin und schaute ihn an. Kein Lächeln lag mehr auf ihrem Gesicht. Ihre Augen legten sich flehend, verzweifelt, begehrend auf ihn. Irre. Eine Welle heißen Gefühls stieg in ihm auf. Er fühlte, dass mit ihm zum ersten Mal nicht mehr das gleiche passierte wie bei den wenigen Begegnungen mit Mädchen zuvor. Vielleicht konnte er es noch damit vergleichen, was er in der Nähe seiner Mutter empfand. Das Gefühl bohrte sich in ihm fest, irgendwo unter dem Brustbein, und wühlte sich weiter bis zu den Schenkeln, die er fest über seinen Hoden zusammenpresste.

Doch ihr Gesicht verschwamm. Es wich den strengen Gesichtszügen seiner Mutter, die ihre feinen Linien überdeckten. Er wankte, er fühlte sich verraten, das Gefühl in seinen Leisten wurde zum stechenden Schmerz. »Geh nicht«, schrie es aus ihm heraus, aber schon wandte sie den Kopf wieder nach vorn, zurrte sie ihr Kopftuch zurecht. Sie bewegte sich kein einziges Mal mehr zu ihm hin. Nach der Messe versuchte er verzweifelt, noch einmal ihren Blick zu erhaschen, blieb in der Bankreihe stehen, bis so ein Kretin ihm grob gegen das Schienbein trat und er sich auf die Zunge biss, um nicht laut aufzuschreien. Das hätte Strafpunkte gegeben, oder Kirchenverbot.

Jetzt war der Weg nicht mehr weit bis zum Mädchentrakt. Bevor er das Portal der Kirche hinter sich ließ, schlug er mit der Faust in das Weihwasserbecken, dass das Wasser nach allen Seiten hin herausspritzte. Der Mond, der inzwischen höher stand, presste sein Licht durch die schmutzigen Scheiben des Korridors und polierte die Tropfen des Weihwassers auf dem dunklen Steinfußboden. Sie schimmerten wie fahle Ölpfützen.

Er war bei den Waschräumen der Frauen angelangt. Noch rührte sich nichts. Er wusste, dass sie noch nicht da sein konnte, aber er war nicht mehr Herr seiner Regungen. Er biss sich auf die Lippen, bis er das Blut süßlich schmeckte. Er hatte nicht mehr daran gedacht, dass er doch »cool« bleiben wollte. Seine Erregung steigerte sich, bis er ein stechendes Klopfen im Hals spürte. Er hatte wieder einmal einen Zustand erreicht, wo es bei ihm gefährlich werden konnte. Es war das letzte, was ihm noch schlagartig klar wurde. Er war nicht mehr in der Lage, diesen Zustand zu stoppen.

Ein einziges Mal nur stand er ihr gegenüber. Das war bei einer dieser idiotischen Untersuchungen, die alle hier über sich ergehen lassen mussten. Wo sie einen auf das Bett schnallen, mit diesen Lederriemen mit Klettverschlüssen, und Saugnäpfe an Arme und Beine sowie an die Kopfhaut kleben, mit einem ekligen, schleimigen, kalten Pudding, und einem schmerzhafte Stromstöße durch den Körper jagen, während ein tickernder Kasten bekritzelte Streifen aus seinen Schlund spuckt.

Hier hatte er sie gesehen, als die Zivis ihn versehentlich in ein falsches Zimmer stießen, obwohl doch sonst immer alles streng nach Geschlechtern getrennt war. Hier, in dieser Kammer, stand sie, nur in einen ärmellosen Kittel gewickelt, wartend und vor Kälte zitternd. Er sah erst jetzt, wie blond sie war. Sie blickte ihn mit großen Augen ernst und fragend an und er wusste nichts zu sagen. Während die Pfleger ihn unter Beschimpfungen wieder hinauszerrten, als ob er dieses Chaos verursacht hätte, dachte er das erste Mal an Flucht. Er sagte ihn vor sich hin, diesen Slogan, durch die ständigen Wiederholungen mehr und mehr erregt, bis er abends erschöpft auf sein Bett fiel. Mit den Worten: »Ich hole sie, ich hole sie hier raus …«, schlief er schließlich ein.

Er tastete sich vor bis zu ihrem Schlafsaal, drückte sein Ohr auf das Türblatt. Er hörte ein Summen, das immer stärker anschwoll. Schwingungen, wie sie von den Saiten eines Instruments herkommen, die sich steigerten, vibrierten, tönten und schließlich brausten wie Telefondrähte. Das Geräusch kam nicht aus dem Zimmer. Es war in seinem Kopf. Er drückte die schwere Messingklinke herunter, die von den vielen Mädchenhänden blank poliert war, und schob sich durch die doppelte, gepolsterte Tür in den dunklen Raum. Dann schloss er die Tür wieder hinter sich und blieb erst einmal stehen. Er hörte sich selbst so laut atmen, wie er es manchmal unter der Bettdecke tat, wenn er, als das Licht längst verlöscht war, an die Mädchen dachte, bis einer der Kerle neben ihm aus seinem Bett stieg und ihm mit den blanken Fäusten auf den Leib schlug. Als er daran dachte, hielt er den Atem an so gut es ging, damit man ihn nicht zu orten vermochte.

Nach einer Weile gewöhnte er sich an die Dunkelheit und sah auch hier den Mond, der ihm bei seiner Suche nach ihr zu Hilfe kam. Ja, mit dem Vollmond hatte er gerechnet bei dieser Aktion. Er glättete die Silhouetten der Mädchenleiber auf den Pritschen und stülpte ihnen einen sanften Lichtkegel über. Er erkannte sie sofort an ihrem Blondhaar, das in goldenen Schimmer getaucht war. Ein Glücksgefühl durchlief seinen Bauch wie heiße Milch.

Er hatte es geschafft.

Er hatte auch seine Flucht geschafft, ohne dass sie etwas bemerkten. Stumpf, wie er war, und ohne Arg, wenn man nur etwas freundlich zu ihm war, nahm ihn dieser Pfaffe nach dem Abendessen mit in die Hostienbäckerei. Er erbat sich dieses Privileg, demütig, mit gesenktem Blick. Es wurde gemunkelt, dass der Pfaffe nur zu gerne gewisse Schützlinge dorthin führte, aber etwas Genaues sagte keiner. Dass er die Räumlichkeiten bereits kannte, weil er dort einmal beim Verstauen einer Lebensmittelladung zur Arbeit eingeteilt war, band er ihm natürlich nicht auf die Nase. Die Aufsicht, bei der sich auch der Pfarrer ins Buch eintragen musste, hatte zugestimmt. Sie wollte keine Schwierigkeiten, so kurz vor Feierabend, sie hatte es eilig, nach Hause zu kommen.

Die Bäckerei war im Keller untergebracht und wurde von den Schulschwestern betrieben, aber abends arbeitete niemand hier. Die Räume waren in Dunkel gehüllt. Der Geistliche knipste immer nur dort das Licht an, wo sie sich gerade befanden. So hätte sich auch niemand nähern können, ohne dass er bemerkt worden wäre. Mit bewegtem Timbre in der Stimme erklärte der Geistliche die Arbeitsvorgänge in der Bäckerei, ließ das weiße Mehl durch seine Hand rieseln, reichte ihm pathetisch eine der ungeweihten Hostien.

Er pisste sich beinahe in die Hosen vor Langeweile.

Während seines Vortrags hatte der Pfaffe das Gesicht dicht an dem seinen. Er konnte den säuerlichen Atem des alten Mannes riechen. In seiner Soutane, die staubig vom Mehl und am Ärmel mit Essensresten bekleckert war, drückte er sich so eng an ihn, dass er die fülligen Hüften und den schwammigen Bauch fühlen konnte. Er schwor sich, dass dieser falsche Zauber bald ein Ende haben würde.

In der Spedition, aus der die Hostien überallhin verschickt wurden, schlug er zu. Es war ein kräftiger Handkantenschlag von hinten, der ihn flachstreckte, ohne dass er auch nur einen einzigen Laut von sich gab. Er zerrte den schwarzen Kloß in den offenen Lastenaufzug, der zum Kellerfenster hoch und somit in die Freiheit führte.

Er war schlau, er hatte das alles vorher beobachtet und geplant. Dieser Keller war in früheren Zeiten einmal ein Weinkeller gewesen und mit dem Lastenaufzug wurden einst Fässer verladen.

Er stieg zu der immer noch leblosen Gestalt auf die Aufzugrampe und drückte den Knopf. Rumpelnd und ächzend setzte sich der Aufzug in Bewegung. Langsam glitt die Plattform nach oben, rastete vor dem Fenster ein, dem Ausgang zur Freiheit. Die verrosteten eisernen Fensterflügel waren mit zwei Riegeln von innen versperrt. Glücklicherweise war außen kein Schloss davor, das hatte er zuvor beim Freigang gecheckt. Die Fensterflügel ließen sich mit ein paar kräftigen Rucken in den Angeln bewegen.

Bevor er nach draußen kletterte, schob er den Körper des Pfarrers unter ziemlichem Kraftaufwand über den Rand des Aufzugsplateaus und ließ ihn in die Tiefe klatschen. Es musste sein. Ihretwegen. Der Plan durfte nicht durch gefühlsduselige Regungen gefährdet werden. Er schloss die Augen, für den kurzen Moment, als der Körper unten, mehrere Meter tiefer, aufschlug. Er lauschte in die Tiefe. Es blieb alles ruhig. Beruhigend ruhig. Vielleicht überlebte er das ja. Er zuckte die Achseln.

Es war inzwischen stockdunkle Nacht, denn der Mond stand hier noch hinter dem Gebäude. Sorgfältig schloss er die Fensterflügel von außen. Mit wenigen Schritten war er an der Mauer. Der Sprung hinüber auf die andere Seite war für ihn ein Leichtes, er hatte die Stelle vorher oft schon inspiziert und während der Hofstunden heimlich ein paar Steine in der Mauer gelockert. Jetzt entfernte er die Brocken und setzte beim Hochklettern die Spitzen seiner Sportschuhe in die entstandenen Mulden in der Mauer. Er war frei.

Aber es war auch etwas Groteskes an seinem Plan, kehrte er doch noch einmal freiwillig in das Gebäude zurück, das er als freier Mann verlassen hatte. Doch es war seine einzige Chance, denn der Flur, der vom Schlafraum der Männer direkt in das Rückgebäude zu den Frauen führte, wurde nachts durch ein Eisengitter versperrt.

Dieser naive Pfaffe. Eigentlich zu dumm, um zu überleben. Er hatte ihm in einer Art Beichte gestanden, wie sehr ihm das blonde Mädchen gefiel und sie ihm genau beschrieben. Und der Geistliche hatte den Liebesboten gespielt, nachdem er das harmlose Briefchen gelesen hatte:

»Sie sind ein nettes Mädchen. Hoffentlich kommen Sie bald

hier raus. Ich bete für Sie. Einer, der Sie in der Kirche gesehen hat. P.S.: Verbrennen Sie diesen Brief!«

Seinen Fluchtplan hatte er jedoch zusätzlich mit Pisse aufs Papier geschrieben, so wie sie sich als Kinder Geheimbriefe geschrieben hatten. Man konnte die Buchstaben nur dann wieder lesen, wenn man das Papier anzündete. Sie verstand diese Zweideutigkeit. Er wusste das.

Verstand sie sie wirklich? Während er auf die schlafende Gestalt blickt, kommen erste Zweifel in ihm auf. Das Summen in seinem Kopf wird wieder stärker. Sein Körper zittert plötzlich.

Irgendetwas ist faul, verdammt faul. Ob er sich wirklich auf den Pfaffen verlassen konnte? Natürlich ist er eine ganze Stunde früher da, als er ihr geschrieben hat, aber, warum liegt sie nicht angekleidet im Bett oder hat bereits den Weg zu den Toiletten angetreten, wie er es ihr vorgegeben hat? Warum liegt sie schlafend da, so, als würde nichts geschehen? Er betrachtet sie unschlüssig und versucht, so etwas wie einen Faden in seinem Hirn aufzunehmen. Warum ist sie so verdammt ruhig?

Seine Sinne sind bis aufs Äußerste angespannt. Sein Blut pulsiert in den Adern. Seine Atmung beschleunigt sich. Was ist schief gelaufen? Will sie vielleicht gar nicht fliehen mit ihm?

Jetzt hält er es nicht mehr aus. Er geht zu ihr hin, setzt sich neben sie an den Rand des Bettes. Sie schlägt die Augen auf. Helles Entsetzen springt aus ihren Pupillen.

Noch bevor es ihr gelingt, einen Schrei auszustoßen, legt er die Hand um ihren Hals und drückt zu. Während sie sich nunmehr verzweifelt wehrt, schreit er auf sie ein, sagt, er wolle sie holen, stammelt etwas von einem Brief ...

Sie kann nicht antworten. Immer fester schließen sich seine Finger um ihren Hals. Ihr vorher so blasses Gesicht wird blutrot, die Augäpfel treten aus den Höhlen.

Inzwischen hat jemand Licht angemacht, die Frauen schreien wild durcheinander, aber keine springt ein, um zu helfen. Irgendwo in der Ferne heult eine Sirene.

Er nimmt dies nur noch im Unterbewusstsein wahr. Während er immer fester zudrückt, spürt er die Hitze in seinem Kopf, in seinem Unterleib. Sein Penis ist aufgebläht, drängt sich dem Mädchenkörper entgegen.

Wieder hat er die Vision, wie damals in der Kirche, als sich ihm das Antlitz des Mädchens entzieht und er in das Gesicht seiner Mutter blickt. Das verwunderte, harte Gesicht, das nichts begreifen wollte, während er die Schlinge um ihren Hals legte und zuzog. Er hatte seine Mutter geliebt, er meinte es ernst, er wollte sie umarmen, doch sie stieß ihn weg und lachte ihn aus. Seine Mutter war daran nicht gestorben, aber sie sorgte dafür, mit dem roten Streifen um ihren Hals, den die Schlinge hinterlassen hatte, dass er hier war, in dieser Anstalt, die voll ist von schrägen Typen.

Jetzt sieht er die Züge des Mädchens wieder deutlich, auch sie spielt nur mit ihm, sie hat den gleichen Blick, verwundert und spöttisch zugleich. Sie ist wie seine Mutter. Sie ist seine Mutter. Erst als sein innerer Druck nachlässt und es sich warm zwischen seinen Schenkeln anfühlt, lässt er los.

Es wäre nicht mehr nötig gewesen, dass sie ihm nun mit der Faust ins Gesicht schlagen, die Männer in ihren weißen Kitteln und Turnschuhen, dass sie ihm die Jacke überziehen und ihn wie ein Bündel schnüren, hinaustragen durch die Menschenkette und in eine kahle Zelle bringen. Er wehrt sich nicht, weder gegen ihren Zugriff, noch gegen die Injektionen, die sie ihm verpassen. Er hört nichts mehr von den tumultartigen Umtrieben, die das ganze Haus erfasst haben, von den Rufen nach dem Anstaltspfarrer, vom Notarztwagen, vom Aufgebot der Wachmannschaften und ihren Versuchen, die Insassen wieder ruhigzustellen.

Er sieht auch nicht mehr, wie der Mond sich endgültig hinter die schwarzen Wolken verdrückt und den Gebäudekomplex in erneute Finsternis taucht.

Schach matt

Nachdem Schwester Maria mit ihr die üblichen Runden im Park gedreht hat, drängt Louise sie wie immer zu der Bank gegenüber den Schachspielern. Von dort aus haben sie einen guten Überblick, um jeden der Züge kontrollieren zu können.

Aber Louise ist heute anders als sonst. Sie gibt keine Kommentare ab. Sie starrt auf das Spiel und sie reagiert auch nicht, als Schwester Maria sie in die Rippen stößt und »Schach« schreit. Sonst fühlte Louise sich glücklich, alles besser zu wissen als die Spieler dort drüben, aber heute ist sie nicht bei der Sache. Schwester Maria will sie gerade maßregeln, denn durch Louises heutige Unbeteiligtheit geht auch ihr das Vergnügen am Spiel verloren.

Da packt Louise sie heftig am Arm: »Maria, hast du schon mal jemand umgebracht?«

»Was? Nein, wie kommst du darauf?«

»Aber ich«, sagt Louise, »ich habe es getan.«

Maria weiß nicht, was sie sagen soll. Die Männer mit ihrem Schachspiel haben plötzlich ihre Faszination verloren.

»Jemanden umgebracht«, sagt sie mehr zu sich selbst, denn zu Louise, und dabei wird ihr das Groteske dieser Situation bewusst.

»Und wie kommst du gerade jetzt darauf?« Dümmer

hätte sie nicht fragen können. »Als ob man sich an so etwas«, denkt sie erschrocken, »nicht Jahr und Tag und stündlich erinnern würde.«

»Da, der Schachspieler drüben, der große, mit der grünen Jacke, er erinnert mich an einen Liebhaber, den ich früher einmal hatte.«

»Ach«, sagt Maria, und ihr Ton wird plötzlich beißend, »einen Liebhaber. Und den hast du umgebracht!?«

»Nein, bitte Maria, versteh' mich doch und behalte es bitte für dich, als mein großes Geheimnis, nicht ihn …« Und Louise bricht in Schluchzen aus. Sie zittert.

Der große Mann mit der grünen Jacke blickt kurz herüber, dann konzentriert er sich wieder auf das Spiel. Louises Anfall ist so schnell vorbei, wie er gekommen ist.

Maria lässt sich davon nicht beeindrucken. Mit schneidender Stimme fragt sie weiter: »Und wen hast du dann umgebracht?«

Da bricht es verzweifelt aus Louise heraus: »Seine Frau.«

»Aha, die Frau von dem Schachspieler.«

»Aber nein, Maria, mach' keine Scherze, so versteh' doch, wir waren jung, wir liebten uns, wir trafen uns heimlich zwischen den Bürostunden, wann immer es ging. Er sagte stets zu mir, dass er mich einmal heiraten würde, wenn sie … nun, man wisse nie, was die Zeit noch bringen würde, ich müsse nur Geduld haben …«

»Und dann?«

»Aber ich hatte keine Geduld. Ich wünschte mir so sehr, sie wäre tot.«

Sie schweigen beide eine Weile. Dann fährt Louise fort zu sprechen: »Es ist, als wäre es erst gestern gewesen. Es war ein regnerischer Frühlingstag, ich fror, am Himmel waren dichte Wolken, es war so finster, als wäre es Nacht. Ich fürchtete mich. Doch da war er. Er nahm mich an der Hand und führte mich. Wir gingen hinter ihrem Sarg her. Ich sah zu, wie sie ihn hinunterließen. Der Pfarrer sagte kein Wort. Er sprühte Weihwasser in die Gruft, dreimal holte er dabei aus, dann floh er und verschwand in der Dunkelheit.«

Maria fragt zweifelnd: »Ihr gingt hinter ihrem Sarg her, und er nahm dich dabei an der Hand …?«

Louise geht auf diese Frage nicht ein. Stattdessen sagt sie: »Jahrelang habe ich davon geträumt, wieder und immer wieder. Ich konnte es nicht vergessen. Und da waren diese lebensgroßen Schachfiguren. Die Königin fehlte …«

Plötzlich fällt Maria etwas auf. Das Wichtigste bei dieser Geschichte fehlt noch. Lauernd fragt sie: »Und wie hast du sie umgebracht?«

Louise blickt noch immer starr auf das Schachbrett und sagt: »Matt.« Dann steht sie auf und geht auf den großen Spieler zu, den mit der grünen Jacke, zupft ihn am Ärmel und fragt ihn: »Und, wie hast du sie umgebracht?«

Er scheint sie gut zu kennen und er lächelt sanftmütig. Auch Maria erhebt sich nun von der Bank und gesellt sich dazu. Sie hat ein drohendes Fragezeichen auf der Stirn. Sie fragt ihn: »Wer sind Sie?«

Er nickt verständnisvoll. »Louise ist meine Frau. Oft spielten wir früher Schach zusammen. Aber sie erkennt mich nicht mehr. Sicherlich hat sie wieder schlecht geträumt heute Nacht. Ich bin öfter hier, um sie zu sehen. Würden Sie sie jetzt bitte in die Anstalt zurückbringen? Ich habe noch eine Revanche auszutragen …«

❊❊❊

Ganz normal

Ich gehe weiß Gott nicht gern dorthin, aber manchmal muss es eben sein. Freddy hatte sie in dieses Altenheim abgeschoben, kurz darauf zog er zu mir. Ich hatte ihn einmal geliebt, damals, als er noch Familie hatte und wir unsere Beziehung geheimhalten mussten und jetzt ist er mir zur Gewohnheit geworden. Wir werden ja alle nicht jünger. Aber das mit seiner Frau, das geistert immer noch in meinen Gedanken herum, sie sei eben übergeschnappt, hatte er gesagt, damals, und heute spricht er nicht mehr darüber. Aus. Erledigt. Immer, wenn ich auf das Thema komme, wiegelt er ab. Ich habe nicht so gute Nerven wie er, ich fühle mich irgendwie mitschuldig, was, wenn sie ganz normal ist?

Wenn ich sie besuche, bringe ich ihr Blumen mit, darüber freut sie sich jedes Mal sehr. Freddy erzähle ich nichts davon. Er wäre fürchterlich wütend, wenn er wüsste, dass ich zu ihr gehe. Sie weiß, wer ich bin, davon bin ich überzeugt. Sie spricht nie über ihn, und auch ich weiche dem Thema Freddy aus. In ihrem karierten und etwas zu kurzen Rock, aus dem die dicken Knie herausschauen, hat sie nichts Auffälliges an sich. Auch nicht, wenn sie ihre glatten, etwas strähnigen grauen Haare auf der rechten Seite ständig über das etwas vorstehende Ohr streicht. Sie trägt nie ihren Schmuck. Manchmal frage ich mich, wo er geblieben ist. Aber auch dieses Thema ist tabu für mich. Sonst meint sie, ich will ihren Schmuck haben und Freddy hätte sie deshalb hierhergebracht.

Immer habe ich Angst, dass sie mir einmal die Frage stellt, warum sie hier ist. Aber sie scheint ganz glücklich zu sein. Wenn die Schwestern sie in das Besucherzimmer bringen, geht sie mir zwar ein bisschen schwerfällig, aber fröhlich entgegen und begrüßt mich so zutraulich, als hätten wir uns erst gestern gesehen.

Bevor sie mit mir redet, muss die Schwester eine Blumenvase bringen. Erst dann ist sie zufrieden. Solange die Vase nicht da ist, springt sie unruhig zwischen Tisch und Stuhl hin und her. Sie tuschelt gern hinter den Schwestern her und erzählt mir verschmitzt, was die so alles treiben und wie sie es ihnen wieder heimgezahlt hat.

Sie spricht ganz normal und verliert nie den Faden. Ich frage sie, ob ihr alles schmeckt, was sie hier kriegt. Sie nickt heftig dabei. Sie zählt mir auf, was sie die letzten Tage alles gegessen hat.

Ihr Gedächtnis ist wirklich gut. Sie scheint auch sonst nichts zu vermissen. Das beruhigt mich etwas. Sie weiß auch über die Leute im Haus gut Bescheid. Sie erzählt mir, dass sie sich oft mit einer streitet, die ihr das Essen vom Teller nimmt, und dass ihr jemand ihre Strickjacke gestohlen hat. Ganz normale Vorgänge in so einem Heim, wie ich meine. Immer wieder sagt sie, wie sehr sie sich freut, dass ich gekommen bin.

Ich frage sie, ob sie öfter baden darf, was soll man sonst so sagen, es fällt mir ja nicht so viel ein, wenn ich die Tabu-Themen ausklammere. Ja, am Samstag werden sie gebadet, und dann käme der Pfarrer zur Beichte. Am Sonntag ginge sie zur Kommunion.

Mein Gott, sie ist ganz normal.

Plötzlich springt sie auf, mitten in ihrer Rede, und sagt, sie müsse jetzt gehen, Freddy würde auf sie warten …

Freddy? Sie blickt mich nur mitleidig an, beharrt darauf, er würde sie zum Essen erwarten. Wenn sie nicht gleich käme, würde er sehr böse auf sie sein. Und dann fuchtelt sie fast zornig nach der Schwester und eilt an ihrem Arm davon. Dabei zieht sie kaum merklich den rechten Fuß nach. Aber sonst ist alles mit ihr in Ordnung.

Ich werde jetzt nicht mehr so oft kommen.

Sabine Benz-Wendlandt

Geheimnis des Freitags
Eine weitere »Geschehgeschichte«

Freitag war ein schöner Tag. Schon Donnerstagabend kündigte sich die Freude an. In der Badewanne wurde über Nacht das eingeweicht, was man dem Wäscherei-Auto nicht anvertrauen wollte. Freitags war die Mami bereits zuhause und nicht in der Klinik bei den Jungs »mit zerschossener Schnauze«, wie ihr Professor das nannte. Er brauchte sie wie früher als seine »rechte Hand«.

Schon der Morgen begann mit dem Vorlesen zum Frühstück ganz anders. Später hatte die Martell Ausgang und kam erst nach dem Kino zurück. Allerdings machten immer öfter die »feindlichen Einflüge über Hannover-Braunschweig« dem ein Ende und Martell, gegen die ich sonst nichts hatte, erschien lieber früher, um mit uns in den Luftschutzkeller zu gehen. Doch da war der Tag schon gelaufen.

Mein kleiner Bauch hatte wieder einmal allen Warnungen zum Trotz »pitschi, pitschi«, Taschentücher, Puppenkleider und zum Schluss Mamis Strümpfe gewaschen, auch wenn sie nicht mit auf den Hängeboden durften. Mein Theater aus Angst vor dem Gespenst, das dort oben hinter den großen Betttüchern der anderen lauerte – auch wenn es sich mir noch nicht gezeigt hatte – nervte meine Mutter jedes Mal. So kamen wir überein, mich in der Wohnung zu lassen. Ich wusste ja, wo sie war und sie meinte, es sei ihr viel lieber so. Auch wenn ich Fliegeralarm hasste, nicht wie die anderen Kinder in extra aufgestellten Stockbetten weiterschlief und überwach zwischen den Erwachsenen saß, zitternd und laut betend aus Angst um meine noch nicht zurückgekehrte Mutter – Freitag war ein schöner Tag.

Ich spielte den »Pagen von Hoch Burgund«, der trug der Königin Schleppe auf weißer Marmortreppe. Es ging um etwas Verbotenes in dieser Ballade von Münchhausen, der ersten meines Lebens.

Wir missachteten auch eine Verordnung auf dem Weg zum Luftschutzkeller. »Nehmt die Wendeltreppe«, sagte meine Mutter. Sie war nur für den Notfall gedacht. »Wir sind schon spät dran und ich schaue noch nach der Wohnungstür.«

Die Treppe war von keiner Verdunkelung betroffen und lag in gleißendem Licht. Es konnte einem schwindelig werden, wenn man sie ohne Unterbrechung hinunterlief. Die Martell jammerte jedes Mal, wenn ich ihr davonrannte. In der Ballade von Münchhausen hieß es: »Wir ritten voraus und ein Lachen lag mir im Blute. An meiner Seite tanzte der Dolch und unter mir stampfte die Stute.«

Meine Mutter holte uns ein und nahm den »Anschiss« im Luftschutzkeller mit Gelassenheit: »Dass die Leute aus der ersten Etage mit dem kürzeren Weg immer zu spät kommen müssen …«

Inzwischen stapelten sich in verschiedenen Zimmern die Pappkartons für den Umzug ins Sommerhaus am Rande der Stadt. Ein Winter- und Sommerquartier war offiziell nicht mehr erlaubt. Das meiste aus der großen Wohnung wurde ausgelagert. Man hätte es gleich auf den Scheiterhaufen werfen können, doch das wussten wir da noch nicht. Ein Glück, dass man das Holzhaus, liebevoll »Pilz« genannt, heizen konnte. Unter seinem weiten Dachkragen hatte eine Veranda Platz. Doch die Astlöcher der doppelwandigen Ostseite waren ein Problem. Später sagte jemand kopfschüttelnd mit Blick auf die merkwürdige Anordnung von Stichen und Miniaturen: »Das sieht ja gefährlich aus. Eure preußische Gesinnung so zur Schau zu stellen, mit dem Konterfei des Kronprinzen in gemessenem Abstand an erster Stelle.« Meine Mutter lachte: »Es ist nicht die Gesinnung, es sind die mühsam mit Watte zugestopften Astlöcher unter den Bildern.« Ich sehe sie heute noch auf der Leiter stehen und mit der Zahnsonde hantieren, zugunsten einer warmen Stube.

»Wir ritten voran – zurück blieb das Gefolge – wo der Sturmwind die Fichte gebrochen – da sah mich die Königin seltsam an und hat leise gesprochen.«

Es war Freitag und alles schien endlich wieder einmal normal zu laufen.

Obwohl mich meine Mutter eben erst vor dem großen Bild mit mehr erahntem Blumenstrauß hochgehoben hatte. »Sieh es dir an. Dein Vater kennt den Maler, Professor einer berühmten Akademie. Inzwischen wurde der Künstler aus dem Amt gejagt und seine Bilder sind verboten. Die Mächtigen im Lande können mit uns anderen machen, was sie wollen.« Sie weinte plötzlich, fing sich aber schnell wieder und ich konnte kaum glauben, dass es wirklich Menschen gab, die anderen vorschreiben dürfen, was an der Wand zu hängen hat.

Danach ging jeder seiner Beschäftigung nach und ich hüpfte ins Bad. Anschließend suchte ich meine Mutter. Hatte ich ihr Rufen überhört, bevor sie sich auf den Weg zum Hängeboden machte? Geräusche in der Küche waren verdächtig. Im nächsten Augenblick fuhr sie zusammen, als ich plötzlich vor ihr stand. Ich hatte sie bei etwas Merkwürdigem ertappt. Doch für Erklärungen war jetzt keine Zeit. Ich durfte mit ihr kommen und »Schmiere stehen«, wie sie es nannte. Alles musste pünktlich ablaufen. Sie hatte etwas zu Essen unter der Wäsche versteckt. Das sollte natürlich nicht mit auf den Boden.

Nach zwei Treppen aufwärts sah ich den schmalen Lichtstrahl im vierten Stock auf die Treppe fallen. Eine Türe wurde einen Spalt weit geöffnet. Jemand dahinter erwartete meine Mutter. Ich sollte zurückbleiben und aufpassen, ob es im Treppenhaus ruhig blieb. Panik ergriff mich, wie vor einem halben Jahr, als mir das davonhastende Bärbelchen zugerufen hatte: »Sie ist hinter dir her!«

Sie hatte die alte Dame mit ihrem Judenstern gemeint, die uns Kindern langsam gefolgt war. Wir hatten vor dem

Haus im Schutz von den sich begrünenden Büschen auf den Bänken mit unseren Puppen gespielt, als sie sich plötzlich aus dem Schatten des Hauses in die Sonne zu uns gesellte. Hinsetzen war ihr nicht erlaubt. Das Bärbelchen hatte eine ältere Schwester beim BdM – alles, was diese sagte, war für uns Kleine von besonderer Bedeutung. Von mitgenommenen und geschlachteten Kindern war da plötzlich die Rede. Die Bärbel, sonst tapfer im Kampf um unsere Förmchen am Sandkasten, war angsterfüllt der Haustür entgegen gehastet. War der Schrei im Treppenhaus von mir? Ich war in die Arme meiner in der Wohnungstür stehenden Mutter geflüchtet, die die alte Dame freundlich grüßte und sich für mein Verhalten entschuldigte. Später versuchte sie mir unter dem Siegel der Verschwiegenheit die unsinnige Angst zu nehmen. Ganz war ihr das aber nicht gelungen. Nein, sie brauchte mir nicht viel zu erklären, trotz meiner Gänsehaut. Wieder einmal hieß es: »Zu niemandem ein Wort, mein kleiner Kamerad.« Wenn sie mich so nannte, wusste ich schon, es ist ernst.

»Ich bin der Page von Hochburgund und trage weiße Seide. Ich habe geküsst einer Königin Mund beim Reiterzug durch die Heide.«

Nicht nur freitags, sondern auch an anderen Abenden, wenn meine Mutter zuhause war, ging es nun die geliebte verbotene Treppe hinab.

Dabei hatte ich inzwischen einen Plan. Mutig wie das kleine Mädchen mit dem Kaffeekrug, ein Lieblingsmärchen von mir, wollte ich vorauslaufen und als erste vor der alten Dame stehen – ein Drache wie im Märchen war sie sicher nicht. Was immer meine Mutter auch hinter mir herrief, diesmal folgte ich ihr nicht und freute mich über den hellen Lichtschein, der aus der Wohnung ins Treppenhaus fiel. Gleich hatte ich es geschafft und mein Plan ging auf. Vorsichtig trat ich über die Schwelle. Ich hatte noch nie zuvor eine total leere Wohnung gesehen, die nur von einer Glühbirne an einem Kabel erleuchtet wurde.

Plötzlich schwere Stiefelschritte, aus einem der Zimmer kam ein Soldat, der vor mir in die Hocke ging. Meine Mutter entschuldigte sich für mein Verhalten. Doch er lachte nur und meinte, er hätte auch so ein kleines Mädchen. Ein Brüderchen sei in den letzten Tagen dazugekommen und alle zusammen freuten sich über die Wohnung, in die sie nun bald einziehen würden. Als meine Mutter plötzlich ausrief: »Ach, ich sehe schon, ich habe den Klammerbeutel vergessen!«, da hätte ich dem freundlichen Mann fast alles verraten. Der Klammerbeutel war gut durch das Gitterwerk des Wäschekorbes zu sehen.

Nun ging der Umzug plötzlich schnell voran und wir benutzten wie die anderen Bewohner das Treppenhaus bei Fliegeralarm. Wenn ich sehnsüchtig nach der verbotenen Treppe schielte, sagte meine Mutter leise zu mir: »Das ist nun nicht mehr nötig.«

»Ich bin der Page von Hochburgund.« »Siehst du, hier steht deine Ballade«, sagte Ilse. Das kleine Buch ihres Vorfahren hatte die Flucht aus Schlesien überstanden. Endlich konnte ich die ganze Ballade lesen. Ich wollte sie auswendig lernen und falsche Sätze korrigieren. Doch zu meinem Erstaunen fiel mir das plötzlich schwer und es blieben nur die wenigen Sätzen aus Kindertagen in meinem Gedächtnis. Ilse tröstete mich und nahm vorsichtig ein kleines Porzellanschälchen in die Hand. »Königlich Preußisch«, sagte sie und »wie entzückend, es trägt noch das Zepter als Zeichen.«

»Es passt zum Pagen von Hochburgund«, ergänzte meine Mutter, an mich gewandt. »Erinnerst du dich noch an die verbotene Treppe?«

War das eine Frage! Und weiter: »Wir hatten der alten Dame oben im Haus unsere Wohnung bei Fliegeralarm angeboten. Im Falle eines Brandes wäre der Fluchtweg nicht so weit gewesen. Obwohl ich das nicht annehmen wollte, ließ sie jedes Mal wie ein kleines Zeichen ein handbemaltes Schälchen zurück. Leider sind sie alle, bis auf dieses eine, mit unseren Sachen verloren gegangen. Halte es in Ehren.«

Ich konnte nur stumm nicken, denn plötzlich hatte ich einen Kloß im Hals, auch weil ich dachte, wenn ich das jemals aufschreibe, hat die Geschichte schon einen Titel: »Das Geheimnis des Freitags«.

Conrad Boehm

Gertruds Chance

Gertrud war noch ein Teenager gewesen, als die Klements ins neue Haus eingezogen waren. Damals hatte sie ein eigenes Mansardenzimmer bekommen. Es lag direkt über dem Büro und man hatte von dort aus einen herrlichen Blick ins Gebirge. Kein Vergleich mit der engen und düsteren Behausung vorher. Endlich hatte sie einen Raum ganz für sich allein. Ihre beiden Stiefschwestern indessen mussten sich ein Schlafzimmer teilen.

Im Sommer 1965 war sie zwanzig Jahre alt geworden. Kurz zuvor hatte sie ihre Ausbildung beendet. Endlich keine Berufsschule mehr und keine Zensuren! Nur noch ein Jahr und sie würde endlich tun und lassen können, was sie wollte. Niemand mehr, der ihr dann Vorschriften machte und sie kontrollierte. Viel zu lange schon hatte sie sich den wiederholten Zurechtweisungen ihres Stiefvaters beugen müssen. »Solange du deine Füße unter meinen Tisch stellst, wird gemacht, was ich sage.« Darum wollte sie, sobald es ging, von daheim ausziehen.

Immerhin durfte sie inzwischen an den Abenden des Wochenendes länger wegbleiben. Und ihr eigenes Geld verdiente sie längst. Wenn sie sich mit ihrer Freundin Helga zum Tanzen in der Schaukelbar verabredet hatte, fühlte sie sich frei. Das waren immer herrliche Stunden, eine Liveband spielte, man flirtete heftig. Nicht nur ortsansässige Männer waren entzückt von ihrer Erscheinung, dem naturblonden Haar, der Ausgelassenheit ihres Lachens und der Anmut ihres Tanzes. Nein, auch unter den amerikanischen Besatzungssoldaten hatte sie manchen Verehrer. Und Gertrud war keine Kostverächterin.

Noch bis Anfang der Sechzigerjahre waren viele Lokale für die am Ort stationierten Militärpersonen »off limits« gewesen – absolut tabu, obwohl das generelle Fraternisierungsverbot bereits kurz nach Kriegende aufgehoben worden war. Doch hatte es seitdem immer wieder gravierende Zusammenstöße mit rauflustigen Einheimischen gegeben. Manchmal bedurfte es nur eines einzigen Handgemenges und der Aufenthalt in der betreffenden Bar wurde den Armeeangehörigen generell verboten. Die GI's sollten auf keinen Fall negativ auffallen. Infolgedessen pflegte die in Streitfällen alarmierte Militärpolizei mit brutaler Härte zu intervenieren. Man fragte nicht lange, sondern verfrachtete die geschnappten Soldaten ohne viel Federlesens in den Jeep. Ein falsches Wort und es gab Hiebe.

Dieses konsequente Vorgehen hatte inzwischen Wirkung gezeigt. Mitte der Sechzigerjahre war einigermaßen Frieden eingekehrt. Den Jeep der MP bekam man kaum noch zu Gesicht und die uniformierten Angehörigen der

Special Forces benahmen sich wie perfekte Gentlemen. Abgesehen von ihrem Charme besaßen die meisten von ihnen auch ein durchaus attraktives Äußeres. Kein Wunder, bei dem Fitness-Training, das sie täglich absolvierten. Gertrud fand sie längst nicht so plump und unromantisch wie die eigenen Landsleute. Das Schulenglisch reichte völlig aus, um sich mit den Tanzpartnern aus Übersee zu verständigen. Da hatte sie ausnahmsweise einmal etwas Brauchbares gelernt! Und ihr Wortschatz erweiterte sich mit jedem Wochenende.

Oft lag sie nach einem anstrengenden Arbeitstag spätabends noch lange wach. Dann überschlugen sich ihre Gedanken und Empfindungen. Was würde ihr die Zukunft bringen? Würde sie glücklich werden? Und was konnte sie tun, um nicht dem Nächstbesten auf den Leim zu gehen? Sie war der gleichen Auffassung wie ihre Mutter, dass jeder seines Glückes Schmied sei. Man durfte dabei nur keinen Fehler machen. Irgendwann schlief sie endlich ein.

Eines Nachts wurde sie von einem fremdartigen Geräusch aus dem Schlaf gerissen. Hatte es eben geklopft? Jetzt, mitten in der Nacht? Wohl kaum! Vermutlich schlummerten alle im Haus friedlich in ihren Betten. Reglos verharrte sie und spitzte die Ohren. Nein, da war nichts. Vielleicht hatte sie nur geträumt. Mehrere Minuten vergingen, ohne dass ein Laut zu hören gewesen wäre. Dann plötzlich vernahm sie ein dumpfes Poltern, das aber nicht vom Flur, sondern von draußen zu kommen schien. Was war da los? Sollte sie etwa aufstehen und nachsehen? Besser nicht! Vielleicht würde sie ja einen Einbrecher auf frischer Tat ertappen. Nicht auszudenken, was ihr dabei alles passieren könnte. Starr vor Angst lauschte sie wie gebannt. Jetzt war nichts mehr zu hören. Hatte sie sich doch getäuscht?

Plötzlich rief jemand etwas. Sie vernahm eine erregte Stimme, die offensichtlich von unten aus dem Garten zu ihr ins Zimmer drang. »Was machen Sie da?« War das ihr Stiefvater? So außer sich hatte sie ihn noch nie erlebt! Offenbar hatte er tatsächlich einen Eindringling gestellt. Ganz vorsichtig näherte sich Gertrud dem Fenster und lugte hinaus. Sie sah Karl-Friedrich im Bademantel unten auf der Wiese stehen. Bestimmt war er gerade aus dem Bett gekommen, aber genügend Zeit, sich eines seiner Jagdgewehre zu schnappen, hatte er dennoch gefunden. Das hielt er nun im Anschlag und zielte damit in Richtung Balkon. »Rühr dich nicht von der Stelle!«, brüllte er.

Wer war denn derjenige, den er da anrief? Gertrud zog sich vom Fenster zurück und krabbelte auf allen Vieren zur Balkontür. Gut, dass sie vor dem Zubettgehen wie immer die Lamellenschlagläden geschlossen hatte. Von hier erstreckte sich der Balkon über zwei Seiten des Hauses bis zum Zimmer ihrer Schwestern auf der Westseite. Hoffentlich hatten die da drüben auch alles dichtgemacht. Durch die Ritzen des Schlagladens konnte sie leider kaum etwas erkennen. Allerdings bewegte sich draußen etwas Graues.

»Ich gehe jetzt durch diese Tür hinein und rufe die Polizei. Aber, Freundchen, ich behalte dich im Auge.« Sollte sich jemand auf dem Balkon befinden, so hatte der nun wahrlich schlechte Karten. Davonlaufen konnte er nicht mehr. Denn den Versuch, wieder in den Garten zu klettern, würde Karl-Friedrich sofort vereiteln. Durch die offene Arbeitszimmertür hörte sie ihn telefonieren. Nach kurzer Zeit kam er wieder heraus und postierte sich erneut auf der Wiese. »Wir warten jetzt auf deine Eskorte.«

Später konnte Gertrud durchs Fenster genau verfolgen, was sich unten tat. Doch es war nicht die Polizei, die schließlich kam, wie sie geglaubt hatte. Stattdessen rannten zwei Kolosse in Militäruniform über die Wiese. Sie trugen Stahlhelme und weiße Halfter mit Gummiknüppeln. Rasch hatten sie sich ein Bild der Lage verschafft und sofort reagiert. »Come on, get down!«, brüllte der eine von ihnen. Offensichtlich wusste der Angesprochene aber nicht, wie das gemeint war. »Just jump, jump as you have learned! It's not high!«, wurde ihm befohlen.

Und tatsächlich musste der Fremdling von der Balustrade gesprungen sein. Denn Gertrud konnte beobachten, wie ein Mann im Tarnanzug mit beiden Beinen auf der Terrasse landete und im Abfangen des Stoßes auf die Militärpolizisten zutaumelte. Diese Gelegenheit zuzuschlagen, ließ sich einer der beiden nicht entgehen. Mit seinem Knüppel drosch er dem Soldaten kräftig über den Rücken, so dass er endgültig strauchelte und kopfüber in die Rosenbüsche stürzte. Ungeachtet der Dornen riss der andere MP dem Darniederliegenden einen Arm auf den Rücken und trat ihm unbarmherzig seinen Stiefel ins Kreuz. Dann drehte er dessen Kopf so, dass Karl-Friedrich das Gesicht betrachten konnte und zückte eine Taschenlampe. »Kennen Sie den?«, fragte er, während er gleichzeitig dem Hilflosen den Lichtkegel ins Antlitz knallte. Karl-Friedrich trat näher heran und sah genau hin. Es handelte sich um einen dunkelhaarigen Mann um die Dreißig. Er sah erbärmlich aus: Ein paar Rosenblätter klebten ihm im Gesicht, Wangen und Stirn hatten einige Schrammen abbekommen und dicht unterhalb des linken Auges klaffte eine blutige Platzwunde. Nach kurzem Überlegen sagte Karl-Friedrich: »Tut mir leid, nie gesehen!«

Und genau in diesem Moment blickte die geschundene Kreatur zum Fenster hinauf. Oh, nein, wäre nur das nicht geschehen! Am liebsten hätte Gertrud laut aufgeschrien. Denn das war kein Einbrecher, das war ja Alan. Ihr Alan!

Warum hatte er sich nicht angekündigt? Wie dumm von ihm! Gertrud hatte ja keine Ahnung gehabt. Hätte er ihr doch nur eine Nachricht zukommen lassen! Dann wäre sie natürlich wach geblieben und hätte ihn mit offenen Armen empfangen. Keiner im Haus hätte etwas mitbekommen. Und in ihrem Schlafzimmer hätte er dann mit ihr tun können, wonach ihm der Sinn stand. Was war denn nur in ihn gefahren? Wieso wollte er plötzlich genau das vollbringen, wogegen er sich bisher immer gesträubt hatte? Schon mehrmals hatte sie ihn nämlich zu einem heimlichen Stelldichein in ihrer Dachkammer ermuntert. Aber er hatte beharrlich abgelehnt. Denn nach seinen prüden amerikanischen Moralvorstellungen ziemte sich ein derartiges Verhalten einfach nicht. Vergeblich hatte Gertrud ihm versichert, dass es doch zum bayerischen Brauchtum gehöre und den

Mut eines Verehrers beweise, wenn er zum Kammerfenster seines Schätzchens hinaufklettern und dort leise anklopfen würde, um eingelassen zu werden.

Vor etwa zwei Monaten hatte sie ihn kennengelernt. In der Schaukelbar waren sie einander zum ersten Mal begegnet. Alan war mit ein paar Kameraden gekommen und hatte die hübsche Blonde schon bald zum Tanz aufgefordert. In seiner schmucken Uniform gefiel er ihr ausnehmend gut und ihre Ungezwungenheit und Frische nahm auch ihn sogleich für sie ein. Schnell wurden sie vertraut miteinander und vergaßen die Zeit und alles Drumherum. Es sollte sehr spät werden an jenem Abend.

Am darauf folgenden Samstag kam Alan wieder. Und schon damals wurde aus ihnen ein Paar. Denn während einer Tanzpause hatte er Gertrud in die milde Frühlingsnacht hinaus begleitet, war mit ihr in den benachbarten Franziskanerpark spaziert. Dort hatte er sie zum ersten Mal geküsst. Als er sie in seinen starken Armen hielt und ihre Lippen sich berührten, traf Amors Pfeil ihr Herz. Seitdem liebte sie ihn.

Soweit es sein Dienstplan zuließ, sahen sie sich an jedem Wochenende. Und er erzählte ihr seine Geschichte. Mehr als vier Jahre war er schon in Deutschland stationiert, das letzte davon hier am Ort als Ausbilder bei den Special Forces. Der Militärdienst ging ihm über alles, nicht nur weil dadurch sein Einkommen gesichert war. Nein, Alan war ein überzeugter Patriot. Oft genug hatte er John F. Kennedys Antrittsrede ins Amt des Präsidenten zitiert: »Frage nicht danach, was der Staat für dich tun kann, sondern was du für den Staat tun kannst.« Wie sein Vorbild wollte auch er seinem Vaterland dienen, den Vereinigten Staaten von Amerika. Gegenwärtig eben als Ausbilder einer Spezialeinheit der Green Berets. Sie sollte die Regierung Südvietnams im Kampf gegen die Guerilla des Vietkong unterstützen. Denn seit Anfang der sechziger Jahre gewannen die Kommunisten in Südostasien beunruhigend an Einfluss. Dieser roten Gefahr musste unbedingt Einhalt geboten werden.

Gertrud wurde aus ihren Gedanken gerissen. Denn unten führte man Alan gerade ab. Kurz danach konnte sie ein Auto wegfahren hören und sah ihren Stiefvater wieder ins Haus gehen. Hinterher klopfte es an ihrer Tür.

»Was ist denn los?«, fragte sie.

»Schlaf weiter, es ist alles in Ordnung«, hörte sie ihre Mutter antworten. »Irgendein Lump hat sich im Garten herumgetrieben. Aber Vati hat ihm das Handwerk gelegt. Die Polizei war schon da und hat ihn mitgenommen.«

Am nächsten Tag konnte Gertrud sich nur schwer auf ihre Arbeit im Gesundheitsamt konzentrieren. Zu vieles ging ihr durch den Kopf. Wohin hatte man Alan gebracht und was musste er jetzt befürchten? Bereute er, was er getan hatte? Vor allen Dingen wollte Gertrud wissen, welche Motive ihn zu seiner Tat getrieben hatten. War er nur ihrer Hinhaltetaktik überdrüssig geworden und hatte er endlich einmal mit ihr schlafen wollen? Oder war diese Aktion, für die er ja beherzt über seinen Schatten gesprungen war und alle bisherigen Skrupel über Bord geworfen hatte, das eindeutige Bekenntnis seiner Liebe? Wenn sie doch nur mit ihm sprechen könnte! Zu dumm, dass das nicht ging. Wenn sie jetzt am Kasernentor auftauchte und nach ihm verlangte, würde sie ihre Beziehung doch offenbaren. Das aber durfte sie solange nicht wagen, bis sie seiner uneingeschränkten Zuneigung sicher sein konnte.

Jetzt rächte sich, dass sie sich immer nur von Wochenende zu Wochenende verabredet hatten. Es bestand keine Möglichkeit einer direkten Kommunikation. Und Helga, die einen guten Bekannten unter den deutschen Zivilangestellten hatte, der vielleicht weiterhelfen könnte, war von ihr in den letzten Wochen sträflich vernachlässigt worden. Seit sie Alan kannte, hatte Gertrud sich nicht mehr um ihre beste Freundin gekümmert. Darum traute sie sich jetzt nicht, sie mit ihren Sorgen zu behelligen. Wäre vielleicht auch zu kompliziert geworden.

Solange sie keine Nachricht von ihrem Angebeteten erhielt, war sie zur Untätigkeit verdammt. Ihr blieb nichts anderes übrig, als aufs Wochenende zu warten, um dann zu versuchen, von Alans Kameraden etwas über ihn zu erfahren. Lustlos verrichtete sie ihren Dienst. Mit strengem Befehlston forderte sie die Patienten auf, sich zum Durchleuchten freizumachen. Nach Dienstschluss kehrte sie bedrückt in ihre Kammer zurück. Schlecht gelaunt erschien sie zum Abendessen. Da sagte Karl-Friedrich zu ihr: »Deine Mutter und ich haben nachher etwas mit dir zu besprechen. Wir gehen dafür aber besser ins Arbeitszimmer.«

Ein kalter Schauer erfasste sie. Denn ihr Stiefvater war am Morgen in der Kaserne gewesen und hatte vor der Militärpolizei ausgesagt. Hatte Alan sie etwa verraten? Möglicherweise erzählt, dass sie mit ihm nach Kalifornien gehen wollte? Denn von dort war er gekommen, aus Pasadena. Gertrud beabsichtigte, ihrem bisherigen Leben lieber heute als morgen den Rücken zu kehren, den Zwängen daheim, den Schikanen ihres launischen Chefs. Ihre wahren Fähigkeiten erkannte hier ja doch keiner.

Sehr viel aussichtsreicher erschien ihr da Alans Familie. Sein Vater arbeitete nämlich als Drehbuchautor im Filmgeschäft. Deshalb hatte er gute Kontakte zu Regisseuren und großen Bossen. Klang interessant! Mit solch einzigartigen Beziehungen würden sich bestimmt auch für sie ganz neue Möglichkeiten eröffnen. Oh, wie lange schon sehnte sich danach, beim Film Karriere zu machen. Mit ihrem Aussehen und Talent und vor allem mit ihrem ausgeprägten Drang nach Höherem lag das doch nahe.

Die Informationen über seinen alten Herren hatte Alan ihr nur widerwillig preisgegeben. Es hatte einige Raffinesse erfordert, sie ihm nach und nach zu entlocken. Denn er hatte nun mal die fixe Idee, um seiner selbst willen gemocht und begehrt zu werden, nicht wegen irgendwelcher Karriereaussichten, die sein Vater bot. Ein solcher Einfaltspinsel! Man konnte doch das Angenehme mit dem Nützlichen verbinden. Tatsache war, dass das Ende seiner militärischen Dienstzeit unaufhaltsam näher rückte. Jetzt bloß keine Zeit verlieren! Nur noch ein halbes Jahr und er würde wieder nach Hause zurückkehren.

Gleich nach dem Abendessen ließen sich die drei im Arbeitszimmer um den Schreibtisch herum nieder. Hier waren sie ungestört und konnten von Agnes nicht belauscht werden.

»Du hast ja mitbekommen, was gestern bei uns los war«, begann Karl-Friedrich.

»Den Einbrecher?«, fragte Gertrud.

»Ja, den Einbrecher. Wir wissen noch nicht genau, was der ausgerechnet bei uns wollte.«

»Hättest du denn auf den geschossen?«

»Das tut jetzt nichts zur Sache. Uns interessiert momentan etwas anderes.«

»Wieso?«

»Vatis Gewehr war doch gar nicht geladen!«, mischte sich Johanna ein.

»Aber wenn er dich angegriffen hätte?«

»Dann hätte ich mit dem Gewehrkolben zugeschlagen, darauf kannst du dich verlassen. Jedenfalls schieße ich mit meiner Jagdwaffe nicht auf Menschen.«

»Und deine Pistolen?«

»Das ist jetzt der springende Punkt, die Pistolen im Haus! Es könnte sein, dass der Einbrecher es auf die abgesehen hatte.«

»Das verstehe ich nicht.«

»Wenn er gewusst hat, dass es im Haus Handfeuerwaffen gibt, könnte das ein Motiv für seine Tat gewesen sein. Und das wollen wir eben herausfinden. Ich bin allerdings nicht der Meinung, dass er sich Waffen besorgen wollte.«

»Was denn dann?«

»Nun, jemand, der zu nachtschlafender Zeit in ein Haus einbricht, tut dies möglichst leise. Er wird es zuerst einmal im Erdgeschoss oder Keller versuchen und nicht direkt neben den Schlafzimmern im Obergeschoss. Doch der Kerl ist das Birnenspalier hochgeklettert. Als er auf dem Balkon stand, konnte ich ihn vom Bett aus sehen.«

»Was hätte er denn sonst bei uns wollen?«

»Na ja, vielleicht wollte er zu dir.«

»Um Gottes Willen, wie kommst du denn darauf?«

Seit seinem Gespräch mit den Ermittlern der Militärpolizei am Morgen war Karl-Friedrich nicht mehr davon überzeugt, dass es sich bei Alan um einen Einbrecher handelte, denn seine Vorgesetzten hatten ihn als die Pflichterfüllung selbst beschrieben. Immer engagiert und zuverlässig, vor allem aber äußerst diszipliniert. Ein solches Delikt wäre völlig untypisch für ihn. Daher hatte sich in ihm der Verdacht verstärkt, dass es sich stattdessen um einen Verehrer seiner Stieftochter handeln könnte. Der Soldat war ihren unwiderstehlichen Reizen erlegen und hatte zu ihr gewollt. Wenn dem so wäre, würde ihn dieses Tatmotiv weitgehend entlasten. Man konnte es ihm ja nachfühlen. Schließlich hatte Gertruds Mutter auch ihn, Karl-Friedrich, einmal ebenso betört.

Allerdings war der Bursche äußerst ungeschickt vorgegangen. Dies entsprang wohl seiner mangelnden Erfahrung mit den hiesigen Gepflogenheiten. Denn beim Fensterln ist die Unterstützung durch die Angebetete nun einmal unabdingbar. Ohne eine Leiter kommt man nicht zum Ziel. Und darum hätte ihm diese zugänglich gemacht werden müssen. Sein Herumklettern an der Hausfassade war jedenfalls kontraproduktiv. Und wer ist schon so ungeschickt und schwingt sich ausgerechnet auf den Balkon unmittelbar vor dem Schlafzimmerfenster der Eltern? Naiv ist so etwas. Da hatte Karl-Friedrich doch nicht untätig bleiben können und seine Familie schützen müssen. Doch inzwischen tat ihm dieser Captain der Green Berets leid. Dem musste irgendeine Sicherung durchgebrannt sein. Darum war der junge Mann jetzt in ernsten Schwierigkeiten. Ihm drohte nicht nur ein Disziplinarverfahren. Nein, er musste einen Militärgerichtsprozess und sogar die vorzeitige und unehrenhafte Entlassung aus der Armee befürchten. Das wäre bestimmt das Schlimmste für ihn. Ob Gertrud dies alles klar war? Nur sie kannte die Wahrheit. Jetzt ging es darum, sie ihr zu entlocken. Ein wahrlich schwieriges Unterfangen!

»Also noch einmal: Es besteht der Verdacht, dass der Soldat zu dir ins Zimmer wollte«, sagte Karl-Friedrich. »Das würde allerdings voraussetzen, dass er von dir wusste. Er könnte dich zum Beispiel beobachtet haben und dir nach Hause gefolgt sein. Oder ihr kennt euch.«

»Worauf gründet sich denn dieser Verdacht?«, versuchte Gertrud auszuweichen.

»Du weißt ja, dass ich heute in der Kaserne war. Und da haben sich gewisse Anhaltspunkte dafür ergeben.«

»Was hat der Soldat denn ausgesagt?«, fragte Gertrud hoffnungsvoll. Hatte Alan sich etwa zu ihr bekannt? Dann wäre alles viel einfacher.

»Den durfte ich natürlich nicht direkt sprechen. Die Militärpolizisten haben mir aber mitgeteilt, dass er sich ohnehin nicht zum Sachverhalt äußern würde. Sie glauben, er wolle jemanden schützen. Könntest du das vielleicht sein?«

Was sollte Gertrud nur tun? Bei diesem unwürdigen Verhör ging ihr alles viel zu schnell. Sie hatte ja gar keine Zeit zum Überlegen. Madame blickte sie an, als wollte sie sagen: »Mach mir jetzt bloß keine Schande!« Ihre Mutter, die mit Anfang zwanzig Witwe geworden war, weil ihr Ehemann, Gertruds Vater, den diese nie kennengelernt hatte, im Kampf gegen die Alliierten gefallen war. Was würde passieren, wenn sie jetzt zugeben würde, eine Affäre mit diesem Amerikaner zu haben? Freilich war das Ganze weit mehr als eine Liaison, zumindest in Gertruds Augen. Aber ihre Mutter hätte dafür sicher überhaupt kein Verständnis. Für sie blieben die Amis doch die verhassten Besatzer von früher. Viel zu tief saßen bei der noch immer die nationalen Ideale, die ihr eine perfide Propaganda in den Dreißigerjahren eingehämmert hatte.

Gertrud fiel wieder ein, was ihre Mutter von jenem traumatischen Erlebnis der Nachkriegszeit erzählt hatte. Sie war damals mit Klein-Gertrud im Kinderwagen unterwegs gewesen und zum ersten Mal in ihrem Leben einem Farbigen begegnet. Plötzlich war er um eine Hausecke gebogen und stand direkt vor ihr. Ein Hüne von einem Mann, bestimmt zwei Meter groß. Aus seinem Antlitz von exotischer Schwärze starrten Johanna zwei weit aufgerissenen Augen an. Was für ein Schrecken! Sie hatte entsetzliche Angst gehabt. Immer wieder musste sie später davon berichten. Da beugte sich der Uniformierte auch schon über den Kinderwagen. Was hatte er bloß im Sinn? Sollte sie um Hilfe rufen? Stattdessen stand sie hilflos daneben.

Nach ein paar endlosen Augenblicken richtete sich der Soldat wieder auf und wandte sich ihr zu. Ein sonniges Lächeln breitete sich auf seinem Antlitz aus. »Pretty baby!«, sagte er und meinte wohl wirklich nur das Kind. Vielleicht hatte er ja wegen seines Kriegseinsatzes selbst einen solchen Wurm in der Heimat zurücklassen müssen. Trotzdem saß der Schock tief. Was waren das nur für Zeiten! Als junges Mädchen wäre sie doch früher niemals einem solchen Fremden auf der Straße begegnet. Nach ihrem Empfinden war sie nur knapp der Schändung durch einen Wilden entgangen.

Dies war die Zeit, als der Militärgouverneur der Amerikanischen Besatzungszone die Kaserne auf dem Berg zu seiner Residenz erkoren hatte und Bayern von dort aus regierte. Damals schlug Johanna sich und ihr Kind mit Gelegenheitsarbeiten durch. Unter anderem wusch und bügelte sie die Wäsche einiger Offiziere. Zum Glück konnte sie Gertrud bei ihrer Mutter abstellen. Auch Anna und Helmut kümmerten sich sehr um die kleine Nichte. Doch Johanna empfand ihre Tätigkeit als demütigend. Noch ein Jahr zuvor hatte sie als Ehefrau eines SS-Offiziers zur Elite Deutschlands gehört. Nun war sie zur Dienstmagd abgestiegen. Dieser Prestigeverlust ließ ihre Abneigung gegen die US-Amerikaner noch mehr eskalieren. Wenigstens hatte sie das Kind. Und nur dafür war sie bereit, die unverdiente Schmach zu ertragen.

»Hallo, Gertrud! Hörst du mir überhaupt zu?« Karl-Friedrich schien ungeduldig zu werden. »Ich hab dich was gefragt!«

»Äh, was denn?«

»Ob du einen amerikanischen Soldaten kennst oder ob einer von denen weiß, wo du wohnst.«

»Kennen, was heißt das schon?«, antwortete sie. »Mag sein, dass ich mit dem einen oder anderen von denen mal getanzt habe. Aber nach Hause begleitet hat mich noch keiner. Meistens fahre ich mit Helga heim – oder lasse mich von dir abholen. Das weißt du ja.«

»Das habe ich nicht gefragt. Ich will von dir nur wissen, ob du dem Mann, der bei uns einzudringen versucht hat, deine Wohnadresse gegeben hast.«

Wieder einmal verfluchte Gertrud den Beruf ihres Stiefvaters. Als Rechtsanwalt und Strafverteidiger wusste er natürlich sehr genau, wie man Zeugen in die Enge trieb, um sie zu einer Aussage zu bewegen. Oder war sie jetzt sogar die Angeklagte? Sie versuchte, Zeit zu gewinnen: »Ich weiß überhaupt nicht, um wen es hier geht. Gestern Nacht habe ich nämlich fast nichts mitbekommen.«

»Da kann ich weiterhelfen: Der Mann heißt Albright, Captain Alan Albright. Er ist Weißer, stammt aus Pasadena in Kalifornien und ist Offizier der Special Forces. Nun, was sagst du dazu?« Erwartungsvoll sah er sie an.

Die Nennung seines Namens elektrisierte Gertrud. Hatte sie bisher immer noch hoffen dürfen, sie habe sich getäuscht, es handle sich um einen Irrtum oder eine Verwechslung und der Delinquent sei ein ganz anderer, so ließen die Worte ihres Stiefvaters nun keinen Interpretationsspielraum mehr zu. Ab jetzt wurde Tacheles geredet. Sie brachte aber nur ein geflüstertes »Ich weiß nicht« heraus.

»Was heißt hier, ich weiß nicht? Ich will ein klares Ja oder Nein von dir hören. Aber eines solltest du bedenken: Versuchter Einbruch und Waffendiebstahl werden streng geahndet. Da ist es mit einer Disziplinarstrafe nicht mehr getan. Falls du diesen Mann also kennst, solltest du das zugeben. Du kannst ihm mit deiner Aussage nämlich mächtig viel Ärger ersparen.«

Wut kroch in Gertrud hoch. Warum hatte Alan sich nicht geäußert, sich nicht zu ihr bekannt? Der war doch selber schuld an seiner Situation! Sie jedenfalls würde hier nicht den ersten Schritt tun! Nicht, bevor sie mit ihm geredet hatte. Außerdem hatte sie viel zu viel Angst vor der Reaktion ihrer Mutter.

Diese schaltete sich jetzt auch prompt ein. »Was setzt du Gertrud so unter Druck! Du siehst doch, dass sie ganz durcheinander ist. Gestern war's noch ein Einbruchsversuch und heute soll es ein Techtelmechtel sein? Ich habe meine Tochter zur Ehrlichkeit erzogen. Wenn sie nicht weiß, ob sie den Mann kennt, dann wird das schon so sein. Sie ist doch kein Amiflittchen!«

»Nur ruhig, wir haben's gleich!«, beschwichtigte sie Karl-Friedrich. »Aber es geht hier nicht um eine Bagatelle. Darum will ich es jetzt genau wissen.« Erneut wandte er sich Gertrud zu. »Falls du dich nicht an den Namen erinnerst, man hat mir eine Fotografie von Captain Albright mitgegeben. Die kann ich dir zeigen. Vielleicht erinnerst du dich dann.«

Als er aus der Schreibtischschublade einen Umschlag nahm und das Bild herauszog, begann Gertrud zu zittern. Was sollte sie bloß tun? Angesichts der Porträtaufnahme von Alan versagte ihr zunächst die Stimme. »Sieh es dir nur gut an!«, wurde sie ermahnt. Ein stattlicher Mann war das, der da in die Kamera blickte. Er trug das grüne Barett, das ihn als Angehörigen der Special Forces kennzeichnete. Darauf war er besonders stolz.

»So, jetzt frage ich dich zum letzten Mal: Kennst du diesen Mann? Ja oder nein? Überleg dir gut, was du sagst.«

Gertrud konnte nur noch flüstern. »Nein!«, lautete ihre Antwort.

Karl-Friedrich schien enttäuscht, Johanna zufrieden zu sein.

»Das habe ich dir doch gleich gesagt«, keifte sie ihn an. »Aber du hattest ja deine Vermutung!« Ihr Mann ging jedoch gar nicht darauf ein sondern sprach zu Gertrud: »Nein, sagst du. Dann werde ich morgen hingehen und das so weitergeben. Willst du das wirklich?«

Johanna hatte nun endgültig genug: »Jetzt lass sie doch in Ruhe! Du merkst doch, wie ihr das alles zusetzt. Muss diesen Einbruch ja auch erst mal verkraften. So etwas ist doch ein Schock für sie.«

Mit den Worten: »In Ordnung, das war's dann also. Du kannst gehen«, beendete Karl-Friedrich Gertruds Qualen.

Gertrud verließ den Raum und schlich in ihr Zimmer.

Den Rest der Woche mied sie ihre Eltern so gut es ging. Und am Freitagabend eilte sie in die Schaukelbar. Voller Ungeduld wartete sie dort zunächst über zwei Stunden, bis die ersten amerikanischen Soldaten erschienen. Es war aber kein Bekannter darunter. Gegen ein Uhr kamen dann doch endlich zwei GI's, die der gleichen Einheit wie Alan angehörten. Sie stürzte auf die beiden zu. Ob sie wüssten, was mit ihrem Kameraden geschehen sei. Sie habe keine Nachricht von ihm.

Mit einem etwas mitleidigen Blick wurde ihr eröffnet, dass Captain Alan Albright Europa bereits verlassen habe. Er sei seines Kommandos enthoben und in die Vereinigten Staaten verbracht worden. Dort werde ihm der Prozess gemacht. Unangenehme Geschichte das Ganze! Ein feiner Kerl sei er immer gewesen. Jetzt aber habe er sich von niemandem helfen lassen und sein unerwartetes Verhalten keinem erklärt. Verrückt sei so etwas, aber nichts Ungewöhnliches bei den in Übersee stationierten Soldaten. Der Drill sei eben sehr hart und fordere oft erheblichen Tribut. Schon viele wären an diesem Druck zugrunde gegangen. Manche würden sich dem Suff oder Heroin ergeben, andere brächten sich gleich um. Nur bei Alan hätten sich alle gewundert, der habe doch immer bereitwillig seinen Dienst getan.

Ein schier unerträglicher Schmerz erfasste Gertrud. Sie zog sich auf die Toilette zurück und sperrte sich in eine Kabine ein. Dort sank sie nieder und schluchzte hemmungslos. Sie wollte einfach nicht glauben, was sie eben gehört hatte. Sollten all ihre Pläne vergebens gewesen sein, all ihre Träume ausgeträumt? Ruhm, Karriere, ihr großes Glück, für immer dahin! Womit hatte sie das verdient? Vermochte das Schicksal ihr gegenüber wirklich so grausam zu sein? Voller Wut hämmerte sie mit den Fäusten gegen die Kabinenwand.

Lange war sie dort geblieben. Und als sie wieder herauskam, war aus ihr eine andere geworden. Spontaneität und Unbeschwertheit hatten einer abgrundtiefen Melancholie Platz gemacht, aus heiterer Frische war Hoffnungslosigkeit geworden. Wie ein Einsiedlerkrebs hat sie sich fortan in ein Gehäuse zurückgezogen, aus dem sie der Umgebung nur ihre scharfen Zangen zeigte. Die Schaukelbar hat sie nie wieder betreten.

Apathisch ertrug sie nun ihren Alltag. Die unverbindlichen Flirts junger Männer, die zu ihr zum Röntgen kamen, schmetterte sie betont barsch ab. Das war doch Firlefanz! Und zuhause entwickelte sie einen unbändigen Zorn auf den Mann ihrer Mutter. Wenn der nicht in jener unsäglichen Nacht mit seinem vermaledeiten Schießprügel all ihre Hoffnungen zunichte gemacht hätte, wäre ihr das große Glück zuteil geworden. Sie war ja so nah dran gewesen! Sie hatte Alan schon an der Angel gehabt. Nur wegen des kaltblütigen Eingreifens ihres herrschsüchtigen Stiefvaters in jener fatalen Nacht war ihr dieser dicke Fisch wieder entglitten.

Aber das Leben musste weitergehen. Ihrem knorrigen Vorgesetzten, dem Amtsarzt, gefiel ihr ruppiges Benehmen, denn er mochte keine unterwürfigen Frauen. Darum ließ er sich jetzt von ihr mit dem Dienstwagen zu fast allen offiziellen Terminen und auch zu privaten Verabredungen chauffieren. Er hatte seinen Führerschein wegen Trunkenheit am Steuer verloren. Diese Fahrdienste gingen natürlich weit über ihre beruflichen Pflichten hinaus. Aber damit hatte sie ihn in der Hand und setzte viele Vergünstigungen durch. So durfte sie ihre Arbeitszeiten selbst bestimmen. Ihre Kolleginnen begannen zwar darüber zu maulen, Gertrud kümmerte das jedoch nicht. Denn die hatten ja ohnehin nicht ihr Niveau und sollten darum mit dem zufrieden sein, was man ihnen zubilligte. Auf Freundschaften am Arbeitsplatz legte sie ohnehin keinen Wert mehr.

Nur zuhause kam sie mit ihrer Situation einfach nicht mehr klar. Sie verfluchte den Balkon vor ihrem Zimmer, der Alan zur Falle geworden war, die dornigen Rosen, die ihn verletzt hatten. Wenn sie am Waffenschrank vorüberging, in dem sich das Gewehr befand, das in jener Nacht auf Alan gerichtet worden war, hätte sie am liebsten eine Axt genommen und alles kurz und klein geschlagen. Und aus ihrer Wut auf den Stiefvater wurde allmählich blanker Hass. Nach und nach übertrug sie diesen ihren Groll auf das, was Karl-Friedrich geschaffen hatte. Warum durfte dem einen alles gelingen, dem anderen nichts? Weiterhin in seinem Anwesen zu wohnen, in jenem verdammten Zimmer, das Alan nie erreicht hatte, glich einem Alptraum. Sogar im Verhalten seiner leiblichen Töchter glaubte sie jene auch ihm eigene Niedertracht zu entdecken.

Natürlich bemerkte Karl-Friedrich Gertruds Wesensveränderung, spürte ihre immer stärker werdende Feindseligkeit. Doch obwohl er deren Ursache sehr wohl kannte, konnte er absolut nichts dagegen tun. Denn – völlig unerwartet – verbündeten sich jetzt seine Frau und seine Stieftochter gegen ihn. Sie fanden zu der längst verloren geglaubten Vertrautheit früherer Jahre zurück. Damals war es ihm kaum gelungen, in ihr inniges Verhältnis einzudringen. Was hatte er nicht alles versucht, der unvermutet schwierigen Situation beizukommen. Noch am Tag der Hochzeit war er von der Fünfjährigen nicht als »Vati«, sondern als »Der Mann« bezeichnet worden. Später hatte er immer peinlich darauf geachtet, seine beiden Mädchen Gertrud gegenüber nicht zu bevorzugen. Ganz bewusst hatte er ihr beim Einzug ein eigenes Zimmer gegeben. Er hätte ihr jede Ausbildung finanziert. Allerdings trug sie noch immer einen anderen Nachnamen, den ihres verstorbenen Vaters. Ihn nicht zu ändern, war wohl ein Fehler gewesen. Und der Allianz, die Johanna und Gertrud nun wieder bildeten, schlossen sich wie selbstverständlich Johannas Geschwister Anna und Helmut an. Hatten sie nicht immer vor diesem Preußen gewarnt?

So war eine Kluft entstanden, die sich fortan mitten durch die Familie ziehen sollte, zunächst als feiner Riss, später als unüberbrückbarer Graben. Helmut nannte seinen Schwager immer nur »den Klement«, Karl-Friedrich und seine Töchter titulierten Johanna respektlos als »Die Madame«. Anna unkte, wo sie nur konnte: »Wirst schon sehen, Gertrud wird einmal nichts bekommen!« Und Johanna fuhr ihre Tochter Maria bei den viel zu häufigen Meinungsverschiedenheiten an: »Du bist wie dein Vater.

Oh, wären Gertrud und ich nur allein geblieben! Es wäre uns wahrlich besser ergangen.«

Und dann war eines Tages Hubert im Gesundheitsamt aufgetaucht. Er war kein Patient. Nein, er war Techniker und hatte den Auftrag, die marode elektrische Anlage zu erneuern und die Röntgengeräte zu warten. Darum kam er immer wieder. Und ihm sollte endlich gelingen, was viel zu lange keiner mehr zuwege gebracht hatte: Mit seinen lockeren Sprüchen und einigen Taschenspielertricks brachte er Gertrud zum Lachen. Er hatte den Bogen eben raus, wie man sie behandeln musste. Obwohl nur ein einfacher Handwerker vom Dorf, gewann er sofort ihre Sympathie. Und als er sie einmal »tüchtig hernehmen« wollte, hatte sie nicht lange gefackelt. Jetzt war sogar ein Lieferwagen dafür gut genug. Und was sie letztlich beabsichtigt hatte, gelang ihr auf Anhieb. Sie wurde schwanger.

Ihr Stiefvater meinte zwar: »Wegen des Kindes musst du nicht heiraten, das kriegen wir schon groß.« Der schien ja gar nicht zu wissen, worum es ihr wirklich ging. Fort von daheim und nicht mehr arbeiten müssen! Ihre Mutter hätte der Ehe mit Hubert sicher nicht ohne weiteres zugestimmt. Die Nachricht von der Schwangerschaft hatte sie mit Entsetzen vernommen. Doch weil sie den absehbaren Skandal unbedingt vermeiden wollte, war ihr nichts anderes übrig geblieben, als dem jungen Paar ihren Segen zu geben.

So konnte Gertrud schließlich der heimischen Hölle entkommen.

Elisabeth Borghorst

Kind der guten alten Zeit

Meine Erinnerung reicht eigentlich nur bis zum vierten Lebensjahr. Als meine Schwester eingeschult wurde, war es mit meiner Gemütlichkeit vorbei.

Wir wohnten sehr nahe bei der Schule. Jeden Tag begleitete ich sie bis zum Schultor, saß zur Pause auf der Mauer und erledigte die Hausaufgaben genauso. Meine Eltern waren gestresst und ich wurde mit Antrag zum nächsten Schuljahr angemeldet. Ich wog zu wenig, aber man drückte beide Augen zu und somit wurde ich mit fünf eingeschult.

Einschultag: Meine Mutter wurde tags zuvor von unserer Katze gebissen und hatte ein schlimmes offenes Bein. Da ich Oma als Begleitung ablehnte, begleitete mich Paul, mein vier Jahre älterer Bruder, der dann aber in seine Klasse (drittes Schuljahr) ging. Alles war sehr schön, nur konnte ich ja alles schon und störte sehr bald.

Ich durfte daher neben einer ungeliebten Mitschülerin Platz nehmen. Als diese auf die Tafel spuckte, habe ich das empört durch die Klasse geschrien und mich auf den Weg nach Hause begeben.

Weit gefehlt. Fräulein Fliege holte mich an der Türe ein, gab mir zwei schallende Ohrfeigen und beförderte mich auf meinen Platz. Abends durfte mein Vater zur Lehrerin kommen, was zur Folge hatte, dass ich übers Knie gelegt wurde. Mein Vater war Schmied und hatte riesige Kraft in den Händen.

Von da ab war ich schulreif, ohne zu stören!

Wir hatten eine schöne Kindheit, bewegten uns in der Kolonie frei, wenn geschlachtet wurde (die Bewohner hatten alle Schweine und einen Garten), kamen alle mit Löffel und Teller zum Panhas-Kratzen. Äpfel und Birnen bekam man im Herbst überall geschenkt.

Ich konnte nun lesen. Für meine Schwester, die ins dritte Schuljahr kam, stand jetzt der Kommunionsunterricht an. Ich wurde auch angemeldet, war mit sieben Jahren die Jüngste. Es war schön, ich habe die Sache sehr ernst genommen, obwohl ich vor dem Beichten unheimliche Angst hatte.

Die Vorbereitungen waren hart, morgens proben, mittags baden, Haare aufdrehen, beichten, früh ins Bett, damit uns nichts Böses passierte.

Am Tag selbst dann fein gemacht, nüchtern um 7:30

Uhr zum Abholen nach Schulkamp gebracht. Es regnete nachher, Reginas Kränzchen fiel in den Dreck, war ein wenig beschädigt. Zur Andacht durfte ich es dann aufsetzen, weil ich doch ein liebes Kommunionskind war. Na ja.

Zwei Mal in der Woche hatten wir nachmittags Kommunionsunterricht in der Sakristei. Natürlich waren die Jungs (wir waren 34 Kinder) nicht immer lieb. Der Pastor war leicht ungeduldig. Oft spannte er die Jungs übers Knie und schlug auch kräftig zu. Die Jungen schrien extra laut, so dass man das Geschrei in der Kolonie hören konnte, die Mädchen mussten, wenn sie nicht gelernt hatten oder schwätzten, nach vorne kommen. Der Herr Pastor schlug dann mit einem dicken Buch auf unsere Nasen, das war ganz schön schmerzhaft.

Im Herbst erklärte unser Großes Deutsches Reich den Krieg. Zuerst überfielen wir ja Polen, Frankreich, Holland, Belgien und waren sehr siegreich.

Ich kam ins vierte Schuljahr, wir hatten einen Nazi als Lehrer, einen SA-Führer. Er erkannte meine Fähigkeiten und wollte mich zur Adolf-Hitler-Begabten-Schule nach Braunschweig schicken, mein Vater lehnte ab, mit den Worten: »Sie kann vielleicht sterben, dass kann ich nicht verhindern, aber so lange ich lebe, geht keines meiner Kinder dorthin!«

Der Lehrer zeigte meinen Vater nicht an. Ihm gehört Dank!

Es wurde jetzt immer, die Städte wurden bombardiert. Fast jede Familie hatten einen Gefallenen zu beklagen. Langsam wurde auch das Essen knapp, es gab Lebensmittelkarten. Vater wurde nicht eingezogen, er hatte einen besonderen Auftrag, bestimmte Sachen für Panzer zu schmieden und war unabkömmlich, aber dafür arbeitete er zwölf Stunden täglich.

Kinder hatten Kriegseinsatz: Kartoffeln auflesen, Heilkräuter sammeln. Kartoffeln aufsammeln war lustig, irgendjemand schrie »Tiefflieger« und alle waren verschwunden. Abends gab es als Dankeschön ein Abendessen beim Bauern, Süßigkeiten und Schokolade gab es nicht mehr, zu Weihnachten eine halbe Tafel Schokolade auf Marken.

Oma und Opa wohnten noch bei uns, konnten aufgrund ihres Alters nicht mehr alles verstehen und Oma weinte öfter, weil Mutter in ihren Augen so geizig war und zu wenig Essen kaufte. Mutter war aber immer bestrebt, ihnen noch etwas Gutes zukommen zu lassen.

Dann waren da noch die gefangenen Russen. Sie mussten bei Vater im Werk hart arbeiten und Vater, der selbst nicht viel hatte, teilte mit ihnen auch noch das wenige Brot. Bald flochten die Russen in der abendlichen Freizeit Körbe, die ich bei den Bauern für ein Brot anbieten musste. So retteten wir vielleicht einige Russen vor dem Verhungern.

Im Altenheim gab es für die Alten auch zu wenig. Immer freitags kam ein alter Herr, er konnte kaum laufen, und sang sehr schön an jeder Haustüre: »Harre, meine Seele«, und so weiter. Er bekam Butterbrote geschenkt, so wurden die Alten an einem Tag vielleicht satt. Man konnte nicht viel geben, wir Kinder bekamen auch kein Brot außer der Zeit, es war alles abgeschlossen. Wir gingen auf die Felder, liegengebliebene Ähren sammeln, hin und wieder auch Äpfel stehlen, Bucheckern und Brombeeren sammeln. Von Bucheckern, es war viel Arbeit, konnte man Nussplätzchen backen oder sie zur Mühle bringen, dafür gab es ein bisschen Öl.

Mittlerweile wurde alles verdunkelt, alle Laternen ausgelöscht, unsere Städte waren bombardiert, unser siegreiches Heer hatte sich in Russland übernommen. Stalingrad war eine Falle. Es ging uns immer schlechter, die Schulen wurden geschlossen. Die meisten Kinder wurden evakuiert.

Wir hatten Glück, ein Lehrer, kriegsverletzt, übernahm die 8. Klasse. In unserer Schule war ein Kriegs-Lazarett, wir hatten einen Raum im Flur, der Lehrer wollte uns noch zu einem Abschluss bringen, wohl wissend, dass der Krieg bald vorbei sein musste und dann ein größeres Chaos herrschen würde!

Zuvor hatten wir noch eine Einquartierung, obwohl wir schon selbst keinen Platz hatten, wurden vier Soldaten bei uns einquartiert. Also schliefen wir im Keller.

Die Engländer warfen nun Flugblätter ab, um uns zu informieren. Auch Lebensmittelkarten, gefälschte, um die Wirtschaft lahmzulegen. Sie brachten auch stündlich Nachrichten. Wir durften diese aber nicht hören, es stand die Todesstrafe darauf, man war dann ein Vaterlandsverräter. Unser kleines Volksradio informierte uns jetzt auch über Anflüge feindlicher Verbände, es begann mit: »Achtung, Achtung, Ende, Ende.«

Wir hatten unseren Spaß damit und jeder sagte:

»Achtung, Achtung, Ende, Ende,
über'm Kuhlstall stehn Verbände,
über'm Schweinestall die Jäger,
morgen kommt der Schornsteinfeger.«

Es wurde immer trauriger. Mein Bruder Alex war in Russland vermisst, Paul, erst 16 Jahre alt, war beim Westwallschippen und Vater, der jetzt keinen besonderen Auftrag für die Panzer mehr hatte (die Firma war bombardiert worden), musste zur Polizei, eigentlich nur, um Verdunkelungen zu überprüfen und zu warnen.

❀❀❀

Vor dem Krieg

Die Leute aus unserer Kolonie hatten hinter ihren Häuschen oder an einer anderen Ecke ein großes Stück Gartenland. Sie hatten auch alle nur ein Draußen-Klo mit einer Jauchegrube. Und immer abends fuhren die Männer mit einer Schubkarre, darauf eine gefüllte Jauchetonne, zu ihren Feldern. Es wurde gedüngt.

Gemüse und Kartoffeln hatten alle selbst. Es gab keine Waschmaschine, keine Heizung, keinen Kühlschrank. Die Wäsche wurde im Stall auf einem Waschbrett in einer Wanne gewaschen, eine echte Schinderei. Geheizt wurde in der Küche im Herd, nur sonntags in der guten Stube. Wenn es sehr kalt war, bekamen wir Kinder einen heißen Stein – vorgewärmt im Herd-Backofen – ins Bett gelegt.

Lebensmittel wurden eingekocht oder im Keller gelagert. Es gab kein Eis. Toilettenpapier gab es auch nicht. Die Zeitung wurde in Stücke gerissen, auf einen Nagel aufgepickt, es war aber hart und auch nicht immer sauber.

Lebensmittel kaufte man bei »Martha«, einem sehr kleinen Lebensmittelgeschäft. Gurken, Sauerkraut, Öl und Essig in Fässern. Fassbutter und Marmelade in Eimern, alles wurde in Tüten oder mitgebrachten Töpfen abgewogen.

Kohlen wurden in Handkarren bei Frau Bach in Zentnern gekauft und nach Hause gekarrt (Kinderarbeit). Bonbons gab es beim Küster. Man konnte je 1 Stück für 1 Pfennig bekommen. Wir hatten als Kinder kaum Geld!

❀❀❀

Die sexuelle Aufklärung

Ich war in meiner Schulklasse die Jüngste, die meisten waren zwei Jahre älter und eine Mitschülerin war besonders gut entwickelt und bekam sehr früh ihre Menstruation. Infolgedessen war ich durch dieses Mädchen sehr gut aufgeklärt worden. Zu Hause gab es darüber kein Gespräch.

Als ich nun die Unterhosen meiner Oma bei der Bügelwäsche sah – weiße Leinenunterhosen, unten mit Spitze, in der Mitte offen – habe ich verwundert gefragt: »Oma, was machst du denn, wenn du die Tage hast?«

Oma erstarrte zu Eis, ging zur Türe, hielt sie auf und sprach ganz streng: »Scher dich rauf!«

Wir wohnten oben und die Großeltern unten. Es gab dann nachmittags mit meinen Eltern eine Konferenz über meine Verderbtheit.

Als dann später meine zwei Jahre ältere Schwester

ihre ersten Tage bekam, blieb sie morgens im Bett liegen, stellte sich krank und sagte, sie müsse jetzt sterben. Meine herbeigerufene Mutter schickte mich eilends aus dem Zimmer. Ich durfte doch nicht erfahren, was mit Frauen so geschieht. Das Fräulein blieb zwei Tage im Bett und schwänzte drei Tage die Schule (mit Erlaubnis meiner Mutter).

Aufgeklärt worden bin ich von meinen Mitschülern. Meine Eltern haben über dieses Thema nie ein Wörtchen mit uns gesprochen.

❀❀❀

Über die priesterliche Gewalt!

Wir hatten Religionsunterricht in der Schule bis zum dritten Schuljahr, dann wurde er vom Hitler-Regime verboten. Bei unserer Lehrerin war das ganz okay. Auch der Pastor kam in die Schule. Der gab uns Beichtzettel, darauf stand, was Sünde war. Zuckerlecken usw. fiel darunter. Schlimm war es beim sechsten Gebot. Da gab es gleich eine ganze Liste, über Anfassen, Ansehen und dergleichen.

Wir waren Kinder, hatten so etwas noch nicht probiert, jedoch uns beim Waschen angefasst und auch angeschaut. Auch die Geschwister – ohne besonderes Interesse. Beim 14-tägigen Beichten zählte man alle Gebote herunter, so mit »nichts« oder »ein oder zwei Mal«. Beim sechsten Gebot kam dann automatisch die Nachfrage: »Hast du das gern getan?« Bei Bejahung musste man gleich ein oder zwei Vaterunser mehr zur Beichte beten.

Dann hatten wir nur noch Religionsunterricht beim Pastor in der Sakristei. Die Jungs waren auch mal nicht so lieb und die Mädchen quatschten. Das wurde sofort geahndet. Die Jungen wurden übers Knie gelegt und bekamen schlimme Haue. Man konnte das Geschrei noch in den umliegenden Häusern hören. Die Mädchen mussten nach vorne kommen und bekamen mit einem Buch Schläge auf die Nasen. Das tat sehr weh. Auch wurden den Jungen ständig die Ohren langgezogen.

Die Eltern wussten davon, fanden das aber ganz in Ordnung, somit konnten wir uns nicht wehren!

❀❀❀

Advent 1944

Wir hatten Hunger, die Leute in den Städten hatten kaum noch zu essen. Sie sammelten sogar Kartoffelschalen aus Mülltonnen, stampften sie und versuchten, diese in der Pfanne zu rösten.

Alles war abgedunkelt, auch die Kirche, kein Lichtschein ging nach draußen. Für Adventskränze, es gab keine zu kaufen, gab es keine Bänder oder Kerzen. Nun, jedes Haus, das nicht ausgebombt war, hatte ja einen kleinen Vorrat an Weihnachtsschmuck. Nur fehlte überall der Weihnachtsbaum. Aber Maria, meine Freundin, und ich wollten Weihnachten nicht ohne Baum sein.

Wir bewaffneten uns mit einem Beil und fuhren mit dem Rad in den Wald. In einer Schonung fanden wir dann auch geeignete, ziemlich kleine Bäume. Fleißig schlugen wir zu, Maria brauchte einen, ich zwei Bäume, einen für uns und einen für meine Großeltern. Mit viel Mühe haben wir die gefällt.

Als wir wegfahren wollten, näherte sich ein Förster! Oh Schreck, wir sind losgeradelt. An den Spitzen hielten wir die Bäumchen. Es war ein harter Kampf. Ich glaube, der Förster hatte solches Mitleid mit uns, dass er uns nicht verfolgte. Wir kamen nassgeschwitzt und voller Angst zu Hause an.

Aber wir hatten einen Weihnachtsbaum, er wurde geschmückt und nie habe ich inbrünstiger an einem Baum gesungen.

Mit etwa 10 Jahren, so etwa ab der vierten Klasse, mussten alle Kinder zur Hitlerjugend oder zum Bund Deutscher Mädchen. Zuerst meine Schwester, sie mussten dort alle die berühmte Kluft tragen:

Zum Sport: schwarze Turnhose, kurz, weißes Trägerhemd mit Emblem, dazu Turnschuhe.

Zum Antritt: schwarzer Rock, weiße Bluse, Halbarm, braune Manchesterjacke, Knoten und schwarzes Halstuch, weiße Kniestrümpfe.

Antritt war immer Mittwoch- und Samstagnachmittag von 15:00 bis 18:00 Uhr. Später auch (um den Gottesdienst zu blockieren) sonntags von 9:00 bis 12:00 Uhr.

Sport war immer draußen, auch im Winter, mit dünnem Sportzeug. Ein Hitlerjunge oder –mädchen friert nicht, wird einfach abgehärtet.

Der Dienst war nicht freiwillig, sondern Pflicht.

Meine Schwester wurde freigestellt, weil wir ja sechs Kinder hatten und die Großeltern mussten auch versorgt werden.

❀❀❀

1945 – die Amis rücken näher

Herr Beißel bereitete uns für eine Abschlussfeier im eigenen Haus vor, direkt vor der Schule. Die Schule war überfüllt mit Verletzten, in der Nacht waren viele gestorben und lagen noch auf dem Schulhof. Wir mussten uns einen Weg da durch bahnen. Wir haben nur geheult, unsere Zeugnisse in Empfang genommen und sind sehr bedrückt gegangen.

Ich musste noch eine Stelle als Pflichtjahrmädchen antreten. Hier, in der Schreinerei mit Lebensmittelgeschäft. Ich war 13 Jahre alt, musste um 7:00 Uhr antreten, bekam 3 Mark im Monat und konnte nach Hause gehen, wenn alles getan war, so gegen 20:00 bis 21:00 Uhr.

Opa verstarb, es war sehr kalt und es lag sehr viel Schnee. Ich hatte nur dünne Schühchen, es gab keine anderen. Meine Füße sind bald abgestorben. Der Winter 1945 war lausig kalt mit viel Schnee. Opas Sarg musste aus dem Fenster gehoben werden, weil er nicht horizontal durch die Türe ging. Alle Nachbarn haben den Schnee zur Seite geschippt – es lagen ca. 40 cm Schnee – und dann zogen wir zum Friedhof. Oma konnte nicht mit, sie konnte nicht gut laufen, es gab keine Autos mehr.

Wir hatten nur dünne Sachen an. Die Schuhe waren dünn und ließen Wasser durch. Wir haben vor lauter Kälte und Elend geheult, nicht mehr aus Trauer.

Es wurde immer schlimmer. Die Flüchtlingstrecks erreichten jetzt auch uns. Die Russen hatten ja schon Pommern und mehr erobert. Unser Militär war überall auf dem Rückzug, die Städte lagen in Schutt und Asche. Hitler versprach uns noch eine Wunderwaffe und wollte »die englischen Städte ausradieren«. Aber wir wurden immer mehr eingekesselt. Die Amis landeten in der Normandie. Überall waren jetzt Flüchtlinge und Ausgebombte. Man musste einfach zusammenrücken.

Die letzten noch hiergebliebenen Männer, auch ältere und eigentlich für den Wehrdienst ungeeignete, wurden zum Volkssturm eingezogen. Sie hatten kaum Waffen und die Amis rückten näher und näher. Als Mülheim eingenommen wurde, lagen die armen Männer auf dem Kahlenberg, direkt hinter der Ruhr. Das Gelände war leicht einzusehen und so konnten die Amis diese eigentlich kampfunfähige Truppe wie die Kaninchen abknallen. Es gab viele unnötige Tote.

Mein Vater ergriff die Flucht vom Polizei-Dienst und kam unbeschadet zu Hause an. Die Uniform wurde eilends in der Toilettengrube versenkt, es gab zu dieser Zeit ja noch kein WC.

Bald fuhren die Amis mit ihren Panzerfahrzeugen durch den Ort. Sie untersuchten jedes Haus nach Waffen usw. Abends war Sperrstunde und wir durften nicht mehr nach draußen.

Natürlich hatten wir zuerst unheimliche Angst vor den fremden Soldaten, es waren auch Schwarze dabei! Aber bald trauten wir Kinder uns doch auf die Straße. Und ausgerechnet die Schwarzen waren sehr kinderfreundlich. Sie warfen uns aus ihren Autos Kekse und Schokolade zu. Wir kannten so etwas ja nicht mehr und waren überglücklich. Wir bekamen vor allem etwas, wenn unsere kleine Schwester dabei war. Sie hatte blonde Haare, war anderthalb Jahre alt und sehr süß. Sie nannten sie »little baby«.

Kurze Zeit später kam auch mein Bruder Paul nach Hause. Er hatte sich vom Westwall nachts davongeschlichen. Kurz vor dem Dorfeingang kam er durch Unaufmerksamkeit doch noch in eine Kontrolle. Man verlangte seinen »Pass«. Mit seinem Militärpass wäre er ja noch in Gefangenschaft geraten, so nahm er einen 20-Reichsmarkschein aus seinem Portemonnaie – und der Ami ließ ihn damit passieren!

Nun folgte eine noch schlimmere Zeit, wir hatten nichts mehr zu essen. Es gab das berühmte Maisbrot, sah schön gelb aus, war aber sehr klatschig und es bekam auch nicht gut, es war schwer und man bekam nur sehr wenig.

Die Amerikaner bauten unsere Fabriken ab und transportierten sie nach Hause. Die Industrie lag am Boden.

Die Russen in den Gefangenen-Lagern hatten sich befreit und plünderten jede Nacht die Privathäuser und vergewaltigten Frauen. Im Ort setzte sich eine Bürgerwehr zusammen. Frauen und Kinder aus den Außenbezirken schliefen nun bei Leuten im Ortskern.

Die Russen wurden immer unverschämter. Sie stahlen Kühe und schlachteten diese direkt an Ort und Stelle. Wir bekamen keinen Schutz.

Das Elend wurde immer größer. Es gab nichts zu kaufen. Wir Kinder hatten kaum noch Schuhe an den Füßen. Da begann die große Hamsterei.

Mein Vater bekam auch wieder Arbeit als Schmied bei Thyssen. Die Züge fuhren zum Teil wieder und waren übervoll. Mutter nahm alles Schöne mit und fuhr zu den Bauern nach Geseke, Westfalen. Die hatten vom Krieg wenig mitbekommen, gaben nichts mehr ab, es war ja keine Kontrolle da und tauschten Essbares gegen Geld, Kleider, Wäsche, Bestecke usw.

Meine Kommunionsuhr, die ich erst einmal getragen hatte, musste auch dran glauben. Mutter bekam dafür ein Stück Speck und zwei Pfund Butter, brachte das aber schnurstracks zu einem Schuster, der noch Leder hatte. Dieser fertigte für meine Schwester und mich Schuhe. Nicht schön, aber die waren ganz. Und so wurde alles, was wir entbehren konnten, zu den Bauern getragen.

Manchmal nahm Mutter ihren halbblinden Bruder mit. Der hatte nichts zum Tauschen, ging dann betteln. Er kam dann mit einem Rucksack voller Brotstücke und Wibbelbohnen zurück! Eigentlich Viehfutter, aber wenn man Hunger hat, kann man es gekocht essen.

Bruder Paul hatte nun eine Stelle bei Thyssen als technischer Zeichner-Lehrling bekommen. Es gab wieder Lebensmittelkarten und die Zeichner übten sich fleißig in der Fälschung. Manchmal gelang es ihnen auch. Dann musste ich mit Mutter in einem übervollen Zug mit zum Einkaufen nach irgendwo in Westfalen. Wir bekamen Brot und auch schon mal Butter auf diese Marken. Aber ich wurde genau angewiesen, bei dem geringsten Verdacht, den eine Verkäuferin äußerte, musste ich die Marken aufessen. Es durfte kein Beweis übrigbleiben. Auf Fälschung stand die Todesstrafe.

Die Schulen wurden wieder geöffnet und eine mildtätige Organisation aus Amerika (Care) ließ für die Kinder eine sehr nahrhafte Schulspeisung verteilen. Ihnen noch heute ein großes »Dankeschön«!

Nun ging es aber mit uns ein bisschen bergauf.

Stefan Bußhardt

PRIVATMYTHOLOGIE

Die Anekdoten eines aufmerksamen Alltagsbeobachters

Die Welt wird uns abstrakt und fremd. Wie die 2000er Generationen damit fertig werden sollen, dass nie wieder die 19 vor dem Jahr steht, ist nur durch den Erkenntnisweg einer Privatmythologie möglich. Mit Überschreiten der 2000er Schwelle verschwand auch das hoffnungsvolle Gefühl auf die authentische Lebensperspektive mit dem provinziellen Stil der fürsorglichen Oma, die die verwöhnte What's-APP-Generation stets daran erinnert, abends am Fahrrad das Licht einzuschalten. Mit Oma und Opa, die jedes Stäubchen auf dem standhaften Lenz ernst nehmen, weihnachtet es jeden Monat – sommers wie winters. Aber mein Alltag findet heute statt und der hält viele Überraschungen bereit.

❊❊❊

Brennende Unruhe

Georg 47 Jahre, hat 20 Jahre technischen Fortschritt verschlafen und die Entdeckung seines Lebens schlechthin gemacht – Chatrooms! Beim Kontakteknüpfen erfährt er, dass einige der im Chat anwesenden Frauen ihn für einen ungewöhnlichen Mann halten. Schließlich lässt Chatpartnerin Tahnee 34, nicht locker und will sich unbedingt mit ihm treffen. Allerdings stellt sie eine Bedingung: Er muss ihr Hobby, ›Containern‹ – das nächtliche Herausholen von bei Handelsbetrieben übrig gebliebenen Lebensmitteln aus Abfallcontainern – mögen und ihr dabei helfen.

Ziemlich humaner Anspruch – denkt sich Georg und muss, nachdem er den PC runterfährt, erst einmal eine gepflegte Tabakpfeife rauchen. Danach möchte er per Smartphone einen Zeitpunkt mit Tahnee vereinbaren.

»Diese Woche ist leider schwierig ... 2 Fitnessabende und Treffen mit Firmen wegen Holzböden für unser Haus«, lässt sie ihn wissen. Holzböden für unser Haus – sie ist liiert? Davon war keine Rede. Im Hintergrund läuft der Deutschlandfunk – »Corso«, wie täglich um dieselbe Zeit. Tahnee haucht ihm stimulierend ins Telefon: »Es soll ja besonders viel Spaß machen. Gerüchte sind bereits im Umlauf! Hast du auch schon welche gehört? Dann gehen wir denen gemeinsam nach. Mein Lebensmotto heißt: Gib jedem Tag die Chance, der schönste deines Lebens zu werden. Sich in die Augen sehen, lächeln, knutschen, berühren, geschmeidig, weich, Finger, Hände und Haut spüren – sich zweipolig verlieren und die Zeit steht still. Du wirst unsere gemeinsame seelische Überfeinerung ganz intensiv spüren, lieber Georg.«

Im Verlegenheitsstil der Mitlebenden entfacht sich in Georg eine brennende Unruhe und es wächst der Drang nach Nähe zu dieser Frau. »Mit dir will ich bummeln, prominieren, edle Restaurants besuchen und die Äpfel von den Bäumen klauen, dem Sandstrand seine eifernde Glut zurückgeben. Urlauben kann so wundervoll sein, wenn sich keine miesen Ferien dazwischen schlagen. Welche Gerüchte meinst du, von welchen sprichst du – hat es mit den Holzböden zu tun?«, fragt Georg gedämpft nach.

Sie lacht gebremst und wendet sich dabei, ihre Strähnen zupfend, ans Fenster. »Du solltest deine Nachbarn mal zum Kaffeplausch einladen«, grätscht sie leicht verständnislos zurück und legt auf.

❋❋❋

Wei(-h)nachten

Früher wurde Badischer Sauerbraten mit Klößen oder Bandnudeln in einer vorzüglichen Rotweinsoße serviert – in jedem genussvollen Bissen spiegelte sich Omas archaische Mimik wieder. Heute steht die unzufriedene und stillos gekleidete Mutter in ihrer unaufgeräumten Küche und blickt ratlos in die mit benutztem Geschirr beladene Spüle – nicht mal ein Kartoffelschäler als designter Plaudergegenstand hängt an der Wand. Keine traditionelle Küchenschürze zum Schutz vor unliebsamen Flecken. Bloß eine Plastiktüte, am T-Shirt mit einer Wäscheklammer befestigt. Wich auch früher schon mal die Freude am festlichen Tischmahl, reichte es zum Badischen Schäufele mit Pellkartoffeln und Sauerkohl.

Der diesjährige Festschmaus soll aus Wiener Würsten mit Blattsalat bestehen. Im Hintergrund das bescheidene Tannenbäumchen, auf der Kommode schmuckvoll behängt, gerne mit roten Kerzen.

Am Küchentisch (Press-Spanplatte auf versilberten Metallfüßen) im Wohn-Essbereich Platz genommen, das preiswerte Kunststoff-Tischtuch mit dem Bäumchen verglichen – ein zaghafter Anflug von Skepsis entfaltet sich.

Der Hausherr öffnet traditionell eine Flasche Sekt und läd zum Anstoßen ein. Mit Wienerle auf Blattsalat einen auf festlich machen? Die anfängliche Diskussion der am Tisch versammelten Familienmitglieder gerät zum handfesten Streit. Schließlich sollten die Fäuste die Lanze über dem verbalen Frust brechen. »Weihnachten der Wutbürger« wäre zu titeln – die neutralen Zimmerpflanzen am Fenster lassen ohnmächtig die grünen Hälse hängen. Vielleicht hört die Stasi 2.0 alles mit.

❈❈❈

Funktionales Manko

Scheiße«!, brüllt das Kind und tritt wütend wie heulend seinen hochmodernen Metall-Roller zu Boden. Der multifunktionale Spielkamerad brachte den kleinen Jungen zu Fall, dies sanktioniert er jetzt, indem der mit Mini-Fahrradhelm bedeckte Bub es mit körperlicher Gewalt bestraft. Eine völlig anale Beziehung, die das Kind zu seinem mobilen Spielzeug herstellt – bereits hergestellt hat, nur zu dem Zeitpunkt war es noch sein Freund und Gönner. Wie es zu schwächeln begann, sich ein funktionales Manko zu erlaubte, wird es abgestoßen und als unbrauchbar wahrgenommen. In seiner Wahrnehmung vergisst der kleine Junge ganz und gar, dass dem aufmerksamen Beobachter nicht entgeht, wie rasch Materielles vermenschlicht wird.

Löste sich zuhause im Badezimmer Mutters Wäscheleine vom Wandnagel, hätte der Junge sofort seine Mama gerufen, weil ihm der Vorgang als meldepflichtig erschienen wäre – nichts von dem, was dem Roller geschah, wäre der Leine widerfahren. Weshalb? – Das Kind müsste annehmen, dass nicht es selbst, sondern der Windstoß oder die Materialschwäche der Leine dafür verantwortlich sind. So richtet sich der Groll des Buben gegen den Roller in Betrachtung der Emergenz gegen sich selbst – unweigerlich muss es hinnehmen, dass es verantwortlich ist für das, was passiert. Damit ist ein Kind überfordert.

❈❈❈

Romantischer Spaziergang im Wachstumstakt

In verregneter Natur am Bach gestanden, muten Heimatgefühle nicht kitschig an – sie wirken authentisch und gesellen sich dem Einswerden der Wasser als inspirierendes Moment hinzu. Die abgetragenen Schuhe, die zusammengeklappten Tische und Stühle, die von der Witterung heimgesuchte Kommoden auf vereinzelten Häuserbalkonen vermitteln menschliches Konglomerat. Gott machte eine Welt, die sich selbst macht.

Gemütlich Kaffee trinken, Kuchen essen, sich angeregt unterhalten, zwischendurch mal an die Heizung gefasst und nachdenklich vor sich hin säuseln: »Ja, ja, heut' gehe ich früh schlafen!« Wie gefällt das? Eventuell so gut wie einst das junge türkische Hochzeitspaar, das sich ziseliert im Rosengarten filmen ließ. Der romantische Spaziergang wirkt so prätentiös – er eignete sich in hervorragender Weise zum Zeigeinhalt eines Rosamunde-Pilcher-Epanodos à la »Wer nicht kann was er will, der wolle was er kann«. Eine Rose enthauptet, adrett gekleidete Familienangehörige im Schlepptau – die Handkamera nimmt, was sie einfangen kann. Ein kleiner Junge und ein Mädchen tragen die Schleppe der Braut. Diese mondäne Klaviatur verleiht der sonst eher biederen Parkanlage den Stil des ›Ich sehe den Blitz, aber kann ihn nicht greifen‹. Die gusseiserne Adonis-Statue mit ihrem nackten Hintern posiert in mahnendem Gestus. Sie thront über den Rosenstauden als gäbe sie ihnen den Wachstumstakt vor. Ein vornehm gekleideter älterer Herr serviert zwei Sektgläser auf einem Silbertablett. Seine knappe, nur angedeutete Verbeugung und das melancholische, aber doch freundliche »Wohl bekomm's«, zergehen wie Schokolade mit Kaffeegeschmack auf der Zunge. Eine sportlich gekleidete junge Radlerin dockt an – hält eine Klarsichthülle mit einem Heft verklammerter Papierbögen in der linken Hand und stellt ihr Rad ab. Aufmerksam dreht sich der ältere Herr zu ihr um und bemerkt ihren Wunsch nach Auskunft. »Sorry, selten einen Sektkellner im Park angetroffen. Sind Sie hier der Quizmaster?«, spöttelt sie, und hält sich die flache Hand zum Sonnenschutz an die eigene Stirn. Eine weitere Person kommt hinzu – eine, die jene situative Komik eher verschwommen und unscharf wahrnimmt. Hochkonzentriert wirkt sie und bringt sich selbst in Stellung.

Lebenstemperatur

Der Kölner Abendhimmel verwischt die letzten Sonnenspuren und lockt tagsüber verschüttete Sehnsüchte hervor, die sich in verkopfte Zwänge einhüllen – abends entfalten sie sich und zeigen der Alltagszerstreuung den Vogel. Emotion über Emotion, Wunsch über Wunsch – kein Abschluss ohne Anschluss. Das sind die Impulse, die jetzt ihre Lebenstemperatur hochpeitschten.

Den Druck des Perfekten konnte sie getrost hinter sich lassen, um nicht schon wieder an den Selbstmord ihres Mannes denken zu müssen. Gurgeln oder plätschern? Sprudeln oder versickern? Was taten die Kopfwölfe jetzt mit der jungen hübschen Frau, deren Stimme ein Mix aus Programm und Zufall ist. Der Stil ihrer Kleidung und ihres blonden geflochtenen Haars verfloss mit der Kölner Abendwallung.

Ihre Gedankensprache war jetzt kein verlässlicher Partner per se – sie musste sie als Freund zurückerobern. Das ist anstrengend und sie wünschte sich in diesem Moment nichts mehr als ein Freiticket zum Bungee-Jumping für Hausmamas. Sie dachte an die schlechte Tagesdisposition ihrer älteren Arbeitskollegin, deren pubertierender Sohn zuviel über das Leben siniert und jetzt schon Angst vor einer Scheidung hat, obwohl er noch nie liiert war.

Eben flaniert sie über den Appellhofplatz – dort befindet

sich das Studio von Jürgen Domian. Der Radio- und TV-Moderator tröstet in einer nächtlichen Anrufsendung einsame Seelen. Sie ist eine solche und war vor wenigen Tagen selbst bei ihm auf Sendung. Der smarte Jürgen riet ihr dringend zu einer Psychotherapie, um mit dem Selbstmord ihres Mannes leben zu lernen.

Sie hält vor dem Eingang des unscheinbaren Studios inne und schaut an der Außenfassade hinauf. Manche Anrufer klagen über missratene Frisuren, Juckreiz oder über das falsche Umfeld. Gekränkte Eitelkeiten oder muslimische Frauen – ethische Alphabetisierungen! Ja, diese modellhaften Schuld-Sühne-Zyklen riechen nach Peanuts-Kapital. Sie schämt sich, Teil dieses Versuchs lebenskorrigierender Raumöffnung gewesen zu sein. In ihrer assoziativen Sprunghaftigkeit setzt sie ihren Gang stufenweise fort. Das Mobiltelefon klingelt. Die Polizei meldet sich und verdächtigt die junge sensible Frau, beim Lebensende ihres Mannes nachgeholfen zu haben. Jetzt fühlt sie sich als Kaftanjude, der im Dritten Reich sein letztes Geld im Talmud versteckt. Sie soll ihren Mann ermordet haben? Jetzt keine rattenfalschen Kontrapunkte setzen!

Ein hormonverklärter Blitz verlangt von ihr, sich diesem Herrn mit seichter Aura zu nähern, der an einer Eisdiele am Ende des Appellhofplatzes steht und einen Krokantbecher genießt. Plötzlich wird der Platz ein Ort realer Fremdheitserfahrungen. Der Mann spricht sie an und lächelt dabei mit überlegener Physiognomie. Ob ihr Konsequenz heute schwer falle, möchte er wissen. Sie klagt über den Polizisten, der sich als Spaltpilz zwischen sie und ihren Mann stelle. Wieder denkt sie an Domians Gratifikation der Entschlusskraft für ein neues Leben ohne ihren Verstorbenen. Artikulierungsschwäche in Täuschungsstärke umzumünzen, schafft sie nicht. Woher sollte sie die Kraft zum Selbstdesign auch schöpfen? Eine authentische Wirklichkeit innerhalb der künstlichen zu kreieren, ist eine Kunst, die sie nicht beherrscht. Luxusunempfindlichkeiten verderben den Genuss am Rustikalen, weil sie einem stets den Druck nach Optimum verspüren lassen.

Sie entschließt sich dazu, den Herrn, der sie permanent berieselt, sich selbst und seinem Eis zu überlassen und setzt ihren Spaziergang fort. Irgendwann steht sie vorm Capitol-Theater am Hohenzollernring. Wieder hält sie inne und schwelgt in Erinnerungen.

Damals saß sie im Publikum. Die allererste Ausgabe der Harald-Schmidt-Show am 5. Dezember 1995 erlebte sie hautnah. Heute – 21 Jahre danach – ist das Capitol wie einst zuvor ein Kino. Lebhaft ist ihr dieser mediale Katastrophenalarmismus erinnerlich. Ist das noch Humor? Darf ein Prominenter sich über die Gesellschaft derart lächerlich machen? Niveau-, stil-, pietätlos sei sie, diese beobachtungsimpulsive Totaloperation an der Öffentlichkeit. Ihr gab es damals ein Gefühl von ›gute Menschen treffen auf noch bessere Menschen‹, ein Zwischenreich mittlerweile vergangener Herrlichkeit. Okay! Damit der Saal allabendlich voll wird, musste bezahltes Publikum her. Die Idee der Claqeure ist aber so alt wie das Theater selbst, beruhigt sie sich und verteidigt ihren Erinnerungsschwall vor ihrem Gewissen.

Es war eine tolle Zeit mit ihm, dem vielseitigen Alleinunterhalter und Metaphoriker! Niemand außer ihm trug so gekonnt Erlebnisstimmung und Anschlussbilder, die ihre Präsenz offensiv behaupten, verbal in die deutschen Wohnzimmer. In diesem Abstraktum puren Mensch-seins überkommt sie ein Gefühl des »Gewohnt ans Blitzlichtgewitter, traf mich ein Donnerwetter‹.

Und plötzlich wird ihr bewusst, was sie in die Kölner Nacht treibt. Sie begreift den Gegensatz zwischen der satirisch-grotesken Außenwelt und ihrer abstrusen Innenwelt. Das Tageslicht lenkt ihre Aufmerksamkeit von diesem Erkenntnisgewinn ab – sie braucht die Nacht wie ein Reh das Wasser.

❀❀❀

Verkopft sein

Seit so vielen Jahren denke ich über mich selbst und meine Lebensbestimmung nach. Und plötzlich meine ich, sie vor mir zu sehen – die Lösung! Eine redebegabte Handschriftsachverständigerin, die im eigenen Internetauftritt Menschen zu einer stilvolleren Handschrift verhilft. Abends, beim gemütlichen Kamingespräch mit meiner Mitbewohnerin, werde ich dann konkret, was meine geistige Versenkung angeht. Ich trinke einen Schluck von meinem edlen Rotwein und setze an: »Weißt du, Laura, immer wieder lande ich bei diesem Thema, dem gedanklichen Verquasen. Egal in welcher Nische meines Daseins. Ich sollte häufiger loslassen oder es gleich ganz sein lassen mit dem grüblerischen Tiefseetauchen. Die Symptome sind immer dieselben: Wollknäuelgefühl im Gehirn, Sehnsuchtsstarren aus dem Fenster, Außenweltsbetäubung, eine stimmenlose Individualität und pathologischer Perfektionismus.«

»Entspannungsmethoden könnten helfen«, schließt Laura an und lässt sich dabei bequem in den Sessel zurückfallen.

Ich weiter: »Mir fehlt die Nähe, ja, der Mut zum authentischen Bedarf.«

»Woran soll er auch wachsen, wenn du deinen Alltag nicht annehmen kannst?«, ergänzt sie.

»Dieses innere Wachstum zu lesen, ist der Schlüssel zu meinem verriegelten Seelenzustand«, sage ich mir selbst und genieße dabei den letzten Schluck Rotwein.

❀❀❀

Die Unwiederbringlichkeit einer Gedankenfolge

Ich verstecke mich hinter Gebot oder Verbot. Dabei wälze ich meine Verantwortung auf eine unpersönliche Instanz ab. Sie heißt Konfliktvermeidung und wohnt in meiner Vergangenheit. Diese emotionale Passage ist stets frei wähl- und begehbar, weil sie kein Angstmarketing betreibt. Als Optimierungsgebot spendet sie geradezu eine effiziente Harmonie. Wozu eine Idealisierung der Verhältnisse betreiben, wenn doch die Vorgänge des Unbewussten so banal und greifbar erscheinen?

Ich erhebe mich und erlebe das Verlassen des Busbahnhofs als eine Überwindung primitiver Bedürfnisse. Dabei stelle ich fest, dass mich jeder erdenkliche Nachteil einholt, solange er meine Lebenstemperatur nicht gefährlich zum Sinken bringt. Solange sich die Kontaktanbahnungen zur Umwelt sinnhaft verstetigen und ich mein Leben im gefühlten Exzess zu besiegen weiß, solange kann ich auf der Sitzbank am Kiosk des Stadtparks verweilen und spielende Kinder oder attraktive Damen beobachten.

❀❀❀

Blumenlyrik

Herr Oldau hat Blumen so gerne, da aber Wochenende ist und alle Geschäfte geschlossen sind, soll er auf Morgen warten. Er sitzt in seiner Küche und überlegt. Plötzlich hört er die Haustür des Nachbarn Wacholke ins Schloss fallen. Das Verlassen seines Nebenan abwartend, sucht Oldau den Garten auf. Der kleine Küchenfernseher läuft. Schwere Filme, verquaste Dialoge, langweilige Verbrauchermagazine, graue Wettervorhersage – nichts davon, was auf die Gene zu schieben wäre. Was kann es da Aufhellenderes geben als süßlich duftende Blumen?

Gestern war ein Hausierer an der Tür, der moderne Badreiniger verkaufte. Nachbar Wacholke war klug. Er schüttelte den Vertreter ab, indem er ihm einen Fachvortrag über Badpflege hielt: »Eigentlich ist das gar nicht das Thema, guter Mann. Ich komme allerdings nicht drum herum, da nachzuhaken. Für ein solches Unterfangen sollten Sie den Leuten viel besser erzählen, dass wir unseren eigenen Abfall auf der Toilette mit Trinkwasser runterspülen.« »So ein Tiefflieger«, dachte der Vertreter und zog davon.

»Das ist die Lösung«, dachte Oldau und verfrachtete sofort einige Blumentöpfe von Wohnstube, Küche und Flur ins Badezimmer. Zwar konnte er heute keine neuen Pflanzen anschaffen, aber durch eine Umverteilung der Blumentöpfe das Badezimmer in neuem Glanz erscheinen lassen.

❀❀❀

Emotionales Surfbrett

Ich halte es schier nicht aus – schon wieder sind es die aufgehübschten, in leiser Überheblichkeit sich wähnenden Mädchen, die als Klassenbesten das Schuljahr beschließen. Einmal mehr war für mich die Wanne leer – obwohl sie hätte voll sein können, weil ich für das Rechnen keinen konkreten Gedanken fassen konnte. Mit mir, in mir und mit anderen war kaum ein lockeres, sich gegenseitiges Austauschen möglich. Meine Fantasie widmete mir ein emotionales Surfbrett. Nur so war ein sicheres Gleiten über die hohen Wellen des Schulalltags möglich gewesen. Dieses so kompromisslos vor mir stehende und starre Rechnen entzog sich mir, wie die raue See dem Kapitän sein Steuerrad entreißt. Ich wurde dick – der Frustfraß war geboren! Die seltsame Sentenz nahm ihre natürliche Fortdauer.

❀❀❀

Sohn Mensch

Wachstumsenergie ist die Urkraft des Menschen schlechthin! Die Natur hat sie dem Menschen verliehen, damit er eines schönen Evolutions-Tages ihr Erbe antritt. Irgendwann wurde sie alt, müde, schwach und zog sich mit dem, was sie zu diesem Zeitpunkt war aufs Altenteil zurück. Nicht zufällig begnügen sich vorrangig alte Leute mit dem puren Genießen von Sonne, Vögeln, Bäumen und Pflanzen.

Mit allen von Mama Natur ausgestatteten guten Gaben löste Sohn Mensch sie in ihrem die Welt fortentwickelnden Prisma ab. Seither fühlt sich der Sohn dazu berufen, als vitaler Mittvierziger seiner Mutter täglich zu beweisen, was in ihm steckt. Menschliches Wachstum ist also nichts anderes als die ewige pubertäre Beweiskraft der Menschen gegenüber der Natur.

Einer der unzähligen Effekte dieses Grundprinzips ist das einst durch inflationäre Prozesse entstandene volkswirtschaftliche Wachstums-BIP – ein Selbstläufer, der nur deshalb milliardenfach beschworen wird, weil er sich einer jahrhundertelangen Praxis rühmt.

❀❀❀

Mensch-zu-Mensch-Fortbildung

Es unterliegt einer gewissen Logik, dass sich der Mechanismus, mit dem sich Volkswirtschaften seit Jahrzehnten stets in ihren überlebenssichernden Strukturen fortbilden, irgendwann auf den Mensch überträgt. So dass ein Mensch-zu-Mensch-Fortbilden unvermeidbar erscheint. In der Vergangenheit gab es solche Bestrebungen bereits, die autokratisch in Diktaturen befohlen wurden, weil sie verquasten Ideologien entsprangen … diese Handlungen waren dem größenwahnsinnigen Experimentieren Einzelner geschuldet und forderten vielfach Todesopfer. Im Transhumanismus aber gedeihen Mensch-zu-Mensch-Optimierungen auf (beinahe will ich sagen:) natürliche Weise durch jahrzehntelange Praxis innerhalb der für Menschen überlebensnotwendigen Anordnung der Dinge. Daher darf der Transhumanismus immer nur so weit gehen, dass er dem Einzelnen autonomen Gestaltungsspielraum für kreatives Wirken lässt, sonst wird daraus ein Transinhumanismus!

❀❀❀

Stopschuss versus Rückschluss

Die gefühlte Tagestemperatur liegt um den Gefrierpunkt. Der Autoweg zur Arbeit erweckt Unmut und Frust. Mit voller Absicht fahre ich in die polizeiliche Radarkontrolle, die mich gerade abblitzt. Ich fühle mich wie im Serienkillerthriller. Dabei denke ich an meine Aktenstapel im Büro, an die unerfreuliche Ehe und an eine Affaire mit der Birkenstockschuhträgerin Wally aus dem Nachbarhaus, seien das schlimmste Übel in meinem Leben. Verrannt! Komm, schöne junge Unbekannte, üben wir den gemeinsamen Rachesex an meiner Frau aus – wo bist du?

❀❀❀

Verstummen der Andersartigkeit

Der Normalfall wird dann zur Ausnahme, wenn Denken, Fühlen und Handeln mit dem Gewohnheitsgebot kollidieren.

Dies passiert, weil sich die innermenschlichen Antriebskräfte am Gewohnten nicht mehr speisen können – aus Gebot wird Verbot, Kraft erlahmt, Energieströme verflachen. Zur Stillung menschlicher Antriebsbedarfe sind neue Motivquellen erforderlich. Leider sind sie abwesend – die Kultivierung skeptischen Denkens misslingt. Sobald Skepsis durch Gebotskonflikte zum Selbstläufer wird, ist sie Pessimismus. Aber kann Optimismus Naivität sein? Sofern das Subjekt Zweckoptimismus nicht als Selbstbetrug wahrnimmt, kann er im Alltag tragen. Verhält es sich aber so, dass die Skepsis den Optimismus unterläuft, dann versetzt er den Denkenden in einen Versatzkampf zwischen Sinn und Unsinn. Der sich nicht im Selbstbetrug wähnende Zweckoptimist umgeht diesen Grabenkonflikt zwischen den lebenselixierenden Geboten.

❀❀❀

Tiefregen

So nass, kalt und intensiv brechen die versteinerten Regentropfen in das vorverdunkelte, schlecht belüftete Seelenzimmer. Die aufgefächerte Feuchtigkeit – bald stählern – entfaltet frostige Ebenenbindung. Die Sicht auf klamm angelaufene Materie erzeugt einen Milchglasblick. Eingefrorene Optik, eine die Aura verklärende Starre und die himmelsethische Alphabetisierung bilden eine abstrakte, ja konturlose Dominante, welche mental nicht mehr einzufangen ist. Demonstrativ hebt ein Kleinkind den Sandeimer mit Schaufel. Es deutet seinen gesellschaftlichen Status an und will auf den Spielplatz – so ein Regenwetter!

Der schwankende innere Ordnungsschwerpunkt

Überkompension versiegt im Malstrom von Zwangsgedanken. Bald finden sie zu ihrem herkömmlichen, lauen Stil zurück, welcher nicht mehr der Ausgangsform entspricht. Eine das Sonnengeflecht fixierende Zugriffsvariante wäre dann energieforcierend, sobald die Gefühlsintensivierung keine abschätzigen Nebenbedeutungen mehr von außen empfängt. Ausgefeilte Beobachtungsimpulse beanspruchen eine privatmythologische Totaloperation entlang der wirklichkeitsgespeisten Ressonanzverhältnisse, welche analog statisch und wandlungsfähig sind.

Irgendwo am Wendepunkt entfaltet sich dann ein dichotomischer Kurvenverlauf der autogenen Motivpole, welche in ihren jeweiligen Ausläufern – entlang ihrer Spiegelkomplexe – paradoxiert oder stimmig am Gesamtimpetus andocken.

❀❀❀

Ins Wasser gegangen

Das Problem der Gewalt ist dunkel eingefärbt. Der König tötet das Licht, um das Volk zu erblinden. Manchmal bleibt nur ein Wutlachen, um über die Bäume herrschen zu können. Astkronen, die der Mensch nur halb erklimmen kann, vollenden Flussvögel im flügelfreien Habitus. Sie versuchen sich am Wirtschaftsmüll und erleiden Schmerzen. Dann gehen sie ins Wasser.

❀❀❀

Urlaubsprosa

Wer nicht wie Millionen andere an einem bestimmten Tag zu bestimmter Zeit vor dem Fernseher sitzt und Fußball sieht, der macht sich bereits verdächtig, ein Terrorist zu sein oder einem Adelsgeschlecht anzugehören. Wenn dann hochedel vergoldete Füllfederhalter nebst Tintenfässlein die Abendsonne heroisch reflektieren, wenn einsame, stilecht gekleidete Parkbankbesetzer mit einem Buch versuchen, sich wie Puppenstubenfiguren der Wiesen-, Blumen- und Baumanordnung anzupassen, wenn sich die originellsten Ungleichheiten zwischen Liebende zwängen und ballspielende Jungs sich lieber albernen Mädchen, statt dem Tor zuwenden, wenn in Kurzarmhemden heimtaumelnde Dienstleistungsbeschäftigte die elektronische Fahrplananzeige studieren und dabei flachen Zwigesprächen lauschen: dann ist Ferienzeit.

❀❀❀

Der Atem der See

Das nordische Meer – dieser Moment des Zugverlassens. Der Atem der See küsst jeden, der ihn sucht – Liebe auf den ersten Blick. Während andere sich an Festtagen die Geschenke gegenseitig erklären müssen, verliebe ich mich in die Nordsee – ist ja auch weiblich.

War das ein Wertungszustand oder eine von vielen Wertungsvarianten? Die Stimmung orientiert sich an atmosphärischen Vorgaben und wird dann Laune.

❀❀❀

Innovation der Weltwahrnehmung

Bevor ich verzweifle ist es klüger, meine Lebenslage mit Interesse zu beobachten. Interesse ist der Schlüssel zum vollendeten, menschlichen Sein. Sobald ich mich selbst wegfokussiere, um der Welt um mich herum die Aufmerksamkeit zu schenken, sehne ich die Nacht herbei. Sie versetzt mich in eine Phase der wohltuenden psychohygienischen Überlegenheit. Die Tagessonne bremst mich emotional aus und schüttet meine Gedanken zu. Akzeptiere den Geschehniszwang in seiner Laufrichtung, dann erträgst du sein evolutionäres Erbe. Die Innovation der Weltwahrnehmung kann als ausgefeilte Kulturtechnik Chance zur emotionalen Ansteckung sein. Im Spiegelstadium entstehen innovative Wege, sie reflektieren den eigenen, inneren Zustand.

Dabei aus dem System herauszufallen macht glücklich. Äußere, kleinere Bewegungen zu machen, sagt sehr viel über das Individuum aus, und welche solcher Bewegungen du wahrnimmst, sagt viel über deinen Du-Status aus. Du wirst dabei eine Menge über dich selbst herausfinden.

❀❀❀

Jemand erinnert sich

In einem Moment der Vergangenheitsprosa wird kaum ein Alltagsschmerz verspürt. Sogar das Selbstmanipulieren zwischen Gelingenshoffnung und Scheiternsrisiko tut kaum weh. Die vernarbten Stellen des Seelenzimmers als Ressonanzoase. Im Hier und Jetzt angekommen scheint kein zweifelhaftes Aufhören möglich – den Körper nach jeder Idealformation abtastend, vergeht sich kaum ein expressives Sinnesszenario am Rückwärtigen. Es sind kleine

Taubheitskrater in der äußeren Weltbeziehung. Sie entzünden sich an seelischen Fixpunkten. Erinnerungen sind aufblitzende, abstrakte Grußbotschaften am weit entfernten Zeithorizont.

❊❊❊

Ein Koffer voll Flucht

Die eigenen Geister aus sich herauszuholen, kommt dem Bilden zwischenmenschlich-sprachlicher Seifenblasen gleich. So werde ich im Zuge einer Selbstbefragung zum Demutskasper vor mir selbst.

Unsere Gegenwart verträgt keine Kritik – in ihrer seichten, beliebigen Künstlichkeit zerfällt sie in ein den natürlichen Wendepunkt durchbrechendes Licht. Nur noch selten folgen wir einem Daseinsdank, der die sengende Sonne ins Seelentief schimmern lässt. Seelische Intimität ist ein Koffer voll Flucht.

❊❊❊

Zergrübelte Ratlosigkeit

Im gedimmten Abendmilieu thronen die rollierenden Menschenköpfe, getaucht in kollektive Fantasie, fangen sie süßliche Hoffnung. Wehklagende Sehnsuchtsattrappen erzeugen verheißungsvolle Ahnungen und münden im verengten Wohlfühlpotential. Kein glücksvergessener Selbstschwindel darf sich jetzt ins feine Gefühlsnetz einschleichen – die Heiterkeitsgesänge verstummen im müden Geblubber eines lauen Sorgemotivs. Gegen Mitternacht ist es nachtstill.

❊❊❊

Gut gedrückt

Im TV-Reisequiz ist das heutige Reiseziel Gabun in Zentralafrika. Florian vom gelben Team haut mit voller Wucht auf den Buzzer. Der »Film mit Fehlern« stoppt.

»Gut gedrückt«, findet Quizmaster P. – »Wo sind wir denn hier gelandet?«

Florian und Evelyn überlegen kurz, dann entscheiden sich beide für Marokko. »Das wars dann leider nicht, schade«, P. gibt die Frage weiter an Jochen und Iris vom roten Team. Nach kurzer Beratung entscheiden sie sich für Trinidad.

»Oh weh! Ganz falsche Ecke, Sierra Leone wäre korrekt gewesen«, belehrt P. salbungsvoll die Mitspieler vom roten Team. »Dann bleibts bei fünf Pünktchen fürs richtige Drücken und weiter gehts«, P. betätigt den Steuerungsknopf seines Schaltpults und der Film zeigt weitere Aufnahmen von Gabun.

❊❊❊

Luftbäder

Sehnsüchte und abstrakte Ahnungen, eingetaucht in gefühlte Glücksperspektiven. Dein Bewusstseinsstoff verrät dir: Du bist noch nicht bereit für den ultimativen Überraschungseffekt! Eine fragile Undurchsichtigkeit begleitet die Verbindung zur tatsächlichen Ereignisfront – sie besteht rein zwanghaft und existiert nur, weil sie einseitig hergestellt wurde. Scharfes Unheil glüht auf und flüchtet in die unspektakuläre Farblosigkeit. Das spontane Wagnis besteht darin, am klugen Streit den Biss zu üben und sich im Beobachtungsritus Entträumlichungen hinzugeben.

❊❊❊

Geheimnis der Abwartenden

Es klingelt. Ich öffne die Tür und vor mir steht – ich wage es kaum für möglich zu halten – die attraktive Nachbarin mit ihrer durchtrainierten Ballerina-Figur. Kurz fixiert sie mich, dann schwebt sie an mir vorbei wie eine Elfe. Immer noch ratlos und misstrauisch wie eine Strandhaubitze stehe ich an der Tür. Sie schaut sich um, will wissen wie ich heiße, mein Alter, warum ich nicht längst von den Eltern häuslich getrennt lebe. Das Verhältnis zwischen Innen- und Außenwelt war stets gespalten – keine Alltagssphäre konnte ich gegenüber der anderen stabil und selbstbewusst zulassen; versuche ich ihr verständlich zu machen.

Ich bin kein Dandy und schaffe es sogar mit fast vierzig noch nicht mal, von einer gescheiterten oder schlechten Beziehung reden zu können. War ich außer Haus, warfen mich meine Gedanken in die häusliche Innenwelt zurück. Weilte ich zuhause, durchflogen die Gedanken prüfend alles, was die ungeordnete Außenwelt mit mir machte. Eine wohl spiegelbildliche Anordnung – Ja; wenngleich eine die ihren energetischen Unterschied zwischen anderen und mir auslöste. Das soziale Andere als Pluspol und das individuelle Ich als Minuspol kommunizierten nur, indem beide sich misstrauisch beäugten. Die Nachbarin ließ sich mittlerweile auf meinem dynamischen Schreibtischstuhl nieder, ihren hübschen Kopf in der gekrümmten Handfläche auf dem Ellbogen gestützt. »Was bist du denn für einer?«, fragt sie ratlos.

»Ich bin der mit dem Geheimnis der Abwartenden«, antworte ich.

❊❊❊

Gefühlsverflachende Vergessenheitsvariante

Zu einem selbstbestimmten Alltag gehören die eigenen vier Wände? Alle Menschen stellen solche Fragen – ob sie in existenziellen Nöten sind oder nicht. Immer hieß es, dass jeder seines Glückes Schmied sei – heute ist klar, bei allen diesbezüglichen Bestrebungen wuchs der eigene Pechschmied heran.

❃❃❃

Notare der Urteile

Wenn beim Verkleinern der Tore, unter der Bedingung passierender Autos unwillkürliche Wehklagen aufblitzen, kann Kindsgeschrei Zukunftsmusik sein. Dort stünde dann kein die Fahrerlaubnis überprüfender Schutzmann, sondern die heitere Einladung ins Leben – ansonsten mal eben auf die Zettel unter den Plätzen geschaut, zum Einlass müssen bunte Zeichen thronen. Auch wenn das Wegziel immer mit dem Startpunkt verbunden ist, können Hemmungen Notare der Urteile unserer eigenen Vergangenheit sein.

Schaukelnde Kinder vs. toleranzverengendes Denknetz

Der Eilfall ist eingetreten – er gilt als Sündenfall. Es geht, anders als oft suggeriert wird, nicht um bittere Konsequenzen. Solange wir keine präzise Reform zwischenmenschlicher Verbindungsstreben betreiben, sitzen die Nutznießer an fremden Orten und bauen zweckmäßige Häuser. Also endlich vom toten Gaul absteigen. Seine Bissigkeit zu Lebzeiten hätte sich längst auf uns Menschen übertragen müssen. Schaukelnde Kinder machen es vor. Unsere Wut hat kein Recht zu dirigieren. Dieser Eilfall ist kein Sündenfall, sondern eine Sonderfalle.

❃❃❃

Vätergrenzen

Kaum eine Parallelität ist so eindeutig, wie die zwischen Ehe und Eltern. Im Ergänzungsspiegel muss wohl vom Scheitern derer ausgegangen werden, weil es sonst keine Hoffnung auf den Probefall gibt. Proffessor ist nicht gleich Kollege und Getränk nicht gleich Durstlöscher, und doch bestehen geheime Aufschlussflanken. Solange die Ehe als Querschnittsaufgabe verstanden wird, ist sie ein Menschenversuch, dessen Grenzen hürdenbereite Väter und Mütter sind. Die Dimension oberschwelliger Vätergrenzen zu überwinden, ist an einem jeden Tag Aufgabe der Gleichstellung von ihrem vorurteilsfreien Miteinander.

❀❀❀

Angesiedelt am Geburtstagsfest eines unverbesserlichen Flitterwöchners

Warum scheuen wir heute so sehr zur Herausforderung für unsere Mitmenschen zu werden und wollen es stattdessen jedem möglichst recht tun? Es gibt jüngere Menschen, die diese Entwicklung vorantreiben. Das geschilderte Beispiel ist kein exotisches. Es geht weder um Gnade noch um Großherzigkeit; es geht um geringe Ansprüche im Spiegel ihrer Sinnesbündnisse. Defizite bestehen bestenfalls im Geiste der Wohltätigkeit von Talentjägern. Unsere Begegnung war inhaltlich und emotional ein großer Erfolg. Es wurde nicht gejammert und nicht gebarmt. Aber es roch nach alltäglicher Mühsal. Bedauerlicherweise lässt sich Bewusstsein nicht ohne Disziplin bilden. Je später der Abend, desto klarer wurde, dass man sich der Überzeugungskraft der Gäste weder intellektuell noch emotional entziehen konnte.

❀❀❀

Ein hinterhältiger Entwerter

Vor heiligen Hallen wird von Propaganda gesprochen. Innen generieren sich die Prunkfassaden zu rustikalem Hammerwerk. Umringt von aufblitzenden Schreckenspanoramen, erklärt sich ein Leumund ohne Übel. Vom nüchtern-klaren Verstand ausgehend, kann hindernisfreies Gold gedeihen – das Armengekratze überdauert den schwülstigen Frevel. Ein lächerlicher Skandal löst den anderen ab und mündet schließlich in volksheitere Gassen. Vom Sprachwicht zum Wortmeister den Lotfuß gefällt, könnte fast ein Kleinkind neue Lieder singen. Unser Erinnerungsmuseum ist ein hinterhältiger Entwerter seiner Vermächtnisse.

❀❀❀

Triangelmädchen

Zwischen schrillen Outlet-Store-Farben und Kirmes-Heiterkeit kommen Eltern famose Gedanken. Schlürpt ein Schausteller daher des Wegs und drückt dem Töchterlein eine Triangel mit Stab in die zierlichen, noch ungeübten Finger. Den Kirmesbesuchern ein erschütternd intensiv gespieltes Klangspiel soll es geben. Hier trifft die

Notsucht des Geschäftstüchtigen auf den Erfahrungswunsch eines Kindes – es verzichtet auf große Wortgeschütze, es sucht nach elterlicher Geborgenheit.

❈❈❈

Weltheimat

In Gedanken am Horn von Afrika, kann ich öfter mal was neues in mir selbst erfahren. Klasse – im mexikanischen Bundesstaat Baja California soll es Kakteen geben, deren Wasser ich anzapfen und wie Bier trinken kann. Nur ein Gerücht. Angekommen in Ägypten, wo die Pyramiden wippten. Wie lange es noch dauert, bis die Grabkammerzeichen in den Köpfen der zum Handeln Aufgerufenen andocken?

Eine Prämie wurde gegen die Zivilisationslangeweile ausgelobt. Darauf erhöbe ich als Außenstehender Anspruch: ins Meer springen allein genügt nicht! Das Wasser muss auch mal erneuert werden.

❈❈❈

Ein Adjutantentrommler schöpft Kraft

Ein von der Welt entrückter Bürger sucht musizierend geeignete Plätze auf öffentlichen Gassen. Ist das schon Scheitern auf hohem Niveau oder versucht hier jemand der mühsam aufgepumpten Massenstimmung zu entkommen? Wohl eher ist es eine Vorwärtsstrategie zur Eingewöhnung ins Unvorstellbare. Diese ist, wenn niemand die paradoxe Ironie hinter einer banalen Situation erkennen will und stets nur aus seiner Sicht die Dinge ins Nüchterne relativiert. Solange die Sicht des Vorbeilaufenden nicht demaskiert oder attackiert wird, sind wir immun gegen den Gesellschaftsplan. Der Adjutantentrommler sagt sich jetzt: »Ich nenne die Trendwende erfolgreich.«

❈❈❈

Trendwende mit Schatten

Einst gab es in Paraguay eine Kommandozentrale mit ambitionierten Projekten zur Landesverteidigung.

Der oberste Kommandeur dieses Militärstützpunkts – abkommandiert durch ein geheimdienstliches Sondergremium – verfügte über eine hochmoderne Kommunikationsausstattung. Sein Auftrag war, die ihm zugeteilte

Kommandantschaft mit den Steuerungsmöglichkeiten dieses Stützpunkts zu beeindrucken und abzuschrecken. Es handelte sich nämlich um Straftäter, die Staatsraison lernen sollten, aber das angeblich so ausgeklügelte Steuerungszentrum war reine Atrappe.

Eines Tages wurde der Korpsgeist jäh durchbrochen und es entstand ein systematisches Problem durch Wegsehen. Der oberste Kommandeur ließ verlauten: »Wir brauchen einen hundertprozentigen Bruch mit der bestehenden Verteidigungstradition.«

Die Söldner zogen sich in ihre Stuben zurück und spürten, dass des Landes Schicksal jetzt an ihrer Courage hing. Manch einer nahm den Text der Nationalhymmne zur Hand und hinterfragte das eine oder andere. Plötzlich starrten alle gebannt auf ihre Schutzhelme – sie waren komplett entzwei gebrochen. Nun verstanden sie ihre wirkliche Aufgabe.

❦❦❦

Das Gewesene sollte ein Schmuckkästchen sein

Erinnerungen können manchmal eine starkmachende Ausrüstung für den Alltag sein, oder sie stellen uns ein soziales Armutszeugnis aus. Dabei soll eine Kette immer nur so stark sein wie ihr schwächstes Glied. Im Verwandten- und Bekanntenkreis erinnerungsmindernd wirkt dann das Geheul der Selbstbemitleider. Obwohl jeder gerne an Gewesenes zurückdenkt, schreckt Selbstmitleid so sehr ab, dass daraus ein anarchisches Kraftfeld von Empörung, Verrat und Hinterhalt seinen inhaltlichen Wortanfang sucht.

❦❦❦

Traditionstriaz

Der sonnenabwendende Halbschatten im städtischen Rosenpark wird von seinen Genießern einverleibt oder dient zum Halbausgleich für fehlende Selbstliebe. Dann schlendert ein junges, sommerlich edel gekleidetes Paar vorbei, so denke ich an Traditionspflege. Die kitschigen Selfies am rosenbehängten Brunnen, zu denen sich beide im Wechsel hinreißen lassen, macht sie sympathisch und sie werden gar für die Entliebten akzeptabel. Hier stört nur, wer unbedingt die kindliche Freude am malerischen ins Überirdisch-Ideale ziehen will. Die Traditionstriaz wird damit jäh unterbrochen. Dabei entstehende Gedankenblasen verhindern, dass dahinter das gesehen wird, was wirklich gemeint ist.

❦❦❦

Abgründer Klarhimmel oder Gewitter

Angst ist die früheste menschliche Regung, denn dort, wo die Angst ist, geht der Weg lang. Der Fortlaufende meint mit seinen Ängsten arbeiten und sie positiv gestalten zu können. Der Kritiker legt ihm nahe: »So, wie du es mit deiner Fragestellung ans Leben hältst, könnten durch neue, aber auch gefährliche Erfahrungen sehr kreative Tollheiten entstehen. Lerne die Erfahrungswerte so zu schmecken, wie sie dir zukommen. Dieser Weg dauert um ein Vielfaches länger, weil bittere und süße Geschmäcker zueinander finden möchten. Rinne glücklich dem Sonnentag entgegen und werde was du bist in Momenten deiner seelischen Ewigkeit.«

So symbollastig und überzogen kann die Finsternis sein. Sogar sanftere Pfoten schleichen auf trockenem Asphalt. Kaum abgründiger könnten kleine Erzählungen über das Böse sein. Fiese Geschichten sind wie Ozeane: tief und mitreißend entfesseln sie in uns den Wunsch danach, die Figuren zu schütteln. Wir wollen gerne daran glauben: der Feind als Friedensbotschafter! Wir tun gut daran, dort, wo unsere Abgründe Klarhimmel oder Gewitter anzeigen, zu spüren, dass wir Nachholbedarf im Bezwingen von Alltagsbetäubung haben. Unabhängig davon, ob wir darin besser als manche andere sind, mit denen wir magische Erlebnisse teilen. Mit dem Bleifuß der Vergangenheit sehnen wir uns heute in Gesellschaft danach, amüsant, heillos kitschig, phänomenal und erfolgreich zu sein.

❀❀❀

Randschilf

Manch einer nimmt sich sein Recht nicht, sondern er schreit nach einem Toleranzplus. Damit schnallt er sich von der Gesellschaft ab. Die zweitklassig gespielte Häme entweicht einem klischeegetränkten Harmoniegeheul. Kein menschlicher Abstieg vollzieht sich so Schlag auf Schlag wie der der Toleranzbrüller. Kaum eine ernst gemeinte Vergröberung kann diesen Klischees Einhalt gebieten. Die Anklagenden beherrschen lediglich die Kunst der profanen Gesten. Kein Blick wirbt fürs stilechte Detail – jegliches Confrontainment bleibt aus. Der verblasste Männerkitsch überlebt nur als absurde, spielerisch inszenierte Erlösungszeromonie, aber gibt uns einen dezenten Unterhaltungswert. Zu sehen ist nur Randschilf ohne praktische Erlösungsoption!

❀❀❀

Unerwartetes Bekenntnis

Neugieriges, anderen Menschen Nachschauen gleicht einer tiefsinnigen Meditation im Spiegelblick defizitärer Du-Konzentration. Infantile Freude, verrätselte Herleitungen, melancholisch-dramadiöse Verwerfungen und ein sympathisches Zwischenspiel, wonach ein Überschuss an Sinnsuche maßvolle Trauer auslöst. Die Sicht zurück auf die Umherlaufenden gewendet, lässt mich bekennen: Ich bin in jedem Zusammenhang stets das fehlende Puzzleteil.

❀❀❀

Laura

Nicht der frivolste Beinüberschlag kann den Vernünftigen von seinem Urteil über Laura abbringen, solange in geistigen Rückblenden nicht auch nur ein wahrhaftiges Lächeln findbar wird. Laura war Revolte und Harmonie in einem – ihre herzhafte Erscheinung und das lange, natürliche Blondhaar entfalteten die magischen Kräfte einer verschroben-rührseligen Odyssee, in die ein jeder Romantiker gerne abtaucht. Sie war nicht sehr innovativ, aber sie konnte charmant witzeln, was ihr den Ruf einer ausgeflachsten Männerfalle eintrug. Brausende Geschichten erzählte sie im Halbschatten subtil-glitzernder Lenkungsmotive. Die Titel, die Laura ihnen gab, waren zu umständlich gewählt, als dass sie einladend hätten sein können. Ihre Zunge war gerne spitz und giftpfeilig. Mit einem Wort: sie war ein echter Schatz!

Harry H. Clever

Wahre Bedeutung des Wortes!?

Andere Orte, andere Sprache und Gebräuche. Ein Rheinländer kommt der Arbeit wegen in eine schwäbische Metzgerei, er möchte für seinen vorübergehenden Einpersonenhaushalt etwas Wurst zum Frühstück holen.

Nach seinem freundlichen »Guten Tag« kommt ein breites »Grüß Gott« von der Frau hinter der Theke zurück. »Was darf es denn sein?«, fragt sie mich im schwäbisch-freundlich verbindlichen Ton.

Der Kunde, erst den zweiten Tag in diesen deutschen Breitengraden und mit den örtlichen Geflogenheiten und der Umgangssprache noch nicht vertraut, möchte ein wenig verschieden gemischte Fleischwurst/Brühwurst mit dem fachlichen Oberbegriff »Frischwurst«.

Wie er es gewohnt ist, bestellt er also »Ein Viertelpfund Frischwurst, aber gemischt, bitte.«

Das Gesicht der Frau hinter der Theke wirkt mit einem Mal hart und gar nicht mehr freundlich und sie entgegnet mit einem drohenden Unterton erbost und lautstark, so dass alle Personen im Laden sich zu uns umdrehen und mich strafend ansehen: »Onsre Würscht send älle frisch!« Sie lässt mich, den Kunden, einfach stehen und brummt noch was von »Unverschämtheit!« vor sich hin.

So kam ein Rheinländer an die erste Lektion in schwäbischer Mundart und an diesem Tage auch an ein wurstloses Frühstück.

❀❀❀

Begriffe und ihre Bedeutung

Willi war ein junger Gast in dem Lokal, in dem ich tätig war. In einer Unterhaltung mit ihm, wobei ich ihn um einen kleinen Gefallen, unser gemeinsames Hobby betreffend, bat, meinte er, dass das kein Problem sein würde, doch dass dieses sein »Jonger« noch besser fertigbringen würde, er sagte wörtlich: »Mei Jonger ischt do dr Fachmoa.«

Leicht verwundert schaute ich den Willi an, denn der erschien mir doch noch sehr jung und da sollte sein Sohn der bessere Fachmann sein? Das wollte mir überhaupt nicht einleuchten und ließ mich von meinem Ansinnen dann doch ein wenig Abstand nehmen.

Das wiederum erstaunte den Willi dann doch, er fragte, ob ich seinen Bruder denn kennen würde (Aha, ein jüngerer Bruder also) und warum ich denn etwas gegen ihn haben würde.

Ich beließ es erst einmal bei meiner Anfrage und konnte in diesem Moment mich auch nicht weiter damit befassen.

Am nächsten Tag stellte mir Willi seinen »Jonger«, den Roland, vor, der aber deutlich und sichtbar wesentlich älter als er war. Jetzt war meine Verwirrung doch komplett.

Für mich bedeutete »Jonger«, eben in Anlehnung an »Junge«, einen Jüngeren oder Sohn; ich bat die beiden, mir dieses verwirrende Wortspiel bitte zu erklären.

Sie versuchten erst fast vergeblich, mir die Begriffe zu erläutern. Das »doi Jonge«, als »Schwester« oder »dr Jonger« als »Bruder« eben schlichtweg als »Mädle« und »Buer«, eben Mädchen und Bube, eben als Geschwister ohne Altersangaben zu verstehen sei.

❀❀❀

Heben, Lupfen, oder was?

Wenn einer eine Reise tut«, dieser Spruch ist wohl jedem ein Begriff, aber wenn man arbeitsmäßig aus anderen Gefilden kommend sich mit den täglichen Belangen, Begriffen und Gebräuchen erst einmal anfreunden muss, ist manches Missverstehen und totales Nichtverstehen nicht ausgeschlossen.

Für einen großen Jubiläums-Abend mit Stargästen und umfangreichem Programm musste das Veranstaltungslokal noch entsprechend dekoriert werden.

Der Chef des Hauses war ein echter Urschwabe und so war aber auch seine Sprache, urschwäbisch eben. Seine unverbrüchliche Einstellung war: Jeder ist selbst schuld, wenn er ihn nicht versteht.

Für mich, einem Neuling im Schwabenland, eine echte Herausforderung; bei vielen, fast den meisten Dingen, die er sagte, verstand ich nur »Bahnhof« oder auch selbst dieses oft nicht so recht. Da er aber auch nicht gerade mit besonders viel Geduld ausgestattet schien, waren seine Reaktionen recht barsch, anscheinend begriff er gar nicht, dass seine Aussprache für andere Personen nicht verständlich war.

Gleich zu Beginn meines Engagements in diesem Betrieb sollte diese Veranstaltung stattfinden und dazu hatte er ein großes Transparent malen lassen und das musste nun unter die hohe Gewölbedecke mitten im Raum auf gehängt werden. Er bewegte sich auf einer recht hohen Trittleiter, um die Aufhängeschnur an der Decke zu befestigen.

Das Schild bewegte sich dabei recht heftig hin und her und mit einem »Heb' doch eh mol« raunzte er mich an.

Also stellte ich mich mittig unter das Schild und reckte mich zu voller Größe auf, wobei das Wackeln aber nicht so richtig aufhören wollte. Er brüllte nun schon wesentlich lauter von oben herunter, ich solle das Schild doch nur »mol hebe.«

Ich stellte mich nun auf die Zehenspitzen, reckte mich bis zum Äußersten und hielt das Schild gerade noch mit den Fingerspitzen, somit aber recht wackelig, fest. Höher ging es nun wirklich nicht mehr. Doch das brachte den Chef, für mich total unverständlich, ganz oben auf seiner Bockleiter in höchste Erregung. Er fluchte und brüllte mich an, ich sei wohl zu blöd, um das Schild zu heben.

Total konsterniert habe ich den Raum verlassen und bin zu einem Arbeitskollegen im Nebenraum gegangen, der mir meine leichte Verstörtheit ansah. Ich versuchte ihm das Warum kurz zu erklären, da brach er in lautes Gelächter aus und erklärte mir den wahren Sinn des Wortes »Heben«.

Bis dahin hatte mir ja noch niemand erklärt, das »Heben« nicht »Anheben« oder »Lupfen«, sondern auf Schwäbisch einfach nur »Halten« heißt.

Bei der anschließenden kurzen Besprechung habe ich mich noch entschuldigen wollen, der Chef meinte in breitem Schwäbisch aber nur, wenn er etwas nach oben hätte haben wollen: »Do hät ih doch ›no ebbes houer lupfe‹ gsait …« Damit war für ihn das Thema auch erledigt.

❀❀❀

Gehört ja, aber sprechen?

Ich bin im Laufe der Zeit durch meine Tätigkeiten in verschiedenen Bundesländern gewesen und habe diverse Dialekte kennengelernt, doch offiziell vor Ort geprüft, ob ich das Gesagte auch verstehe oder sprechen kann, wurde ich bisher noch nie.

Alles ist bekanntlich auch mal das erste Mal, so war es dann auch bei einer großen, öffentlichen und närrischen Saal-Veranstaltung.

Ich war gerade zu einer wichtigen Funktionsperson, zum »Hofmarschall«, gewählt worden und hatte in diesem neuen Amt meinen ersten öffentlichen Auftritt. Ich wurde dem verehrten Publikum im großen Saal vom Präsidenten des Vereins als neuer Mann in dieser Funktion vorgestellt und zu sich ans Mikrofon gebeten.

Dass man als Neuling natürlich sehr nervös und aufgeregt ist, braucht man kaum extra zu erwähnen, obwohl ich schon seit Jahren mikrofonerfahren war, hatte mich diese unerwartete Aufforderung doch auf dem linken Fuß erwischt.

Im Rahmen dieser Vorstellung vor einigen hundert Gästen stellte er fest, dass ich als Rheinländer ja eben nicht gebürtig aus dem Schwabenland sei und ich nun eine kleine Aufnahmeprüfung in Schwäbisch zu bestehen hätte, ob ich dazu bereit wäre.

Ich bezeugte also meine Bereitschaft, ohne zu wissen, was nun kommen sollte. Er bemerkte nur, dass es nicht schlimm sei. Ich solle nur einen kleinen Satz auf Schwäbisch wiederholen. »Na ja, so schlimm kann das ja wohl auch nicht sein«, dachte ich noch.

Da kam auch schon der Satz. Verstanden hatte ich gar nichts.

»En gras gre o'gstrichnes Garendörle.«

Das sollte ich ja zu allem auch noch übersetzen. Den Satz nachsagen und deuten war mir unmöglich, auch nach einer nochmaligen Wiederholung. Zur großen Gaudi aller Gäste im Saal mir wollte es nicht gelingen, da ich noch nicht einmal den Sinn der Worte verstanden hatte. So etwas hatte ich noch nie gehört.

Der Präsident begnügte sich dann gnädig mit dem

Nachsprechen von »Orangensaft« auf Schwäbisch, mein »Oroagesafd« wurde dann gnädig als bestanden bestätigt.

Puh, das war geschafft. Meine Erkenntnis war, dass es eben nicht einfach ist, in fremden Gefilden heimisch zu werden. Ich war mir auch sofort der nachfolgenden Sticheleien voll bewusst.

Die erlebte deutsche Sprachkunde setzte sich dann später in der Pfälzischen, Münsteraner und auch in vielen anderen Regionen fort.

❀❀❀

Der Zeit-Vergleich

Gestern ist nicht heut, aber Heute ist auch nicht Morgen; wenn heute aber morgen wäre, dann wäre heute zugleich auch gestern.

Der Vergleich sei doch gestattet, denn bei der Geburt, am ersten Tag der Lebenszeit, da gibt es noch kein Gestern, nur ein Heute und Morgen, doch am Ende der Lebenszeit gibt es kein Morgen mehr, nur noch ein Gestern und ein Heute.

So fehlt am Anfang und am Ende eigentlich je ein Lebenstag, man könnte auch meinen, das Heute hätte somit zwei Lebenstage mehr, es lohnt sich demnach also vielleicht doch, mehr im Heute zu leben.

Eines ist gewiss, dass das Gestern schon ein Heute und ein Morgen hatte. Wenn ein Mensch eine Minute vor Mitternacht das künstliche Licht der Welt erblickt, stimmt das eigentlich auch nicht, da der neue Erdenbürger genau genommen noch gar nichts sieht.

Ist er nun von heute, oder doch noch von gestern, womit das Gestern genau genommen nur knapp eine Minute dauern würde, als Datum hätte man quasi einen Tag hinzugewonnen, aber am Leben praktisch einen Tag verloren.

Ist dieser Moment aber der Übergang, die eine Minute

um punkt Mitternacht, ist er dann von morgen, oder doch noch von heute, so würde das Heute nur dreiundzwanzig Stunden und neunundfünfzig Minuten andauern, dabei hätte man aber keinen ganzen Tag wirklich hinzu gewonnen.

Selbst das Ableben unterliegt diesem gleichen Terminus, nur im umgekehrten Sinne.

Welchen Vorteil oder Nachteil zeigt dieser Vergleich nun auf? Selbst beim Vergleich des kalendarischen Datums: es sind im Grunde ja nur aneinandergereihte Zahlen, die so gut wie keine Aussagen über einen Wert von Gestern, Heute und Morgen abgeben.

Wie man es auch dreht und wendet, nur das Jetzt und Heute zählt wirklich, denn das Jetzt ist nicht Gestern oder Morgen. Wer nur im Gestern oder Morgen lebt, ist doch eher ein Träumer oder Fantast, wer aber im Heute lebt, ist ein Realist.

Drum lebe und genieße dein Leben heute, das Jetzt bewusst, so hast du im Gestern und Morgen auch keinen Verlust.

Tamara Dragus

Take me Oyá

Ich habe Oyá angerufen. Oyá, das klingt erst einmal schön. In vielen Sprachen bedeuten diese drei Buchstaben magische Dinge: Im Glauben der nigerianischen Yoruba ist Oyá die Göttin der Transformation. Sie fegt als Wind des Wandels über veraltete Strukturen hinweg und lässt dort, wo Ungerechtigkeit und Unterdrückung herrschen, keinen Stein auf dem anderen.

In der Religion der Yoruba ist Oyá die Orisha der Winde, der Stürme und des Flusses Niger. Sie wacht am Tor des Friedhofs, verfügt über außergewöhnliche Kräfte und gilt im Allgemeinen als Göttin des Umbruchs.

Mit ihr bricht ein Orkan über mich herein, ein Tornado, den ich nicht mehr stoppen kann.

Ich weiß nicht, wo ich anfangen soll. Es ist relativ schwierig, in unserer Familie irgendwo anzufangen, weil alles immer dem Ende zugeht.

An seinem 21. Geburtstag eröffnet mir mein Sohn, dass ich nie eine richtige Mutter war. Dass ich mich aus seinem Leben verpissen soll, ihn in Ruhe lassen, einfach verschwinden. Mein Vater sitzt am Schreibtisch, eben frisch wegen eines drohenden Herzinfarkts aus dem Krankenhaus entlassen. Im Angesicht seines kurzfristig möglichen Ablebens hat sich unser psychotisches Familiengeflecht aus allen Ecken und Enden der Erde zusammengefunden.

Mein Sohn – mittlerweile an den letzten Zipfel der Welt geflohen – aus Kuba. Ich aus den Niederlanden. Das Letzte, was mir mein Vater nach seiner Not-OP auf die Mailbox spricht, ist: »Ich liege jetzt auf der Intensivstation. Ich weiß nicht, warum. Aber kümmere dich um deine Mutter.«

Sowas wirkt. Nachhaltig. Drei Tage später tänzelt er schon wieder durchs Haus. Mit drei nagelneuen Stents im Herzen wird er Zeuge des barbarischen Verbal-Attentats, das sein Enkel gerade an seiner Tochter verübt.

Nachdem mir mein Sohn all seine vernichtenden Wahrheiten morgensterngleich um die Ohren gehauen hat, murmelt mein Vater lediglich: »Endlich ist es raus.« Seit Monaten, so eröffnet er mir, habe er gewusst, wie groß der Hass seines geliebten Enkels auf seine ach-so-geliebte Tochter zu sein scheint.

Ich liege am Boden. Verwundet, gebrochen, zu keiner annähernd normalen Reaktion mehr fähig und denke nur: »Verräter!« Wie kann er sein einziges Kind, das anscheinend nicht fähig ist, ihr einziges Kind zu einem sozial kompatiblen Menschen zu erziehen, derart ins offene Messer laufen lassen? Ich taumele in die Küche. Dort sitzt meine depressive Mutter und zittert.

Wenn ich nicht wirklich wüsste, dass es sich hier um mein eigenes, beschissenes Leben dreht, würde ich »Halt« rufen – »stop«, »cut«, »nächste Szene«. Alles fühlt sich an wie in einem absurden Theaterstück von Edward Albee, nur leider entpuppen sich alle Beteiligten als minderbegabt. Eher geeignet für einen soliden Bauernschwank, bei dem ständig Türen auf- und zufliegen und alle lachen, weil die Verwirrung am Ende komplett ist.

Doch das hier ist keiner unseren weiteren Schwänke aus einem tragisch-abstrusen Familienleben, das hier offenbart die nackte Realität und ich bin nur noch bemüht, mein verwundetes Ego zu retten, ohne an Ort und Stelle auszubluten. Same place, another time. Niemand, aber wirklich niemand in diesem gottverdammten Drama, hat irgendetwas dazugelernt. Vier manische Egozentriker »on stage« enden per se im Chaos. Vor allem deshalb, weil sie stets bemüht sind, den anderen ein Stück weit aus dem Rampenlicht zu drängen.

Und ich, ich bin Teil dieser kranken Maschinerie.

Bis zum heutigen Tag kämpfe ich ums Gesehen-Werden. Doch mit der Absage meines Sohnes an mich als Mutter versiegt die Kraft. Es ist, als hätte irgendjemand eine präparierte Waffe gegen eine echte ausgetauscht. The show must go on, alles wie gehabt. Aber keiner in diesem lächerlichen Schmierentheater merkt, dass einer der Darsteller wirklich stirbt. Alle spielen munter weiter – nur der, der zu Boden geht, greift nach allem, was er kriegen kann, um weiter existieren zu können. Hier und jetzt. Und auch danach.

Die Wunde ist noch taufrisch. Ich verbinde sie jeden Tag aufs Neue.

Ich muss die Dinge klarstellen. Zugunsten meiner eigenen Tragödie, war ich kurzfristig nicht fähig, die der anderen zu sehen. Alle sind verletzt und jeder liegt in irgendeiner Ecke, doch keiner schreibt ein neues Drehbuch. Nach all den Jahren geht uns der Stoff aus und am Ende bleiben – wie in jedem schlechten Theaterstück – nur Tote, Verwundete und – Verlierer.

Meine Familie ist ein Schlachtfeld voll von nach Anerkennung hungernden Kämpfenden. Unter dem Deckmantel der Liebe wird nicht nur zugestoßen, das Messer wird noch dreimal umgedreht, damit auch jeder fühlt, wie tief der Schmerz sitzt. Alle überleben, doch jeder einzelne von uns robbt durch sein Dasein. Orientierungslos, planlos, um Beistand winselnd.

Erbärmliche Versager, wir alle.

Vielleicht beginnt Heilung nur dort, wo die Verletzung groß genug ist.

Mein verlorener Sohn lebt auf Kuba. Ich bin sicher, dass er sich dieses Land nicht umsonst ausgesucht hat. Australien, Neuseeland – nichts hat ihn so berührt, wie diese Ausnahmeinsel.

Ich habe ihn dort besucht. Um irgendetwas klarzustellen in unserem zutiefst maroden Verhältnis. Ihm näherzukommen, einen Zugang zu finden, zu seinem Wesen, das mir immer ein Stück weit fremd war.

Ein kubanisches Sprichwort sagt: »Ein Licht, das von innen her leuchtet, kann niemand löschen.« Doch unser Licht ist schon lange erloschen, ohne dass ich es sehen wollte.

Jetzt liege ich sternennah. Netz und Boden weg. Ich fühle nichts mehr. Bin Himmel, bin Wolke. Im Begriff, mich aufzulösen. So einfach geht das also. »Up, up and away.« Der Tag, als mein Leben zerbröselte.

Wie viel Rotwein muss man trinken, um sich über Wasser zu halten?

Vielleicht geht es nie um den Abgrund, sondern immer nur darum, ein Ende zu finden. Eine Grenze, einen Schritt, den man nicht mehr tun darf. Gehen darf. Einfach nur stehenbleiben und aushalten. Der letzte Akt. Der Vorhang fällt.

Take me Oyá …

Anne Iris Fresien

Die wunderliche Auferstehung der Sonnenblume

Es war einmal vor langer, langer Zeit eine Göttin namens Flora. Diese war mit ganzer Liebe für die Gestaltung und Entstehung der Landschaften auserkoren. Sie liebte diese Hingabe mit Leib und Seele. Doch eines Tages, als Göttin Flora eine neue Blume entstehen lassen wollte, vernachlässigte sie ihre Hingabe. Was war geschehen! Göttin Flora verfiel der Liebe einer männlichen Erscheinung.

Tausende Monde später!

Inmitten einer kargen Landschaft sieht man einen bunten, idyllischen Garten mit einer kleinen Holzhütte. Eine Steinmauer, mit Moos und Flechten verwachsen, dient als Abgrenzung. In diesem paradiesischen Garten wohnt ein junges, weibliches Geschöpf mit langen, gewellten, goldenen Haaren und einer samtweichen, reinen Haut. Das weibliche Geschöpf gibt sich täglich mit ganzer Liebe und Hingabe den Blumen und Blüten hin. Dies übermittelt das Mädchen tänzerisch und stimmlich. Und es scheint, als ob die bunte Blütenpracht dem Rhythmus des Liedes folge.

Das Lied drückt den Dank an das Wetter aus, welches zum Gedeihen der Blumen beiträgt. Mit Timbre und Tanz zeigt das weibliche Geschöpf die Freude über die paradiesische Blütenpracht. Die vielerlei farbenfrohe Blütenpracht ist dem Mädchen hierfür sehr dankbar.

Eigentlich könnte die Besitzerin des Gartens mit allem zufrieden sein. Eigentlich! Aber ein klein wenig ist das Mädchen doch traurig. Denn ihre Ahnen, und es scheint auch sie selbst, können dem seit ewiger Zeit aus dem Boden ragenden, kleinen runden Etwas, diesem Stumpf, nicht zum Wachsen verhelfen. Das Mädchen ist aber so versessen darauf, es möchte die Vorstellung unbedingt verwirklichen, dass daraus eine große Blume entstehe. Es malt sich in ihren Träumen immer wieder aus, wie diese Blume aussehen solle. Nach kurzer Zeit ist die Vorstellung nicht nur nächtlich, sondern bereits täglich vorhanden. Das weibliche Geschöpf verfällt der Illusion zusehends immer mehr. Es bildet sich die Schönheit dieser Blume zunehmend ein. Es kommt sogar noch schlimmer!

Eines Tages wacht das Mädchen auf und die langen, goldenen Haare auf seinem Kopf sind gekürzt bis auf einen Hauch von einem halben Zentimeter Länge. Stunden später ist das Haupt samtartig bedeckt von winzigen kleinen Locken und verströmt einen blumigen Duft. Die restlichen langen Haare verwandeln sich zu goldgelben Blüten. Wie das Antlitz der Sonne! Obwohl sich das Aussehen des Mädchens verändert hat, ist dieses nicht traurig. Im Gegenteil! Seit der Nacht der Veränderung zeigt das weibliche Geschöpf nie wieder Trauer. Es singt, tanzt und lacht sogar noch mehr als zuvor. Erfüllt sich ein Traum?

Eines Abends ist das Mädchen im Garten und bestaunt hypnotisierend den Stumpf im Erdboden. Die bunte Blütenpracht sieht dem Mädchen hierbei so lange zu, bis diese sich dem Schlaf hingibt. Ist die Mondsichel bereits zugegen?

Am nächsten Tag ist das Mädchen nicht mehr da. Ab jenem Moment ist das Blumenparadies auf sich allein gestellt. Das Mädchen, welches sich mit den Blumen umgab, mit ihnen sprach und sie pflegte, ist nicht mehr da.

Doch die Jahreszeiten sind nicht vergangen.

Im Winter durchbrechen wie immer vereinzelt Schneeglöckchen die dünne Schneedecke. Das kleine runde Etwas ruht unverändert auf dem eisigen Boden. Bald darauf meldet sich die Sonne zurück. Charismatisch entfaltet sich das Licht der Sonne von Tag zu Tag mehr.

Im Frühjahr taut der Boden durch die warmen Lichtstrahlen der Sonne. Die Landschaft bildet sich neu. Und das idyllische Paradies wird umgeben von gelben und weißen Krokussen. Osterglocken in ihrer schönsten Pracht bereichern den Garten. Aber das kleine runde Etwas zeigt noch keine Regung.

Kurz danach erscheinen viele Blumen, welche sich auf das weibliche Geschöpf freuen. Aber als die Blumen erfahren, dass das Mädchen verloren gegangen ist, entsteht eine tiefe Trauer im idyllischen Garten. Jede einzelne Blume erinnert sich gerne zurück an die Zeiten, als das weibliche Geschöpf sich ihrer Pracht widmete, sang und tanzte. Sich damit für die Blütenpracht der Natur bedankte.

Plötzlich ist es, als ob die Blumen sich unterhalten, sich gegenseitig anschauen und sich schlussendlich mit den Blütenköpfen zunicken. Halten die Blumen Rat? Ja! Doch die Blumen müssen sich alle noch etwas gedulden.

Dann ist es soweit!

Alle im Garten vorhandenen Blumen verstreuen den Blütenstaub in Richtung des kleinen, runden Etwas. Dass aller Blütenstaub gänzlich am Stumpf ankommt, ist der Blaskraft des Windes zu verdanken.

Der Regen und die Wolken beratschlagen sich. Magisches Wasser fürs Wachstum sollen die Wolken entstehen lassen. Der Regen gießt das Wasser auf die Erde nieder.

Für das Gedeihen benötigt das kleine runde Etwas aber auch die Sonne. Diese strahlt magische Kraft zum Stumpf hin.

In der Nacht steht der Vollmond hell am Himmel und strahlt seine Leuchtkraft auf das kleine runde Etwas im idyllischen Garten. Im Erdboden wird der Stumpf mit vielen Nährstoffen versorgt. In der Dunkelheit hört man ein leises, beständiges Knacken.

Am nächsten Tag ist es passiert!

Im idyllischen Paradies steht eine neue Blume. Sehr, sehr groß, fast zwei Meter mit vielen grünen Blättern. Himmelwärts ist die Blume wunderschön mit hellem Blütenkorb und goldgelben Strahlenblüten anzusehen. Wie das Antlitz der Sonne!

Seither glaubt man im Blütenparadies täglich über mehrere Stunden, eine weibliche Singstimme zu vernehmen. Die Blütenpracht findet hierzu Einklang.

Flora war dem weiblichen Geschöpf zu Dank verpflichtet und hat es als Sonnenblume wieder auferstehen lassen.

Margarethe Gemsjäger

Bodenlos

Marie stand da und fühlte eine riesige Leere in sich. So viele Träume waren wie Seifenblasen zerplatzt und nun war sie in der banalen Realität angekommen. Das nervte, zerrte und zehrte, was sie da um sich herum erlebte. Ihre scheinbar lichtvoll-heile Welt war zerbrochen; ihre Parallelwelt, ihr hausgemachtes Paradies.

Eigentlich wusste sie in diesem Augenblick nichts mit sich anzufangen. Was sollte sie hier?

Sie fühlte sich, als sei sie auf dem falschen Bahnhof ausgestiegen und warte nun auf den Zug, der sie zu ihrem Ziel bringen sollte.

Ihr Ziel?

Sie wusste nicht, wo und erst recht nicht wohin.

Sie ging in den nahegelegenen kleinen Park, versuchte, Ordnung in das Chaos in ihrem Kopf zu bringen. Was war eigentlich passiert?

Er hat gesagt: »Ich liebe dich nicht mehr!«

Wie ein Fallbeil hatten diese Worte sie getroffen; ausgeknockt. Der Boden hatte sich unter ihr aufgetan und sie war in ungeahnte Tiefen gestürzt.

»Wie komme ich je wieder hier raus?«, fragte sie sich, während ihr Blick das Gleiten eines Vogels verfolgte.

Gleiten wie ein Vogel – sich hochschrauben mit den Winden, immer höher, alles hinter sich lassen und nur den Wind und die unbegrenzte Weite fühlen – das wär's doch, der Sonne immer näher.

Oh nein, lieber nicht, da war doch was, dieser Ikarus der griechischen Sage, der hoch flog mit seinen Flügeln und dann abstürzte, weil er der Sonne zu nah gekommen war.

Abgestürzt war sie nun, und zwar heftig.

Ein bisschen war ihr auch, als sei sie in einen Kokon eingesponnen, alles um sie schien wie in Watte gepackt.

Umso mehr erschrak sie, als sich plötzlich jemand neben sie auf die Parkbank setzte. Sie fühlte eine extrem körperliche Nähe und rückte ein kleines Stück ab.

»Unverschämt«, dachte sie, »mir so auf die Pelle zu rücken.«

Ihr war egal, ob Männlein oder Weiblein, dieser Mensch kam ihr jedenfalls entschieden zu nah. Völlig ungefragt setzte er sich fett in ihre Aura und aß genüsslich ein Eis. Sein leichtes Schlürfen war unerträglich.

Statt aufzustehen und zu gehen, blieb sie wie angewurzelt sitzen. Doch ihre ganze Selbstbetrachtung war nun im Eimer. Unweigerlich schaute sie auf die Füße ihres Nachbarn und schauderte: schmutzige Füße, dicke, behaarte

Zehen in ausgelatschten Sandalen. Das reichte, mehr brauchte sie nicht sehen.

»Schön hier«, kam es plötzlich von ihrem Nachbarn.

Er wollte doch nicht etwa eine Antwort? Seine Bemerkung hing in der Luft wie eine kleine glitzernde Seifenblase und Marie war geneigt, sie zum Platzen zu bringen. Irgendetwas hielt sie davon ab und nun drehte sie den Kopf zu ihm hin. Puh, eine Hakennase, ein leichtes, spöttisches Zucken um den Mund.

»Nein«, sagte sie.

Sein Kopf drehte sich zu ihr hin in einer Geschwindigkeit, als habe er alle Zeit der Welt. Sie schaute in wache grüne Augen, Katzenaugen, extrem präsent, so dass sie dem Blick nicht standhielt. Sein Eis tropfte und ehe sich Marie versah, tropfte es auch bei ihr, und zwar aus den Augen.

»Ich bin erkältet«, näselte sie und suchte verzweifelt nach einem Taschentuch, so etwas war Luxus für sie.

Er reichte ihr ein Tempo und sie nahm es wortlos und hielt es sich vor ihre Nase und die Augen.

»Nein, Sie weinen«, meinte er.

Marie war nun völlig aus der Fassung und konnte diese auch nicht mehr aufrecht erhalten. Sturzbäche von Tränen ergossen sich über ihr Gesicht und er reichte Taschentücher, eins nach dem anderen. Es schien kein Ende zu nehmen und seine Geduld schien auch endlos zu sein.

»Danke«, sagte sie schließlich etwas kleinlaut.

»Danke«, sagte auch er, »dass ich Ihnen helfen durfte.«

Erneut sah sie ihren Nachbarn an: sie sah in warme Augen, die tief leuchteten; diesmal hielt sie dem Blick stand.

Sie spürte das Gras unter den Füßen – die Erde atmete, Marie lächelt.

Rolf Giebelmann

Von Göttinnen, Gattinnen und Gaunerinnen

Der Beginn der griechischen und damit der europäischen Kultur ist geprägt durch das orientalische Matriarchat, das verbunden war mit Schlangengöttinnen. Durch den Aufstand der Männer, der für Johannes Tralow (1882-1968) ein siegreicher Kampf gegen die Amazonen ist, verlieren die Schlangengöttinnen ihre Vorherrschaft, aber nicht ihre Unsterblichkeit.

Gaia oder *Ge* als Erde verkörperte in der griechischen Göttersage die Urgottheit und Allmutter. In ihr sind Symbole früherer Kulturkreise übernommen.

Der Athenatempel der Akropolis zeigt Szenen der Amazonomachie als Kampf der Griechen gegen die Amazonen, die der Sage nach im Trojanischen Krieg auf der Gegenseite standen und ihre Königin *Penthesilea* durch Achilleus verloren, der die Sterbende liebend bewundert. Zum Ausgang des Trojanischen Kriegs spottete Friedrich von Hagedorn (1708-1758) in Helena und Menelaus:

»*Zum Menelaus kam die Helena zurück*
Und sprach, mit Recht beschämt und mit beträntem Blick:
›*Es ward dir zwar mein Leib, die irdische Last, entrissen;*
Doch, wie der Himmel weiß, blieb meine Seele dein.‹
Er sprach: ›*Ich glaub es gern; hingegen magst du wissen, –*
Was du mir ließest, scheint dein schlechtstes Teil zu sein.‹«

Athene wurde auf Kreta noch als Urmutter in Schlangengestalt verehrt. In die griechische Götterwelt wurde sie übernommen als Tochter des Gottvaters Zeus, die bei ihrer Geburt gerüstet seinem Haupt entsprang. Die griechische Hauptstadt heißt ihr zu Ehren Athen. Ihr dortiger Tempel entstand als Parthenon, Jungfrauengemach, auf der Akropolis, der Hochstadt, von 448 bis 438 v. Chr. unter dem Bildhauer Pherdias sowie den Architekten Iktinos und Kollikrates. Als Göttin der Wissenschaft wurde sie *Glaukopis*, Eulenäugige, genannt. Daher rührt die Redewendung: »Eulen nach Athen tragen«.

Die Sage um den singenden Kitharaspieler Orpheus und seine Gattin *Eurydike*, die er durch einen tödlichen Schlangenbiss verlor, fasste Johann Wilhelm Ludwig Gleim (1719-1803) im Epigramm Orpheus zusammen:

»*Der Sänger Thrakiens stieg mit Verwegenheit*
Zu seinem Weib ins Reich des Pluto nieder;
Gestraft ward er dafür, nach Billigkeit;
Die Hölle gab sein Weib ihm wieder.
Er sang, Vergnügen sah aus der Verdammten Blick,
Und Pluto rief das schöne Weib zurück:
Zum Lohn für seine Lieder.«

Coatlicue war bei den Azteken die mit Klapperschlangen dargestellte Mutter der Götter, die Erdgöttin und das Symbol der Fruchtbarkeit mit einem Maiskolben als Attribut. Ihr Name bedeutet Dame mit dem Schlangenrock. Die therapeutische Wirkung des Klapperschlangengiftes soll im 19. Jh. zufällig durch den Biss eines Holzfällers im epileptischen Anfall erkannt worden sein.

Korn-Mutter war den Griechen die Göttin der Fruchtbarkeit *Demeter*. Noch heute heißen unter umweltfreundlichen Bedingungen geerntete pflanzliche Nahrungsmittel Demetergemüse. Für die über den Raub ihrer Tochter *Persephone* mit Zeus zu Tode betrübte Demeter schuf der Schlafgott Hypnos den Mohn als Heilmittel. Nach dessen Genuss fiel sie in wohltuenden Schlaf. Auf der Suche nach ihrer Tochter nahm sie König Keleos in Eleusis auf. Es entstand dort ein Kult Demeter und Persephone zu Ehren, bei dem man den Zaubertrank Kykeon einnahm.

Hygieia war als Tochter des griechischen Heilgottes Asklepios und Enkelin Apollons die Göttin der Gesundheit. Peter Paul Rubens (1577-1640) stellte sie mit einer Schlange dar, aus deren Zähnen sie das Gift gewann.

Hekate galt als Göttin des (Gift-)Zaubers und der Gespenster. Sie hatte Schlangen, Fackeln und Geißel als Attribute und stammt aus einem Kulturkreis Kariens im Südwesten Kleinasiens. Als Mondgöttin führte sie in Begleitung von Hunden nachts die Geister an Friedhöfen und Kreuzwegen.

Nach der Theogonie, der Götterabstammung, Hesiods (um 700 v. Chr.), des ersten geschichtlich belegbaren Schriftstellers in Europa, entstieg *Aphrodite*, Göttin der Liebe und der Schönheit, als Schaumgeborene dem Meer. Ihre Geburt ist ein Hinweis auf ihren semitischen Ursprung. Wirkstoffe wie Yohimbin aus dem Rötegewächs Yohimbe, die Genitalzentren im Rückenmark erregen, heißen nach ihr Aphrodisiaka.

Astarte war in der westsemitischen, phönikisch-syrischen Mythologie Göttin des Kampfes, der Jagd und des Rechts. Ihr entsprach bei den Babyloniern Ischtar. In Babylon wurde ihr 605 bis 562 v. Chr. ein Tor mit Prozessionsstraße gewidmet. Das Alte Testament der Bibel nennt sie *Aschtoret*.

Die biblische Vision des Propheten Jesaja, um 740 v. Chr., von der Herrlichkeit Jahwes umgibt dessen Thron mit geflügelten Schlangen, den Saraphen. Sie sind jetzt der männlichen Gottheit untergeben. Bei der Übersetzung des Schlangenwunders zu Kadesch machte Martin Luther (1487-1546) folgende Anmerkung:

> »*Darumb heissen sie feurige/*
> *das die Leute von jnen gebissen/*
> *durch ihre gifft/*
> *feur rot wurden/*
> *vnd fur hitze storben/*
> *wie an der pestilentz/*
> *oder/*
> *Carbunkel etc.*«

Saraphen, um die es hier geht, leiten sich von hebräisch »saraph« für »brennen« ab.

Die römische Göttin *Venus* entsprach der Aphrodite Griechenlands. Sandro Botticelli (1485-1510) stellte die Geburt der Venus in einem Gemälde dar, wie sie auf einer Muschel von den Windgöttern über das Meer an Land getrieben wird, empfangen von der Blumengöttin *Flora*. 295 v. Chr. richteten die Römer ihr einen Staatskult ein. Eine der giftigsten Pflanzen, das Hahnenfußgewächs Blauer Eisenhut, wird mit ihr in Verbindung gebracht. Das oberste Kronblatt der in traubigen Blütenständen angeordneten Blumen bildet einen aufrechten Helm, in dem zwei umgewandelte Honigblätter als langgestielte Sporen eingebettet sind. Unter dem Helm erscheint der Venuswagen mit den Sporen als Täubchen. Venus wurde gern mit einem von Täubchen gezogenen Wagen dargestellt.

Andromeda war nach einer griechischen Sage die Tochter des äthiopischen Königs Kepheus und der Kassiopeia. Ihre Mutter hielt sich für schöner als die Nymphen. Dafür bestrafte Poseidon das Land mit einer Überschwemmung und schickte ein Meerungeheuer. Ein Orakel erkor Andromeda als Opfer, das diesem auszuliefern und deswegen an einen Felsen zu schmieden war. Durch Perseus wurde sie gerettet und zur Gattin genommen. Als Sternbilder bleiben sie am Himmel vereint. Eine Gattung der Heidekrautgewächse erhielt den botanischen Namen Andromeda, gewissermaßen als Alpenrose an den Berg gefesselt.

Atropos als die Unabwendbare war die den Lebensfaden durchschneidende der drei Schicksalsgöttinnen oder *Moiren*. Nach ihr wurde das Nachtschattengewächs Schwarze Tollkirsche Atropa belladonna genannt. Ihre Beeren gehören zu den häufigsten Vergiftungsursachen durch Pflanzen.

Medeia, römisch *Medea,* wurde zur bedeutendsten Sagengestalt der Weltliteratur. Als Königstochter in Kolchis am Schwarzen Meer wusste sie die Giftpflanzen ihrer Heimat zu nutzen. Sie half Jason und den Argonauten das Goldene Vlies zu holen. Als dessen Gattin ging sie mit ihm nach Jolkos zurück. Sie verschuldete den Tod des Pelias, weil er Jason nicht die für das Vlies versprochene Herrschaft übergab. Properz (um 50- ca. 15 v. Chr.) sah diese Zusammenhänge als Warnung:

»*Sollten dahin mich raffen circeische Mischungen, sollt´ auch
Mir auf jolkischem Herd sieden der Kolcherin Gift?*«

Christian Gryphius (1649-1706) meinte zu Zaubereien:

»*Homerus rühmt der Circe Zauberkraft.
Von unsrer Zeit ist noch weit mehr zu melden.
Wenn Circes Stab aus Helden Schweine schafft,
Schafft unsre Zeit aus diesen lauter Helden.*«

Kleopatra VII., die durch den Vater Berühmte, wurde 69 v. Chr. geboren und regierte seit 51 v. Chr. in Ägypten. Sie war die Geliebte Caesars, gebar ihm Caesarion und heiratete Marcus Antonius (82-30 v. Chr.). Für ihre Augenkosmetik hatte sie offensichtlich auf Atropa belladonna zurückgegriffen, denn »*sie konnte ihre Augen künstlich glitzernd erzeigen, dass sie leicht, wen sie wollte mit lieblichen Worten und Sanftmut bewegen mochte*«. So sah es Giovanni Boccaccio (1314-1375) in der Version von Heinrich Steinhöwel.

Antonius soll zu ihren Mahlzeiten auf einem Vorkoster bestanden haben. Die Uräusschlange, *Naja haje*, war im ägyptischen Mythos das Symbol des ewigen Lebens. Kleopatra wählte 30 v. Chr. deren Biss zum Freitod, um nach ihrem Glauben die Unsterblichkeit zu erlangen.

Locusta war eine mehrfach genannte Giftmischerin dieser Zeit. Heinrich Heine nimmt 1851 auf sie und ein Gastmahl des Jahres 1383 Bezug in seinem Gedicht Spanische Atriden:

> »… *Prunkgeschirr von Gold und Silber,*
> *Leckerbissen aller Zonen,*
> *Und derselbe Bleigeschmack,*
> *Mahnend an Lokustes Küche* …«

Der Weihnachtsstern ist in Mexiko beheimatet. Sein Ursprung geht auf eine Sage zurück, nach der einer unglücklich verliebten aztekischen Göttin das Herz brach, ihr Blut auf die Erde tropfte und an dieser Stelle die Sträucher mit den sternförmig angeordneten dunkelroten Hochblättern und den kleinen gelben Blüten emporwuchsen.

Im späten Rom erlangten Quecksilberverbindungen unrühmliche Bedeutung. Decimus Magnus Ausonius (um 310- um 395) warf den römischen Frauen vor, ihre unliebsamen Ehemänner mit diesen vergiften zu wollen. In der Übertragung durch Goethe liest es sich wie folgt:

> »*Gifttrank reichte dem eifernden Gatten ein buhlerisch Ehweib;*
> *Meinend jedoch, es sei noch nicht zum Tode genug,*
> *Mischt sie dazu noch flüssige Last merkurischen Giftes,*
> *Daß die gedoppelte Kraft schneller ihn stürze zum Tod.*
> *Reichst du getrennt sie dar, sind sie beides heftige Gifte,*
> *Doch heilsamer Natur, wer sie verbunden genießt.*
> *Während nun unter sich selbst in feindlicher Gärung sie kämpfen,*
> *Weicht der tödliche Trank endlich dem heilsameren:*
> *Und nun schlüpft es hinab durch des Magens leere Behausung,*
> *Da, wo die Speise zuletzt sucht den gewöhnlichen Weg.*«

Nach Paracelsus hatten die Pfeile der Venus Schuld an der venerischen Erkrankung Syphilis und mussten mit Merkurs Kraft, dem Mercurium, bekämpft werden.

Arthur Schopenhauer, in dessen Nachlass man Rezepte mit Quecksilberarzneien fand, sagte in den Aphorismen zur Lebensweisheit:

> »*Seitdem Amors Köcher auch vergiftete Pfeile führte,*
> *ist in das Verhältnis der Geschlechter zueinander ein fremdartiges, feindseliges, ja teuflisches Moment gekommen; infolge wovon ein finsteres und furchtsames Misstrauen es durchzieht.*«

Arne Glapa

Dunkle Wände

Dunkle Wände und ich sitze mittendrinn. Ich habe es verdient, oder? Wer hat es heutzutage schon verdient, hier zu sein? Ein Vergewaltiger? Ein Mörder?

Na ja, das sind alles Dinge, auf die Sie dich nicht vorbereiten im Gymnasium.

Gymnasium und ich hocke jetzt hier in meiner dunklen Kammer? Ja. Wisst ihr, wenn ihr der heutigen Jugend ein bisschen Beachtung schenken würdet, würdet ihr wissen, wie es in ihr zugeht.

Ich rede hier nicht von meiner Jugend, ich rede von der Jugend ab dem Jahre 2000. Ich habe ein Vorbild und es ist kein im Champagner badender Millionär, es ist ein inzwischen toter »Gossen-Philosoph«.

»>«, ist es falsch? »<«, frage ich mich in jener Kammer aus Einsamkeit. »>«, sind Vorbilder inzwischen das, was uns den Charakter verleiht oder sind es immer noch wir selbst? Halten Sie mich jetzt bitte nicht für ungehobelt oder biestig. Ich möchte Ihre kostbare Zeit auch nicht lange in Anspruch nehmen. Aber wer sind Sie? Was haben Sie in ihrem Leben schon groß gemacht?

Haben Sie Kinder? Und wenn ja, was haben Sie ihnen denn hinterlassen? Immerhin habe ich nicht den Eindruck, dass Sie sich von der eintönigen und monotonen Masse unterscheiden, aber ich lasse mich gerne eines Besseren belehren. »<«

Er guckte mich an. »Tja, so etwas hast du wohl von einem ach so blöden Kiffer nicht erwartet, was?«, dachte ich in meinem Wirrwarr aus Gedanken.

Inzwischen fing er an zu schwitzen und brachte immer noch nichts heraus.

»>, was fällt dir kleinem eingebildeten Schnösel eigentlich ein? Ich komm' da gleich rein und dann gibt's was auf die Fresse! <«

Nun ja, ich hatte nichts anderes erwartet. Sie werden cholerisch, wenn man ihnen aufdeckt, dass sie keinen Abdruck auf der Welt hinterlassen.

»&gt, wo hast du denn Deutsch gelernt? Also, selbst hier erwarte ich doch ein bisschen Anstand. &lt«

Das war es dann, er kam herein, er war gedemütigt von einem 17-Jährigen und wahrscheinlich auch alleinstehend.

Das Ende kommt für uns alle. Hoch leben wir 1990iger, wir Großmäuler.

Georges Greco

Die Botschaft

Schon dreimal zwölf Stunden lang fuhr der Zug durch die endlose Wüste. Die Flussübergänge standen noch bevor. Es war drückend heiss, als er endlich mit Pfeifen und lautem Hupen die kilometerlange Bremsung vor dem Bahnhof der Stadt in der Wüste einleitete, die letzten Rauchwolken ausstiess und mit einem durchschüttelnden Ruck zum Stehen kam.

Es wunderte ihn, dass niemand am Gleis wartete. Einen Umzug der Stadtältesten mit Posaunen und Trompeten hatte er zumindest erwartet, er, als der ausgewählte Geheimbotschafter, der die Messages im Westen des Landes an die Unterbotschafter verteilen musste.

Der Bahnhof war anscheinend abgerissen worden. Es stand statt des stattlichen Gebäudes nur noch ein baufälliger Schuppen aus von der Sonne über die Jahre ausgelaugten, verdorrten Holzlatten dort. Vielleicht war ein Neubau geplant? Die Vordertür stand angelehnt, das Schild über dem Rundbogen war so verblichen, dass man die Inschrift nicht mehr lesen konnte. Die Fenster hatten keine Scheiben mehr, es waren leere ausgesparte Öffnungen, in die die staubige Hitze ungehindert eindringen konnte.

Er ergriff mit einem saftigen Entschluss sein kleines Köfferchen und schritt über den staubigen Erdboden, auf dem ungewischt verdorrte Palmblätter herumlagen bis zum Schuppen hin. Vielleicht warteten die Dorfältesten drinnen, um sich nicht der drückenden Hitze auszusetzen. Für ältere Menschen ist ja eine gleissende Hitze gefährlich. Er schaute beim ersten Fensterloch ins Dunkle, starrte hinein, bis die Umrisse deutlicher wurden. Man konnte die Gegenstände nicht erkennen, aber es hielten sich im Innern keine Menschen auf.

Er war ja der einzige Passagier im Zug gewesen, auf dieser letzten Strecke. Er hatte es deutlich gesehen. Keine weitere Person war zugestiegen. Und er wusste nicht, ob der Zug überhaupt weiterfuhr. Die Station war immer als Endstation signalisiert. Dass unter solchen Voraussetzungen keiner ihn abholen kam! Soviel er wusste, kam nur einmal in sieben Wochen ein Zug hier an. Zumindest für die Kinder müsste das doch ein Ereignis sein, wo man sich am Gleis versammelt und die dröhnende und zischende Einfahrt des rauchenden Ungetüms mit Hurraschreien und Klatschen begrüsst. Aber es lag eine Totenstille über der in der Sonne zitternden Landschaft. Er schaute sich nach hinten um, zum Ende des Zuges. Der Postwagen des Zuges musste doch zumindest einige sehnsüchtig erwartete Briefe und Pakete in dieses abgelegene Nest bringen, wo die Leute keine Zerstreuung hatten.

Und in der Tat sah er nun ganz hinten, am Ende des Zuges, einige zerlumpte Gestalten, die gebückt Pakete und Schachteln aus dem Gepäckwagen auf einen Schubkarren luden. Sie gingen dann auf einer Diagonalen quer durch den

Sand, wobei auf jeder Seite einer das Gepäck vor dem Hinunterfallen stützte. Der Mann vorne karrte den Schubkarren jeweils aus dem Sand, wenn er eingesunken war, und der Mann hinter dem Schubkarren stiess das Gefährt voran. Sie hatten alle vier unentwegt zu tun. Dass man in all den Jahren kein modernes Gefährt angeschafft hatte und keine geteerten Strassen angelegt hatte! Die Gemeinde galt doch als wohlhabend, mit ihren reichlichen Beziehungen. Er rief der Gruppe mit dem Postkarren zu, formte sogar die Hände zum Trichter, um gehört zu werden, und gestikulierte wild. Aber man beachtete ihn nicht.

So schlich er schliesslich an der Schattenwand auf der Seite des Bahnhofgebäudes entlang bis zum hinteren Ende. »Wie morsch das Holz dieser Wand ist«, dachte er beim Gehen und krümelte da und dort mit den Fingernägeln seiner linken Hand einige Holzspäne von der Wand weg. Als er an der Ecke angekommen war, sah er, dass die Stadt nicht mehr dort war. Es standen nur einige wenige Hütten wie aneinander angelehnt auf der endlosen Ebene. Er hatte alles ganz anders in Erinnerung. Aber die Erinnerung kann täuschen.

Auf dem Platz hinter dem Bahnhofsgebäude sah er Kinder spielen. Sie fuhren mit alten Zweirädern auf dem Sand im Kreis herum, bremsten, um dadurch das Vorderrad in die Höhe ziehen zu können oder machten einen Handstand über dem Lenkrad. Sie schienen glücklich zu sein. Andere, vor allem junge Mädchen in luftigen modischen Röcken, hüpften mit einem Seil und waren vom aufwirbelndem Staub wie in eine Wolke gehüllt, so dass man ihre Gesichtszüge und auch die Körperformen nicht präzise sehen konnte. Jüngere Kinder hatten ein Loch in den Sand geformt und spielten mit Murmeln.

Da erblickte er einen kleinen vornübergebeugten Mann quer über das Feld hinken. »Wie schlecht der Mann gekleidet ist!«, dachte er bei sich. Das abgetragene Gewand hatte an mehreren Stellen Löcher und als er nun näher auf ihn zukam, sah er auch die angewetzten Teile der Ärmel und an den Seiten Partien des Stoffes, die blöd geworden waren.

»Sie kommen die Botschaft holen?«, sagte der kleine Mann, als er nun ihm gegenüber stand.

»Ja«, sagte der Besucher und schaute ihm in seine wachen, eindringlichen Augen. Um nicht unanständig zu sein, senkte er den Blick. Da sah er, dass kleine Tiere, wahrscheinlich Maden, im Stoff seines Gewandes wuselten.

»Es ist alles bereit«, sagte der Mann, »ich führe Sie nun zum Hotel, wo Sie sich ausruhen können.«

»Kann ich im Hotel auch etwas essen?«, fragte der Reisende.

»Nein«, sagte der Mann, »das Hotel hat kein Personal mehr. Es steht leer, aber man kann dort schlafen. Und essen können Sie überall, auf dem Platz, in den engen Gassen oder bei den Leuten.«

»Wieso hat das Hotel kein Personal mehr? Läuft der Tourismus nicht mehr?«, fragte der Wanderer erstaunt.

»Wir brauchen das nicht. Es wäre überflüssig«, entgegnete der Mann.

»Hören Sie«, sagte der Ankömmling, »ich habe mir einen anderen Empfang vorgestellt, etwa, dass mich der Boss selbst abholt oder zumindest der Gouverneur der Stadt, gut, auch der Türsteher hätte es getan, aber dass niemand kommt, respektive Sie so spät, wo ich doch zwei Flüsse unter Lebensgefahr schwimmend bis zur Erschöpfung überquert habe, nur von Entbehrungen lebte auf dieser beschwerlichen Reise und von Glück reden kann, dass mich beim dritten Strom ein Fischer mit einem Kahn unentgeltlich übersetzte …«

Der Mann unterbrach ihn sachte: »Der Fischer setzt alle über. Er ist sehr freundlich. Er macht es aus Menschenliebe. Und er tut es um Gottes Lohn, denn in der Zeit der Überfahrt kann er ja nichts fischen und verdient also nichts.«

»Aber anscheinend bleibt ihm genug Zeit zum Fischen, um leben zu können«, sagte der Gast, »jedenfalls habe ich keinen anderen Reisenden auf dem Weg in diese trostlose Gegend gesehen.«

»Viele täuschen sich genau darin«, antwortete der Mann und fuhr nach einer Pause fort: »Er muss so viele übersetzen, dass er gar nicht mehr zum Fischen kommt.«

»Aber wovon lebt er dann?«, fragte der Tourist laut.

Der kleine Mann hatte sich umgedreht und hinkte vor ihm her vom Stationsgebäude weg in die andere Richtung. Der Besucher stellte fest, dass der kleine Mann trotz des Hinkens schneller ging als er. Er musste sich beeilen, wie früher beim Militär.

»Führen Sie mich zum Hotel oder zur Botschaft?«, rief der Besucher ihm von hinten über die Schulter zu. Damit er ihn hören konnte, war er ganz dicht an ihn aufgerückt und sah, dass auf seinem Kopf zwischen den schütteren Haren winzige Tierlein krochen, eine Art Käfer oder Läuse, die in der Sonne glitzerten.

»Die Botschaft ist schon lange geschlossen«, entgegnete der Mann.

»Aber Sie versenden doch die Botschaften. Wie geht das denn, wenn keine Botschaft mehr da ist? Was soll ich dann den Unterbotschaftern sagen?«, fragte der Besucher.

»Das geht auch ohne Botschaftsgebäude. Gerade das brauchen wir nicht.«

»Wo führen Sie mich dann hin? Nur zum Hotel? Und morgen, wenn ich von den unzumutbaren Strapazen ausgeruht bin, kommt dann der Boss ins Hotel?«, fragte der Botschaftsvermittler.

»Der Herr ist tot«, sagte der Mann.

»Wann ist er denn gestorben?«, fragte der Besucher erschreckt.

»Er ist schon lange tot«, sagte der Mann und es schien dem Besucher, als husche ein friedliches Lächeln über sein eingefallenes, verwehtes Gesicht.

»Schon lange tot? Aber dann haben die Botschaften keine Funktion mehr. Das ist ja verrückt, was Sie mir da erzählen.«

»Sie verstehen noch sehr wenig«, sagte der Mann, »die Botschaften gehen weiter und der Herr bleibt der Herr, auch wenn er im Moment tot ist.«

»Im Moment? Im Moment! Was bedeutet das? War er denn schon immer tot?«, ereiferte sich der Besucher und man sah ihm seine Ungeduld an. »Ich hätte nicht so lange warten sollen, um zu kommen«, sagte der Besucher, da der Mann nicht geantwortet hatte auf seinen empörten Ausruf.

»Es warten alle«, sagte der Mann schliesslich.

Der Besucher, der P. hiess, sah den Mann genauer an. Er blickte auf seine schäbige Kleidung, auf die Löcher in seiner Jacke, auf das kriechende Geziefer, das sich gütlich tat an seinen Kleidern, auf sein Gesicht, das sanft blickte wie ein Hinscheidender. Er zweifelte an allem. Er wollte plötzlich keine Zeit mehr verlieren. »Ich reise noch heute zurück«, sagte der Besucher in entschlossenem Ton.

»Wie wollen Sie das anstellen?«, fragte der Mann. »Wir haben nur ein Gleis. Der Zug kann nicht kehren. Er kann nicht zurückfahren.«

P. dachte nach. »Was machen Sie dann mit den Zügen, die hier ankommen?«, fragte er und stellte gleichzeitig fest, dass er damit vom Thema abgekommen war.

»Wir nehmen sie auseinander. Wir können das Holz für die Hütten brauchen und das Metall für den Gleisbau«, sagte der Mann lapidar.

»Bauen Sie dann Gleise weiter in die Wüste hinein? Es gibt ja keine andere Stadt nach dieser. Oder bauen Sie ein Gleis für die Rückfahrt, wie es alle Endstationen haben?«

P. wartete gespannt auf die Antwort, doch der Mann schien mit einigen Motten an seinem Gewand beschäftigt und antwortete nicht sofort. »Wie komme ich dann zurück?«, fragte P. ungeduldig und entrüstet.

»Das ist kein Problem«, sagte der Mann, »die meisten wollen gar nicht zurück. Wir haben ja alles hier. Aber auch sonst ist es kein Problem. Sie wollen doch eine Botschaft übermitteln oder nicht?«, sagte der Mann.

»Hören Sie«, sagte der Besucher mit einem leichten Anflug von Zorn, »was Sie da erzählen, ist unlogisch und ohne jeden Zusammenhang. Wer schreibt dann die Botschaften, wenn es den Herrn nicht mehr gibt, wenn die Botschaft abgeschafft wurde, wenn es keine Verkehrsverbindung zurück gibt?«

»Wir geben Ihnen die Botschaft mit. In einem Briefumschlag. Aber es stehen keine Wörter drin«, sagte der Mann.

»Aber wenn keine Wörter drin stehen, was ist dann die Botschaft?«, fragte der Besucher, der kaum mehr an sich halten konnte.

»Die Wörter der Botschaft ändern sich jeden Tag, die Botschaft bleibt aber immer gleich«, bemerkte der Mann, der dem Besucher viel älter erschien als noch kurz zuvor.

»Was soll denn eine Botschaft, wenn sich die Wörter jeden Tag ändern? Das ist doch keine Botschaft mehr!«, sagte der Besucher und kniff die Augen zu.

»Die Botschaft ist die Botschaft. Sie bleibt immer gleich. Wenn Sie sie in Worte fassen, sind die Worte in wenigen Tagen veraltet. Die Botschaft würde ihren Sinn verlieren«, sagte der alte Mann.

Der Mann schritt voran und P. folgte ihm verwirrt. Der Mann hatte offenbar eine andere Logik als er. Aber er konnte nach so langer Zeit und so viel Anstrengung und Entbehrung nicht plötzlich alles fallen lassen. Sie wanderten schweigend hintereinander auf einem Saumpfad, der von den Gehöften wegführte in die Wüste hinein.

P. war sehr erstaunt, als er auf der flachen Ebene plötzlich einen tiefen Abgrund vor sich sah. Hatte eine Sanddüne einen Hügel auf zwei Seiten aufgeworfen und ein Tal geformt? Der Abgrund war viel zu tief, als dass Sanddünen das bewirkt hätten. Gab es vielleicht Gesteinsformationen unter dem Sand, die man nicht sehen konnte?

Der Alte schritt vor ihm bis dicht an den Abgrund heran. Schwindel erfasste P., als er hinabsah.

Der Mann zeigte ihm zwei Baumstämme in einem Abstand von der Breite eines Mannes, die direkt am Abgrund in den sandigen Boden eingelassen waren. An jedem der

Stämme hingen auf verschiedener Höhe zwei Seile. »Wir gehen nun über die Brücke«, sagte der Mann.

Erst jetzt erblicke der Besucher auf dem gegenüber liegenden Abhang die zwei nämlichen Baumstämme und sah, dass die beiden Seile in einem hängenden Bogen bis dort hinüber führten. Die beiden tiefer befestigten Seile waren in kleinen Abständen mit schmalen Brettern verbunden, in die man die Spitze eines Schuhs knapp hineinstecken konnte. An den beiden oberen Seilen konnte man sich links und rechts mit den Händen auf Hüfthöhe halten und so über die mageren Bretter gehen. P. hatte es anfänglich nicht gesehen, da die Bretter unter dem steil abfallenden Bord des Abgrunds verschwanden.

»Über diese Brücke kann man nicht gehen«, dachte der Besucher, »das ist mehr als halsbrecherisch.« Doch er sah, dass der Mann bereits auf der sogenannten Brücke hinunterging, denn die Seile waren nicht straff gespannt und bildeten eine Art von »U« und zudem schwankten die Seile beängstigend bei jeder Bewegung auch nach links und rechts. Der alte Mann winkte ihm zu.

Bei den ersten Schritten sah er direkt in den Abgrund, denn man ging nicht waagrecht, sondern war in einem ansehnlichen Winkel nach vorn und hinunter gebogen. Der Besucher hielt sich krampfhaft fest.

»Wie der kleine Mann so sicher auf dieser Brücke gehen kann«, dachte der Besucher mit schlotternden Knien, »er muss wohl jahrelang trainiert haben und hat sich über die vielen Jahre daran gewöhnt.« Er sah, dass der Mann gelegentlich die Hände von den Seilen nahm und in völligem Gleichgewicht, als wäre es eine ebene, breite Strasse, voranschritt.

»Wie kann er das machen, bei seinem hohen Alter?«, fragte sich der Besucher. Er versuchte nach einiger Zeit, auch versuchsweise eine Hand vom linken Seil zu lösen, doch kippte er sofort mit dem ganzen Körper in eine waagrechte Position, hielt sich krampfhaft mit der rechten Hand fest, versuchte vergeblich, das linke Seil wieder in die Hand zu bekommen. Die ganze Hilfskonstruktion, die der Alte »Brücke« nannte, begann zu schlingern und schwankte in einer Art Schlangenbewegung hin und her. Er sah undeutlich, dass der Mann stehengeblieben war und ihm zulächelte. Verzweifelt drückte er instinktiv mit dem Fuss gegen das Seil unter seinen Schuhen und dachte schon, er falle endgültig hinunter, als er durch eine schlingernde Bewegung der Brücke, vielleicht vom Mann ausgelöst, das linke Seil erfassen konnte und wieder etwas Halt bekam.

Sie waren nun im unteren Teil des Bogens, den die »Brücke« beschrieb, angekommen.

»Gab es einmal Wasser hier unten im Tal?«, fragte der Besucher, der mit der Frage seine Angst überspielen wollte, um den Mann zu beeindrucken.

»Es gibt immer wieder Ströme, je nach Jahreszeit, die dann wieder vergehen«, rief ihm der Mann zu, doch hatte er Mühe, ihn zu verstehen, denn Wolken hatten sich am Himmel gebildet, schwarze Gewitterwolken, und ein Wind war aufgekommen. Man hörte den Wind brausen. Deshalb hatte er eben nur Fetzen verstanden von dem, was ihm der Mann zugerufen hatte. Der Mann vor ihm ging in gleichmässigen Schritten voran, er aber musste ständig innehalten und sein Gleichgewicht ausbalancieren, wenn wieder eine Windböe über die Brücke hinwegfuhr.

»Ich hätte nie hierher kommen sollen«, sagte er sich und klammerte sich an den Seilen fest und drückte den Fuss gegen das schmale Brett unter seinem Körper. »Das ist lebensgefährlich hier. Das ist nicht verantwortbar. Wenn ich das alles gewusst hätte … ich hätte die Reise nicht antreten dürfen. Aber man hat mich nicht orientiert und ich wurde nicht gefragt.«

Ein Windstoss brachte ihn beinahe zu Fall. Er sah hinunter und sah sich denken, dass man in solchen Situationen wie automatisch Stossgebete aussendet. Er dachte auch, als er wieder hinuntersah, dass die Alternative dazu das Loslassen wäre, das gewollte Hinunterfallen in den Abgrund, ein kurzes Aufbäumen gegen diese Situation und ein alles vernichtender Aufprall danach. Es war jedenfalls nicht auszuhalten.

Der Mann war in Reichweite des andern Ufers. Der Abstand zu ihm war beträchtlich geworden. Bald würde er ihm nicht mehr zurufen können bei dem höllischen Wind, der nun nicht mehr brauste sondern heulte. In einer Windpause rief er nach vorne oben zum Mann hin: »Die Schlucht ist ja schmal. Hätten wir nicht mit einem grossen Anlauf über den Graben springen können?«

Der Mann musste seinen Satz mehrfach wiederholen, da der Wind einzelne Wörter wegtrug.

»Das denken viele, doch so einfach ist es nicht.« Sinngemäss hatte er erklärt, es brauche viel Übung, damit der Sprung gelinge.

Als es deutlich wurde, dass der Mann nächstens das andere Ende der Brücke erreicht haben würde, hielt der Mann inne und rief ihm etwas zu. Man konnte sich kaum verstehen. Er winkte ihm und gab Zeichen von sich. Der Besucher glaubte zu verstehen, dass er auf der andern Seite den Fussspuren des Mannes im Sand folgen solle. Anscheinend wollte der Mann keine Zeit verlieren und gleich weitergehen. Vielleicht hatte er noch andere Verrichtungen zu erledigen.

Als der Besucher, der sich krank wie ein Patient fühlte, auf der andern Seite endlich angekommen war und den ersten Fusspuren folgte, sah er schon bald, dass der Wind einige Spuren zugeschüttet hatte. Bald sah er keine Spuren mehr. Der Mann hatte ihn hier allein gelassen, orientierungslos.

Er heftete seinen Blick auf den Boden und suchte im Kreis. Es gab keine Spuren mehr. Da richtete sich der Besucher auf, streckte sich lange, hob den Kopf hoch, drehte sich langsam um die eigene Achse und schaute rundherum auf das Panorama.

Heike Hartmann

Der Hexenschuss – wenn der Topf aber nun ein Loch hat!

Machst du dich zur Brücke, geht jeder über dich hinweg, sagt ein englisches Sprichwort.

Als ich mich zu Beginn des einundzwanzigsten Jahrhunderts zum sechzehnten Mal auf Reisen begab, diesmal nach Südwest, ging meiner zukünftigen Schwiegertochter beim Heruntertragen aus der Maisonettewohnung der Frisierspiegel entzwei und sie fragte ganz erschrocken, ob das denn schlimm sei.

Die sieben Jahre Pech habe ich mit fünf weiteren Umzügen, immer der nächsten Arbeit nach, mit Ach und Krach irgendwie überstanden. Da der Mensch kein Perpetuum Mobile ist, traten natürlich langsam ein paar technische Defekte auf.

Nun bin ich kürzlich zum fünfundzwanzigsten Mal bei laufender Generalreparatur mit ständig neu auftretenden Wehwechen kurz vor der Erlangung meiner Berufsfähigkeit nach nunmehr vierzig Arbeitsjahren Dank der Kunst der hiesigen Ärzteschaft noch mal umgezogen.

Am Freitag den dreizehnten bin ich vor nunmehr neunzehn Monaten aus dem aktiven Arbeitsleben ausgestiegen mit einer Muskelentzündung – von Kopf bis Fuß: Hexenschuss! Der behandelnde Orthopäde sagte lapidar: »Das Scharnier an der Tür quietscht, muss mal geölt werden.«

Die Eigenleistung bei ebenso bescheinigter Adipositas war, immerhin neunzehn Kilogramm abzuspecken, bei viel Bewegung an frischer Luft.

Das Rezept besteht aus sieben Zutaten: Bienenhonig, Traubenzucker, Früchte der Saison, Kräuter aus dem Garten der Natur, Medikamente auf ärztliche Verordnung, dazu H_2O und O_2!

Empfehlung: Um an die Quelle zu kommen, muss man gegen den Strom schwimmen. (Polnisches Sprichwort)

❀❀❀

Von neunundneunzig auf sechsundsechzig
Geschichte von der Kinderschokolade

Adam verlor das Paradies nur deshalb, weil es ihm geschenkt wurde. (Friedrich Hebbel)

Drei Jahre ist es nun schon her, da wünschte sich mein Enkel zum dreizehnten Geburtstag ein Handy und teilte mir gleichzeitig mit, dass mich das eigentlich nicht viel kosten würde. Ich müsste nur Kinderschokolade von der Sorte Ferrero kaufen und dabei mindestens fünfzig Punkte sammeln.

Fünf Monate hatte ich noch Zeit, also legte ich beim Wocheneinkauf im Supermarkt jeweils drei bis fünf Stück Tafeln Schokolade dazu, trennte sorgfältig die Punkte ab, probierte natürlich auch alle Sorten durch, was sollte ich mit der vielen Schokolade auch machen. Jede einzelne Sorte war so ein Genuss, dass ich letztendlich zum Geburtstag siebenundsiebzig Punkte stolz überreichen konnte und natürlich noch etwas Bares dazu. Mein Enkel stellte mir erstaunt die Frage, was ich denn mit der vielen Schokolade gemacht hätte. Entsetzt musste ich feststellen dass ich in den vergangenen fünf Monaten nicht nur sämtliche Schokolade verspeist, sondern auch von siebenundziebzig Kilo auf neunundneunzig gelangt war und nunmehr sämtliche Kleidung in Konfektionsgrösse XXXL neu anschaffen, sprich kaufen musste.

Also nahm ich mir vor, unbedingt wieder abzuspecken. Die Ärzte hatten mir schon Adipositas bescheinigt und mich auf die Risiken und Folgen des nunmehrigen Übergewichtes mit enormer Bewegungseinschränkung hingewiesen.

Natürlich kam nun, was kommen musste: Gesundheit kann man sich nicht im Supermarkt kaufen, Abspecken ist richtig teuer.

Gestern hat mir die Waage achtzig Kilogramm angezeigt.

Wie lange wird es wohl noch dauern, bis ich mein Ziel, sechsundsechzig Kilogramm, als rundum Wohlfühlpaket erreiche?

Vor zwanzig Jahren habe ich mal fünfundfünfzig Kilogramm gewogen und Konfektionsgrösse sechsunddreißig stolz getragen – mit immerhin achtunddreißig Jahren – und mein Sohn hat mich sogar zur Disko mitgenommen und seine Kumpels dachten ich wäre die grosse Schwester!

Johannes Henke

Tod im Dschungel
Für Lilly

Auf den Philippinen, wo Kampf und Abenteuer locken, wo man beim Baden fast ertrinkt, wunderbares wildes Land, wo die Adler schweben und die Schwäne brausen, wo die Menschen fremde Sprachen sprechen. Überall sind Raum und Größe des Dschungels spürbar: Die unendliche Einsamkeit ist tröstlich in ihrer unheimlichen Stille, aber auch schicksalhaft in plötzlich aus heiterem Himmel brausendem Sturm.

Es überläuft mich eiskalt. Die ganze Verborgenheit dieser Welt nimmt mich auf, einschließlich ihrer Schwermut.

Ich erinnere mich aus der Schulzeit an »Moglis Brüder« in Rudyard Kiplings »Die Dschungelbücher«. Kipling lebte von 1865-1936:

Nun bringt der Weih die dunkle Nacht,
Und »Mang«, die Fledermaus, erwacht.
Der Stall birgt alles Herdentier,
Denn bis zum Morgen herrschen wir!
Die Stunde stolzer Kraft hebt an
Für Prankenhieb und scharfen Zahn.
Jagdheil! und kühn gehetzt, gerafft:
Das Dschungelrecht ist jetzt in Kraft.
(Nachtgesang im Dschungel)

Werde ich, ein enger Freund H.'s und Augenzeuge eines brutalen Verbrechens, jemals genügend Mut aufbringen, in das Herz des Urwalds zurückkehren, um im Verborgenen den Atem des »Dschungelrechts« zu spüren? Es geschah inmitten des tiefsten Urwalds auf der Insel Leyte, Philippinen, in dem Dorf Javier: Hier wohnen überwiegend arme Bauern, die Reis anbauen. Sie leben noch in Clans zusammen mit primitiven Sitten und Gebräuchen. Es herrscht Sippenrecht und das Phänomen der Blutrache. Gesellschaftlich Geächtete, Zigeuner und Banditen haben hier ebenfalls ihr Zuhause. Jeder Eindringling wird von den Eingeborenen argwöhnisch beobachtet. Der reiche Banker H. aus Deutschland wagte es, in diese fremde Welt einzutauchen.

Die amtliche Botschaft aus der Landeshauptstadt Manila 29, Leyte, an die Botschaft der Bundesrepublik Deutschland vom 29. Dezember 1980 ist erdrückend, erschütternd und eiskalt. Sie lautet:

»Urgent
To German Embassy
Makati Metro MLA
Informing your office. Dead Tourist is Hartwig H., West Germany. National arrived Barangay Malitbogay Javier Leyte Philippines with his Filipina wife December 16, was robbed and shot to death by robbers last December 21st at 6:30 p.m. Crime under investigation. Body lies at municipal Hall. Awaiting your help. Transmit cadaver to his home town or any decision by your office is awaited by us. Wire your reply and help as early as possible.
Frederico M. Cua
Mayor, Javier Leyte«

(Dringend! An die deutsche Botschaft (…) Toter Tourist Hartwig H., Bürger aus Westdeutschland, kam am 16. Dezember mit seiner philippinischen Frau in Brangay Malithbogay Javier, Leyte auf den Philippinen an. Er wurde durch Räuber beraubt und am 21. Dezember um 6:30 p. m. [post meridiem] erschossen. Das Verbrechen wird untersucht. Der Tote ist in der Stadthalle aufgebahrt. Wir erwarten Ihre Hilfe. Die Überführung des Toten in seine Heimatstadt oder irgendeine [andere] Entscheidung Ihrer Botschaft wird von uns erwartet. Teilen Sie uns Ihre Antwort mit und helfen Sie so schnell wie möglich.)

Was passierte an jenem 21. Dezember?

Greta V., eine Philippinerin, war eines jener hübschen und charmanten Mädchen, die aufgrund eines Irrtums des Schicksals in eine arme Reisbauernfamilie hineingeboren worden war. Sie besaß keinen Schmuck, keine schönen Kleider, keine Mitgift, sie hatte keine Hoffnung, keine Möglichkeit, bekannt oder von einem reichen, einflussreichen Mann geliebt zu werden. Sie war unglücklich und fühlte sich wie eine Ausgestoßene.

Sie litt unter ihrer Armut. Tagelang weinte sie vor Kummer und Verzweiflung. Ihr weiblicher Instinkt, ihre innere Schläue, ihr Geist und Charme waren die einzigen Waffen, die sie hatte, um diesem Schicksal zu entfliehen. Immer träumte sie von einem reichen Mann, der sie lieben würde.

Nun war ihr Traum Wirklichkeit geworden. In Manila hatte sie H., einen reichen Banker aus Deutschland, kennengelernt. Sie liebten sich und ließen sich in Deutschland verheiraten. Um ihre Bindung auch kirchlich zu besiegeln, Greta war gläubige Katholikin, überredete sie ihren Mann, die Hochzeit am Vorweihnachtstag nach heimischem Brauch in ihrem Geburtsort, Javier, auf der philippinischen Insel Leyte im wild wachsenden Dschungel zu feiern.

Gewaltig und prunkvoll lag die Gemeindekirche (parish church), ein Bau aus der spanischen Kolonialzeit, in Javier zu unseren Füßen. Ich war unter den Hochzeitsgästen und wurde Zeuge des folgenden Verbrechens.

Langsam setzte sich der Hochzeitszug von Gretas Elternhaus zur Kirche im Dorf in Bewegung. Steinig war der Weg und üppig das tropische Gestrüpp und die hohen Bäume zu beiden Seiten des Weges.

Die Glocken der ehrwürdigen alten Dorfkirche riefen die Gläubigen zur feierlichen Mitternachtsmesse am Heiligen Abend. Der Glanz von Fackeln flammte am nächtlichen Himmel empor. Der Geruch von Weihrauch und Myrrhe lag in der Luft. Die Weihnachtsnacht war lau und schwül und hell gestirnt. Hier schien alles noch in Ordnung zu sein. Alles schien hier noch seinen Sinn zu haben.

Plötzlich gellte statt der Hochzeitsglocken das »Totenglöckchen« in Gretas Ohren. Die Blumen strömten leichenhaften Duft aus. Der Mond warf heimtückische Streiflichter auf den dunkel vor sich hin murmelnden Dschungel.

Greta lief es eiskalt über den Rücken. Die üppigen Bäume am Wegesrand schienen bedrohlich zu wanken. Ihr sonst so zartes Stimmchen verstummte. Scheu betrachtete sie ihren Geliebten. Auf seinem blassen Gesicht, das der Mond gespenstisch beleuchtete, schien es hin und her zu zucken aus Furcht und Angst. Ihre kleine feine Hand fühlte, wie seine Finger kalt sind, wie sein Arm zittert.

Dann ergriff eine ganz andere Stimmung sein Wesen. Ruhe und Gelassenheit erhellten sein Gesicht. Er legte den Arm auf die Schulter seiner Frau und sprach: »Komm mit mir, liebe Greta, in ein anderes Land. Der Gott unserer Väter wird uns nicht im Stich lassen.«

Ihre Lippen blieben vor innerer Angst geschlossen. Ihr Antlitz erstarrte, das Blut entwich aus ihren Wangen. Sie durfte nicht daran denken. Erahnte sie das Werk der Finsternis und das nahe Verbrechen? Lauert die räuberische Bande schon im göttlichen Bereich der heiligen Kirche, um ihre Tat zu begehen? Lechzten die Räuber nach des Fremden Blut?

Dann geschah das Unfassbare. Banditen stürzten aus dem dornigen Gebüsch hervor. Schüsse hallten durch die Heilige Nacht. H. wurde von mehreren Revolverkugeln tödlich getroffen und erstickte in seinem Blut.

Ich bin immer noch wie versteinert! Am offenen Grab im engen Familienkreis in Deutschland sprang Greta laut schluchzend auf den Sarg ihres toten Gatten. War das ein Zeichen echter Trauer? Oder war die Hochzeit auf den Philippinen geplanter Mord?

Ich habe Greta nie wiedergesehen. Sie wollte nach dem Tode ihres Mannes als Näherin in Deutschland arbeiten.

Ganz zufällig hörte ich, dass sie in ihr Heimatdorf auf der Insel Leyte mit dem nicht unerheblichen Vermögen ihres verstorbenen Ehemanns zurückgekehrt ist. Man erzählt sich, sie habe den Anführer der Bande, der die tödlichen Schüsse auf ihren Mann abgegeben hatte, geheiratet. Dieser wurde nach der Tat nach philippinischem Recht zum Tode verurteilt. Wenig später brach er aus dem Gefängnis aus.

Die riesigen Schwingen eines Raubvogels scheinen mich zu berühren.

Kennen Sie Hemmingway? In seiner wohl besten Geschichte »Wem die Stunde schlägt« (»For whom the bells tolls«) beschreibt er in unvergleichlicher Weise die Kriegserlebnisse seines Romanhelden Robert während des spanischen Bürgerkrieges. Nichts vermag den Leser über die Vorahnung seines Todes hinwegtäuschen. Immer wieder erinnern die Verse von John Donne (1573-1631) an die Vergänglichkeit und Unbeständigkeit der menschlichen Existenz.

»… and therefore we never send to know
For whom the bell tolls;
It tolls for thee.«

(… und daher versuch' niemals zu erfahren
für wen die Glocke schlägt:
sie schlägt für dich.)

❀❀❀

Mein Baum
Bleistiftzeichnung aus meinem Skizzenbuch um 1942

Bäume sind das Symbol für das geistige Wurzelgeflecht im lebenslangen Streben nach Glück und Erkenntnis.

Aus: »Erinnerungen an eine vergangene Zeit«, Teil 2,
2. Auflage, Eilbracht Verlag 2009

Meditationstext: Nacht, geliebte Nacht:

Leben bedeutet Vergänglichkeit. Man ahnt das Maß der Kräfte, die sich in schicksalhafter Weise entwickeln, wenn die wesentlichen Dinge im erholsamen Schlaf ihre Gestalt wiedergewinnen, nachdem sie die zersetzenden Auflösungen des Tages überstanden haben und der Mensch seine fragmentarische Existenz wieder zusammengesetzt hat und mit der Ruhe eines Baumes wächst.

❀❀❀

Unser Tiger Eine Katzengeschichte

Irgendwann lief uns eine Katze zu. Ihr Fell war gestreift wie das eines Tigers, daher wurde sie von uns »Tiger« getauft.

»Die kommt mir nicht ins Haus! Was soll das Tier überhaupt?«, rief meine Mutter. »Gut, ich will es dir erklären«, sagte ich:

»Der liebe Gott hat auch die Tiere geschaffen. Nachdem der Mensch auf die Welt gekommen war, erinnerte sich Gott daran, dass er noch einige seidenweiche Fellproben, große und schöne Augen, funkelnder als alle Juwelen der Welt, und ein paar zarte Pfötchen mit kleinen Krallen beiseite gelegt hatte. Mit Liebe und Sorgfalt formte er einen kleinen Körper, der zwar zerbrechlich aussah, aber mit unvergleichlicher Anmut und Geschmeidigkeit begabt war. ›Hör mir gut zu‹, sagte der liebe Gott zu der Katze. ›Der Mensch glaubt, er sei der Herr über alle Tiere. Lassen wir ihm diesen Glauben. Es ist zu spät, ihn umzustimmen. Aber ich verbiete dir, dich ihm zu unterwerfen, wie es die Hunde tun. Du kannst ihm allenfalls erlauben, dein Freund zu werden, vorausgesetzt, er bedeutet dir etwas. Nimm alles von ihm entgegen, aber schenke ihm nie etwas außer deiner Zuneigung, wenn er sie denn verdient.‹«

Meine Mutter war trotz der langen Rede nicht zu überzeugen. Sie mochte es nicht, wenn eine Katze mit erhobenem Schwanz miauend um ihre Beine strich, und sie entgegnete, ihr sei vielmehr bekannt, dass nach christlichem Glauben Katzen »mit dem Teufel im Bunde« stünden und dass im 11. Band von Heinrich August Pierers Universal-Lexikon (1835) von Katzen berichtet würde, die Kinder und schlafende Erwachsene erwürgt hätten.

Na ja! Wir schenkten Tiger dennoch unsere Zuneigung, auch wenn unter dem Gesichtspunkt der Nützlichkeit »Katzen eher für die Katz« sind – vorausgesetzt, man sieht davon ab, dass sie in der Dunkelheit Mäuse fangen können. Wir sagten uns auch, dass im Zeitalter der Zwischeneiszeit, in der wir augenblicklich leben, die Anwesenheit einer Katze vielleicht sogar erstrebenswert sein könnte, um sich ein warmes Pölsterchen zuzulegen.

Nur zögerlich und scheu nahm Tiger das Menu zu sich, welches ihm auf unserer Terrasse serviert wurde: Milch und »Kittekat«, nicht etwa Pastete mit Champagner.

Langsam eroberte Tiger auch unser Haus. Jetzt war es Zeit, sich um einen diskreten Behälter mit Katzenstreu

Tiger
In rührender Unbekümmertheit hat er es sich auf einem Perserteppich bequem gemacht.

zu bemühen. Als anerkannter Hausbewohner holte sich Tiger im Zeitalter der Selbstbedienung nun auch schon mal seine Mahlzeit direkt aus der Küche. Zum Wetzen seiner Krallen benutzte er den Perserteppich in der »guten Stube«; das Biedermeiersofa eroberte er für sich als Schlafstatt. Hier machte er auch seine Toilette. Er hatte einen ausgesprochenen Sinn für Körperpflege und Sauberkeit!

Wenn er ungestört sein wollte oder das Klingelzeichen an der Eingangstür ertönte, verschwand er instinktiv unter den Betten oder beobachtete das Geschehen nach elegantem Sprung von der Plattform eines Schrankes aus.

Eine domestizierte Katze mit Samtpfötchen ist unser Tiger nie geworden. Er blieb, wie am Anfang, stets ein wenig scheu und wild, so dass ihm auch die profane Wurmkur erspart blieb. Nur auf meinen »Katzenpfiff« reagierte er.

Unerwartet meldete sich der erste Besitzer der Katze bei uns. »Mikesch«, so erfuhren wir jetzt, war ihr erster Name gewesen. Gregor und Tania hätten, als sie noch Kinder waren, mit ihr gespielt und sollen sie sogar einmal in die Schulstube getragen haben. Warum? Wir fragten nicht danach. Tiger verschwand in der Tiefe einer großen Einkaufstasche, aus der noch einmal ein unterdrücktes, nicht näher zu definierendes Miauen ertönte, das uns aber Hoffnung schenkte. Wir konnten nichts dagegen haben, dass das Felltier davongetragen wurde.

Dass die Rückkehr schon am nächsten Tag sein sollte, war selbst für uns eine Überraschung. Hatte er bei uns »bessere Freunde« gefunden, Gregor und Tania waren ja inzwischen erwachsen geworden, oder bot nur unser Garten die erforderliche Quote von Mäusen, die auf seiner Abschussliste stand? So blieb Tiger bei uns bis an sein Lebensende. Er wurde 17 Jahre alt.

Der Tod kündigte sich langsam und erbarmungslos an. Aufbauspritzen halfen zuerst. Die Todesspritze lehnte ich ab.

Immer mehr zog sich Tiger zurück. In den letzten Tagen seines irdischen Daseins nächtigte er auf der warmen Fensterbank aus grünem, italienischem Marmor im »blauen Salon« – ein flaches Näpfchen, mit frischem Wasser gefüllt, stand jederzeit zum Trinken bereit. Von dort hörte ich die Katze eines Nachts kläglich stöhnen und jammern. Sie schlief auf meinem Schoss ein, nicht ohne den Inhalt ihrer Blase auf meinem Schlafanzug entleert zu haben.

Unter hohen Fichtenbäumen im westlichen Teil unseres Gartens wurde sie in einem mit Grün geschmückten Pappkarton zu Grabe getragen. Über dem Grab liegt ein umgestülpter Blumentopf, den ein weißer, gerundeter Quarzkiesel aus dem Pliozän (Unterformation des Tertiärs) ziert. Gestorbene Vögel, eine Ratte, ein Eichhörnchen und ein Singvogel mussten sich auf ihrem letzten Weg mit einer Zigarrenkiste zufrieden geben.

Wer mehr über Katzen wissen möchte, dem kann man Detlef Bluhm, Das große Katzenlexikon, 2007 empfehlen.

Antje Huke
1. Platz
in der Sparte »Erzählung« des Literturwettbewerbs
»Frischer Wind in der Literatur« 2015/2016

Augenblick

Es ist nur ein Augenblick, in dem sie lacht. Man weiß nicht einmal genau, warum sie es tut, aber sie lacht. Ihr Gesicht blüht auf, ihre Augen funkeln und sie freut sich von ganzem Herzen über etwas, das passiert ist oder gesagt wurde. Sie lacht. Für diesen einen Augenblick. Sie wird ihn bald schon vergessen haben. Und er wird nicht zurückkehren.

Noch vor wenigen Wochen hatte der Tag vor dem Heute eine Bedeutung. Er erhielt sie durch kleine Zettel mit Notizen, die Blumen auf dem Tisch oder den Spaziergang, den sie gemacht hatte. Gestern war jemand da und hat ihr einen Zettel hingelegt oder war mit ihr einkaufen. Heute weiß sie, dass es so gewesen sein muss. Es gibt eine Konstante in ihrem Leben. Jemanden, der sie immer wieder daran erinnert, dass es ein Gestern gab und dass dieses Gestern eine Rolle spielt. Jemand, der sagt, dass es ein Morgen gibt und was sie morgen zusammen tun werden. Sie erinnert sich, dass sie jemanden erwartet und etwas für den Tag geplant ist. Sie freut sich darauf, einen Kaffee trinken zu gehen und das Wetter außerhalb der einsamen Wohnung zu genießen. Es ist immer still in ihren vier Wänden. Manchmal hat sie den Fernseher laufen, damit sie nicht allzu einsam ist. Hin und wieder kommt ihre Tochter sie besuchen. Immer schnell, schnell, weil die Termine drücken und die Zeit knapp ist. Sie hat eine Enkeltochter und ist stolz auf sie, denn sie macht das Abitur. Danach möchte sie Medizin studieren. Dafür muss sie hart arbeiten. Auch schon im Krankenhaus. Der Abschlussball ist in wenigen Wochen. Wahrscheinlich aber wird sie nicht hingehen. Jetzt aber ist das alles nicht mehr so. Jetzt sind fremde Männer in ihrer Wohnung, Spinnen und Katzen.

Das Gestern hat keine Bedeutung mehr für sie. Was gestern war, spielt heute keine Rolle mehr. Was morgen sein wird, hat sie heute schon vergessen. Es gibt nur noch das Jetzt, nur noch diese Augenblicke, in denen sie lebt. Von einem zum anderen. Vom Lachen zu dem Versuch sich zu erinnern, auf die Welt um sie herum zu reagieren. Sie sieht Spinnen und Menschen, wo keine sind. In ihrer Welt aber ist es bunt. Eine Welt, die aus Ketten von Momenten besteht, an denen sie sich entlang tastet. Es wird kein Erkennen mehr geben, kein Verständnis für diese Konstante, die sie begleitet hat. Sie freut sich, wenn sie nicht alleine ist. Sie freut sich, wenn man mit ihr spricht und sich mit ihr beschäftigt, doch erinnern wird sie sich nicht.

Das zu begreifen, fällt schwer. Der Mensch möchte erinnert werden. Nur so, glaubt er, nimmt man ihn ernst und misst ihm eine Bedeutung zu. Nur auf diese Weise fühlt er sich wahrgenommen. Sich und sein Selbst. In ihrer Welt aber, in der Zeit verschwimmt, ist es nicht mehr die Erinnerung, die zählt, sondern dieser eine Augenblick, in dem sie lacht. In dem jemand freundlich zu ihr ist. In dem sich jemand mit ihr beschäftigt und sie annimmt. Es ist für sie nicht wichtig zu wissen, wie jener Mensch heißt, wo er herkommt oder was er macht. Für sie ist nur wichtig, wie er sich mit ihr beschäftigt und ob er es gut mit ihr meint.

Sie funktioniert nicht mehr wie früher. Sie wäscht nicht mehr die Wäsche ihrer Tochter. Sie räumt die Spülmaschine nicht aus. Die Zettel mit den Anweisungen den Mülleimer auszuwischen, nimmt sie nicht wahr. Sie liest ihn, doch die Anweisungen lösen keinen Reiz aus, setzen keine Aktionskette in Gang. Das frustriert. Stets ist die Mutter stark gewesen. Heute braucht sie Hilfe. Hilfe, die ihr aufgrund von Unverständnis verwehrt wird. Es gibt keine Wertschätzung des Augenblicks. Es gibt nur den Gedanken von Last und Verlust.

Sie weiß, dass sie vergisst. An manchen Tagen kommen diese Fragen. Wie kann es möglich sein, dass ich alles vergesse? Es gibt keine Antwort darauf. Es gibt keinen Trost. Nur die Hoffnung, dass auch diese Fragen bald im Gestern versinken und keine Rolle mehr spielen für die Gegenwart. Sie will der Familie nicht zur Last fallen. Kinder seien kein Eigentum. Dennoch fühlt sie sich nur bei ihrer Tochter sicher, denn sie weiß, dass die Männer und Spinnen in ihr Haus nicht hereinkommen.

Ihre Wohnung habe sie gekauft, sagt sie. Ausziehen möchte sie nicht. Sie kann alles noch alleine und ihre Freundinnen wohnen nur zwei Häuser weiter. Immer öfter aber findet man die Halsketten im Kühlschrank, die Butter im Wohnzimmer und die Kleidung auf dem Rollator im Esszimmer. Sie muss doch aufräumen, sagt sie, doch den Dingen einen Platz zu geben, das vermag sie nicht mehr.

Es ist zehn Uhr abends und die Männer wollen aus ihrer Wohnung nicht herausgehen. Spinnen krabbeln über den Fußboden, sie hat zur Sicherheit die Füße auf den Sessel genommen. Schlafen kann sie nicht. Es sind fremde Menschen in ihrem Bett. Sie möchte nur zu ihrer Tochter nach Hause. Die telefoniert eine Stunde, ruft Krankenhäuser an, die sie zu dieser nachtschlafenden Zeit aufnehmen. Schließlich resigniert sie, nimmt sie mit. Der Augenblick ist vorbei.

Die Wohnung steht nun leer. Sie wird nicht nach Hause zurückkehren. Sie ist aus dem Augenblick, der ihr Leben bedeutet hat, ausgebrochen und hat nun alles verloren, was ihr wichtig war. Heute erinnert sie sich. Sie weiß, dass sie nicht sein will, wo sie ist. Sie weiß, dass alles um sie herum falsch ist. Sie kann sich nur nicht mehr daran erinnern wieso. Das Erkennen von Bekannten wird schwerer. Aber Namen spielen keine Rolle mehr. Sie freut sich über den sonnigen Moment, sie freut sich über die Zeit, die man ihr widmet, wie lange sie auch sein mag. Ihr Leben wird wieder zu einem Augenblick. Was nützt es, sich jetzt noch zu erinnern? Was spielen die Namen, Gesichter, Wünsche und Träume anderer eine Rolle, wenn das eigene Leben auf diese Weise gelebt wurde? Das, was zählt, ist der Moment, den man gemeinsam verbringt.

Der Moment, in dem sie lacht. Auch wenn niemand weiß, warum sie es tut.

Heidi M. Jung

ANGSTFREI VON SPINNEN UND HIRSCHKÄFERN

Man nehme ein Glas, stülpe es über die Spinne an der Wand, schiebe eine Postkarte dicht zwischen Wand und Glas, drehe so das Glas mit der Bodenseite nach unten. Die Spinne fällt auf den Glasboden und ist gefangen. Sodann trage man das Glas nach draußen, drehe es mit der Bodenseite nach oben, die Spinne fällt in ihren Lebensraum.

❦

I.
Klassentreffen zu dritt

Irgendwie kamen die früheren Klassentreffen nicht mehr richtig in Gang. Was wohl am Alter der inzwischen betagten Klassenkameraden lag. Sie gehörten der Nachkriegsgeneration an und waren demnach alle um die siebzig.

»Birgitta«, meinte eines Tages Kathie am Telefon zu ihrer früheren Schulfreundin, die in München lebte, »du hast doch unsere Schulfreundin Ruth schon seit Schulzeiten nicht mehr gesehen. Warst du nicht auch dabei, als wir sie damals zum Bahnhof begleitet haben, als sie Deutschland verließ, um nach Israel zurückzukehren? Was hältst du denn davon, wenn wir sie dort besuchen? Wir veranstalten ein Klassentreffen zu dritt.«

Birgitta stöhnte etwas ungläubig bei diesem Vorschlag, erklärte sich aber einverstanden, Ruth von dem geplanten Besuch zu informieren.

Ruth fiel aus allen Wolken, als sie von ihrer Absicht hörte, und plante gleich für den Besuch der beiden eine Woche ein.

»Wie sich das Land seit meinem letzten Besuch vor über 30 Jahren verändert hat«, dachte Kathie während der Taxifahrt von Tel Aviv nach Netanya, wo Ruth wohnte. Überfüllte Autobahnen und Staus wie bei uns. Überall Kräne, die noch mehr Hochhäuser in die Höhe wachsen ließen. Aber wie schön die Parks und Strände angelegt waren.

Als sich die drei in Netanya gegenüber standen, Ruth mit einem großen Obstkorb im Arm, Birgitta mit einem Sportanzug von Bayern München für den kleinen Enkel und einem rosa Dirndl für dessen kleine Schwester in der Hand, war es, als hätten die drei die Schule soeben erst verlassen. »Das ist ja unglaublich, ich kann es nicht fassen«, stammelte Ruth erfreut, »dass ihr beide nach so vielen Jahren den Weg zu mir gefunden habt.« Und sie lernten die Familien ihrer drei Söhne und die dazugehörenden neun Enkel kennen. Die Freundinnen hatten sich ja so viel zu erzählen, wälzten alte Fotoalben und redeten unentwegt über die Vergangenheit, Gegenwart und Zukunft. »Woher diese Verbundenheit wohl rührt?«, dachte Kathie. »Möglicherweise auch daher, dass wir drei ohne Väter aufgewachsen sind?«

»Und wann, Ruth, wirst du uns in Deutschland besuchen?«, fragte Birgitta. Wenn sie nach Deutschland komme, meinte Ruth, so wolle sie nur nach Berlin, da spiele das Leben, habe sie gehört.

II.
Angst 1945

Katharinas Eltern heirateten im Krieg. Wie Kathie, so ihr Rufname, später berichtet wurde, traf ihre Mutter ihren zukünftigen Ehemann im Lazarett in Pforzheim. Als Hilfsschwester assistierte sie bei seiner Behandlung und musste erfahren, dass seine Frau und sein Kind bei einem Bombenangriff ums Leben gekommen waren.

Kurze Zeit später, im Jahre 1944, feierten sie Verlobung und Hochzeit am selben Tage. Kathies zukünftiger Vater spielte am Flügel ein soeben komponiertes »Abendlied«, die Mutter stand selig dreinschauend daneben. Ein Jahr später erblickte Kathie das Licht der Welt.

Dieses Licht aber erblickte sie in der Finsternis.

Im April 1945 lag Kathies Mutter, nach der Evakuierung der angrenzenden Klinik Dr. Römer, im schwach beleuchteten Klosterkeller des Klosters Hirsau auf einem Notbett neben einem Bretterzaun, der den eigentlich öffentlichen Luftschutzkeller abtrennte. Dort erwartete sie nun ihr erstes Kind. Sobald die Sirenen ertönten, kauerten sich die Menschen vor Angst zusammen. Während eines dreitägigen Bombardements wurde Kathies Mutter zwischen den Wehen von der anwesenden Ärztin immer wieder aufgefordert, aufzustehen und sich gegen die Kellerwand zu pressen, um nicht von herabrieselndem Geröll getroffen zu werden.

Kaum hatte man ihr nach der Geburt das Kind in die Arme gelegt, stiegen dunkelhäutige, uniformierte Männer mit Gewehren im Anschlag die Kellertreppe herab. »Deutsche Soldaten, deutsche Soldaten?«, riefen sie fragend in gebrochenem Deutsch und sahen sich in dem Chaos des Kellergewölbes die geduckten Menschen genau an. Schließlich blieben sie vor dem Bett von Kathies Mutter stehen. Zitternd vor Angst, die sie auch später nie mehr losließ, dachte diese, sie würden ihr das Kind wegnehmen. Wie die Soldaten gekommen waren, verschwanden sie aber wieder über die Kellertreppe nach oben.

Sie hatten keine deutschen Soldaten gefunden.

❅

III.
Zeit danach

Einen Monat später, am 8. Mai 1945, war der Krieg vorbei. Wie Kathie sehr viel später in der Schule lernte, kostete er über 60 Millionen Menschen das Leben, 6 Millionen Juden wurden ermordet, über 11 Millionen Menschen gerieten in Gefangenschaft, weitere 11 Millionen mussten aus ihrer Heimat fliehen. Deutschland lag in Trümmern und war in vier Besatzungszonen aufgeteilt, die amerikanische, die britische, die französische, die russische. Nur langsam normalisierte sich das private und auch das öffentliche Leben.

So musste Kathies Großmutter, weil die Bahnlinien brachlagen und ihr Vater sich noch auf dem Rückweg von der Front befand, lange Strecken mit dem beladenen Leiterwagen zurücklegen, um Mutter und Kind auf dem Land mit dem Nötigsten zu versorgen. Kurz danach konnte auch der zurückgekehrte Vater sein Neugeborenes bewundern, an dem die Eltern so viel Gefallen fanden, dass sich Kathie nach eineinhalb Jahren über die Ankunft ihres Schwesterchens Anna freuen durfte.

Der Wohnungsmangel war groß, nach wie vor hungerten die Menschen, auf dem Land gab es keine Arbeit.

So zogen die Eltern 1948 mit den beiden Kindern in die nächste Großstadt, wo der Vater in seinem Beruf als Kapellmeister bei den Besatzungstruppen arbeiten konnte. Der Flügel war mit umgezogen, in die Zweizimmerwohnung in Karlsruhe »Am Stadtgarten«, ohne Bad, 4. Stock, Toilette im Treppenhaus.

Mit der Zeit war Vater immer seltener zu sehen. Um die Familie ernähren zu können, spielte er nachts mit seiner Band in verschiedenen Clubs und schlief am Tag. Dann hatten die zwei Kinder ruhig zu sein und konnten nicht toben.

Eines Tages weihte die Mutter ihre älteste Tochter Kathie ein, dass sie bald wieder ein Geschwisterchen bekomme. Kathie war nun vier Jahre alt und freute sich über den Familienzuwachs. Zu dieser Zeit sah Kathie ihren Vater das vorerst letzte Mal wieder. Er kam nicht mehr zurück. Nicht einmal fragte er nach seinen Kindern.

Plötzlich durfte Kathie bei den Nachbarsleuten übernachten, Mutter sollte in die nahegelegene Klinik, das Baby zur Welt bringen. Wegen möglicher Keime durften sie und ihre Schwester Anna, begleitet von der Großmutter, ihr tagelang nur von der Straße vor der Klinik aus zuwinken.

Und wer erklomm endlich und sehnlich erwartet die 96 Stufen zur Wohnung? Mutter, noch etwas schwach auf den Beinen, flankiert von zwei Krankenschwestern, jede ein schlafendes Baby auf dem Arm. So schlossen Kathie und ihre Schwester Anna Bekanntschaft mit ihren neuen Geschwistern Karl und Eva.

❦

IV.
Alltag

Die Zwillinge schliefen nicht lange. Ein nicht enden wollendes Geschrei erhob sich; klar, sie hatten Hunger. Das ging so weit, dass Mutter Kathie des Nachts weckte, ihr ein kleines Wesen in den schmächtigen Arm drückte, dem Kathie schlaftrunken die Milchflasche gab. Mutter war ja nun allein mit vier kleinen Kindern und benötigte Hilfe. Die erhielt sie weiterhin von den Krankenschwestern, von Großmutter, von Freunden, Bekannten und Nachbarn. Manche brachten auch etwas zu essen, Torten, welche die Schwestern von den Wöchnerinnen im Krankenhaus geschenkt bekamen, jede Menge Spargel vom Land, Tante Elli schickte Lebensmittelpakete – die Glückliche hatte einen Lebensmittelgroßhandel in Gelnhausen. Sogar aus dem fernen Amerika erhielt die Familie ein Care-Paket mit Trockenmilch, Zucker und Mehl. Die Amerikaner unterstützten nämlich in den Nachkriegsjahren die armen Menschen in Deutschland, damit diese nicht verhungerten.

»Du bist meine größte Stütze«, sagte die Mutter eines Tages bedrückt zu Kathie, »ich nehme dich mit auf das Gericht, da siehst du deinen Vater wieder.«

Kathie war aufgeregt und freute sich, denn sie vermisste ihren Vater sehr. Wie war sie aber enttäuscht, als er dort in den langen, dunklen Gängen nicht erschien und sie auf einem Stuhl auf Mutter warten musste, die in einen Raum verschwunden war. Warten musste sie auch immer unten im Treppenhaus, bei einem der Kleinen im Zwillingskinderwagen, wenn Mutter nacheinander erst das eine, dann das andere Kleine die 96 Stufen hoch trug. Anna stolperte schon tapfer hinterher.

Einmal in der Woche war Badetag. Dann füllte Mutter in der großen Wohnküche mit dem Wasserkessel eine mittelgroße Zinkwanne mit heißem Wasser. Nach und nach kamen alle der Reihe nach in den Genuss eines Vollbades. Ab und zu wurden danach auch sämtliche Finger- und Fußnägel geschnitten, wobei Mutter eigentümliche Kaubewegungen machte. Dadurch, so glaubte Kathie, blieb sie beim Schneiden der Nägel besser im Takt, und es ging auch schneller.

Beim Essen am großen Küchentisch ging es immer laut zu, obwohl die Mutter Ruhe gebot. Aber schließlich wollte jedes Kind einmal zu Wort kommen und Aufmerksamkeit erlangen.

Mutter backte sogar braune Bonbons selbst in der Pfanne, aus Fett und Zucker, sonst gab es keine Süßigkeiten. Einmal erhielt die Mutter ein eingewickeltes hartes Bonbon im Konsum, dem Lebensmittelgeschäft, geschenkt. Das schnitt sie mit dem scharfen Messer in vier gleiche Teile. Ihr lag viel daran, alle ihre Kinder gleich zu behandeln.

An einem heißen Sommertag, das Küchenfenster stand gegen Abend weit offen, so dass die frische Luft vom Stadtgarten, mit seinen hohen Bäumen, dem verwunschenen See und dem dicht bewachsenen Lauterberg herüberwehte, schrien Kathie und ihre Geschwister laut auf. Ein fürchterliches Tier, schwarz und glänzend, mit Zangen auf dem Kopf – Kathie erfuhr später, dass dies ein Geweih war – lief behäbig auf dem Küchenboden. Die Kinder weinten vor Angst, und die Mutter wusste keinen Rat, als das Tier zu töten. Es war ein Hirschkäfer, handtellergroß, der hätte ja den Kindern etwas antun können. Kathie hatte nie mehr im Leben einen solch mächtigen Hirschkäfer gesehen.

❊

V.
Straße der Kindheit

Kathie ging bereits zwei Jahre zur Schule, ihre Eltern waren inzwischen geschieden. Und sie empfand es als Makel, ein Scheidungskind zu sein und aus einer kinderreichen Familie zu kommen.

Es schien den anderen Kindern in der Klasse besser zu gehen als ihr selbst. Sie trug die kleinste Schultüte bei der Einschulung, ihre Pausenbrote waren spärlicher belegt als die der anderen. Vor allem aber hatten viele der Kinder ihren Vater, wenn dieser nicht im Krieg gefallen oder vermisst war. Das war ja normaler Alltag. Kathie hatte einen Vater, nur er war eben nicht da. So verleugnete sie ihn, indem sie jeden wissen ließ, sie hätte gar keinen Vater. Selbst die Lehrerin durfte ins Schulzeugnis nur den Namen ihrer Mutter eintragen. Schlimmer als sie waren nur die armen Waisenkinder in der Schule dran, dachte Kathie, die hatten weder Vater noch Mutter.

Der leicht gebogene Schulweg hinter dem Haus aus der Jahrhundertwende, in dem Kathie wohnte, wurde von einer lückenhaften Häuserzeile gesäumt. Am Anfang lag ein großer Schutthaufen, der war einmal eine Tankstelle. Dann kam sie an einem hohen Trümmerberg vorbei, dem ehemaligen Geschäftshaus einer Versicherung. Daneben, etwa auf der Mitte des Weges, lag ein kleiner Milchladen, der an das Haus ihrer Schulfreundin Margit grenzte. Wenn Kathie am frühen Abend von ihrer Mutter mit der Kanne zum Milchholen geschickt wurde, sah sie immer zur Wohnung ihrer Schulfreundin hinauf.

»Wir sind arm«, überlegte Kathie, »im Gegensatz zu Margit, die Einzelkind ist und noch beide Elternteile hat.«

Am Ende des Weges, kurz vor der Schule, befand sich das Lebensmittelgeschäft der Konsum-Gesellschaft, wohin Kathie ebenfalls zum Einkaufen geschickt wurde. Einmal waren Mutter und Tochter dort zum Tag der offenen Tür eingeladen. Mutter führte Kathie an der Hand. Das war ein Fest, dort erwartete sie eine große Kaffeetafel mit vielen Leckereien. Und Kathie war glücklich, ihre Mutter einmal ganz für sich alleine zu haben.

In dieser Straße aus Zerstörung und Neuanfang wurde Kathie langsam erwachsen. Sie hörte auf, an den Weihnachtsmann zu glauben. Der hatte ohnehin verblüffende Ähnlichkeit mit ihrem Vater und hatte sie in Angst und Schrecken versetzt.

❋

VI.
Ruth

Im Herbst 1957 – Kathie besuchte nun die 7. Schulklasse – betrat ein neues Mädchen schüchtern das Klassenzimmer. Alle Mädchen und Jungen schauten gespannt auf Ruth, die von kleiner, zarter Statur war, mit dunklen Haaren und hübschem, freundlichen Gesicht. Die strenge Deutsch- und Englisch-Lehrerin, Fräulein Burkhard, wies ihr einen Platz auf der Schulbank neben Kathie zu.

Kathie flüsterte: »Woher kommst du?«

»Ich komme aus Israel«, war die leise Antwort in fast akzentfreiem Deutsch.

In der Pause fragte Kathie weiter: »Spricht man dort Deutsch?«

»Nein, dort spricht man Hebräisch, aber ich hatte einen Deutschlehrer.«

»Und wo wohnst du hier?«

»Ich wohne mit meiner Mutter in der Stadt, nahe der Synagoge.«

»Wie alt bist du?«

»Ich bin 14 Jahre alt«, antwortete sie und Kathie dachte: »Aha, dann ist sie zwei Jahre älter als ich.«

Die beiden freundeten sich an und nach kurzer Zeit lehrte Ruth Kathie bereits einige hebräische Worte: »Schalom, ani ohevet otach.«

»Und was heißt das?«, fragte Kathie.

»Guten Tag, ich liebe dich«, antwortete Ruth mit strahlenden Augen.

Bald stellte Ruth die neue Freundin ihrer Mutter vor, einer reizenden, redegewandten Dame. Was Kathie von ihr zu hören bekam, ließ sie zurückschrecken. Die Handarbeitslehrerin hätte ihre Tochter beschimpft, Ruth solle dahin zurückgehen, wo sie herkomme. Worauf die Mutter empört den Rektor der Schule aufgesucht hatte, um sich zu beschweren. Die Lehrerin wurde abgemahnt, und Ruth musste nicht mehr am ungeliebten Handarbeitsunterricht teilnehmen. So war Antisemitismus zu dieser Zeit immer noch in vielen Köpfen vorhanden.

Dieser Vorfall berührte aber die Freundschaft nicht, im Gegenteil. Kathie und andere gute Freundinnen aus der Klasse wurden im Laufe der Zeit in den Gemeindesaal der Synagoge zu Partys eingeladen, wo sich weitere enge Freundschaften ergaben. Partys mit schummriger Beleuchtung waren der Trend. Als die Musik vom Plattenspieler dann doch zu laut wurde, erlaubte man den jungen Leuten, einen verrußten Kohlenkeller ganz unten für weitere Zusammenkünfte dieser Art herzurichten.

1963 starb Ruths Mutter an einem Herzinfarkt. Als Waise, die sie nun war, entschloss sie sich, nach Israel zurückzukehren. Herr Lewi, ihr Onkel, und ihre engsten Freunde Birgitta, Kathie und Michael begleiteten Ruth zum Hauptbahnhof. In ihrem taubenblauen Kostüm stieg sie mit ihrem Köfferchen in der Hand in den Zug und winkte ihren Freunden zum Abschied zu.

Ruths letzte Worte waren: »Lehitraot« – auf Hebräisch, auf Deutsch: »Auf Wiedersehen«. Auch das hatte sie ihre Freunde gelehrt.

Es sollte mehr als ein Jahrzehnt vergehen, bis sich die Freundinnen wiedersahen.

❀

VII.
Der Mauerbau

Wenn Kathie als Kind fragte: »Mutter, was ist Politik?«, erhielt sie die Antwort: »Kind, um Politik brauchst du dich nicht zu kümmern.« So wunderte sie sich doch später, dass ihrer Mutter, die tapfer alleine vier Kinder großgezogen hatte, nicht das Bundesverdienstkreuz verliehen worden war. Die Wucht der Politik aber bekam Kathie dann doch hautnah zu spüren, als ihre Mutter sie zu Beginn der turbulenten Sechzigerjahre zum Schüleraustausch nach England schickte.

Angekommen an der Viktoria Station in London, wurde Kathie von ihrer Gastfamilie mit einem Lieferwagen abgeholt. In Cambridge picknickten sie auf dessen Sitzbänken nach englischer Art, mit leckeren Sandwiches und Chocolate Cake (eine neue Form des Essens, dachte Kathie), vor der Weiterfahrt zur einsam gelegenen Walnut Tree Farm in Suffolk.

Die ersten Tage waren ausgefüllt mit der Erkundung der Farm, der Pferde und der Umgebung, bis Kathie vom Hausherrn eines Abends vor den kleinen Fernseher im Wohnzimmer gerufen wurde. Turbulente Szenen spielten sich auf dem Bildschirm ab, in Berlin waren Panzer aufgefahren, dazwischen protestierende Menschen, die von Soldaten zurückgedrängt wurden. Sie wollten eine Mauer verhindern, mit deren Bau begonnen worden war. Es war der 13. August 1961, der Tag, an dem Deutschland in zwei Teile, in Ost und West geteilt wurde.

Kathie wurde heiß und kalt, das Blut wich ihr aus dem Gesicht, sie glaubte, in Ohnmacht zu fallen. Sie wurde krank vor Angst, nicht mehr nach Deutschland zurückkehren zu können, weil dort Krieg ausbrechen könnte. Die Hausherrin musste den National Health Service – den für Ausländer kostenlosen Gesundheitsdienst – in Anspruch nehmen. Ein freundlicher Arzt kam und stellte bei Kathie Heimweh anstelle eines ihrer Meinung nach entzündeten Blinddarms fest. Würde sie wieder nach Hause zurückkehren können?

Ihre Großmutter hatte ihr ein paar gute Ratschläge mit

auf die Reise gegeben: »Kind, wenn irgendetwas passiert, kannst du es immer noch mit Feldarbeit versuchen.« Ihre Gastgeber jedoch versuchten dem Heimweh mit Abwechslung zu begegnen, nahmen Kathie täglich mit zu Pferdeturnieren, Ausflügen und Partys.

So gestaltete sich die verbliebene Ferienzeit mit vielen neuen Freunden bis zur Rückreise nach Deutschland doch noch glücklich und problemlos.

»Mein Gott Kind, du siehst ja aus wie der arme Lazarus«, mit diesen Worten wurde sie nach der Ankunft von ihrer Mutter empfangen. Was wohl darauf zurückzuführen war, dass sie wegen hohen Seegangs nachts auf der Fähre zwischen Dover und Ostende seekrank geworden war.

Das Thema Berlin aber sollte Kathie weiter beschäftigen.

❉

VIII.
Die Folgen

Ein Jahr später hatten Kathie und ihre Schwester Anna die Gelegenheit, mit der evangelischen Akademie eine Studienreise nach West-Berlin zu unternehmen. Der Bus mit fröhlichen jungen Leuten schlängelte sich von Karlsruhe bis Helmstedt, dem ersten Kontrollpunkt an der Zonengrenze. Ab hier mussten sie, um nach Berlin-West zu gelangen, einen Teil der Deutschen Demokratischen Republik durchqueren. Die durch die Mauer geteilte Stadt Berlin lag ja wie eine Insel inmitten der DDR.

Sie reihten sich in die wartenden Autoschlangen ein, betrachteten auf den Wachttürmen die Posten mit ihren Gewehren, sahen eine wehende rote Flagge, zum Zeichen, dass sie an der Grenze eines vom Kommunismus beherrschten Landes angelangt waren. Nach zweistündiger Wartezeit wurden von den Volkspolizisten die Personalausweise beschlagnahmt.

»Haben Sie mit dem Ausweis gebadet?«, fragte der Vopo Kathie.

»Ähm«, antwortete Kathie schüchtern, »der Ausweis ist einmal ins Wasser gefallen«, und sie verkniff sich, die

Wahrheit zu sagen, dass der Ausweis in den Dreck gefallen war und sie diesen mit Wasser gereinigt hatte, woraufhin die Schrift verblasst war.

»Kommen Sie mit«, sagte der Vopo in strengem Ton.

Alle Gepäckstücke waren in der Zwischenzeit ausgeladen worden. Und während der Bus durchsucht wurde, setzte er Kathie in der glühenden Sonne auf ihren Koffer, wo sie eine Stunde auf ihren Ausweis warten musste.

Endlich, nachdem sie mehrere Schlagbäume passiert hatten, konnte die Gruppe ihre Reise fortsetzen. Nach drei Stunden Fahrt, unter stetigem Tempolimit auf der Transit-Straße durch die sowjetisch besetzte Zone, trafen sie am zweiten Kontrollpunkt ein. Hier prüften die Vopos erneut, ob kein Teilnehmer abhandengekommen war, obwohl sie unterwegs weder anhalten noch aussteigen durften.

Nach wenigen Kilometern, umgeben von vier- bis fünffachem Stacheldraht, erreichte der Bus schließlich die Avus.

»Geschafft«, rief der Studienleiter, »wir sind in West-Berlin. Das hier ist die neue Stadtautobahn, dort das Telefunkenhochhaus, hier die Friedensflamme am Theodor-Heuss-Platz.« Und ein erleichtertes Seufzen ging durch die Reihen.

Staunend betrachtete Kathie die schöne Gründerzeitvilla, in der sie untergebracht waren, die dunklen Holzvertäfelungen, den Stuck an den Decken. Mit der U-Bahn eroberten sie die belebten Stadtviertel, das Kaffee Kranzler, die Gedächtniskirche, das zugemauerte Brandenburger Tor und das Reichstagsgebäude direkt an der Mauer. Sie erfreuten sich aber auch im »Domizil« am politischen Kabarett mit dem originellen Wolfgang Neuss und am Musical »My Fair Lady« im Theater des Westens mit Karin Hübner und Paul Hubschmidt.

In verschiedenen Referaten wurden die Jugendlichen mit den Gepflogenheiten der DDR bekannt gemacht. Sie erfuhren von Hetzkampagnen gegen den Westen Deutschlands. Berichtet wurde davon, dass bereits Kindergartenkindern die Erkennungsmelodie des Westradios vorgespielt wurde, damit die Kader herausfinden konnten, welche Familien heimlich Westradio hörten und somit nicht linientreu agierten. Sie wurden dann Repressalien ausgesetzt, sie wurden bespitzelt und denunziert. Ihre Kinder durften häufig nicht das Gymnasium besuchen. Wenn sie die vom Staat verordnete Jugendweihe verweigerten und sich stattdessen als einer Konfession zugehörig bekannten, konnten sie nicht studieren. Wurde Fluchtgefahr unterstellt, fanden sich die Menschen in Gefängnissen wieder.

Nie würde Kathie den trostlosen, riesigen, leeren, mit Panzersperren und Stacheldraht verbarrikadierten Potsdamer Platz vergessen, wo man von hölzernen Plattformen einen Blick direkt auf die Mauer, die nahen Wachtürme und die entfernten Häuser Ostberlins erhaschen konnte, umgeben von unheimlicher Stille.

Sie hielten inne an der Gedenktafel für Peter Fechter, der beim Fluchtversuch nach West-Berlin auf der Mauer von Grenzpolizisten angeschossen worden und zurück auf den Todesstreifen gefallen war. Dort hatte man ihn verbluten lassen.

Bei einem extra genehmigten Besuch Ost-Berlins, der nur am U-Bahnhof Friedrich Straße durch den Übergang Checkpoint Charly mit Passierschein möglich war, konnte man den Kontrast zu West-Berlin deutlich spüren. Mit ihren gesenkten Blicken machten die Menschen einen niedergeschlagenen Eindruck. Ein Mann auf der Straße bat Kathie um eine West-Zigarette. In ein Kaufhaus mit seinem trostlosen Angebot verirrten sich nur einzelne Menschen. Dem diensthabenden Herrn im Pergamon-Museum kamen die Tränen, als er fragte, wie es »dort drüben« jetzt sei. Kathie hatte das Gefühl, die Zeit stehe still.

Nach ihrer Rückkehr nach West-Berlin am gleichen Tag musste Kathie die niederschmetternden Eindrücke erst einmal verarbeiten. Und es war ihr ein Trost, im angesagten Lokal »Big Apple« die Gedanken schweifen zu lassen. Niemals hätte sie gedacht, dass die Berliner Mauer 27 Jahre später fallen sollte.

❦

IX.
Impressionen einer Familie

Bald nach ihrem Besuch in Berlin lernte Kathie im Partykeller der jüdischen Gemeinde Thomas kennen. Thomas stammte ebenfalls aus einer kinderreichen Familie, auch sein Vater hatte ihn in seiner Kindheit verlassen. Er wurde ihr Jugendfreund. Nach vier Jahren wollten sie eine Familie gründen. Sie verlobten sich heimlich und informierten dann ihre Mütter von der Absicht zu heiraten.

»Wie wäre es«, fragte die Mutter Kathie, »wenn du deinen Vater zur Hochzeit einlädst, dann könnte er auch seine Unterhaltsrückstände bezahlen.«

Der Vater nahm tatsächlich die Einladung an und glich seine Schulden bei ihrer Mutter aus. Nicht nur die Aussicht, ihren Vater nach sechzehn Jahren wiederzusehen, versetzte Kathie in schreckliche Aufregung, sondern auch die Tatsache, dass er bei ihrer Hochzeit seine Kinder, ihre beiden jüngsten Geschwister Karl und Eva, zum ersten Mal sehen sollte.

Wie früher, als Kathie noch Kind war, spielte er bei der Feier im Restaurant auf dem Flügel vor der Hochzeitsgesellschaft. Und als Kathie, die nun Katharina Herzog hieß, ihn zu einem späteren Zeitpunkt darauf ansprach, warum er all die Jahre nicht nach seinen Kindern geschaut hätte, antwortete er, er habe ein behindertes Kind aus seiner späteren Ehe, das ihn brauche. Sie und ihre drei Geschwister seien ja gesund und hätten sich selbst helfen können.

Katharinas Vater hatte dann das Brautpaar eingeladen, ihn auf ihrer Hochzeitsreise nach Venedig in Bayern zu besuchen. Tatsächlich fuhren sie bei ihm vorbei und Kathie traf dort auf ihre behinderte Halbschwester. Sie war überrascht, wie liebevoll ihr Vater mit seiner behinderten Tochter umging.

Die Türme von Venedig hatten Kathie und Thomas dann leider nur aus der Ferne gesehen. Es war bereits die Nacht hereingebrochen, das Geld war ihnen ausgegangen, und so waren sie mit ihrem dunkelgrünen VW-Käfer in einem Rutsch zurück nach Hause gefahren.

Katharina wurde schwanger und nach neun Monaten erblickte ihr kleines Töchterlein Daliah das Licht der Welt. Daliah versprühte nicht nur mit Wonne ihr Lachen, das wie Perlen auf einer Kette klang. Sie war auch so wunderhübsch wie das »Mädchen mit dem Perlenohrring« nach dem Gemälde Jan Vermeers.

❦

X.
Israel

Eines Tages lud ein Freund aus der jüdischen Gemeinde Katharina und Thomas ein, mit ihm über Ostern Verwandte in Israel zu besuchen. Da man nun nicht alle Tage in solch ein fernes unbekanntes Land eingeladen wird, bejahten die beiden hocherfreut dieses vielversprechende Abenteuer.

Überwältigt von dem liebevollen Empfang der Familie des Freundes feierten sie ein halbes Jahr nach dem Yom-Kipur-Krieg in Nahariya, einer westlich anmutenden Kleinstadt am Meer im Norden Israels, gemeinsam das Pessach-Fest. Ein Gefühl des Nachhause-Kommens stellte sich sogleich ein. Und da nicht alle Tage deutsche Besucher angereist kamen, eilten Nachbarn und Freunde herbei, die »Deutschen« zu umarmen und zu begrüßen. Sie waren einst aus Deutschland oder Polen vor dem Nazi-Regime geflohen und jeder wusste eine furchtbare Geschichte zu erzählen.

Der Hausherr hatte seine Eltern und Geschwister im »Ofen«, wie er sagte, verloren. Was bedeutete, dass sie im Konzentrationslager vergast worden waren. Eine Dame erinnerte Versuche an ihrem Körper durch KZ-

Ärzte, die sie für immer unfruchtbar hatten werden lassen.

Katharina wäre vor Scham und Mitgefühl am liebsten im Erdboden versunken. Sie war dankbar, dass die Überlebenden des Nazi-Terrors und deren Nachkommen 29 Jahre nach dem Krieg unterschieden zwischen Nazi-Deutschland und dem jetzigen jungen Deutschland.

Einmal erwachten sie sehr früh morgens durch das laute Brummen von Flugzeugen der Kampforganisation Al Fatah, die kurz darauf an der nahen libanesischen Grenze das Feuer eröffneten und minutenlang um sich schossen.

Später, am abgesperrten Strand, patrouillierten Soldaten auf der Suche nach Terroristen, die Angriffe übers Meer planten.

Ein junger Mann namens Aaron, mit kinnlangen blonden Haaren, zeigte Katharina und Thomas die nahegelegene alte Stadt Akko, mit ihren historischen Gemäuern, Türmen, Hügeln und Moscheen, aber auch das quirlige Haifa, in dessen Nähe sich ein Museum zum Gedenken an den Aufstand im Warschauer Ghetto befand. Betroffen standen sie hier vor der Tafel, die an die 6 Millionen im Zweiten Weltkrieg ermordeten Juden erinnerte. Aaron las langsam den Text vor, sie waren entsetzt und Katharina erschauerte.

Sie durchstreiften das Land von Nord nach Süd, besichtigten die faszinierenden Städte Jerusalem, Bethlehem, Jericho und tauchten ins Tote Meer ein, in dem sie infolge des hohen Salzgehaltes Zeitung lesend lagen und lachten.

Die schönste Überraschung für Katharina aber war, dass sie nach langer Suche ihre ehemalige Schulfreundin Ruth wiederfand. Nach so vielen Jahren begrüßten sie sich überschwänglich in Herzeliya, wo Ruth mit ihrem Mann und ihren drei kleinen Söhnen in einer Penthouse-Wohnung lebte.

»Wo genau bist du eigentlich geboren?«, wollte Katharina von Ruth wissen.

»Ich bin in Haifa geboren«, antwortete Ruth und zeigte ihre alten Fotos.

»Und wo ist dein Vater?,« fragte Kathie weiter.

»Ich habe meinen Vater schon als Kind verloren, er kam während der Arbeit in Haifa bei einem kriegerischen Angriff ums Leben.«

❁

XI.
Und wieder Berlin

»Kathie«, rief Ruth mit ihrer unverkennbaren Stimme in Israel ins Telefon, »machen wir wieder ein Klassentreffen wie letztes Jahr? Ich werde nächsten Monat einige Tage in Berlin verbringen.«

»Wie schön von dir zu hören«, erwiderte Kathie überrascht. Und fröhlich fügte sie hinzu: »Das trifft sich ja gut. Da habe ich dort einen Messebesuch geplant. Machen wir doch ein Klassentreffen zu zweit.« Beide lachten.

Sie hatten sich in der wiedervereinten Hauptstadt am Brandenburger Tor verabredet. Seit dem plötzlichen, friedlichen Fall der Mauer am 9. November 1989 hatte Kathie auch öfter beruflich in Berlin zu tun gehabt. So war sie mit den gravierenden Veränderungen, hauptsächlich Bautätigkeiten, in der Stadt vertraut. Man erkannte Berlin einfach nicht wieder, es war so impulsiv und lebensfroh.

Schon von weitem winkten die Freundinnen einander zu und fielen sich unter dem Brandenburger Tor in die Arme. Sie bummelten über den belebten Pariser Platz, Unter den Linden entlang bis zur Museumsinsel. Ruth staunte, weil es nirgendwo mehr auch nur ein Stück einstige Mauer zu sehen gab, nur neue oder schön restaurierte Gebäude und ringsum dieses Stimmengewirr von Menschen aus allen Ländern der Welt.

Auf der Spree fuhren sie mit dem Boot zurück, vorbei am Reichstagsgebäude, dem heutigen Regierungssitz mit seiner berühmten Glaskuppel. Hand in Hand durchliefen sie andächtig die riesige, zu Stein gewordene, wellenförmige Gedenkstätte, in deren Untergrund die Verfolgung und Vernichtung der europäischen Juden dokumentiert ist.

Beim Abschied sagte Ruth: »Nächstes Jahr in Jerusalem«, ein Ausspruch, mit dem sich Juden seit Jahrtausenden symbolisch verabschieden.

Und sie umarmten sich.

Karl-Heinz Käpnick

Ich rufe die Toten, ich ermahne die Lebenden
Glockeninschrift

Unser Garten grenzt an den Bürgersteig der Straße, die den Namen Heidekamp trägt. In einer Ecke, die vom Bürgersteig noch gut einzusehen ist, zwischen Eibe und Sommerflieder, steht das Ding, das die Aufmerksamkeit von manchem Passanten auf sich zieht.

Manchmal bleiben ältere Leute stehen, schauen hinüber und gehen, je nach Temperament, betroffen schweigend oder munter gestikulierend, sich bisweilen auch noch einmal umdrehend, weiter.

Neulich ging ein junges Paar vorüber. Der Mann entdeckte das Objekt. Er blieb stehen, zeigte zunächst mit ausgestrecktem Arm auf den Gegenstand, sah dann seine Frau an und deutete mit dem Zeigefinger an die Stirn. Die Frau erwiderte nichts. Beide folgten wortlos dem Verlauf der Straße.

Wenn am Nachmittag der Kindergarten vorbeizieht, kommt es vor, dass ein Kind das Ding entdeckt, darauf zeigt und die Erzieherin etwas fragt. Die bleibt einen Augenblick stehen, schaut hilflos hinüber und, da sie offensichtlich die Frage nicht beantworten kann, zieht die Gruppe weiter.

Wie sollen die Leute auch ahnen, was die ganze Installation bedeutet? Dass sie ein Stück deutsche Geschichte widerspiegelt, vermutet niemand. Um das zu erklären, gehe ich mehrere Jahrzehnte zurück.

Wenn ich in den zurückliegenden Jahren meinen Vater besuchte, fiel mein Blick in die stets geöffnete Garage, in der schon längst kein Auto mehr stand. Gleich vorne links, ein wenig erhöht, lehnte damals das Ding aus unserem Garten gegen die weiß gekalkte Garagenwand. Schwarzes Eisen, verziert, aufgebockt auf einer alten Kohlkiste. So hob es sich seit Jahren von seiner Umgebung ab. Drumherum lag allerlei Gerümpel, ein Kuhfuß, ein mehrfach verknoteter Flaschenzug, eine Kiste mit verrosteten Schrauben, ein abgebrochenes Stemmeisen, eine Brechstange, Zaumzeug für ein nicht vorhandenes Pferd, ein paar besonders lange Nägel in einer Zigarrenkiste, eine angebrochene Rolle Bindegarn, eingewickelt in Ölpapier, zwei Türbeschläge für eine mögliche Stalltür ...

Einmal sah ich Vater mit einem alten Lappen, den er in Altöl getaucht hatte, vor der Kohlkiste knien, um die Vorder- und Rückseite des Metalls zu polieren, bis sie speckig glänzten.

Vater hat die 75 schon überschritten, das Ding in der Garage ist um Jahre älter. Es stört ihn nicht, dass Schwager Erich meint: »Wat will er denn dormit? Dat is doch Schrott.«

Für Vater war es eben wesentlich mehr als nur Schrott.

Vor ein paar Jahren hatte ich Vaters Spielzeug herübergebracht, von Deutschland durch Deutschland nach Deutschland. Vater dachte noch immer in diesen politischen Kategorien. Die heutige Generation würde schlicht sagen: »Von Polen durch die DDR in die Bundesrepublik.«

In einem kleinen Ort, ein wenig östlich der Oder, hatte Vater vor Jahren das Ding unter Müll, der in einer Ecke des Friedhofs lag, hervorgegraben. Leere Dosen, zerschlagene Vasen, Blumentöpfe mit und ohne Erde, verwelktes Tannengrün. In diesem Berg von Vergangenheit fand er etwas, das, wie er später sagte, die Reise nach Polen gelohnt hatte. Gefreut habe er sich darüber, dass auf dem Kirchturm ein Storch in seinem Nest lustig vor sich hin geklappert hatte. Und die alte Glocke hing auch noch im Turm. Wie früher den Protestanten, ruft sie heute den Katholiken zu: »Voco mortuos, moneo viventes – ich rufe die Toten, ich ermahne die Lebenden.«

Er wickelte sein Kleinod, das er unter dem Friedhofsmüll gefunden hatte, in eine raue Zementtüte. Die hatte der Wind an die Friedhofsmauer geweht. Das war unwertes Papier, das jetzt etwas umschloss, das für ihn von großer Bedeutung zu sein schien, wie Polen-Franz bald bemerken sollte. »Irgendwann und irgendwie werden wir es schon zu mir nach Hause kriegen«, meinte Vater.

Franz und mein Vater kannten einander seit frühester Jugend. Franz war beim Gutsbesitzer Kutscher gewesen. Er sprach noch recht gut Deutsch. Nach dem Besuch 1973 fingen sie an, einander Briefe zu schreiben. Ab und an hatte mein Vater nachgefragt, ob das Ding noch an seinem Ort sei, wo sie es versteckt hatten, damals. Und Franz hatte stets geantwortet: »Ja, du weißt ja.«

Jahre vergingen.

»Fragt Franz. Er wird euch zeigen, wo wir das Ding damals versteckt haben«, sagte mein Vater, als meine Frau, Tochter Mirjam und Tochter Barbara in unserem alten VW-Kombi mit Hubdach aufbrachen, um Vaters Vaterland kennenzulernen, den See »hintenab«, die Räume, in denen ich meine Kindheit bis zur Flucht verbracht hatte, in denen an kalten Wintertagen, wenn draußen der Schnee meterhoch lag, bei heißen Getränken, Gesang und Dorfpalaver die Federn gerissen wurden.

Franz war hilfsbereit und freundlich, von jener sentimentalen und liebenswerten Vertraulichkeit der Menschen östlich der Oder. Umarmt hatten sie uns, seine

Frau Wanda und er. Wanda hatte ein großes Essen vorbereitet. Viel Ente und Binsenwodka mit Wasser.

Dann gingen wir mit Franz in die Scheune. In der Ecke, rechts neben der verrosteten Drillkarre, bedeckt mit einigen Ballen Stroh, lag das schwere Paket. Nun sollten wir es aus dem ehemaligen Nazideutschland durch das sozialistische in das demokratische Deutschland bringen. Das Problem war, wir mussten das Dings als Schmuggelware transportieren, Schmuggelware, die die Kaiserzeit und Nazideuschland überstanden hatte.

»Kann man das nicht irgendwie offiziell machen?«, fragte ich Franz.

»Mensch, dann kriegst du nichts. Die haben hier solche Gesetze, Mensch, da weiß keiner, warum.«

So standen wir vor dem eingewickelten Ding und keiner wusste, was zu tun war, um es in die Bundesrepublik hinüberzuretten. Jedem war nur klar, es musste im VW-Bus so versteckt werden, dass es keiner finden konnte.

Die Idee kam von Mirjam. »Wenn man das Hubdach des Busses heruntergelassen hat, verdeckt es doch im hinteren Teil des Busses einen Zwischenraum. Der müsste breit genug sein, um unser Paket zu verstecken.«

Wir versuchten unser Glück, und tatsächlich passte das Ding so in den Zwischenraum, so dass es keiner sehen konnte.

Wir dankten Franz dafür, dass er Vaters Geheimnis so lange gehütet hatte und machten uns auf den Weg nach Berlin. Mein Bruder war nach langer Zeit wieder einmal dort, und wir hatten uns vor Antritt der Reise verabredet, ohne zu bedenken, dass wir dadurch vier weitere Kontrollen zusätzlich passieren mussten.

Von Stettin führte uns unser Weg zunächst nach Kolbaskowo/Pomellen, von dort in Richtung »Hauptstadt der Deutschen Demokratischen Republik«. Auf polnischer Seite fragte man uns höflich, ob wir bestimmte Dinge wie Pelze, Kunst, Historisches ausführen würden.

»Nichts, nichts, nichts«, war unsere Antwort.

»Dann gute Reise.«

»Dzinkuje, danke«, sagte ich auf Polnisch und wusste nicht, warum.

Dann die ostdeutsche Seite. Hier hatte man offensichtlich viel Zeit und ließ uns warten. Für Leute mit einem unerlaubten Ding im Hubdach zu viel Zeit. Wir wurden nervös.

Uns tröstete, dass in derselben Schlange fünf Personenwagen aus der Bundesrepublik hielten und ein Reisebus. Wartenlassen als Machtdemonstration?

Dann waren wir an der Reihe. Gesichtskontrollen. Preußischer Blick. Auf dem Armaturenbrett liegt noch Marzipanschokolade. Niemand von uns würde auf die Idee kommen, diesen Leuten ein Stück anzubieten. Freundlichkeit könnte bei misstrauischen Charakteren verdächtig machen. Hier ist Zurückhaltung geboten.

Dann kommt der Grenzbeamte auf uns zu. Er grüßt

korrekt, fast ein wenig übertrieben. Er händigt uns unsere Papiere aus. Wir dürfen weiterfahren. Langsam, bloß nicht zu schnell. Die große Schleife, 30 km/h. Langsam, langsam.

»Das war's. Nun sind wir drin, in der Deutschen Demokratischen Republik«, bemerke ich.

»Die nächste Station ist Stolpe. Das ist fast schon Berlin«, meint meine Frau, während ich noch auf die Autobahn starre.

Die Station Stolpe liegt zwischen Kiefernwäldern und Sandflächen. Kein Auto ist weit und breit zu sehen. Eine Grenze im Niemandsland. Die Schneisen in den Wäldern bilden Windkanäle, in denen der Sand hochgewirbelt wird.

Wir halten an, und ein etwa 20-jähriger Grenzer kommt auf uns zu. Ganz allein scheint er hier seine Aufgabe wahrzunehmen. Locker, mit sichtbarer Pistole nähert er sich uns im wiegenden Djangoschritt.

»Bitte alles öffnen«, sagt er.

Ich öffne die Schiebetür und die Klappe des Dokumentenkastens zwischen den Vordersitzen. Django kommt mit einem fahrbaren Spiegel zurück. Philippo, seit vielen Jahren der Name unseres Gefährts, wird akribisch von unten inspiziert. Er zeigt seine Roststellen. Sein Alter wird deutlich. Aber das interessiert Django nicht. Voller Misstrauen fängt er an, in seinem Inneren herumzuwühlen. Er öffnet das Handschuhfach, stochert in der Keksdose herum, lässt von uns die Decken aus dem Staukasten der hinteren Sitzbank herausholen und auf den Lehnen ausbreiten, klopft gegen die Seitenverkleidung.

Philippo hält still, auch als Django mit geballter Faust gegen die Decke schlägt. Er hätte nur zu sagen brauchen: »Liften Sie das Hubdach«, und unser Versteckspiel wäre zu Ende gewesen. Aber er sagt es nicht. Ob er die Konstruktion des Hubdaches nicht kennt? Hätte er nur ein paar Zentimeter weiter hinten geklopft, auch dann hätte er gewusst, dass hier etwas nicht ganz koscher sein konnte, und unsere Schmuggelware wäre aufgeflogen. Glück gehabt!

»Sollten wir ihm nicht doch ein Stückchen Marzipanschokolade anbieten?«, frage ich meine Frau, als wir bereits wieder im Auto sitzen und Django ein letztes Mal um Philippo herumstreift.

»Auf gar keinen Fall«, empört sich Mirjam.

»Er hat ja noch nicht einmal darauf geschielt.«

»Der mag eben keine Schokolade«, beschwichtigt meine Frau.

»Sie können fahren«, ruft uns Django zu und macht dabei eine unmissverständliche Handbewegung.

Langsam fahren wir an und verschwinden hinter einer hohen Mauer am Straßenrand.

Auf Westberliner Seite fragt man uns: »Ist Ihnen etwas aufgefallen?« Uns war nichts aufgefallen.

Wir verlassen Heiligensee und nach einer Pause bei meinem Bruder fahren wir weiter über Staaken in Richtung Bundesrepublik.

Die Westberliner an ihrer Grenze zur DDR! Bei dem ständigen Stop and Go sind sie ausgestiegen und schieben ihre Autos Stück für Stück an die Grenzabfertigung heran. Wir sind sofort von ihrem Tun überzeugt, klettern aus dem Bus und zeigen Solidarität. Von den vier jungen Männern, die vor uns einen Opel schieben, kommen zwei zu uns herüber und fragen, ob sie uns helfen könnten. Gerne nehmen wir das Angebot an. Mirjam unterhält sich mit den beiden über Umweltbewusstsein. Ich habe unser Ding im Dach längst vergessen.

Das Grenzhäuschen rückt näher. Es wird Zeit, einzusteigen. Auch die beiden jungen Männer, die uns geholfen haben, kehren zurück zu ihrem Opel.

Die Passkontrolle bereitet keinerlei Schwierigkeiten. Zunächst fahren wir wieder auf die 30 km/h-Schleife. Danach dürfen wir die Geschwindigkeit auf 100 km/h erhöhen. »Aber nicht mehr«, haben uns die jungen Männer aus Berlin verraten, denn hinter den Büschen an der Autobahn würden die ostdeutschen Polizisten lauern wie Indianer auf dem Kriegspfad.

Der Tag auf der Autobahn wird lang. Bleierne Müdigkeit überkommt uns. Immer wieder erinnern mich die Töchter daran, nicht zu schnell zu fahren und ermahnen mich, nicht in letzter Minute noch den Erfolg unserer Unternehmung zu gefährden. »Nein, nein«, beschwichtige ich sie, müde gähnend. »Ich passe schon auf.«

»Sehr weit kann es nicht mehr sein, bis Zarrentin«, mischt sich meine Frau ein. Mirjam erzählt von einem Wildschwein, das tot mitten auf der Autobahn gelegen haben soll. Aber niemand habe gewagt, die Gefahr zu beseitigen, obschon weit und breit kein Auto zu sehen gewesen sei. Das hätten ihr die jungen Männer, die beim Busschieben geholfen hatten, erzählt.

Während dieses kurzen Gesprächs hatte meine Konzentration für ein paar Minuten nachgelassen – und da war es auch schon passiert! Plötzlich vor uns eine Kelle der DDR-Verkehrspolizei. Hinter einem Ginsterbusch an der Seite der Autobahn waren sie hervorgesprungen. Ich wurde zur Seite gewinkt. Natürlich fragen wir uns alle: »Soll nun zu guter Letzt doch noch alles umsonst gewesen sein? Woher wissen die, dass bei uns etwas nicht stimmt? Hat uns jemand verraten? Polen-Franz?«

Misstrauen kommt auf. Die Gedanken springen. Ich halte an und drehe die Fensterscheibe herunter.

»Papiere, bitte«, fordert man uns auf. Ich reiche Führerschein und Zulassung gleichzeitig aus dem Fenster.

»Auch die Pässe der anderen Personen.«

Wir sammeln sie zusammen und reichen auch sie aus dem Fenster. Alles scheint seine Ordnung zu haben. Eine Pause tritt ein.

Dann: »Sie sind zu schnell gefahren, 108 km/h. Das macht 30 D-Mark.«

Alle schweigen. Ich greife ins Handschuhfach, um zu zahlen. »Nur jetzt nichts falsch machen«, denke ich, »keine Fragen, keine Diskussionen.«

Ich erhalte sogar eine Quittung. »Bitte halten Sie sich in Zukunft an die vorgeschriebene Geschwindigkeit«, meint einer der Polizisten, vornehm sächselnd. Er gibt uns die Papiere zurück und wünscht uns eine gute Fahrt.

Vorne auf dem Armaturenbrett liegt noch immer die Marzipanschokolade. Offensichtlich reitet mich der Teufel. Statt zu grüßen und weiterzufahren, frage ich: »Darf ich den Herren ein Stück Marzipanschokolade anbieten?«

Die beiden gucken sich unsicher an, wissen offensichtlich nicht, ob sie dürfen oder nicht dürfen. Der Sachse scheint auch der Mutigere zu sein. »Danke«, sagt er und greift zu.

»Das ist uns auch noch nicht passiert«, meint der andere und nimmt den Rest der Schokolade aus dem Silberpapier. »Verstehen Sie, wir tun ja nur unsere Pflicht.« Das hört sich nach Entschuldigung an.

»Jeder tut die, egal, ob für den Vater oder für das Vaterland«, geht es mir durch den Kopf.

Wir winken uns zu und verlassen einander. Die Polizisten stehen noch immer an der Stelle, an der ich zahlen musste, schauen uns freundlich nach.

Zarrentin: Aus dem Autofenster reiche ich alle Pässe und Autopapiere hinaus, dem uns abfertigenden Beamten entgegen. Gesichtskontrolle. Stempel. Alles klar. Schranke hoch. Wieder Geschwindigkeitsbegrenzung, jetzt kann uns nichts mehr passieren.

»Ist Ihnen etwas aufgefallen?«, will der westdeutsche Beamte wissen, nachdem er unsere Pässe akustisch überprüft hatte. Uns war nichts aufgefallen.

»Schrecklich, dieses Misstrauen«, meint Mirjam. Ich schweige. Offensichtlich war die nervliche Anspannung der letzten Stunden doch größer, als ich gedacht hatte. Wir sprechen von Zukünftigem.

»Ob Großvater sich freut über das Geschenk, auf das er so lange hat warten müssen?«, bricht Barbara das Schweigen.

»Ich glaube schon«, meint meine Frau und Mirjam fügt hinzu: »Davon hat er doch schon die ganzen letzten Jahre geredet.«

Einen Tag später wollen wir Großvater besuchen. Er hat uns zum Kaffee eingeladen. Als er am Telefon erfährt, dass alles gut gegangen ist, verändert sich seine Stimme.

Dann fahren wir mit Philippo zum Haus der kleinen Nebenerwerbssiedlung hinauf. Großvater erwartet uns bereits. Nie ist es seine Art gewesen, irgendjemandem gegenüber Gefühle zu zeigen, doch heute umarmt er meine Frau und die Kinder.

Wir liften das Hubdach – und zum Vorschein kommt die Zementtüte mit ihrem kostbaren Inhalt. Die Hände meines Vaters zittern, als er das Bindegarn mit einem alten Messer durchtrennt und das flache gusseiserne Kreuz von seiner rauen Schale befreit.

Dann steht er da und hält das Kreuz in den Händen, bis ihm die Arme erlahmen. Vorsichtig legt er es auf den Boden, so dass seine Rückseite lesbar wird.

>»Hoch betagt an Lebensjahren
>Bin in Frieden ich gefahren,
>denn mein Glaube hat geschaut
>Ihn, auf den mein Heil gebaut.«

»Wir alle sind Glieder einer Kette von Generationen. Du musst nur aufpassen, dass die Kette nicht zerreißt«, sagt er, wenn er in der Garage wieder einmal einem Freund oder Verwandten sein Prunkstück zeigt.

Nach seinem Tod haben wir das Kreuz in der Ecke unseres Gartens zwischen dem Sommerflieder und der Eibe eingegraben.

Malte Kühl-Friedrich

Weihnachten 2009

Meine liebe Frau,

die gestrige Begegnung mit dem Schiff des Weihnachtsmannes hat ein tiefes Erstaunen in mir hinterlassen. Nicht nur, dass ich gar nicht wusste, dass der Weihnachtsmann über so eine Art von Fahrzeug verfügt, nein, vielmehr darüber, das es sich anscheinend in Seenot befand!

Es war in den warmen Gewässern südlich des Äquators, als eine Schule Delphine mit roten Mützen und weißer Fellborde sich unsrem Schiff näherte und uns um Hilfe bat. Sie teilten uns in einer etwas schwierig zu verstehenden zwitschernden Sprache mit, dass der Hydroantrieb des Santamobils zum Erliegen gekommen wäre und ob wir denn nicht helfen könnten.

Natürlich war der Kapitän sofort bereit zu helfen, nicht nur, weil es der Weihnachtsmann und damit eine außergewöhnliche Begegnung war, sondern weil es ein ehernes Gesetz des Meeres ist, Schiffbrüchigen jede Hilfe zu gewähren. Wir änderten also den Kurs nach Steuerbord und geleitet von den Delphinen kamen wir nach kurzer Zeit an den Ort, an dem der Aquascooter trieb. Es sah aus wie ein überdimensionierter Schlitten auf Kufen, die an der Vorderseite nach oben gebogen waren. Hinten war eine große Ladefläche auf der Pakete, Säcke und Kartons gelagert waren. Eine bunte Mischung aus Farben, Formen und Verzierungen. Der Schlitten dümpelte bei ruhiger See vor sich hin und auf dem Kutschbock, oder sollte ich sagen, Fahrstand, saß ein älterer Herr mit einem würdevollen, weißen und gut gestutzten Bart. Das er keine Mütze wie die Delphine trug, lag wahrscheinlich an der Temperatur, denn jedes Kind weiß ja, das es in den Tropen warm ist. Warum allerdings dann die Delphine diese Mützen trugen, kann ich nicht sagen. Vielleicht als Erkennungszeichen für andere Delphine und Walartige.

Der ältere Mann griff zu einem Mikrofon und funkte uns an.

Er stellte sich als der Herr Ruprecht vor, der im Namen des Weihnachtsmanns auf dem Weg nach Australien war um all die Menschenkinder zu beschenken, die auch an ihn glaubten. Er erzählte weiterhin, dass er sehr traurig sei, dies nun nicht mehr bewerkstelligen zu können, da sein Schlitten das Zeitliche gesegnet habe und er den Reparaturtrupp der Heinzelmänner nicht erreichen könne. Wahrscheinlich lägen diese schon ganz beschwipst vom guten Jul-Met in ihren Höhlen und würden bis zum nächsten Jahr schlafen.

Der Kapitän versprach natürlich sofortige Hilfe und

teilte einen Ingenieur und den Deckschlosser ein, das Rettungsboot zu besetzten, ich sollte mich bereithalten, das Boot zu Wasser zu lassen und hinüberzusteuern. Nachdem der Zweite Ingenieur einen großen Werkzeugkasten geholt hatte, stiegen wir in unser Boot und fierten es zu Wasser. Ich startete den Motor und steuerte das Boot längsseits zum Wasserschlitten des Herrn Ruprecht. Der Zweite und der Deckschlosser enterten über die Steuerbordseite und besprachen sich mit Herrn Ruprecht. Ich dümpelte währenddessen ein paar Meter neben dem Schlitten und unterhielt mich mit den Delphinen. Komischerweise wussten sie sehr genau über mich Bescheid. Der kleinste Delphin aus der Schule erzählte mir, dass ein Vetter mütterlicherseits mich oft beim Tauchen im Roten Meer gesehen habe. Ich bestätigte ihm, dass ich vor langer Zeit dort als Tauchlehrer gearbeitet hätte. Ich bat den kleinen Delphin, seinen Vetter recht herzlich von mir zu grüßen und ihm auszurichten, dass ich noch oft an meine Begegnungen mit den Lebewesen im Roten Meer dächte. Er versprach mir, die Grüße zu überbringen.

Plötzlich hörte ich Motorengeräusche und wandte mich um, um zu sehen, woher diese Geräusche denn kämen. Ich sah hinter dem Weihnachtsmanngefährt Propellerwasser und Wasser, das sich schäumend um das Heck bewegte. Der Zweite Ingenieur stand schon wieder an Deck und winkte mir zu, so dass ich das Boot wieder längsseits steuerte. Er fing an mit einer schwierigen und technischen Erklärung warum der Motor nicht liefe und was sie unternommen hätten, um diese Probleme zu beheben. Ich winkte ab und fragte Herrn Ruprecht, ob er jetzt seinen Weg fortsetzen könne und ob er uns noch brauchen täte. Aber der ältere Herr war guter Dinge und wollte jetzt seinen Weg nach Australien weiter beschreiben, denn er hätte ja gute und treue Gefährten an seiner Seite. Wahrscheinlich meinte er damit die Delphine, die ganz aufgeregt um unsere beiden Boote herumplantschten. Außerdem würde er sonst ja zur Bescherung zu spät kommen und Australien sei ja schließlich nicht gerade klein.

So verabschiedeten wir uns von Herrn Ruprecht und seinen Delphinen und fuhren zu unsrem Schiff zurück. Nachdem wir das Boot wieder in den Davits verlascht hatten und ich dem Kapitän Bericht erstattet hatte, setzten wir wieder Kurs, um unsren Zielhafen noch rechtzeitig zu erreichen.

Keiner von der Besatzung, die während der ganzen Aktion an der Rehling gestanden hatte, um zu beobachten, was vor sich ging, wunderte sich über diese Begegnung, auch ich nicht. Als wir uns alle ein paar Stunden später in der Messe trafen, um den Heiligabend gebührend zu begehen, stand dort eine echte Nordmanntanne mit Kerzen und wunderbar schönem Baumschmuck. Unter dem Baum lagen exakt 19 eingewickelte Geschenke, jedes mit einem Namen von einem Besatzungsmitglied versehen. Da guckten wir uns die Augen und uns wurde bewusst, wem wir da aus der Patsche geholfen hatten.

Wir haben noch lange beisammen gesessen und gefeiert, gelacht und bis tief in die Nacht über diese wundersame Begegnung geredet.

Diese Geschichte ist wirklich und so passiert wie ich sie hier erzähle, ich habe nichts erfunden oder weggelassen.

Ich wünsche dir, Astrid, meiner geliebten Frau und unser gesamten Familie ein fröhliches Weihnachten und einen hervorragenden Start in das neue Jahr.

Dein dir treu ergebender und innigst liebender Mann.

P. S. Später haben wir erfahren, dass tatsächlich jedes Kind in Australien am Heiligabend ein Geschenk unter den aufgestellten Eukalyptus Bäumen gefunden hat.

Auf dieser Reise hatten wir auch kein schlechtes Wetter mehr, obwohl wir fest damit gerechnet hatten. Wir wurden auch auf der gesamten Rückreise von Delphinen begleitet, die allerdings nicht mit uns sprachen. Vielleicht können Delphine ja auch nur am Heiligabend mit uns sprechen und wir sie verstehen.

❀❀❀

Weihnachten 2010

Liebe Familie,

auch dieses Jahr hat es sich wieder so ergeben, dass ich die Weihnachtstage auf See verbringe. Zwar dachte ich noch ab und an, an die bewegende Begegnung ein Jahr zuvor, aber es kam mir doch eher wie ein Traum vor. Wer hat auch schon davon gehört den Weihnachtsmann persönlich zu treffen, zumal in Begleitung von sprechenden Delphinen und das in der Nähe des Äquators!

Wir waren mit dem Forschungsschiff »Gladys« in der Nähe von Nuk in Grönland und sollten dort eine Forschungsgruppe auf einem einsamen Gletscher absetzen. Als Navigationsoffizier kam mir die Aufgabe zu, das Schiff durch die Eisberge und das Schelfeis zu navigieren, um eine günstige Ausgangsposition zu erreichen. Dort sollten wir unsere Passagiere absetzen und ein Lager errichten. Zuerst allerdings mussten wir die Gegend erkunden, um uns zu vergewissern, dass das Lager auch die nächsten drei Monate sicher war. Da ich auch den Erkundungstrupp führen sollte, besorgte ich mir aus der Waffenkammer eine Rifle 305, es sollte uns vor Eisbären schützen. Wir setzten zwei Snow Mobile auf die Eisdecke und fuhren los. Richtung Norden war eine große zusammenhängende Eisfläche auszumachen, die wir zum Schluss überprüfen wollten. So fuhren wir gen Süden, da sich dort festes Gestein unter dem Eis verbarg. Wir suchten nach Eisbrüchen, geschützten Plätzen und natürlich auch nach Eisbärspuren, als plötzlich mein Snow Mobile hinten wegsackte. Ich versuchte Gas zu geben, um den immer steileren Winkel zu fliehen. Es nützte nichts, ich stürzte mitsamt dem Schnee-Motorrad hintenüber und verschwand in einem Loch. Der Lenker erwischte mich am Kopf und mir wurde schwarz vor Augen.

Als ich erwachte, wusste ich einen Augenblick nicht, wo ich mich befand, dann fiel mein Blick auf den Scooter neben mir, er lag auf der Seite und Benzin leckte aus dem Tankdeckel. Ich setzte mich auf und blickte in die Runde, ich war anscheinend in eine Höhle gestürzt. Ich muss wohl noch sehr benommen gewesen sein, denn ich sah in einer Ecke einen Zwerg mit einer roten Mütze, der mir unentwegt in die Augen sah. Ich rieb mir die Augen und sah noch einmal hin, tatsächlich, er war immer noch dort. Plötzlich sprang er auf, kam näher und sprach mich an.

»Sei willkommen in den nördlichen Werkstätten, wir haben schon auf dich gewartet. Bitte folge mir und sei vorsichtig, es könnte etwas niedrig sein«, sagte er und bevor ich etwas erwidern konnte, hatte er sich schon umgedreht und stelzte mit seinen kurzen Beinen einen Gang hinein, der mir vorher nicht aufgefallen war. So stand ich auf und folgte ihm, mir blieb ja wohl nicht anderes übrig. Seltsam fand ich es schon. Aber seit letztem Jahr war ich ja schon an seltsame Vorgänge an Weihnachten gewöhnt, so dass ich mir keine großen Gedanken machte. Der Gang, in den ich dem Zwerg folgte, war schmal und tatsächlich etwas niedrig, so dass ich ein ums andere Mal meinen Kopf einziehen musste. Das Eis schien von innen zu leuchten, denn mir fielen keine Lampen auf, mit denen der Gang beleuchtet war. Plötzlich erweiterte sich der Gang und wir kamen in einer kleinen Höhle heraus. Der Zwerg drehte sich um und machte eine tiefe Verbeugung vor mir. »Darf ich dich mit meinem Meister bekannt machen, Hogur, Werkstattmeister der nördlichen Hemisphäre. Er hat veranlasst dich zu ihm zu bringen.« Der namenlose Zwerg machte abermals eine Verbeugung und ging durch eine hölzerne Tür hinaus.

Hogur stand aus seinem Stuhl auf, er überragte mich um Haupteslänge, kam auf mich zu und schlug mir seine mächtige Pranke auf die Schulter, auf dass mir ganz weich in den Knien wurde. »Willkommen, willkommen in meiner bescheidenen Hütte«, rief er. Er griff nach meiner rechten Hand und drückte sie wie zur Bestätigung seines Schulterklopfens mit der Kraft eines Schraubstocks. »Du wirst dich sicherlich fragen, woher ich wusste, dass du hier bist und ich Zimbrelvit veranlasst habe, dich zu mir zu bringen?« Zimbrelvit musste der Zwerg gewesen sein, der mich hierher geführt hatte. »Ja«, sagte ich, »das habe ich mich in der Tat schon gefragt. Könnte es sein, dass es mit dem letzten Weihnachtsfest zu tun hat?« Hogur lachte schallend mit tiefem Bariton und ich hatte den Eindruck, dass das Eis um uns herum vibrierte. »In der Tat, in der Tat«, rief er und lachte abermals. »Du hast meinen Meister im letzten Jahr aus einer sehr misslichen Lage befreit und das wurde nicht vergessen. Er hat mir den Auftrag gegeben, dafür zu sorgen, dass auf der »Gladys« auch zünftig Weihnachten gefeiert wird. Und als persönlichen Dank soll ich dir heute die Werkhallen zeigen, in denen all die Spielsachen gefertigt werden, die wir weltweit an diesen heiligen Tagen an die Kinder verteilen.« Er erwartete anscheinend keine Erwiderung von mir, sondern drehte sich um und sagte: »Folge mir.«

Wir schritten durch einen Durchgang, der im Halbdunkel hinter seinem Schreibtisch verborgen war. Nach etwa 5 Metern erweiterte sich der Durchgang und es öffnete sich eine riesige Höhle, deren Ausmaße ich kaum abzuschätzen wusste. Es wimmelte dort von Zwergen, die an mannigfaltigen Maschinen Spielzeuge herstellten, es flogen Elfen umher, die schwere Pakete und Säcke in den Händen hielten, um sie hierhin und dorthin zu schaffen. Nach nur 5 Sekunden des Zuguckens schwindelte es mir aufgrund der Betriebsamkeit all dieser Wesen. Ich versuchte mich zu konzentrieren, um einen Ablauf erkennen zu können, aber es erschien mir unmöglich. Abermals fiel die riesige Hand von Hogur auf meine Schulter, diesmal allerdings ein wenig sanfter, trotzdem pfiff mir die Luft zischend aus den Lungen.

»Dies, mein Freund, ist die kleine Halle, in der wir Holzspielzeug und Weihnachtsschmuck herstellen. Die große Halle ist weiter im Norden und leider für Menschen nicht zugänglich«, sprach er und selbst in dieser großen Halle vibrierte die Luft von seinem lauten Bariton. »Die Zwerge stellen aufgrund ihrer jahrtausendjährigen Erfahrung die Spielzeuge her, die von den Elfen im Sommer erfunden werden. Denn die Elfen besuchen die Menschenkinder während des Sommers im Schlaf und sehen in ihren Träumen, was sie sich wünschen. Dank ihrer Begabung können die Elfen den Zwergen erklären, was die Kinder sich erträumen und erhoffen. Denn Zwerge können nur zwergisch sprechen, Elfen dagegen sprechen und verstehen alle Sprachen.« Während er sprach, hatte ich den Eindruck, dass sich das Gewimmel und Gewusel in allen drei Dimensionen der Halle verstärkte und wieder abschwoll, als ob ein Ozean mit ruhiger Welle auf die Küste trifft. »Komm nun mit, ich möchte dir den eigentlichen Grund deines Hierseins zeigen.« Auf meiner Schulter ruhte noch immer seine Pranke, mit der er mich wieder in den Durchgang geleitete, vorbei an seinem Schreibtisch und durch den anderen Gang, durch den ich vorher hierher gelangt war. Plötzlich standen wir vor meinem Snow Mobile und ich registrierte, dass er aufrecht stand und ein kleiner Anhänger festgemacht war. Der Anhänger war hoch beladen und mit einem feinmaschigen Netz überzogen, unter dem ich allerlei Pakete und farbenfrohe Päckchen ausmachte. »Ich hoffe du denkst nicht, dass diese Pakete für euch an Bord der »Gladys« sind, denn dort wird erst heute Nacht ausgeliefert. Du hast den Auftrag von meinem Boss, diesen Anhänger nach Nuk zu fahren und die dortigen Kinder zu beschenken. Als Begleitung gebe ich dir Zimbrelvit mit, er wird dir zeigen, wie man lautlos und unbemerkt die Geschenke an die Kinder verteilt.« Zimbrelvit, der sich unauffällig genähert hatte, stakste an mir vorbei und setzte sich auf den hinteren Sitz.

»Nun fahr mit unserem Segen auf den weihnachtlichen Wegen und führe diesen Auftrag durch«, hallte es durch die Halle. Noch bevor ich mich versah, saß ich auf meinem Mobil und jagte in die Nacht hinaus.

Was noch in dieser Nacht geschah und welche Abenteuer ich mit Zimbrelvit, dem Zwerg, erlebte, erzähle ich euch ein andermal. Aber noch soviel: ich kam glücklich und wohlbehalten an Bord der »Gladys« zurück und wir alle feierten zünftig die Weihnachtstage bei Kerzenlicht und saftigem Schmaus.

Diese Geschichte ist wirklich und so passiert, wie ich sie hier erzähle, ich habe nichts erfunden oder weggelassen.

Eine frohe Weihnacht und besinnliche Tage wünscht euch

Malte

Brigitte Lederich

Valentinstag

Stefan hatte einen sehr anstrengenden Tag im Büro gehabt. Erst die Konferenz, dann mehrere Einkäufer, die spezielle Waren ordern wollten, dazu ständig Telefonate und immer wieder stolperte der 43-Jährige über das neue Computerprogramm, mit dem er einfach noch nicht richtig klar kam.

»Wenn das erst mal läuft«; hatte der Chef versprochen, »dann geht hier alles richtig schnell, die Daten werden euch gebündelt präsentiert und wir können damit gleich noch die Statistik aufbereiten.«

Der einwöchige Lehrgang, an dem Stefan mit drei Kollegen vor zwei Wochen teilgenommen hatte, war sehr umfangreich gewesen.

Ein kompliziertes Programm.

Mit einem dicken Bündel Papier war Stefan aus Mainz zurückgekehrt. Er wollte das eigentlich noch nacharbeiten, aber beim guten Willen blieb es dann auch.

Am Nachmittag gab es einen Feueralarm im Büro, zum Glück stellte sich schnell heraus, dass es ein nur Probealarm war. Aber es verursachte viel Hektik bei allen Kollegen und Stefan war völlig raus aus dem Arbeitsrhythmus, dabei häuften sich die Akten auf seinem Schreibtisch schon.

Dann war noch eine Kollegin direkt vor seiner Tür mit dem Fuß umgeknickt. Getan hatte sie sich nichts, aber sie kam in sein Büro und dann erzählte sie ihm ausführlich, was dabei alles hätte passieren können. Als Stefan endlich aus der Firma kam, war es schon kurz vor 18 Uhr.

»Mein Gott, schon so spät«, sagte er, als sein Blick auf die Uhr an der Straße fiel. Biene würde schon warten. Heute Morgen hatte sie gesagt, er solle »zur Abwechslung« mal pünktlich kommen, sie würde was Feines für sie beide kochen.

Stefan seufzte, ging quer über die Straße und zielstrebig auf den U-Bahn-Schacht zu. Als er die Treppen hinunterlief, fiel ihm siedend heiß ein, dass ja heute Valentinstag war. Heute früh hatte er daran gedacht, er wusste, dass seine Frau diesen Tag sehr ernst nahm. »Ohne Blumen geht da gar nichts«, murmelte Stefan leise vor sich hin. »Aber woher nehmen?«

Er müsste einen Umweg über den Hauptbahnhof machen, da war ein gutes Blumengeschäft, hier am Stadtrand würde jetzt kein Blumenladen mehr offen haben. »Ist ja nur ein kurzer Umweg«, dachte er bei sich, stieg die Treppen wieder hoch und korrigierte den Abfahrtsbahnsteig.

Die große Anzeigetafel informierte über die Wartezeit. »Sechs Minuten, okay, das geht ja.«

Die U-Bahn kam, er stieg ein, bekam einen Sitzplatz und seufzte tief. »So weit, so gut«, dachte er bei sich. »Wenn ich das mit den Blumen jetzt vergessen hätte …«

Stefan schloss die Augen, die Bahn rauschte los. Zahlen tauchten vor seinem geistigen Auge auf. Hatte er jetzt die Eingabe von Söller und Söhne korrekt abgeschlossen? Die Bildschirmmaske sah doch irgendwie anders aus, als sie sollte, oder? Fehlte da nicht auch die Korrekturabfrage, hatte er vielleicht den Querverweis nicht eingegeben? Wenn der Vorgang nicht modifiziert worden ist, dann ist er doch noch nicht im System, oder?

Plötzlich ruckte es. Stefan öffnete die Augen. Die Bahn fuhr gerade wieder an. »MIST – hier hätte ich aussteigen müssen.« Stefan sprang auf, aber es war zu spät. Er schlug mit der Hand gegen die Haltestange. »Mist-Mist-Mist!« Jetzt musste er mit einer anderen Linie eine Haltestelle zurück, um zum Floristen zu kommen.

Biene anzurufen, traute er sich jetzt noch gar nicht. »Wenn ich um sieben zu Hause bin, ist es ja auch noch okay.«

Als die U-Bahn an der nächsten Station hielt, eilte Stefan wieder Treppen hoch und Treppen runter, um die Strecke zurückzufahren. »In vier Minuten kommt die Bahn, okay«, dachte Stefan. Er verfolgte die Änderungen der Anzeigetafel. Drei Minuten – zwei Minuten … zack, keine Anzeige mehr. »Hmm, wohl defekt«, dachte Stefan bei sich. Mehrere Personen warteten mit ihm auf die Bahn, die jedoch nicht kam. »Diese Linie fällt aus«, stand plötzlich auf der Tafel zu lesen.

Stefan lief die Treppe hinunter, sauste zweimal durch den engen Tunnelschacht und die Treppe wieder hinauf. »Schließlich gibt's ja noch eine Linie, die zum Hauptbahnhof fährt.«

»Bahn fällt aus«, stand auch dort auf dem Hinweisdisplay am Bahnsteig. Stefan wendete sich von den Gleisen ab und eilte den Weg, den er soeben gekommen war, zurück in Richtung Eingangshalle.

Dort befand ein Auskunftsportal. Mehrere Personen drängten sich bereits vor den Schalter. Stefan drückte sich durch die Menge. »Über Hauptbahnhof geht zur Zeit nichts«, informierte gerade der Angestellte die Umstehenden. »Die Strecke ist gesperrt, ein Gepäckstück ist zwischen U-Bahn und Bahnsteig geraten, ehe die Störung behoben ist, wird es einige Zeit lang dauern.«

Stefan seufzte tief. Hatte sich denn alles gegen ihn verschworen? »Okay«, ermahnte er sich, »bleib ruhig.« Er würde nun einen größeren Umweg in Kauf nehmen müssen, um in Richtung Heimat zu kommen. »Aber was ist mit den Blumen?« Er konnte Biene nicht ohne gegenübertreten, auf keinen Fall! Angestrengt dachte er nach: »Hmmhhh – es gibt ja noch diesen Supermarkt in unserer Nähe … Am Steinplatz!«

Er würde vom U-Bahn-Schacht aus nur noch diesen Umweg machen müssen, dachte er bei sich, da würde schon noch was sein. Stefan fühlte sich ziemlich unwohl bei dem Gedanken, für seine Liebste aus dem Supermarkt, kurz vor Ladenschluss, einen Strauß zu holen.

Der Rückweg zu dem Stadtteil, in dem Stefan wohnte,

dauerte 35 Minuten. Wegen der gesperrten Strecke musste er einmal umsteigen und die Bahnen fuhren nicht mehr so oft gegen Abend. »Nach halb acht schon, Biene wird so was von sauer sein …«

Endlich im Heimatstadtteil angekommen, eilte Stefan von der Bahnstation zum Supermarkt. »Das ich da jetzt hin muss«, seufzte er, »immerhin haben die noch auf.«

Das Blumenangebot war sehr, sehr dürftig. Blasslilafarbene Astern, bei denen die Blätter teilweise schon schlaff herunterhingen, oder weißlich-gelbe, recht farblos wirkende Spinnen-Chrysanthemen. Was für eine Auswahl!! Er entschied sich für die Astern und eilte zur Kasse. »Herzchen haben wir nicht mehr«, sagte die Verkäuferin, »die gab es heute nämlich den ganzen Tag zu allen Sträußen dazu, doch die Herzen sind jetzt aus«, betonte sie.

»Egal«, sagte Stefan und es klang nicht eben freundlich.

Als er vor seiner Haustür stand, hörte er von fern die Kirchturmuhr schlagen.

»Acht Uhr!«

Er steckte den Schlüssel ins Schloss, hing seine Jacke an die Garderobe und zog seine Schuhe um. Müde und mickrig wirkte der in billiges Cellophanpapier gehüllte Blumenstrauß.

»Das du auch noch mal nach Hause kommst!« Seine Frau war vom Wohnzimmer aus auf den Flur getreten. Vorwurfsvoll schaute sie ihn an.

»Es tut mir leid …«, setzte Stefan vorsichtig an.

»Ach, hör doch auf«, fiel ihm die Ehefrau ins Wort.

Stefan straffte sich, nahm die Blumen zur Hand und hielt seiner Liebsten eher halbherzig den mageren Strauß entgegen. »Biene, von Herzen alles Gute zum Valentinstag.« Es erfolgte eine Pause.

»Na, die sind ja schön …«, Biene schaute missmutig von den paar Stengeln mit Grün zu Stefan. »Über ein paar Rosen hätte ich mich schon gefreut«, sagte sie enttäuscht.

Stefan streichelte zart über Bienes Hand und sagte leise: »Ich auch.«

❁❁❁

Die verzauberte Möwe

Es war einmal zu einer Zeit, als sich die Feen noch auf die Erde trauten und lieben Menschen Wünsche erfüllten. Oft kamen sie nicht, aber immer zum Ende des Jahres ließen sie sich vereinzelt sehen. Einmal war es zur Weihnachtszeit, dass ein armes Kind, dessen Eltern nur wenig zu essen hatten, einer Fee am Ostseestrand der Probstei begegnete.

»Du bist ein artiges Kind«, sagte die Fee, »aber warum bist so traurig?«

»Ach, liebe Fee, wir hungern so zu Hause und meine sechs kleinen Geschwister werden kaum satt. Der Vater ist

Fischer, aber er ist oft krank. Wenn ich doch nur auch wie die Möwen auf die Ostsee hinausfliegen und Fische fangen könnte, dann würden wir immer genug zu essen haben«, sagte das Kind leise.

Am nächsten Morgen ging die Kleine am Strand entlang und suchte nach Muscheln und Algen, denn der Vater war wieder krank und sie hatten nichts zu essen. Das kleine Mädchen schaute auf das Meer hinaus und wurde sehr traurig. Die Geschwisterchen weinten den ganzen Tag vor Hunger und dem lieben Mädchen brach dies fast das Herz. Es dachte an die gute Fee, seufzte tief und schloss vor Verzweiflung die Augen.

Auf einmal spürte das Kind eine Veränderung bei sich. Ihr Rücken fühlte sich so seltsam an, ein starkes Druckgefühl, was sie ganz gerade werden ließ, und ihre Beine und Arme kribbelten. Dann vernahm sie ein Schwirren in den Ohren und fühlte sich ganz benommen und plötzlich spürte das Kind, wie ihm Flügel wuchsen. Es wurde ihm ganz leicht zumute. Mit einem Schwung stieß sie sich vom Sandboden ab und erhob sich hinauf in die Lüfte. Wie schön war es, über dem Strand hinweg zuschweben. Sie genoss das leichte Gefühl.

»Jetzt kann ich hinaus auf die See fliegen und Fische fangen«, dachte sie bei sich. Sie ließ sich vom Wind tragen und kreischte laut vor Freude. Sanft ließ sie die Flügel schwingen und flog über das Wasser hinweg. Schließlich näherte sie sich der Wasseroberfläche und begann, nach Fischen Ausschau zu halten. Und wirklich – ihre Augen waren scharf und ihr Jagdtrieb ausgebildet. Immer wieder stieß sie zu, angelte Wasserbewohner aus den Fluten und legte ihren Fang am Strand vor der elterlichen Hütte ab.

Als sie sich dann erschöpft selbst auf den Strandsand niederließ, spürte sie, wie ihre Flügel sich verwandelten und sie wieder menschliche Gestalt annahm. Mit den kleinen Fischen, den Muscheln und allem, was sie aus dem Meer gewonnen hatte, ging sie schnell ins Fischerhaus.

Mit großer Freude nahm die Mutter ihr alles ab, aber sie fragte nicht, woher das Kind den reichen Fang hatte.

Von da an flog das kleine Mädchen Tag für Tag auf die See hinaus und brachte reiche Beute nach Hause. Der Vater war jetzt immer krank, aber die Familie hatte nun genug zu essen.

So ging es viele Tage und Wochen lang. Doch der Wechsel zwischen Möwe und Mensch blieb bei dem Kind nicht ohne Folgen. Mehr und mehr entdeckte sie kleine Federn an ihrem Körper. Auch ihre Geschwister hatten die Veränderungen bemerkt und der jüngste Bruder einmal sogar die Verwandlung gesehen.

»Ich habe Angst, dass du einmal von deinem Ausflug aufs Wasser nicht zurückkommst«, sagte er eines Tages zu dem Mädchen.

»Wenn Heute und Morgen verschwimmen, wenn Gestern und Übermorgen im Nebel sind, dann werde ich auf ewig eine Möwe bleiben«, verriet das Mädchen dem Bruder, denn das hatte die Fee zu ihr gesagt.

Als das Mädchen wieder einmal zum Fischen ausgeflogen war, spürte es, dass es gar nicht mehr genau wusste, warum es unterwegs war. »Was ich heute tue, tue ich auch morgen«, dachte sie bei sich, »was gestern war und was übermorgen sein wird, das ist mir einerlei. Jetzt fliege ich, bin ganz mit dem Wind vertraut und will es auf immer sein.«

Von diesem Ausflug kehrte das Möwenkind nicht zurück.

Der Bruder des Mädchens aber hatte ihre Worte nicht vergessen. Er wurde ein Fischer, der fleißig war und seine Familie redlich ernährte. Er vergaß seine Schwester jedoch nie. All seine Reste vom Fang warf er den Möwen hin.

»So gut, wie du für uns gesorgt hast«, dachte der junge Fischer bei sich, »das soll auf ewig nicht vergessen sein.« All seine Kameraden sahen, wie gut er zu den Vögeln war und taten es ihm gleich.

Seit jener Zeit spendieren die Fischer all ihre Reste vom Fang den Möwen – und das ist auch heute noch, und vor allem am Probsteier Ostseestrand ganz genauso.

»Möwen am Strand«, Gemälde von Su Becker

Alexandra Leicht

2. Platz
in der Sparte »Erzählung« des Literaturwettbewerbs
»Frischer Wind in der Literatur« 2015/2016

Gartenfreunde

Ich stand mit meinem jungen Gemüse deplatziert mitten im Wald. Unter dem Wipfelmeer herrschte angespannte Ruhe, so als ob die Bäume ehrfürchtig vor der gewaltigen Größe meiner Riesenzucchini, die wie ein Baby in meinen Armen ruhte, zurückgewichen wären. Dieser Zucchino, wie er in der Einzahl eigentlich richtig heißen müsste, war üppig und ein Prachtexemplar seiner Sorte, das musste ich schon zugeben, aber ich war weiß Gott nicht von jeher derjenige mit dem allergrößten Gemüse gewesen.

Mein Konkurrent war Karl-Heinz, mein langjähriger Nachbar, der eigentlich Horst hieß. Er war so etwas wie ein Garten-Gott und alles, was ich über Gemüse und dessen gärtnerische Aufzucht wusste, hatte mir Karl-Heinz beigebracht. Ich nannte ihn Karl-Heinz, weil der Name einfach besser zu diesen ergrauten Locken und lustigen Augen, diesem stets in einen blauen Arbeitskittel gehüllten Herrn passte. Schon bei meinem Einzug in die Nachbarschaft war das blaue Kolorit, das von rechts nach links hinter den Häusern in den Schrebergärten herumsprang, ein fester Farbbestandteil in der Hinterhofnatur.

»Wollen Sie ein Stück Garten übernehmen?«, fragte mich der Blaukittel damals.

»Ich habe keine Zeit«, antwortete ich. »Ich habe zu viel im Büro zu tun, und außerdem habe ich als Stadtmensch gar keine Ahnung von dem ganzen Grünzeug.«

»Dann nehmen Sie das kleinste Stückchen da hinten in der Ecke«, ignorierte Karl-Heinz meine Worte und wies mir mein erstes Stück eigenes Land zu, ohne dass ich weiter protestieren konnte. »Sie brauchen einen Ausgleich zu Ihrem Job«, sinnierte Karl-Heinz und kramte ein paar Samenkörner aus seiner Kitteltasche, die ich in einem gewissen Abstand und in akkurater Reihe in den lehmigen Boden einsetzen sollte. Ergeben arbeitete ich mich hochkonzentriert durch die Pflanzreihen.

»Was nun?«, fragte ich, als das Feld fertig bestückt war.

»Angießen«, kommandierte Karl-Heinz.

»Hoffentlich schwimmen die Samenkörner nicht davon«, sinnierte ich ängstlich, schritt mit meiner grünen Plastikgießkanne vorsichtig von einem Körnchen zum nächsten und betupfte es mit Wasser.

»Papperlapapp«, sagte Karl-Heinz. Beherzt goss er meine erste Saat, dass die Körnchen im Wasser nur so aufsprangen. Jeder Feierabend hatte fortan nur noch ein Ziel: mein neuer Garten.

»Sieht man schon ein Pflänzchen?«, rief ich schon von weitem meinem Gartenfreund zu.

»Du musst Geduld haben«, antwortete er mir. »Und guten Dünger.«

Meinen ersten Keimling betrachtete ich einige Tage später wie ein stolzer Vater seinen Sohn.

»Was ist es?«, wollte ich nach längerer Untersuchung der ersten grünen Blätter wissen.

»Ein Junge«, grinste Karl-Heinz.

Ich rollte mit den Augen und stellte klar: »Ich meinte, was habe ich da eigentlich gepflanzt?«

»Oh«, antwortete Karl-Heinz. »Das werden Zucchini. Sie brauchen viel Platz, Sonne und Wasser. Du darfst die Blätter nur mit Regenwasser gießen. Das harte Wasser aus der Leitung mögen sie nicht.«

Also goss ich nur ganz vorsichtig unter den Blättern, damit meine erste Pflanzenfamilie keinen Schaden nahm und war ganz aufgeregt, als ich nach einem weiteren Büroschluss irgendwann im Frühjahr eine erste pralle gelbe Blüte sah.

»Ich wusste gar nicht, dass Gemüse blüht«, gab ich kleinlaut zu.

»Wo soll denn sonst das Gemüse herkommen?«, lachte Karl-Heinz mich aus. »Du kennst doch das mit den Bienchen und den Blümchen, oder? Die Blüte klebt der Zucchini-Frucht nun am Hintern. Wirst schon sehen, wenn sie größer wird.«

Sie wurde groß und die gelbe Blüte vertrocknete und hing immer noch am grünen Körper fest.

Irgendwann war sie üppig genug für die Ernte, aber ich wollte nicht und ließ sie so groß werden wie sie wollte.

»Sie soll frei sein«, erklärte ich mein Ziel.

So entstand eher zufällig der erste Zucchini-Größenwettbewerb unserer gemeinsamen Gartengeschichte zwischen Karl-Heinz und mir.

»Wer die größte Zucchini erntet, hat gewonnen«, erklärte ich und wartete flugs mit Spezialwaffen in Form von Kuhfladen auf, die ich als Dünger in den Boden einarbeitete und von den freundlichen Kühen vom Bauern aus der Nachbarschaft abzweigte. Das war schon ein merkwürdiges Ritual, wenn ich nach Büroschluss die Kuhfladen neben meiner Aktentasche auf die Rückbank meines Autos verfrachtete und in meine Gartenparallelwelt fuhr.

»Da hockt die Scheiße neben einer Umsatzstatistik«, beschrieb ich Karl-Heinz etwas derbe meine Ansichten.

»Wenn das mal nicht fast wie im richtigen Leben ist«, antwortete Karl-Heinz, der sein Berufsleben schon hinter sich hatte, und wir lachten sehr herzlich.

Bis zum Erntedankfest stand der Sieger fest. Karl-Heinz hatte schlichtweg jahrzehntelange Erfahrung und schlug mich um mehrere Zentimeter.

»Nächstes Jahr hast du mehr Glück«, tröstete er mich. Wir stießen mit Bier an und aßen gegrillte Zucchinistückchen, während wir in unseren Liegestühlen saßen. In meiner mittlerweile gekauften Arbeitskleidung hätte mich wohl keiner meiner Bürokollegen erkannt, denn ich sah aus wie ein Gärtner auszusehen hatte, ein richtiger Naturbursche, mit fast schon wettergegerbter Haut. Ein paar Jahre gärtnerten wir dieserart gemeinsam. Frühling, Sommer, Herbst und Winter.

Die Jahreszeiten waren wie im Flug vergangen. Jetzt war ich allein und schritt vorsichtig durch den Wald, auf der Suche nach einer besonderen Stelle. Sie war auf meinem Wegeplan eingezeichnet, den mir die Friedhofsverwaltung in die Hand gedrückt hatte. Eine Metalltafel mit eingraviertem Namen zeigte mir an, dass ich richtig war. Genau hier legte ich meine Riesenzucchini ab. Ich wusste, dieses Geschenk würde meinem Gartenfreund gefallen, ich wusste auch, dass er die Natur und diesen Wald hier sehr mögen würde, denn er hatte seine Jugend in den Wäldern des Harzes verbracht. Er hatte mir in der Vergangenheit davon erzählt, in lauen Sommernächten, gemeinsam in unseren Gartenstühlen sitzend.

»Jetzt rede du. Ich lasse dir das Wort«, flüsterte ich dem Ruheforst zu, dessen Blätterkronen bestätigend rauschten. Ich vermisste schmerzlich den blauen Kittel.

E. Maria

Das Wunder der Liebe

Es gibt Geschichten, wie sie nur das Leben schreibt.

Neulich radelte ich morgens zum Einkaufen. Als ich nach Hause kam bemerkte ich, dass ich mein goldenes Kettchen verloren hatte. Ich rannte durch alle Zimmer, durchs Treppenhaus, den Weg vor der Haustür vor und zurück. Radelte langsam, immer wieder absteigend, die Strecke ab. Ging in Geschäfte, in denen ich gewesen war, und zum Fundbüro, um Bescheid zu sagen.

Ich weinte. Das Kettchen mit dem Davidstern bedeutet mir unsagbar viel.

Meinem Mann schickte ich eine »Verzweiflungs- Whats App«.

Er kam früher von der Arbeit nach Hause.

»Sei nicht traurig«, meinte er, »du sagst immer, wenn was so ist, soll es so sein.«

Er ging den Weg ab, ich musste mich für den Spätdienst fertig machen. Nach circa einer Dreiviertelstunde kam er zurück und lächelte.

Die folgenden Zeilen mögen sich kitschig anhören, ich sehe sie als Wunder:

Er gab mir das Kettchen.

Ich weinte abermals, diesmal vor Freude.

Er sagte, dass er beim Supermarkt zum Himmel geschaut hätte mit den Worten, dass der EWIGE doch wüsste, wie sehr ich an meinem Kettchen hänge und er, mein Mann, mich doch so lieb hätte …

Da lag das Kettchen am Radständer in einer Rille neben dem Supermarkt.

Als ich zum Dienst fuhr, war ich in Hochstimmung. Im Nachhinein denke ich, Personal und Patienten dachten, ich wäre von der Rolle.

Ich war überglücklich.

Circa zwei Wochen später war ich zu Fuß zum Dienst unterwegs. Kurz vor der Klinik winkte ich unserem Chefarzt, der mit dem Auto nach Hause fuhr.

In der Klinik bemerkte ich, dass das Kettchen schon wieder weg war.

Ich rannte in den Pflegebereich und zog mich bis auf die Unterwäsche aus, da ich dachte, der Verschluß sei aufgegangen und das Kettchen hinge innen in der Klinikbekleidung. Fehlanzeige.

Meinem Mann schickte ich eine SMS: »Kettchen verloren!«

Später kam er zur Klinik und versprach liebevoll, dass er mal wieder suchen gehen würde.

Ich dachte: »Was er für ein Chaos mit mir hat ...«

Als ich nach dem Dienst nach Hause fuhr, war ich immer noch traurig. Ich ging die Treppe rauf, zog die Schuhe aus.

Was war das?

An der Mesusa an der Tür hing mein Kettchen!

Ich konnte es nicht fassen, stürmte hinein und fiel meinem Mann um den Hals.

Er war mehrmals den Weg abgegangen und hatte das Kettchen vor der Klinik gefunden.

Fazit der Geschichte: Mein Mann hat jetzt Wünsche frei und ich schenkte ihm ein Gedicht:

    Sei gesegnet, du.
    Ich möchte für dich da sein, wenn du mich brauchst.
    Ich möchte dich stützen, wenn du älter wirst.
    Sei gesegnet,
    du, inmitten dieser oftmals schnelllebigen Welt.

Eva Miersch

Noel

Als ich Noel das erste Mal sah, war er vielleicht zwölf Jahre alt und saß auf dem Waldboden. Seine Schultasche lag nicht weit von ihm entfernt im Laub. Wenn ich ihn ansprach, schaute er mich zwar kurz an, machte dann aber unbeeindruckt weiter.

Während die anderen Jungen nachmittags ihre Hausaufgaben machten und sich zum Spielen verabredeten, war Noel schon direkt von der Schule aus in den Wald gegangen. Sobald er dort angekommen war, ließ er seine Schultasche fallen und hockte sich auf den Waldboden. Seine Fingerkuppen glitten dann über den Boden, er fühlte die winzigen Unebenheiten, die scharfen Kanten, einzelne Linien, Vertiefungen und weiche Wellen; meistens berührten seine Fingerkuppen nur ganz leicht den Untergrund, glitten über die Blätter, Steine und die kleinen Hölzer hinweg. Langsam, zögernd suchten sich die Finger ihren Weg, erstellten gleichsam ein Muster aus der Unordnung.

Anfangs hatte er versucht, den anderen davon zu erzählen, aber weder seine Schulkameraden, noch seine Mutter, nicht einmal seine Lehrer verstanden ihn. Aber Noel verstand auch die anderen nicht. Er wusste nicht, warum jemand weinte oder lachte und er konnte auch darauf nicht reagieren, er verstand nicht, warum sie das taten.

Noel mochte es auch nicht angefasst zu werden, aber am Geburtstag seiner Mutter geschah es das erste Mal, als sein Onkel zu Besuch kam. Noel musste ihm die Hand geben. Seine Mutter zwang ihn dazu. Plötzlich aber fühlte er die feinen Rillen, die offenen Poren, tausende kleine Rauten auf der Haut.

»Hey Noel, lässt du meine Hand auch wieder los?«, lachte sein Onkel.

Noel ließ erschrocken die Hand fallen und starrte zu Boden.

»Was ist mit meiner Hand?«, sein Onkel blickte ihn an. Noel aber schüttelte den Kopf und setzte sich an den Tisch. Die Hände der Mutter bewegten sich, schnitten den Kuchen an. Die Erwachsenen lachten, Noel starrte auf die Hände seiner Mutter. Dann rutschte er von der Bank und verschwand in seinem Zimmer. Er registrierte nicht die Blicke der Erwachsenen und das Schulterzucken seiner Mutter.

Kurze Zeit später saß er in seinem Zimmer und starrte auf die Abbildungen auf seinem Computer. Er fand Bilder von alten Händen, von Männern und wenn er die Bilder vergrößerte, wurden sie deutlicher. Die Unebenheiten der Hand des alten Mannes mit den kleinen Haaren, die winzigen Stellen der Pigmente, über die seine Fingerkuppen hinübergeglitten, um dann an den Poren wieder abgebremst zu werden. Er durfte sich nicht ablenken lassen von dem Dschungel der Haare, die ihn immer wieder von der Haut wegführen wollten, die das Fühlen unmöglich machten. Er wollte das fühlen, wollte wissen, ob es sich so verhielt, wie er sich das vorstellte, wie er es bei dem Onkel gefühlt hatte.

Er suchte nun jede Gelegenheit, die Haut von anderen Menschen anzufassen und nachdem er endlich nicht mehr zur Schule gehen musste, entschloss er sich, Masseur zu werden. Er wollte mehr Haut fühlen, auch an anderen Stellen des Körpers.

Seine Hände strichen über die Haut, langsam, zögernd, suchend. Er blendete die Sehnen, Muskeln und Faszien unter der Haut aus, wollte nur die Oberfläche spüren, die kleinen Unregelmäßigkeiten.

»Du musst tiefer tasten, Noel, du musst die Verhärtungen in der Muskulatur spüren, die Verklebungen der Faszien, du musst mit mehr Druck arbeiten, so wird das nie was.« Sein Ausbilder schien zu verzweifeln. Es interessierte Noel nicht, wie er den Menschen helfen konnte. Die Wellen, die Rauten, die Linien, tiefe Poren – gleichsam wie Krater, winzige Pusteln, Talg, ganze Landschaften entstanden in seinen Gedanken. Jeder stärkere Druck machte nur alles kaputt.

Aber er bemühte sich, er beugte sich über seine Patienten und begann zu fühlen, suchend bewegte er sich von der Schulter weiter abwärts und scannte die Haut. Er hatte sich angewöhnt, erst die Oberfläche zu scannen, dann konnte er mit der Massage alles kaputt machen, dann war es gespeichert.

Einige Frauen weigerten sich inzwischen, sich von Noel behandeln zu lassen, sie behaupteten, er würde sie belästigen.

Aber heute war alles anders. Der Mann lag still unter ihm, schien tonlos zu fragen, was er tat. Noel konnte nicht aufhören, es war wie ein Gespräch zwischen der Haut des Mannes und ihm. Plötzlich drehte sich der Mann um und setzte sich auf. Noel blickte ihn erschrocken an.

»Tastgefühl ist eine Gabe, die meisten Menschen können es nicht«, begann der Mann.

Noel wusste, jetzt war es geschehen, er hatte zu lange gescannt.

»Warum nutzen Sie ihre Fähigkeiten nicht?« Der Mann stand auf, zog sich sein Hemd an und gab ihm eine Visitenkarte: »Kommen Sie zu mir, ich brauche Leute wie Sie, aber lassen Sie das Massieren, das können Sie nicht.«

Wie erstarrt blieb Noel im Behandlungsraum zurück. »Klinik für Onkologie und alternative Krebsdiagnostik«, las Noel den Schriftzug.

Wie unterschiedlich sich die Krebsformen anfühlten: Melanome, Basaliome, Spinaliome; hart, weich, biegsam, geschmeidig, massiv, fein, grob. Er perfektionierte täglich seinen Scan und sortierte in seinem Gehirn die verschiedenen Karten. Noel war es egal, ob die Leute seine Diagnosen mochten, anfingen zu weinen, oder mit ihm reden wollten, ihm kam es nur auf den Scann an, auf die Muster.

Die neue Assistentin allerdings verkomplizierte alles. Sie arbeiteten zusammen und sie schien ihn für seine Fähigkeiten zu bewundern. Sie hatte so viel Wissen, das Noel nicht interessierte. Er erklärte ihr die Muster, aber sie verstand es einfach nicht. Aber jedes Mal, wenn sie ihn berührte, und sie tat es immer wieder, durchzuckte ihn ein Schlag, er verlor die Konzentration und der Scann brach ab. Er versuchte es, indem er sie bat, den Raum zu verlassen, aber es gelang ihm dann nicht mehr. Sie suchte immer wieder seine Nähe, fasste ihn an, suchte seinen Blick, er wich aus.

An einem Morgen passierte es. Sie hatte ihn in dem leeren Behandlungszimmer abgefangen. Sie kam immer näher, er spürte schon, wie sie ihn von hinten umfasste. Er erstarrte, alles in ihm war angespannt, sie flüsterte ihm ins Ohr und ihr Atem brachte sein Herz zum Rasen. Er zitterte, bekam kaum noch Luft, Hitze durchfuhr ihn und ihm wurde schwarz vor Augen. Der nächste Patient betrat das Zimmer und sie verschwand.

Zitternd rang Noel um Fassung. Er floh aus dem Raum, lehnte sich schwer atmend an die Wand, presste die Hände flach gegen den kalten Putz. Erst fühlte Noel nur ein Kribbeln in den Fingerkuppen, aber dann kamen lauter Ameisen dazu, einzelne Fingerkuppen fingen an zu brennen. Er konnte nichts mehr fühlen. Verzweifelt betrachtete Noel seine Finger, berührte die Kuppen mit den anderen Fingern, aber die Probleme nahmen zu, er griff mit aller Kraft an den Türrahmen; er hatte das Gefühl, sich festhalten zu müssen, mit aller Kraft, er wollte vergessen, nicht loslassen, nicht aufgeben.

Plötzlich hörte er Schreie, die ihn aus seiner Starre rissen. Er folgte den Menschen und sah sie am Fuße der Treppe liegen, merkwürdig verdreht, den Kopf voller Blut.

Noel drehte sich um und betrat den Behandlungsraum, ein Basaliom vermutlich, aber er würde es erst fühlen, bevor er sich sicher war.

Sabine Niemeyer

Weihnachten 2016 – Im nächsten Jahr wird alles anders

Für mich fing die Weihnachtszeit in diesem Jahr mit dem Besuch der Berliner Weihnachtsmärkte an.

Ich hatte Montag, den 21.11.2016, frei. Ich freute mich schon, wie ich es mir vor zwei Jahren vorgenommen hatte und es bisher nicht realisieren konnte, endlich die Weihnachtsmärkte in Berlin zu besuchen.

Auf der Hinfahrt nach Berlin am Freitag hatte ich mir im Internet schon eine Aufstellung der Berliner Weihnachtsmärkte angeschaut. Am Samstag schaute ich den Berliner Wochenspiegel nach einer Beilage über die Weihnachtsmärkte durch. Eine ganze DIN A4-Seite war komplett mit Weihnachtsmärkten gefüllt. Ich war ganz erstaunt, in Köln gibt es auch viele Weihnachtsmärkte, aber nicht so viele. Ich wusste gar nicht, wo ich zu lesen anfangen sollte und fragte meine Freunde; sie empfahlen mir den Weihnachtsmarkt am Schloss Charlottenburg und den am Gendarmenmarkt.

In einem Prospekt war zu lesen: »*Christmas Garden Berlin. Mit der Dämmerung beginnt die magische Reise. Von den Produzenten von Christmas at Kew in London …*«

Nachmittags wollte ich mit meiner Freundin den Christmas Garden im Botanischen Garten besuchen. Als wir uns nach dem Frühstück auf den Weg machten, war das Wetter noch gut. Nachmittags, als wir den Christmas Garden erreichten, regnete es. Wir waren mit der Straßenbahn angereist, der Regen wurde immer heftiger. Ich hatte meinen Schirm in Köln vergessen und setzte meine Mütze und meine Kapuze auf, aber die konnten dem starken Regen auch nicht standhalten.

Wir standen am Eingang des Christmas Garden, meine Freundin hatte einen kleinen Schirm, unter dem wir unmöglich zu zweit durch den Garden gehen konnten. Auch wurde nur zur vollen Stunde eingelassen, so dass wir noch circa 20 Minuten vor den Toren im strömenden Regen standen. Wir hofften, dass sie uns vorher reinholen würden, damit wir uns bis zur nächsten Öffnung unterstellen konnten. Dieser Wunsch ging nicht in Erfüllung. Wir überlegten, ob wir bei dem Wetter überhaupt in den Garden gehen sollten, aber nun waren wir schon so weit angereist.

Am Schalterhäuschen fragte ich, ob man sich auch Regenschirme ausleihen könnte. Man sagte uns: »Am Schalterhäuschen auf der anderen Seite des Gartens kann man das.« So eilten wir durch die Ausstellung auf die andere Seite des Gartens und fragten hier wieder nach. Nein, man wisse gar nicht, dass es hier auch Schirme gab. »Aber ich frage mal den Kollegen.« »Ja, hier in dem Häuschen gibt es Schirme zum Ausleihen.« Und tatsächlich bekamen wir einen Schirm. Wie wir im Besitz des zweiten Schirms waren, ließ der Regen allmählich nach.

Mittlerweile war es dunkel geworden und die Illuminationen waren schön anzusehen. Wir waren beeindruckt und schossen Fotos von erleuchteten Bäumen, riesigen Kugeln und Berliner Bären. Wir ließen uns mit unseren Handys vor dem Weihnachtsmann mit ein paar Weihnachtsbäumen und zwischen beleuchteten Sternenvorhängen fotografieren, bis die Akkus fast leer waren. Ein bisschen Saft mussten wir noch zum Telefonieren aufheben. Zwischenzeitlich hatte es langsam aufgehört zu regnen.

Am Montag ging ich zuerst auf den Gendarmenmarkt, denn, wenn man hier bis 14:00 Uhr eintraf, war der Eintritt kostenlos.

Als ich an den weißen Zelten mit den gelben Sternen zwischen dem Deutschen und dem Französischen Dom ankam, strahlte die Sonne. Ich trank einen Kaffee vor einem Brunnen vor dem Konzerthaus Berlin und bat einen anderen Touristen, mich zu fotografieren. Ich genoss es, in der Sonne vor den alten Gebäuden zu stehen.

Noch war der Weihnachtsmarkt relativ leer und ich hatte gute Sicht auf alle Stände.

Nachdem ich einiges gesehen hatte, musste ich mich auf den Weg zum Weihnachtsmarkt am Schloss Charlottenburg machen, damit ich gegen späten Nachmittag wieder nach Köln zurückfahren konnte.

Im Hellen kam ich dort an. Am Eingang stand ein Schild: »*10 Jahre Weihnachtsmarkt vor dem Schloss Charlottenburg*«. Vor dem Schloss stand ein Gerüst. Ich schaute mir die Stände an, auch hier war es noch relativ leer. Ich sah Bücher wie: »Früher war Weihnachten später, früher war mehr Lametta«. Auch fand ich Schilder: »Nach mir die Gin Flut«, »Der frühe Vogel kann mich mal«, »Hinfallen, Aufstehen, Krone richten, weitergehen«.

Vor dem Schloss trank ich meinen ersten Glühwein und aß einen Crêpe. Es wurde allmählich dunkel, die Stände waren nun noch schöner anzusehen. Ich musste mich langsam wieder auf den Weg zurück nach Köln über den Berliner Hauptbahnhof machen.

Als ich am nächsten Tag im Büro von meinem Weihnachtsmarktbesuch erzählte, sagte meine Kollegin, der Weihnachtsmarkt am Gendarmenmarkt wäre ihr Lieblingsweihnachtsmarkt.

Mein Arbeitgeber hatte einen Weihnachtsbaum ohne Weihnachtskerzen.

Vor Weihnachten gingen mein Mann und ich zu einem Elsässer zum Weihnachtsessen. Hier hatten wir schon vor langer Zeit einen Platz reserviert. Als wir ankamen, mussten wir noch einige Zeit warten, bis unser Platz frei wurde. Wir saßen etwas beengt. Wir aßen ein sehr leckeres Gericht und fragten dann nach der Rechnung. Die Rechnung war total falsch. Wir reklamierten die Rechnung und bekamen eine neue, die 40 Euro niedriger war, als die alte. Auch diese Rechnung war immer noch nicht ganz richtig, aber wir wollten sie nicht noch mal beanstanden und bezahlten sie.

Heiligabend waren wir abends bei meiner Schwiegermutter zur Bescherung eingeladen. Meine Schwiegermutter hatte sich sehr viel Arbeit gemacht und es gab das Hauptgericht gegen 22:00 Uhr, was wir sehr spät fanden. Meine Schwiegermutter stand bedauerlicherweise die meiste Zeit des Abends in der Küche. Es war ein sehr netter Abend und am nächsten Tag kamen meine Eltern und meine Schwiegermutter zu uns.

Morgens, am ersten Weihnachtstag, bemerkten mein Mann und ich, dass wir etwas vergessen hatten. Mein Mann wollte einen Salat mit Sahne machen. Ich hatte in der Hektik vergessen, die Sahne zu kaufen. Ich hatte sie im Supermarkt nicht sofort gefunden und hatte den Supermarkt ohne die Sahne verlassen.

Wo sollten wir nun am ersten Weihnachtstag noch Sahne herbekommen? Wir beschlossen, die Sahne im Supermarkt am Bahnhof zu kaufen. Wir schauten vorher im Internet, ob der Markt geöffnet wäre. Er war offen, wir riefen an und fragten, ob er Sahne hätte. Wir hatten Erfolg.

Dann fiel mir ein, dass wir keinen Kartoffelbrei hatten. Mein Mann rief seine Mutter an, sie hatte noch Kartoffelbrei und wollte uns diesen am Abend mitbringen.

An diesem Abend stand ich sehr lange in der Küche. Abends gab es einen Braten mit Wintergemüse. Mein Mann wollte aber statt dem Wintergemüse einen Salat anbieten. Hier hatten wir aneinander vorbei geredet und es gab somit Gemüse und Salat statt nur Salat oder nur Gemüse und am Ende blieb einiges über.

Am zweiten Weihnachtstag gingen wir mit unseren Gästen in das Weinhaus »*Zum Bären*« in der Kölner Altstadt. Wir hatten in der hintersten Ecke einen Tisch reserviert. Wir erhielten eine Karte mit dem Weihnachtsmenü. Wir fragten, ob es denn auch etwas anderes zu essen gebe als das reichhaltige Weihnachtsmenü. Wir erfuhren, dass auch einzelne Weihnachtsgerichte bestellt werden konnten. Wir fanden, dass der Raum, in dem wir saßen, zu weit weg war von den Herrentoiletten. Man musste erst in den nächsten Stock gehen. Wir fragten, wann man reservieren müsste, um einen Tisch im Erdgeschoss zu bekommen. Es musste schon Anfang Oktober reserviert werden.

Im nächsten Jahr sollte dann zu Weihnachten alles anderes werden: wir wollten rechtzeitig den Tisch reservieren, damit wir im Erdgeschoss sitzen konnten und wollten uns nicht mehr so viel Arbeit mit dem Essen machen, sondern uns mehr mit unseren Gästen unterhalten. Auch wollten wir ohne Hektik einkaufen und an alles denken. Mal sehen, ob wir uns im nächsten Jahr zu Weihnachten noch an unsere guten Vorsätze erinnern und wenn ja, wie wir diese umsetzen.

Kurt Theodor Oehler

Ein Tag auf Capri

Es war schon am Hafen ausgemacht, dass wir uns, eine Gruppe von zwei Frauen und ich, auf der Piazza treffen würden, um gemeinsam zur Burgruine des Palazzo di Tiberio hoch zu steigen. Ich war verspätet, weil ich auf dem Hinweg noch Gespräche hatte.

Als ich auf der Piazza ankam, gab es zwar Touristen, nicht aber meine Frauen.

Und ich dachte: »Das ist ja klar, die Frauen sind klug, sie sind schon gegangen.« Also lief ich los und stieg den Berg hinan. Ich ging schnell, um sie einzuholen. Ich holte sie aber nicht mehr ein.

Nach einer Dreiviertelstunde, ein Weg der sonst eine Stunde dauern würde, war ich bei der Burgruine. Aber ohne meine Frauen und es war heiß, und ich hatte kein Wasser. Der Türhüter, der nicht von Kafka war, weil er mich durchlassen würde, verlangte vier Euro. Ich bezahlte und durchstieg die Burgruine, links herum, wie es vorgeschrieben war. Ich schaute in jedes Loch auf der Suche nach meinen Frauen. Ich fand aber keine Frauen.

»Also«, dachte ich, »die Frauen sind klug. Sie steigen nicht hoch zur Burgruine, ohne mich. Sie sind vermutlich zum Axel Munthe gegangen oder mit der Sesselbahn auf den Berg gefahren.«

Also lief ich zurück zur Piazza. Eine halbe Stunde, was sonst eine Dreiviertelstunde dauern würde. Und es war heiß und ich hatte kein Wasser.

Unten angekommen, fand ich zwar Frauen, aber nicht meine Frauen. »Da bist du ja!«, hieß es. »Wo bist du denn gewesen?«

Ich sagte: »Bei der Burgruine.«

»Was, bei der Burgruine?«

Ich fragte: »Wo sind denn meine Frauen?« Und es hieß: »Sie sind zur Burgruine gegangen …«

Ich dachte: »Die Frauen sind klug, wir haben es ja ausgemacht, sie sind zur Burgruine hochgestiegen. Und nicht zum Axel oder auf den Berg gefahren.«

Erst dachte ich: »Lass sie doch gehen, zur Burgruine. Sie können sich selber unterhalten, ohne mich.«

Wir haben es aber ausgemacht, dass wir zusammengehen. Also stieg ich wieder hinauf, diesmal aber links herum und nicht nach rechts, damit ich sie einholen würde, nach einer Viertelstunde. Ich holte sie aber nicht mehr ein und es war heiß und ich war ohne Wasser.

Ich war besorgt um mein Herz, das kerngesund war, und um mein Gehirn, dem Wasser fehlte. Also lief ich schneller und war verzweifelt. Ich hoffte, sie einzuholen, auf dem Weg zur Burgruine.

Wieder stand ich vor der Türe, nach weniger als einer

Dreiviertelstunde, vor dem Türhüter, der nicht von Kafka war, weil er mich durchlassen würde, der aber telefonierte, als ich durch die Abschrankung ging.

Ich durchstieg die Burgruine, diesmal rechts herum, wie es nicht vorgeschrieben war, und schaute in jedes Loch, auf der Suche nach meinen Frauen. Ich fand aber keine Frauen und war noch mehr verzweifelt.

Ich dachte: »Das ist ja klar, die Frauen sind klug, sie sind umgekehrt nach der Piazza und wollten nicht zur Burgruine steigen, ohne mich. Sie sind vermutlich zum Axel gegangen oder auf den Berg gefahren.«

Also lief ich, am Türhüter vorbei, ein zweites Mal nach unten. Diesmal noch schneller, weil es heiß war und ich kein Wasser hatte. Ich war noch verzweifelter und noch wütender, über mich, weil ich ein Dummkopf war und nicht den ganzen Tag in Capri verbringen wollte, um zwei- oder dreimal zur Burgruine hochzusteigen.

Dann fand ich meine Frauen! Auf halbem Weg, sie stiegen den Berg hinauf, auf dem Weg zur Burgruine. Ich war glücklich und erleichtert, denn ich hatte sie gefunden, meine Frauen. Denn sie dachten, wir haben es ausgemacht, wir werden den Berg hinaufsteigen, auf der Suche nach mir und der Burgruine. Leider rechts herum …!

Also stieg ich ein drittes Mal hoch zur Burgruine, dieses Mal mit Wasser und mit meinen Frauen, bis zur Burgruine, und ich musste keinen Eintritt bezahlen, weil er mich kannte, der Türhüter, der nicht von Kafka war und mich durchlassen würde.

Und wir stiegen durch die Burgruine, diesmal links herum, wie es vorgeschrieben war, und schauten in jedes Loch, nicht auf der Suche nach meinen Frauen, denn ich hatte meine Frauen.

Und ich dachte: »Das ist wunderschön, die Burgruine zu besuchen, mit den Frauen«, und ich war glücklich.

Also stiegen wir hinab, nicht so schnell wie beim ersten Mal und gingen hinauf, zum Axel, und fuhren auf den Berg …

Peter Raffalt

3. Platz
in der Sparte »Erzählung« des Literaturwettbewerbs
»Frischer Wind in der Literatur« 2015/2016

Liebe auf Zeit

Ich habe mich verliebt. Schon wieder. Auch diesmal kam es ganz plötzlich über mich. Völlig unerwartet hat sich dieses seltsame Gefühl in mich eingeschlichen, die Leichtigkeit und Unbeschwertheit, diese unsägliche Verrücktheit. Ich kann mich nicht dagegen wehren, ich will es auch nicht. Ich lasse mich mitreißen und bin wie besessen von dem Drang, sie vollkommen mein zu nennen. Ausschließlich. Ganz und gar.

Auf einmal war sie da, unerwartet, in einem Moment, in dem ich nicht damit gerechnet hatte. Sie hat an die Türe meines Herzens geklopft, nichtsahnend hatte ich geöffnet und leise, wie ein Schatten, blitzschnell und unauffällig wie ein Gedanke hat sie sich in mir eingenistet. Sie hat ihre Angel nach mir ausgeworfen und sich mit hundert Widerhaken in meinem Herzen festgekrallt. Jetzt zerrt sie an mir, reißt, rüttelt und kratzt die Krusten von meiner vertrockneten Seele. Sie macht mich jung, sie belebt mich. Ich spüre frisches Leben durch meine Adern pulsieren. Tag und Nacht gespenstert sie durch meine Gedanken.

Bin ich eigentlich Jäger oder Gejagter? Sie hält mich gefangen, aber ich kämpfe um sie, ich dränge mich ihr auf, mache Avancen, flirte und kokettiere. Ja, ich bin Jäger. Ich muss sie erlegen. Es klingt befremdlich, aber es ist so.

Sie ist ohnehin nur eine von vielen, eine Episode, nichts Dauerhaftes, aber einzigartig. Es wird eine Liebe auf Zeit. Mehr nicht. Und so heftig der Moment ist, so intensiv und kompromisslos, so schnell und spurlos wird diese Liaison auch wieder vorbei sein. Eine wohlige Erinnerung wird zurückbleiben, mehr nicht, ein Gefühl der Zufriedenheit. Ich werde es wahren, wie einen Schatz. Die Glut des Verliebtseins wird verblassen, so rasch wie ein Strohfeuer, das kurz und leidenschaftlich aufflammt. Es geht gar nicht anders. Es kann nichts Dauerhaftes daraus werden. Ausgeschlossen. Sie ist es nicht wert. Sie nicht. Vielleicht eine andere. Vielleicht die Nächste.

Eine Liebe auf Zeit. Warum nicht? Warum sollte ich es bei einer belassen? Es wäre öde und fad. Ich fühle mich wie im Traum. Ich sehe die Welt durch ihre Augen. So würde sie sehen, so würde sie reden, das würde sie tragen, jenes würde ihr gefallen. Ich gehe durch die Straßen, plötzlich taucht sie vor mir auf, wie aus einem Meer von Farben und Formen. Sie tänzelt vor meinen Augen vorüber, dreht sich nach mir um und lacht. Dann verwandelt sie sich wie ein Zauberwesen, nimmt neue Gestalt an, geformt von meinen Wünschen und Fantasien, dann verschwindet sie ebenso plötzlich, wie sie erschienen ist, um im selben Augenblick verändert gleichzeitig neben, vor und hinter mir zu schreiten, gehen, tanzen, schweben … Ich strecke meinen Arm nach ihr aus und sie löst sich in der Zeit eines Atemzuges auf, in einen trüben Nebel, in ein undurchdringliches Nichts, das ich nicht fassen kann, das wie eine schillernde Seifenblase vor meinem Antlitz zerplatzt und mich alleine zurücklässt, einen verzweifelten Träumer, einem verträumten Zweifler.

Und dabei kenne ich sie erst seit wenigen Tagen. Ich weiß noch nicht einmal ihren Namen, nein, ich weiß nicht, wie sie heißt. Noch nicht. Trotzdem bin ich wie jedes Mal von der unbegrenzten Kraft, die in der Liebe verborgen liegt und der ich immer wieder aufs Neue erliege, überrascht. Aber ich kann nicht anders. Wie soll ich die tief verwurzelte Sehnsucht nach Vereinigung stillen, wie kann ich ihr das Geheimnis ihres Lebens entlocken, ihre unausgesprochenen Wünsche ergründen, wenn ich mich ihr nicht bedingungslos hingebe und sie liebe? Wie soll ich denn eine Geschichte schreiben, wie soll ich den Funken schlagen, um das Feuer zu entfachen, mit dem ich Wort an Wort füge, Zeilen niederschreibe, laure und lausche, forme und gestalte, so wie ich meine, dass sie es bedarf, um stimmig zu sein?

Wie sollte ich von Menschen erzählen und selbst wenn es Mörder und Verrückte wären, ihnen Namen und Gestalt verleihen, sie mit Eigenschaften beleben und mit Freunden und Feinden verkuppeln, wie soll ich Geschichten schreiben, wenn ich sie nicht liebe, bis ins kleinste Detail, bedingungslos mit aller Hingabe liebe?

Eleonore Henriette Rosentreter

Alfa und Annabel!

Heute ist Montag, der 3. Juli 2017 und endlich möchte ich die Geschichte über meine liebsten Hündchen Alfa und Annabel aufschreiben, zwei Irish Setter, die in mein, unser Leben gekommen sind, und ich mir niemals hätte träumen lassen, wie diese lieben Tierchen meine nächsten Jahre veränderten und beherrschten.

Ja, wo soll ich anfangen, ich denke von Anfang an, und weiter berichten, wie sich unsere Liebe über die Jahre entwickelte.

Reginchen war ungefähr 14 Jahre alt, als sie von der Schule nach Hause kam, und uns, Papa und mir erzählte, sie möchte ein Hundebaby in unserem Leben haben. Erst waren wir etwas sprachlos, denn keiner hatte Zeit für einen Vierbeiner, ein Hundeleben, unsere Tage waren ausgefüllt, außerdem wie kann man, wir, ein Tierchen bekommen? Es ist in meiner Erinnerung, in Lennep hatten wir von einem Tierzüchter gehört, welcher, wussten wir nicht, jemand hatte es einmal erwähnt.

Nun, der Tag war gekommen, wir fuhren also zu dem Züchter hin, ich muss nachdenken, oh ja, der Name war, fällt mir gerade ein beim Schreiben, Franke. Wir hatten Glück, wenn man das so sagen kann, Frankes hatten gerade vor zwei Wochen einen »Wurf« bekommen, mindestens sechs kleine Hundebabys lagen an der Mutterbrust. Reginchen war begeistert, die Babys waren keine 10 cm groß, und auch streicheln durften wir sie nicht. Wir standen stumm da und sahen auf die Mamma der Hundebabys. Man sah, sie ließ sich still alles gefallen von ihren Kindern, die erst an den Zitzen lagen und ununterbrochen tranken, dann aber auch herumkrabbelten, von ihrem Bauch herunterfielen und wieder tranken und niemals satt wurden.

Wir beobachteten dieses Spiel eine Weile, unterhielten uns mit Frau Franke und Regine sagte, sie möchte ein Hündchen haben. Frau Franke sagte, ja das ist möglich, aber erst wenn die Kleinen neun Wochen alt sind und die Muttermilch nicht mehr brauchen, und sie die Kinder von sich stieß. Sicher hatte die Hundemamma genug und wollte endlich ihre Ruhe haben, was ja auch verständlich ist. Ihre Mutterschaft hat sie sicher noch einmal in diesem Jahr.

Ja, wir waren einverstanden, wir sehen in den kommenden Wochen nach den Kleinen, besuchen sie, bis der Tag des Abholens kommt und wir ein Hündchen aussuchen könnten. Glücklich verabschiedeten wir uns, es war geschehen, wir würden in nächster Zeit ein Hundebaby in unserem Haus herumlaufen haben. Ich weiß noch, obwohl es so lange her ist, dass wir sporadisch alle zwei Wochen zu Frankes fuhren, und auch nach etwa 6 Wochen, die Kleinen waren jetzt acht Wochen alt, ein Baby aussuchten, es war ein Mädchen. Das hörten wir öfter, Buben laufen immer davon von Zeit zu Zeit, wir alle wissen warum, und dem wollte ich mich nicht aussetzen.

Wir entschieden uns auch fest für ein bestimmtes Mädchen in dem Wurf. Jetzt war das unser kleines Hundebaby und in den nächsten Wochen, beim Besuchen streichelten und liebkosten wir unser Liebchen, wie ich es mal so sagen möchte. Reginchen war ganz begeistert und erzählte ihren Schulfreunden: »In den nächsten Tagen kommt ein Hundebaby ins Haus.« Die restlichen Wochen bis zum Abholen gingen schnell vorbei.

Dann war der große Tag gekommen, Frau Franke gab mir gute Ratschläge bezüglich des Futters und auch ein Bettchen zum Schlafen, einen eigenen Platz sollte unser neues Mitglied der Familie haben. Ich hatte ein Hundebettchen gekauft, auch weiche Decken und ein kleines Kopfkissen zum Kuscheln.

Wir standen da und redeten, Reginchen hatte unser Hundebaby auf den Arm, streichelte es liebevoll, denn jetzt kam der große Abschiedsmoment von der Hundemama. Ob sie das Kleine vermisste? Ist das wie bei den Vögeln, wenn sie alt genug sind, fliegen sie aus dem Nest und kommen nie wieder zurück? Mit all den guten Tipps verabschiedeten wir uns, auch sagte Frau Franke: »Sie können mich jederzeit anrufen und Fragen bezüglich des Essens stellen.«

Das wichtigste muss ich noch aufschreiben, der Name war Alfa, weil das ein A-Wurf war, bezüglich der Mutter. Dann auch noch die Vergütung, wenn ich das so nennen möchte, und die war ordentlich, man sollte ja etwas bezahlen, dann weiß man, was man besitzt. Das ist wie bei einem Designer-Kleid, wir waren mit allem einverstanden und stiegen glücklich in unser Auto, winkten Frau Franke zu und unser Abendteuer mit Alfa begann, da war sie neun Wochen alt.

Wir hatten unser erstes Haus in Lennep, am Tenter Weg im Dezember 1973 bezogen und danach kam Alfa zu uns. Woran ich mich erinnere? Der Teppichboden war ganz neu und das kleine Hundebaby lief in allen Zimmern herum, wir mussten sehr aufpassen, dass nichts passierte. Am Tag nahm ich Alfa mit ins Büro, da hatte ich auch ein kleines Körbchen und alle Mitarbeiter liebkosten sie, die Tage und Wochen gingen dahin.

Ich erinnere mich, als wir einmal mit Freunden beim Abendessen unser kleines Hundebaby mitnahmen, ich bestellte mein Dinner und sagte gleichzeitig dem Ober, er möchte bitte etwas Rohgehacktes für Alfa bringen und darauf ein Eigelb legen, das sei hier für unsere Alfa, die habe auch Hunger und solle uns gesättigt bei unserem Essen zusehen. Der Ober tat ganz erstaunt, sicher hatte er so eine Mahlzeit für ein kleines Hündchen noch nie gesehen. Aber er brachte dann ein kleines Schälchen und darauf lag das Eidotter. Ich bedankte mich und mein Alfa-Mäuschen machte sich daran mit Genuss, das sah ich beim Zusehen, an ihr Leckerchen. Ja, ich befolgte den guten Rat von Frau Franke und habe Alfa mit Futter und Eigelb großgezogen, sobald man sie sah, stellte man fest, wie glänzend ihr Fell war, und beim Streicheln den seidigen Körper.

Die Tage und Wochen gingen dahin, wir waren nicht mehr zu dritt, ein neues Mitglied der Familie gab den Ton an, wir hatten ein heranwachsendes Hündchen, unsere Alfa, die überall eiligst herumlief. Der Gartenzaun war noch nicht installiert, so hatte Alfa freien Lauf in den angrenzenden Wald, das sahen die Jäger nicht gerne, und wir erhielten einen Brief, bitte besser auf unsere Alfa aufzupassen. Habe dann den Jägerzaun anfertigen lassen, was auch einige Wochen dauerte, die Zaunhöhe war etwa 120 cm. Alfa konnte so hoch nicht springen, aber mit dem Heranwachsen war auch der Zaun überwindbar. Am Abend, wenn es dunkel war, haben wir einfach die Tür aufgemacht und so hatte sie einen späten Auslauf, und auch die Jäger meldeten sich wieder.

Die schönen Jahre mit Alfa, Reginchen hatte einen Spielkameraden, sie spielte verstecken mit Alfa im Wohnzimmer. Hinter den großen langen Übergardinen war der geeignete Platz, wo Alfa warten musste, bis Reginchen sich versteckte irgendwo im Haus, und dann rief »Alfa, Alfa«, und der Hund war ganz aufgeregt, kam hinter der Gardine hervor und suchte im Haus nach Regine, das wiederholte sich an manchen Tagen mehrere Male, wir waren belustigt und sahen dem Spiel mit Vergnügen zu.

Ja, es war schön mit unserer Alfa, wie liebten sie sehr und taten alles für unser »Liebchen«, wie ich sie nannte. Auch zum Shopping nahm ich sie mit; mit der Zeit liebte Alfa diese Ausfahrten und setzte sich auf die hintere Bank im Auto, und sah mir nach, wo ich hineilte, danach war auch immer ein kleiner Auslauf, auf Wiesen, an denen wir bei unserer Heimfahrt vorüberkamen.

Bei unseren Wintersportferien war auch natürlich Alfa dabei, diesmal fuhren wir über die Weihnachtstage in die Schweiz, nach Grindelwald, und am Abend hatten wir einen Drink in der Bar vor dem Essen. Übrigens war auch Mimi mit uns, wie so oft, wie Reginchen ihre Omi liebevoll nannte. Alfa legte sich nicht gerne auf den Fußboden, wir hatten immer ein Plätzchen auf unserem Sofa zu Hause, aber jetzt in der Bar? Ich hatte auf dem Sofa Platz genommen, Alfa saß vor mir, sah mich an, ich wusste schon, ich breitete meinen Pelzmantel aus und Alfa sprang sogleich hinauf, legte ihr Köpfchen auf meinen Schoß und war glücklich. Auch heute erinnere ich mich an diese Begebenheiten, als wäre es gestern geschehen.

Morgens nach dem Frühstück war Skilaufen angesagt, Mimi sagte, sie gehe spazieren, das Städtchen auskundschaften und mit Alfa an der Leine. Wir verabschiedenden uns in Richtung Piste, in der Mittagszeit trafen wir uns alle wieder. Mimi war enttäuscht, Alfa saß am Ausgang des Hotels und war nicht einen Schritt fort zu bewegen. Sie hielt nach uns Ausschau und auch alles Ziehen mit der Leine half nichts, Mimi musste sie aufs Zimmer bringen und ihre Sightseeing-Tour alleine unternehmen, obwohl Alfa mit ihr doch so vertraut war. Da kann ich noch viele Episoden berichten.

Eines Tages nach etwa 3 Jahren hatte ich ein einschneidendes Erlebnis, das ich nie mehr bis heute vergessen habe und unser Leben veränderte. Die Jahre mit Alfa waren aufregend, es war einfach schön, so ein liebes Hündlein in unserem Leben, wir konnten uns nicht mehr vorstellen, wie es ohne sie war.

Jetzt möchte ich aufschreiben, was geschah. Die Samstagsvormittage waren die Stunden in meiner Küche, in der ich das Sonntagsgericht vorbereitete, so auch an diesem Samstag, die Küchentüre war geschlossen, Ich konnte mir nicht vorstellen, was in den Räumen vor sich ging. Das Haus war ein Bungalow, alles ebenerdig, auch Küche, Wirtschaftsräume und am Ende waren die Schlafzimmer.

Eines Samstags vormittags öffnete ich die Küchentüre und oh Gott, alles was ich sah, waren weiße Bettfedern, ich folgte der Spur bis in mein Schlafzimmer, ich sah, wie Alfa aufgeregt hin und her lief, auf mein Bett sprang und japste. Sie suchte einen Platz zum Gebären, daher das aufgeregte hin und herlaufen, und ich hinter der verschlossenen Küchentür habe nichts bemerkt. Erst wusste ich nicht, was ich tun sollte, ich war der Situation vollkommen ausgeliefert, auch hatte ich in den vorangegangenen Wochen keine Schwangerschaft bemerkt und ich wusste auch nicht, wer der »Übeltäter« war, der mein Alfa-Mäuschen in diesen Zustand versetzt hatte. Ich war sprachlos und hilflos.

Eiligst habe ich Jörg in der Firma angerufen, der mit einem Mitarbeiter ins Haus kam, so ein Glück, dass da noch jemand arbeitete, zwei Stunden später hätte ich niemanden erreicht. Wir riefen Frau Franke an und sie gab mir Tipps, was zu tun ist, und die Geburt der kleinen Hundebabys begann. Bei all meiner Aufregung musste ich jetzt klar denken, und tapfer meiner Alfa helfen, die jetzt zum ersten Mal Mutter wurde. Ich legte eine Decke auf die Erde, unter ihren Körper, Alfa hechelte fürchterlich, und in ganz kurzer Zeit sahen wir das erste Hundebaby herauskommen. Ich legte das Kleine zur Seite, und das war falsch, wie ich später erfuhr, sofort hätte ich es an die Zitze legen müssen, zum Trinken. Beim zweiten und dritten Baby habe ich das getan, und diese Kleinen fingen sofort an zu saugen. In der Geburtszeit gab ich Alfa immer wieder Wasser zum Trinken, wie Frau Franke mir sagte. Ja, auch das erste Baby legte ich an, doch es konnte nichts mit den Zitzen anfangen und musste mit kleinen Flaschen großgezogen werden. Was da auf mich zukam, wusste ich erst einmal nicht, die Geburt der drei Hundebabys, ein Mädchen und zwei Buben, dauerte mindestens, soweit ich mich erinnere, zwei Stunden.

Ich hatte so etwas noch nie erlebt, wir saßen alle auf dem Fußboden und staunten, was unsere Alfa da vollbrachte, die Natur ist doch das Schönste. Unser treuer Mitarbeiter besorgte Holz und arbeitete ein großes Bett für Alfa und ihre drei Babys. Das sollte in Regines Zimmer aufgebaut werden. Ich nahm alle meine Decken und bereitete das Wochenbett für Alfa, die jetzt dreifache Mutter war und ihre Kinder versorgen musste.

Das erste Hundebaby, wir nannten ihn Assi, war unser Problemtierchen, er brauchte die Flasche, wir legten ihn zu Alfa an die Zitzen, er hat seine Nahrung nie da gesucht und ich stellte fest, das habe ich falsch gemacht, nicht sofort das Kleine an die Mutterbrust gelegt zu haben. Ob das der wirkliche Grund war, habe ich nie herausgefunden.

Das andere Männchen tauften wir Apollo, und das wussten wir schon bei der Geburt, war ein gesunder Brocken, er ging dann später zu meiner Schwester und meine Nichten, die ihn immer geliebt haben.

Und das Mädchen war Annabel, etwas kleiner als die Brüder und hatte kleinere Augen, nicht so groß wie Alfa, die, wenn sie etwas haben wollte, mich immer mit ihren großen Augen ansah. Manchmal setzte sie sich vor den Bildschirm, dann wusste ich, jetzt war es Zeit, ich musste mich erheben, und sogleich zeigte sie mir, was geschehen soll. Alfa war ein richtiger Charakter, nicht wie Annabel immer verspielt, und sehr anhänglich.

Jetzt hatten wir vier Hündchen, die ich versorgen musste, und von denen ich einen Tag vorher nichts gewusst hatte und dass es keine Mischlingshunde waren. Nach der Geburt, in den nächsten Tagen, habe ich herausgefunden, was passiert war und erfahren, wie meine Alfa schwanger wurde. Wir kannten eine Dame, die mit ihrem Rüden an der Leine spazieren ging, an unserem Firmengelände und anschließendem Wald vorbei. Ihr Irish Setter war auch von Frankes, und die Dame wusste, was passiert war, das kam später heraus, und hatte uns nie etwas erzählt Wir können von Glück sagen, dass reinrassige Tiere sich gepaart haben, sonst wären die Hundebabys nie registriert worden und wir hätten keine Papiere erhalten. Vom Tierzüchterverband kam ein Herr, hat sich die Hündchen angesehen, das war aber 3 Monate später, und einen Stempel allen dreien in den Ohrlappen gedrückt. Das heißt vom Züchterverband hatten wir die Erlaubnis, sollten wir die Tiere abgeben, auch eine anständige Summe zu erhalten, wie wir ja auch für Alfa gegeben haben. Das war aber, als sie grösser wurden, nach neun Wochen will die Mama nichts mehr mit der Trinkerei an ihrer Brust haben. Die Natur hat das so eingerichtet und ich durfte an so einem Ereignis teilnehmen und hatte nun die Aufgabe, die Tierchen gut zu ernähren und Alfa zu pflegen, ja, bis wir sie fortgaben. Aber das ist eine andere Geschichte. Jetzt war vorrangig, dass es allen gut geht, und ich hatte alle Hände voll zu tun und Mimi war auch dabei, ist bei uns eingezogen und hat Assi mit dem Fläschchen versorgt.

Die kleinen Hündchen wuchsen heran, wir bestaunten, wie Alfa voller Ruhe dalag in dem großen Bett. Manchmal sprang sie heraus, wir öffneten die Gartentür und sie konnte sich erholen von ihren Mutterpflichten. Wir alle waren so begeistert von den Tierchen und streichelten und liebkosten sie. Wochen und Monate gingen ins Land und wir machten uns Gedanken, was mit Annabel geschehen soll und mit dem kleinen Assi, dem Kleinsten in dem Wurf. Ich schob die Gedanken immer beiseite, auch wenn Jörg sagte, wir können sie nicht alle behalten. Ich wollte nicht daran denken, aber die Zeit vergeht, und dann überlegten wir ernsthaft. Ich kann mich nicht erinnern, ob wir unsere kleinen Hündchen in die Zeitung setzten, es kamen aber Leute in unser Haus, betrachteten die Tierchen, waren aber nicht so herzlich, das sah ich sofort. Ich war jetzt die Glucke. Alfa konnte sich ja nicht wehren, musste alles hinnehmen, wie auch immer ich entschied. Einem kinderlosen Ehepaar gab ich den kleinen Assi. Es tut mir heute noch weh, wenn ich daran denke. Später haben Reginchen und ich ihn besucht mit seiner Decke und etwas Spielzeug, ich war traurig und nach liebkosen lief ich weinend aus dem Haus. Der neue Wohnort von Assi war in der Nähe von Düsseldorf, ich wünschte, ich hätte ganz in der Nähe einen lieben Menschen gefunden, so hätte ich ihn immer sehen können. Es war eine nicht gute Entscheidung. Das ist für mich ein trauriges Kapitel, und auch heute ist mir klar, ich hätte ihn erstmal behalten sollen.

Nun zu Annabel, sie war fünf Monate alt, als wir sie hergaben. Apollo war da schon bei meiner Schwester. Ein netter Herr kam und nahm sie einfach mit, ich weiß es noch wie heute, es war der Geburtstag meines Neffen, wir fuhren am Nachmittag zur Geburtstagsfeier, ich kam da schon weinend an, die kleinen Kinder fragten, warum weinst du, Tante Lollo. Ich sagte, heute habe ich mein kleines Hündchen abgegeben. Aber warum hast du es nicht behalten? Eine gute Frage, Jörg sagte immer, wir können keines behalten, aber warum auch nicht, wir hatte unsere Regine, sonst keine Kinder. Den Nachmittag habe ich geweint und gelitten, am Abend holte Jörg mich ab, da war jetzt nur noch Alfa, und mein Weinen hörte nicht auf, ich konnte nicht schlafen, saß in meinem Bett und lange nach Mitternacht sagte Jörg, wir holten unsere Annabel wieder zurück, ja wirklich, ja, gleich nach dem Frühstück holen wir sie. Ich war beruhigt, ob wir sie wirklich wiederhaben können? Zuversichtlich schlief ich endlich ein paar Stunden.

Am nächsten Morgen gegen zehn Uhr fuhren wir los, mein Weinen hatte aufgehört, ich wusste ja, gleich werde ich sie wiedersehen. Die Richtung war Radevormwald, in der Nähe auf der Landstraße stieg ich aus. Ich sagte zu Jörg: »Ich setze mich hier auf den Randstreifen und du holst Annabel, und wenn du sie nicht haben kannst, komme nicht zurück.«

Ich weiß nicht, wie lange ich da saß, jedenfalls mehr als eine halbe Stunde. Dann sah ich unseren Wagen, Jörg hielt an und mein Annabelchen sprang heraus, wir liefen über die Felder, ich was so glücklich, ich weiß es noch heute. Zu Hause angekommen verkroch sich Annabel unter mein Bett, für 2 Tage, das hat mich sehr getroffen und mir gesagt, ich habe das richtige getan, sie wieder in unseren Haushalt zu holen, und wir liebten sie so sehr. Alle die schönen Jahre mit Annabel, ich bin so dankbar, dass ich sie hatte, sicher hätte ich noch eines oder zwei Kinder haben sollen, denen ich meine uneingeschränkte Liebe hätte geben können, heute weiß ich, dass es falsch war, aber nicht mehr zu ändern ist.

Später erzählte Jörg mir die Story. Als er ins Haus kam, sah er Annabel unter dem Tisch, sie lief sofort auf Jörg zu, der sie gleich auf den Arm nahm und sagte: »Ich muss Annabelchen wieder mitnehmen, meine Frau weint sich die Augen aus, ist so unglücklich.«

Der Angesprochene sagte: »Oh, das können Sie doch nicht im Ernst machen!« Doch Jörg sagte, er kann, drehte sich um und verließ mit Annabel den Raum, setzte sich ins Auto und fuhr los.

Ja, so einfach war das, eine schöne wahre Geschichte, die ich voll in meiner Erinnerung aufschreibe.

Wir hatten Annabel wieder, sicher hat Alfa sich gefreut, ihr Kleines wieder zu haben, oder war sie auch ein bisschen eifersüchtig? Ich war mir da nicht so sicher, jedenfalls kroch Annabel unter mein Bett, als wir wieder zu Hause ankamen, und blieb die ersten zwei Tage dort, sie hatte Angst, wieder fortgegeben zu werden und dass das nicht passierte, wusste nur ich.

Die nächsten Monate, wir hatten uns alle daran gewöhnt, jetzt zwei Setter in unserem Haus zu haben, vergingen ruhig und ich fuhr mit beiden auf die großen Felder und Wiesen in unserer näheren Umgebung, zum Auslauf der Hunde,. Sobald ich anhielt, sprangen sie heraus und liefen schnell und wendig über die großen Flächen. Wenn Alfa roch, da ist ein Maulwurfloch, fing sie aufgeregt an zu buddeln, roch immer wieder an dem Loch, bis ich rief: »Da ist kein Mäuschen mehr«, dann lief sie weiter, oder auch zu mir.

Irish Setter sind Jagdhunde, brauchen viel Auslauf für ein gesundes Leben. Auch hatte ich jetzt zwei Hunde-Schüsselchen und auch das Tierfutter, alles zweimal. Ja, ich wusste, diese beiden Hündchen brauchten sehr viel Auslauf, im eigenen Garten ist es ja nicht so schön, die fremden Wiesen und Felder sind wie Weihnachten, mit den Mauselöchern und das wilde Tierleben.

Dann im Jahre 1975, unsere erste Reise nach Kalifornien, da zog Mimi in unser Haus und versorgte die kleine Alfa und im Frühjahr 1978 haben wir Alfa auf den langen Flug nach Kalifornien mitgenommen. Beim Amtstierarzt habe ich einen Impfausweis mit den eingetragenen Impfungen erhalten, das war der erste Schritt. Dann zum Flugplatz Frankfurt, dort haben wir den letzten Auslauf an einer Raststätte gehabt, natürlich war Alfa auch bei der Fluggesellschaft registriert, und das war die Lufthansa, die beste Airline der Welt. Beim Einchecken zeigten wir den Impfschein, kauften für Alfa ein Ticket und erwarben auch einen Kennel, wie man sagt, in dem man Tiere befördert. Dieser Kennel war der Größe des Tieres angepasst, das heißt, der Körper des Tieres musste sich voll erheben können, ich habe ein gebrauchtes Nachthemd von mir und weiche Decken hineingelegt, und unsere Alfa wurde von der Gepäckabteilung abgeholt. Ich bin dann noch mitgegangen, bis beide hinter einer Türe verschwanden, habe mich mit lieben Worten von meinem Liebchen verabschiedet.

Wenn ich heute darüber schreibe, kann ich nur in meinen jugendlichen Jahren das überstanden haben. Der Flug war 11 ½ Stunden und Alfa ohne Wasser? In LA sahen wir Alfa beim Animal Kontrollcenter wieder, sie war noch eingesperrt, aber ich rief, Alfa mein Liebes, Mama ist da, ob sie das beruhigte? Jedenfalls sah sie uns nach den vielen Stunden wieder, und wir fuhren übernächtigt, mit Koffern und Alfa im Kennel aus dem Flughafengebäude, erst draußen auf der Straße haben wir sie herausgelassen, an der Leine natürlich, später im Auto lag sie ganz friedlich und sicher auch erleichtert. Von einem Rückflug sprachen wir nicht, das hätte sie ja auch gar nicht verstanden.

Wir blieben circa vier Wochen. Diese Flüge haben wir später auch mit Annabel gemacht, viermal im Jahr, wenn ich bei der Lufthansa ausstieg, sagten die Flugbegleiter: »Sind Sie wieder da, Frau Rosentreter?« »Ja«, sagte ich, »auch meine Hunde.«

Alles ging gut in diesen Jahren, bis Alfa, wenn sie die Koffer sah, sich unter dem Bett versteckte. Ich habe dann zwei gebrauchte Nachthemden in die Kennel gelegt, damit sie immer etwas von Mama rochen.

Die Jahre waren einfach schön, aber auch abwechslungsreich, die Liebchen haben es überstanden, ich auch. Bis Alfa krank wurde und in Lennep in unserem Wald ihre letzte Ruhe fand, es kam so überraschend, ich war wie versteinert, dachte ich, das Leben geht immer so weiter?

Nach ein paar Monaten haben wir wieder die Reise über den großen Ozean gemacht, diesmal nur mit Annabelchen, ich weiß nicht, ob sie überhaupt mitbekam, was geschehen war. Die Jahre mit Annabel waren so schön, wir suchten auch nicht mehr nach Alfa und keiner rief ihren Namen, sie war einfach nicht mehr da. Beim Schreiben kommen mir die Tränen, der Kummer vergeht nie.

Annabel war sehr anhänglich, und wenn beim Auslauf irgendwelche Rüden waren, rief ich sie gleich zu mir, sie kam angelaufen und stellte sich gegen meine Waden, jedes Mal sagte ich zu ihr, das sind die bösen Buben, ja, sie glaubte mir, sie rannte nicht mit so einem Männchen davon, was hatte ich ein Glück.

Heute schreibe ich weiter, es ist Montag, der 17. Juli 2017. Ich bin so froh, das, was ich mit den Hündchen erlebt habe, aufzuschreiben, was mir seit Jahren so am Herzen lag., unvergessene Momente, die glücklichen Jahre, die ich mit beiden hatte.

Nun geht es weiter, dann kam der Tag, als ich mit Annabel zum Parkplatz fuhr, mit einem Wohnmobil und mich anstellte, um unser, mein Traumhaus zu reservieren, und wir 4 Wochen auf dem Platz vor den Musterhäusern verlebten. Annabel war mein treuer Begleiter, und ohne sie hätte ich es auf dem einsamen Gelände in der Nacht nie ausgehalten. Ich wusste, wenn etwas Unvorhergesehenes eintrat, Annabel würde laut bellen und mich beschützen. Die Wochen auf dem Parkplatz waren unsere Urlaubswochen, ich auf der Liege lesend und Annabelchen zu meinen Füßen, wir ruhten uns so richtig aus. Wenn ich meine Augen schließe, ist das Bild vor mir, es ist unvergesslich.

Die Geschichte über den Hauskauf kann man in meinem Buch »Gelebte Wahrheiten« nachlesen.

Wenn ich mit Annabel später zu unserem Grundstück fuhr, als das Haus noch nicht gebaut war, lief sie überall herum, auch den Berg hinunter, der einmal uns gehören wird, und bellte und buddelte und buddelte nach, was immer es war. Später haben wir die Baustelle besucht, wir liefen die gebogene Treppe herauf, oben ging es dann über eine Brücke, Annabel war ängstlich, ohne das Geländer, ich habe sie dann festgehalten, bis wir in den Schlafräumen ankamen, das war im Jahr 1987.

Im nächsten Herbst, kurz vor Weihnachten, zogen wir in das fertige Haus. Im Dezember habe ich elf Betten gerichtet, für die Gäste aus Deutschland und am 17. Dezember fand die Hochzeit unserer Tochter statt, die Kleider der Brautjungfern (Maids) hingen an dem jetzt fertigen Geländer. Annabel hatte jetzt immer einen großen Lauf, den Berg hinunter, auch zu den Nachbarn, die wie wir noch keinen Begrenzungszaun hatten. Oft stand sie oben und bellte den Berg hinunter die vorbeireitenden Reiter an oder was immer sie entdeckte.

Es war eine wunderbare Zeit, die ich mit ihr verbrachte, sie verfolgte mich immer in dem großen Haus und legte sich auf den weichen Boden, mit Blick zu mir, wenn ich in meinem Badezimmer hantierte, ich legte mich dann auf den Boden und liebkoste sie, ihr Köpfchen roch so von meinem Parfüm, ach, es war so schön.

Wir wohnten nun fast ein Jahr in dem neuen Anwesen, Annabel hatte ihren Auslauf, drinnen und draußen. Sie lief sofort zu dem Berg, von oben herab bellte sie hinunter, das war es auch, was meine Entscheidung leichter machte.

Eines Tages hatte ich einen bösen Auffahrunfall mit meinem starken BMW, ich hatte meinen Sitzgurt angelegt, aber Annabel ja nicht, sie wurde nach vorne geschleudert, danach dachte es ich, alles ist gut, mein Auto war dahin, und was hatte mein Tierchen abbekommen? Wir fuhren zum Tierarzt, es war das Ende meiner Annabel. Wir beerdigten sie auf unserem Grundstück in einem Holzsarg, den ich habe anfertigen lassen. In Huntington Beach gab es einen Tierfriedhof, dann aber dachte ich, wie Annabel den Berg geliebt hat, und ich entschied mich, ihre letzte Ruhestätte sollte mein Grundstück sein. Oben am Berg, gleich unter dem Pfefferbaum, da haben wir sie gebettet. Ich kann auf meiner kleinen weißen Bank sitzen, und vor mir, circa 2 Meter sehe ich ihren Grabstein, auf dem steht, was ich habe eingravieren lassen:

»Mein liebstes Herzblättchen«
27. Januar 1978 – 26.September 1989

So hat auch mein zweites Hündchen von mir Abschied genommen. Jetzt war ich ganz alleine. Dann kam die schöne Nachricht, Reginchen war in anderen Umständen, und am 29. Juni 1990 wurde mein erstes Enkelkind geboren, und ich hatte ein kleines Menschenkind zu liebkosen und zu verwöhnen.

Die Jahre mit den kleinen Hündchen, Alfa und Annabel, werden unvergesslich in meinem Herzen sein. Und das Schönste, diese Geschichte wird im Jubiläumsband »Im Zaubergarten der Worte« veröffentlicht und wird für viele Menschen zu lesen sein.

Dafür danke ich dem R. G. Fischer Verlag.

Frau Rita G. Fischer ist eine wunderbare Verlegerin.

»Irish Setter«

Der Irish Setter ist ein wunderschöner, einfarbiger Jagdhund mit dunklen Augen und einem aristokratischen Blick. Er wird wegen seines freundlichen Wesens und seiner Jagdfähigkeit sowohl von Jägern als auch von privaten Haltern sehr geschätzt. Er ist sanft, lebhaft und intelligent und kann problemlos im Haus und in der Familie gehalten werden.

Mit meinem Ehemann baute ich ein Autohaus und sechs Fahrschulen auf und unternahm in den achtziger Jahren viele Reisen nach Kalifornien. Schließlich übersiedelten wir ganz nach dort und bauten uns eine neue Existenz auf.

Meine Tochter Regine heiratete einen Mann, der sie in eine Sekte zog. Dadurch entfremdete sie sich nach und nach ganz von ihrer Ursprungsfamilie.

Diesen schmerzlichen Verlust habe ich in meinem Buch »Gelebte Wahrheiten«[1] aufgearbeitet. Jeden Montag habe ich eine Geschichte über die letzte Woche geschrieben, meine Erinnerungen an meine inzwischen verstorbene Tochter und meine Enkelsöhne, meine Erfahrungen im fremden Land Kalifornien, fernab von Heimat und Familie.

So ist ein buntes Kaleidoskop der schleichenden Entfremdung von meiner Tochter und den beiden heißgeliebten Enkeln, die ich in ihren ersten Lebensjahren noch lieben und umsorgen durfte und die mir dann von einem Tag auf den anderen entzogen wurden, entstanden.

Eine bittere Erfahrung, die ich mit vielen Familien teile, deren Kinder von Sekten einer Gehirnwäsche unterzogen werden. Doch unbeirrt hoffe ich, dass sich meine Enkelsöhne eines Tages besinnen werden, sich von der Sekte lösen und heimkehren in die Arme ihrer Großmutter.

Regine

[1] *Gelebte Wahrheiten, wie eine Sekte eine Familie zerstört,*
edition fischer 2016

Christian Schmidt

Begegnung mit Josephine

Der Paradiesbaum ist geographisch nicht zu lokalisieren, er wird auch in keinem Botanikbuch erwähnt. Er blüht im mystischen Frühling der Seele und lässt seine geheimnisvollen Düfte und Früchte in das offene, suchende Herz regnen. Vergeblich wird man die Kiste mit den alten, verrosteten Schlüsseln durchsuchen, um den für das Schloss der Erkenntnis zu finden, auch der Verstand hilft nicht. Folgt man aber der Seele, summieren sich Schritt für Schritt innere Bilder, verdichten sich mehr und mehr, bis hin zum Urbild der Menschheit: dem Lebensbaum. Wir erkennen plötzlich den allumfassenden, transzendenten Plan, nach dem die Natur geformt ist.

Zufall und Notwendigkeit, die beiden Gegensätze und Antriebskräfte des Lebens, der Evolution und des Kosmos, offenbaren sich dem Suchenden plötzlich als ein großer Plan, als schöpferische Idee.

Die Erde ist unten. Sie ist sichtbar und mit dem Verstand zu analysieren. Schwer ist es, den Mythen des Himmels zu begegnen, denn der Himmel ist oben, er kann nur mit der Seele erlebt werden. Die Verbundenheit mit dem Mythos, mit den inneren Bildern, dem Ursprung, das braucht der Kreative für seine Arbeit.

Der Weg zum Erleben dieser inneren Bilder führt über den Himmel, weil hier die Urbilder entworfen und belebt wurden. Jede Form der Kunst muss diesen Weg beschreiten, will sie die Anatomie der inneren Welt des Menschen erfassen und zeigen. Dabei ist es nötig, der Sucht, alles logisch durchdringen zu wollen, zu widerstehen.

Das Auge fängt etwas auf und öffnet den Blick nach innen. Damit werden die individuellen, schillernden Schwingungen geschaffen, die Raum und Zeit miteinander verbinden.

Oft braucht der Künstler tage-, ja wochenlang, um meditativ das Aufsteigen dieser inneren Bilder zu beschwören. Wie ein endloser Traum summiert sich das Gewölk der Gedanken und Impressionen, verdichtet sich zum Gewitter des Wunderbaren, bis die scharfen Linien der Gedankenblitze immer dichter werden und auf dem Papier das Phantastische erscheint.

Ich trat auf die Terrasse in die Nacht eines heißen Sommertages. Tagelang hatte der leichte, warme Wind alles mit rotbraunem Saharastaub gepudert. Jetzt war die Luft elektrisch aufgeladen. Die Silhouetten der Bäume ragten schwarz in den wetterleuchtenden Himmel. Es würde ein Gewitter geben.

Sie saß im Wasser. Ihr dunkles Haar hob sich kaum vom Brunnenrand ab. Hätte der Mond sie nicht bei jeder Wolkenlücke in sein fahles Licht getaucht, ich hätte sie gar nicht bemerkt. Doch so leuchteten ihre graugrünen Augen und sandten kleine Blitze in mein Innerstes. Bilder stiegen in mir auf: liebliche, sich selbst schaffende Bilder, die durch meine Augen flossen. Sie heißt gewiss Josephine, durchfuhr es mich.

Als schiene sie meine Gedanken zu erraten, sagte sie lächelnd: »Ja, ich bin Josephine, das Produkt deiner Sehnsucht und deiner Phantasien. Gib mir bitte mal mein Kleid, damit ich aus dem Brunnen steigen kann.«

Ich reichte ihr den zarten Hauch eines weißen Gewebes, und sie schlüpfte hinein. Ich wollte ihr helfen, ihre wunderschöne Figur berühren, doch das Wunder des Phantastischen hielt mich zurück. Die Silhouette ihres Körpers schimmerte dunkel durch den weißen Stoff. Als sollte ich mir die Schönheit ihres Bildes einprägen, stand sie unbeweglich wie eine Statue.

Das Kleid war kurz. Es reichte nicht einmal bis zum Knie. Es gefiel mir. Plötzlich umarmte sie mich so fest, dass mir fast der Atem verging. Dann küsste sie mich. Alles war, wie ich es mir immer gewünscht hatte. Wir hielten uns fest und erwarteten den Regen des heraufkommenden Gewitters. »Oh, wie schön«, sagte sie, »schau …« Ihre Hand zeigte auf einen wetterleuchtenden Spalt am Horizont, der rot und dunstig auf uns zukam. »Das ist eine heilige Stunde. Bald ist alles rein.«

»Ja …«, kam es wie ein Echo aus mir und ich dachte, dass sie genauso ist, wie ich sie oft geträumt hatte. »Ich bin zu dir gekommen. Deine Sehnsucht hat mich gerufen.«

Was für eine besondere Stimme sie hat. Eine Stimme, in der Melancholie und Weltschmerz schwingen. Sie wäre eine wunderbare Blues-Sängerin. Einen kurzen Moment dachte ich an Muddy Waters, Eric Clapton und Janis Joplin. Der Blues ihrer Stimme passte gut zu unserer Situation. Es war, als erzähle sie vom Verlorensein, vom Weltschmerz, vom Leben als einer endlosen Herausforderung und von der Seele, die kein Zuhause findet. Ach, sie war zauberhaft: schön und melancholisch. Eine Wunschfrau.

Sie lachte und zog mich unter das schützende Dach der Laube. »Du, mach' dir keine Gedanken. Alles stimmt. Du weißt doch, dein Herz hat mich geschaffen. Ich bin genauso, wie du mich immer geträumt hast.«

Schwer fielen die ersten Tropfen auf das sommerstaubige Laub der Bäume. Wir saßen auf der Bank und hielten uns umschlungen. Ineinander verflochten waren wir ein Leib geworden, eine Seele, ein Atmen, ein Gedanke. Ganz Stimme und Bild.

»Komm, ich muss noch deine Geschichte über mich lesen.« Sie nahm mich bei der Hand und wir liefen durch den prasselnden Regen zum Haus. Ihr weißes Kleid war durchsichtig geworden und lag ihrer herrlichen Figur eng an. Nie vorher hatte ich vergleichbar Schönes gesehen und werde es mein ganzes Leben lang auch nicht mehr sehen. Sie war aus einer anderen Welt, herausgetreten aus meiner Phantasie; für einen Augenblick, für einen viel zu kurzen Augenblick.

Im hellen Licht der Schreibtischlampe las sie die Geschichte, die ich über sie geschrieben hatte und küsste mich. Dann versank alles im Dunkel. Zurück blieb ihre Stimme und die Worte: »Ja, das bin ich.«

Die folgenden Tage vergingen in große Einsamkeit, waren ein Warten, ein Suchen nach ihrer Spur. Ach, wie oft wünschte ich mir, sie möge wiederkommen. Ich suchte sie überall, immer in der Hoffnung, sie würde plötzlich vor mir stehen. Oft sah ich voller Sehnsucht zur Bank, auf der wir gesessen hatten, doch sie war leer. Es gab nur die Geschichte, von der sie gesagt hatte: »Ja, das bin ich.«

Doch was soll mir eine Geschichte? Ich will sie, keine Geschichte. Aber ich weiß, sie kommt nie wieder.

Josefine-Helene Steilmann

Trompetentöne am See

Es war einmal in einem fernen Land, dass ein fröhlicher Fisch, eine bunte Blume und eine volle Flasche Limonade sich am Rand eines Sees trafen. Es war ein schöner Sommertag und die drei unterhielten sich angeregt. Jeder berichtete aus seinem Leben. Schon bald trafen sich die drei jeden Tag und wurden beste Freunde.

In der Nähe der Stelle, wo sie sich jeden Tag trafen, führte ein schmaler Weg entlang. Eines Tages kam dort ein Rollschuh entlang und hielt direkt vor ihnen an. Er begrüßte sie freundlich mit: »Hallo, ihr drei! Ist euch nicht langweilig? Wollt ihr nicht mal Rollschuh fahren?«

Die drei schauten sich an und dachten kurz nach. Dann sprachen sie wie aus einem Munde: »Ja, unbedingt!«

Und der Fisch dachte bei sich: »Was für eine gute Idee.«

Die Blume frage sofort: »Kannst du uns mitnehmen?« Die Flasche überlegte noch kurz, ob es nicht doch zu gefährlich wäre, weil sie ja zerbrechlich ist.

Der Rollschuh sagte zu den dreien: »Wenn ihr mitfahren wollt, müsst ihr mir vorher drei Aufgaben erfüllen. Die sind nicht ganz leicht.«

Alle waren direkt neugierig und wollten die Aufgaben wissen. Der Rollschuh verlangte folgendes: »1. Steckt etwas in einen Korb. 2. Sägt etwas durch. 3. Schwimmt einem Schiff hinterher. Wenn alle drei Aufgaben erledigt sind, bekommt man eine goldene Trompete. Mit dieser kann man mich jederzeit herbeirufen und eine Fahrt mit mir erleben.«

Fisch, Blume und Flasche überlegten, wie sie es am besten anfangen sollten. Der Fisch sagte zu seinen beiden Freunden: »Wir sollten zusammenarbeiten. Dann können wir alle fahren.«

Die beiden anderen waren einverstanden. »Ich kann am besten dem Schiff hinterherschwimmen«, sagte der Fisch.

Die Blume meinte daraufhin, dass sie den Korb füllen würde und die Flasche erklärte sich bereit, etwas durchzusägen.

Der Fisch sprang sogleich gut gelaunt ins Wasser zurück und suchte ein Schiff, dem er hinterherschwimmen konnte. Blume und Flasche dachten noch kurz nach, wie sie es jeweils anfangen sollten. Die Blume entschied sich als erste und packte schnell die Flasche am Hals und dann in den Korb hinein. Daraufhin wurde die Flasche wütend und schlug mit der Säge den Stängel der Blume ab. Durch diese Aktionen fielen die beiden gemeinsam in den See hinein.

Auf seinem Rückweg vom Schiff fand der Fisch seine

beiden Freunde ertrunken vor. Er dachte: »Schade. Aber wie gut, dass sie vorher, wie abgesprochen, die Aufgaben erfüllt haben.«

Kaum war der Fisch an der Stelle angekommen, an der sie alle den Rollschuh getroffen hatten, lag dort tatsächlich eine Trompete mit dem Aufkleber: »Für den Fisch«. Als der Fisch in die Trompete blies, stand auch schon der Rollschuh bereit und nahm ihn mit auf seine erste große Fahrt.

Wenn man also an einem See Trompetentöne hört, so weiß man, dass der Fisch mal wieder Rollschuh fährt.

❋❋❋

Immer wieder Wartezeit

Jan, der fand seinen Beruf richtig toll. Er war nämlich ein Gaukler, ein gutmütiger Gaukler. Außerdem war er ein richtig schöner Kerl und alle Mädchen hatten sich in ihn verliebt.

Er schaute auf die Anzeigetafel der U-Bahnhaltestelle. Noch neun Minuten. »Naja«, dachte er. Er hatte genug Zeit, schloss kurz die Augen – und ging in den Wald. Er wollte nicht immer nur …, ach, er wollte auch mal alleine sein und in den Wald gehen und zelten.

Als er nun also endlich alleine in den Wald konnte, hatte er nur ein Zelt und zwei Koffer dabei. Er wartete, bis sich die Tiere des Waldes um ihn versammelt hatten und führte ihnen den ganzen Tag lang viele Kunststücke vor.

Alle interessierten sich für den Gaukler Jan, besonders ein wunderschönes Reh. Es kam immer wieder zu ihm und ließ sich streicheln.

Doch als die Nacht kam, wurde es ziemlich gruselig. Ganz viele unheimliche Stimmen hörte er. Eine Stimme rief sogar seinen Namen. Er konnte es deutlich verstehen. »Jan, hilf mir. Ich bin kein Tier, ich bin auch kein Reh.« Dann war die Stimme weg.

Nach einigen unheimlichen Stunden war es endlich wieder Tag. Neben einem seiner Koffer lag ein Zettel, darauf stand etwas Krakeliges. Er versuchte die Inschrift zu entschlüsseln: »Bitte. Küssen. Reh.«

»Okay«, dachte sich Jan und ging aus dem Zelt. Draußen waren wieder alle Tiere versammelt, auch das Reh. Er ging direkt auf das Reh zu und küsste es liebevoll. Plötzlich kam ein ganz heller Lichtstrahl und statt der Tiere standen dort ganz viele Prinzessinnen. Die schönste Prinzessin war das Reh. Und Jan verliebte sich augenblicklich in sie und die Prinzessin namens Mina auch in ihn. Alle Tiere waren von einem bösen Zauber befreit.

Und dann setzten sich Jan und Mina auf einen Stein und sangen bis in die Nacht hinein.

– Es war das Geräusch der ankommenden Bahn.

Elmar Stelzer

ADHS

Gott, hilf mir. Hilf ihm, dem Kleinen. Ich werde auch wieder glauben. Egal, wer du bist und für wen dich alle halten. Ich hoffe, du bist der Richtige und Wahre und alle liegen richtig. Einige glauben, du seiest zu unterscheiden. Du habest alle und alles erschaffen. Du seiest unschuldig und hast uns doch den Menschen ausgeliefert.

Wieso ist es so grausam auf dieser Welt? So ungerecht? Es mag wohl abgerechnet werden, so prophezeit es die Verheißung. Soll das ein Trost sein? All die Drecksäcke sollen büßen ...

Nimm dich unser und seiner an. Er ist ja nur ein Kind. Er wird heimgesucht von Unruhe und Angst. Dämonen wüten in ihm und quälen ihn. Er schleudert sie uns entgegen. Sie sperren ihn ein.

Er müsse therapiert werden. Er ist so klein.

Ist er fehl am Platz im Kindergarten? Ist es ein Irrgarten für ihn? Er stört die Erzieherinnen. Zu Weihnachten haben alle Geschenke bekommen, damit sie sich für ihr ganzes Leben an dich erinnern. Er hat nichts bekommen. Er hatte sich auf dein Fest gefreut. Vielleicht auch nur auf die Geschenke. Sie sagten: »Schlechte Kinder mag Gott nicht.«

Hilf ihnen. Manche haben's schwer im Leben.

Ich versuche, mich um ihn zu kümmern. Ich spüre seine Verzweifelung. Ich erzähl ihm einfach etwas. Danke, Gott.

Wir waren ein richtige Bande. Fünf Jungs aus der Nachbarschaft. Wir hatten uns einfach gefunden. Wir trafen uns am Wäldchen. Einen Ball hatten wir immer dabei. Das Leder hing in Fetzen von der Kugel. Wir droschen so lange auf sie ein, bis sie ihren letzten Schnapper machte und in alle Einzelteile zerfiel.

Den ärmlichen Rest sammelte Cille ein, ein schmächtiger Dreikäsehoch. Er war das neunte von zehn Kindern. Seine Familie wohnte in den Baracken. Es waren ehemals für Aussiedler kurzfristig hochgezogene Holzschachteln. Eine dieser Holzschachteln wurde von Cilles Familie bewohnt. Es gab nur ein Zimmer, einen Holzofen und viele Matratzen zum Schlafen. Cille versuchte so gut es ging, seiner Familie zu helfen. Sein Vater war klein und schmächtig. Zu schwach, um zu arbeiten.

Die Reste unseres Balles fand ich bei Cilles wieder. Sie dienten als Obstschale und boten zwei verschrumpelte Äpfel feil. Ich wusste, dass Cille und seine Schwestern sie ihren Eltern zum Nikolaustag geschenkt hatten. Affe John hatte sie einen Tag zuvor auf dem Fußballplatz weggeworfen. Er hasste Bioäpfel. Stattdessen stopfte er sich zwei Mohrenköpfe rein. Er war als Vielfraß bekannt, was sich natürlich in seiner Leibesfülle widerspiegelte. Er war der Fettsack der Bande. Seit gestern knabberte er ununterbrochen Gebäck und Schokoladennikoläuse in sich rein.

Die Kinder hatten natürlich ihre Stiefel rausgestellt und waren reichlich beschenkt worden. Nur Cille und seine Geschwister hatten nichts bekommen. Als ich ihn abholte, sah ich unterhalb der Schale zehn kaputte Schuhe nebeneinandergereiht stehen.

»Habt ihr Cille und seinen Geschwistern nichts von euren Nikolausgeschenken abgegeben?«, fragtest du. Ich versprach dir, mehr von uns zu erzählen.

Wenn das Glück an die Tür klopft, biete ihm einen Stuhl an. Das Glück wohnte bei uns, als du geboren wurdest. Es ließ sich nieder, war bescheiden und füllte den ganzen Raum aus. Es pupste, es stank, es schrie. Irgendwann begann es zu laufen, zu sprechen und wollte raus. Raus in das Reich der Maßlosigkeit, der Häme, der Missgunst und der Intrigen. Ich kämpfte täglich gegen die Angst, dir stoße etwas zu. Großmutter Babka aus der Urkaine brachte das Heilige Wasser gegen den Bösen Blick mit. Wir waren beschützt.

Die Frau mit den vielen Spielsachen im Wartezimmer gab dir Tropfen. Sie sollten dich in unsere Welt zurückbringen. Du schautest noch trauriger und nahmst uns nicht mehr wahr. Ein undurchdringlicher Nebel legte sich auf dich. Wo warst du letzte Nacht? Was geschah mit dir?

Du nahmst die Tabletten und wir schickten dich Tag für Tag ins Unbekannte. Du erzähltest nichts von deiner neuen Welt. Sie muss nicht schön gewesen sein. Niemand konnte dich dorthin begleiten. Komm zurück zu uns! Zu Affe John, Cille und der Bande!

Es war so ein Tag, an dem alles passte. Die Sonne streichelte unser Dorf, die grünen bunten Blumenwiesen, unser Wäldchen. Die Weizen- und Ährenfelder wiegten sich satt in einem erfrischenden Sommerwind. Weiße Wolken zogen vorüber. Wir trafen uns und beratschlagten, was wir unternehmen würden.

Affe John lag faul an einen Baum gelehnt. Er hatte heute Morgen schon vier Cremetörtchen verdrückt. Er musste auf sein Fahrrad gezwungen werden.

Gott hatte es mit der Landschaft gut gemeint. So hatten die Menschen ihm zu Ehren ein Kloster errichtet. Hinter den Wäldern, Weinbergen und Wiesen lag es still im Tal. Es machte wenig Aufhebens. Es war einfach da und ließ sich wie ein zahmer Hund von uns streicheln.

Am Klostersee angekommen, zogen wir unsere Klamotten aus und plantschten im lehmigen, wohligen See. Ob die Mönche dasselbe taten?

Wir hatten Hunger. Wir radelten zurück zum Dorfsee, fanden den alten Kescher und fischten einen Karpfen aus dem Teich. Ein Lagerfeuer war schnell entfacht, der Fisch von Cille ausgenommen und über dem Feuer knusprig gebraten. Welch ein Genuss!

Alle waren wie gebannt, als Cilles Schwester zu uns kam. Lange schwarze Haare fielen ihr in den braungebrannten Nacken. Ihr dünnes Baumwollkleid schlabberte um ihren dünnen, sich entwickelnden Körper. Nur ihre Brustwarzen hoben den weichen Stoff etwas an. »Zigeunerbraut« sagten sie im Dorf zu ihr. Sie war so schön! Zigeuner müssen etwas Besonderes sein.

Sie aß etwas Fisch und ging dann schwimmen. Wir genierten uns ein wenig und gingen in Unterhosen ins Wasser. Ich musste ganz dringend auf Toilette und traute mich nicht, mein Geschäft im Schilf zu erledigen. Ich zog im Wasser meine Unterhose herunter und drückte dieses Unbehangen schnell raus. Als die braune Wurst an die Oberfläche kam, entfernte ich mich schleunigst und ging ans Ufer. Es ließ nicht lange auf sich warten, bis der Torpedo entdeckt wurde. Alle rannten mit einem furchtbaren Geschrei an Land. Lange wurde darüber gerätselt, woher dieses braune Ungeheuer gekommen war.

Wir trockneten in der warmen Sonne unsere Haut und unsere Kleider. Wir waren bereit für diese Welt. Wir waren stark. Nichts konnte uns etwas anhaben. Wir schrieen vor Glück gen Himmel. Gott, dich gibt's wirklich!

Im katholischen Kindergarten sagten sie, das Kind brauche professionelle Hilfe. Es könne so nicht hier bleiben. »Jesus ist ein Penis!«, schriest du ununterbrochen und ließest dich nicht beruhigen.

Sie mussten es tun, haben sie gesagt, und sperrten dich ein.

❦❦❦

Wie Jesus kein Penis mehr war

Cille war nicht in unserem Kindergarten. Seine Eltern hatten kein Geld.

Unser Kindergarten war klein. Geleitet wurde er von zwei Nonnen. Von einer dicken gemütlichen und von einer kleinen herrischen. Am Eingang stand eine kleine Holzkirche, in die die Kinder in einen Schlitz im Dach Spenden werfen sollten. Sobald das Geldstück in die Kirche fiel, das Glöckchen bimmelte, waren Gott und die Welt zufrieden mit diesem Deal. Die kurzsichtige Nonne erkannte so, wer etwas mitgebracht hatte und wer nichts dabei hatte. Wer nichts dabei hatte, musste um sein tägliches Wohlbefinden fürchten.

Eines Tages hatte ich meine Spendenmünze verloren. Mit leeren Hosentaschen und zitternd vor Angst stellte ich mich in die Reihe der barmherzigen Spender. Ich griff in meine Hosentasche und tat so, als ob ich etwas einwerfen würde und berührte blitzschnell das Glöckchen. Glöckchen klingt, meine Seele aus der Bedrängnis springt.

Die Alte hatte nichts bemerkt. Am nächsten Tag sollte ich Gemüse und Salat aus unserem Garten mitbringen. Auf dem Weg zum Kindergarten riss die Tüte und alles fiel in den Dreck. Als ich im Kindergarten ankam und meine Geschenke der Nonne übergab, wurde ich ausgeschimpft und meine Vorahnungen sollten bald eintreffen.

Beim Vorlesen von biblischen Geschichten mussten alle Kinder in Reih und Glied hintereinander auf dem Boden sitzen. Die kleine drahtige Nonne ging um die Kinder herum und hatte einen drei Meter langen Stock in der Hand, der die Ruhestörer bestrafte.

Als der Feuerstrahl Sodom und Gomorrha vernichtete, war es soweit. Der Stock zischte urplötzlich mehrmals auf meinen Rücken. Welche Sünde hatte ich begangen? Der Schmerz vernebelte meine Augen. Ich konnte die gerechte Welt nicht mehr erkennen.

Affe John kam nach dem Vorlesen zu mir und hielt mir seinen Schokolandenmohrenkopf hin. Beim Spielen versammelten sich alle Kinder hinter mir und starrten auf meinen Rücken. Ich hatte das T-Shirt ausgezogen, weil es so brannte. Sie waren alle ganz still. Affe sagte, ich sei jetzt wie Jesus.

Lieber Gott, wieso bist du kein Indianer, kein Mongole, kein Neger? Wieso bist du eigentlich keine Frau oder ein Kind?

Bist du nur eine Idee, die sich mit Verschwinden der Menschheit erübrigt? Du kannst alles sein für den einen oder auch nichts für den anderen. Bist du ein Nichts oder die Hoffnung?

Die Frau mit den Tropfen, die dich gesund machen sollen, sagt, du müsstest in ein Haus für Kinder, die mit der Welt nicht zurechtkommen würden.

Aus welcher Welt kommst du, kleiner Mensch? Ich würde dich gern verstehen, würde dich gerne in meine Arme nehmen, würde deinem kleinen Herzen lauschen, würde das Paradies an dir schnuppern. Welche Geister haben deine Augen verdunkelt? Mit welchem Dämon kämpfst du? Meine Liebe dringt nicht mehr zu deinem Wesen. Sie schirmen dich ab.

Manchmal scheinst es, als wolltest du Gutes erwidern, was roh erscheint. Du schreist die Angst und die Gemeinheit der ganzen Welt heraus. Sie zerbricht dich. Du sagst, du möchtest ins Feuer, in den Ofen. Meine Tränen versuchen, dich zu trösten. All die schönen Blumen verwelken vor deinen Augen, die verhangen keine Hoffnung erkennen lassen. Du willst weg von uns, für immer.

Es war einmal ein Teddy. Lange lag er auf dem Speicher in einer Ecke zwischen anderen, nicht zu gebrauchenden Spielsachen. Es war ruhig hier oben. Im Hause vermisste man das rege Treiben der Kinder. Sie studierten jetzt in fernen Städten.

Teddy redete sich ein, die Stille genießen zu können. Doch in Wirklichkeit nagten die Einsamkeit und das Nichtbeachtetwerden an ihm. Er wollte geherzt, gedrückt, geliebt werden. Er verfiel in einen Dämmerschlaf und wollte sterben.

Und dann geschah das Wunder: Helligkeit strömte ins Zimmer. Er wurde gesucht, belächelt, sacht abgeklopft, von alten, bekannten Händen. Es ging auf eine Reise. Eingehüllt in Verpackungspapier konnte er nicht erkennen, wo er war. Es roch wie früher nach gebratenen Äpfeln, Zimt und Kerzenwachs. Er war angekommen.

Das kleine Mädchen drückte ihn ans Herz und hatte ihn lieb.

Lieber Gott. Diese Verzweiflung und der Hass in dieser Welt sind groß. Wieso hast du uns erschaffen? Sind wir nur ein Spielzeug der Natur oder deine Schöpfung? Wir versuchen zu sein wie du. Es kann nie gelingen. Je aussichtsloser dieses Unterfangen, desto mehr hassen wir einander.

Muss nicht jeder seinen eigenen Gott erschaffen? Einen Freund, ein Vorbild, dem wir das ganze Leben lang nacheifern dürfen? Jeder Gott ein anderer, einen persönlichen für jeden. Keiner muss seinen eigenen Gott verteidigen, mit Waffen oder mit Fäusten. Jeder hat ja seinen eigenen, den niemand wegnehmen möchte. Wenn du dann gehst, geht auch er.

Wie jeden Tag, so waren sie auch heute wieder auf dem Fußballplatz. Cille, Affe und die anderen.

Cille hatte sein berühmtes Trikot an. Es war von Geschwister zu Geschwister weitergegeben worden. Er trug es stolz. Übersät mit Flicken und zahlreichen Nähten erinnerte es an wild ausgefochtene Fußballkämpfe. Sein großer Bruder hatte mit diesem Trikot in einem Spiel acht Tore erzielt. Cille hatte nur dieses eine Trikot. Alle wussten das und behandelten es wie ein rohes Ei.

Heute war Cilles Geburtstag. Sie zogen ihn beim Kampf um den Ball nicht am Trikot. Dieser Lumpen würde wie Papier reißen. Sie würden ihn und seine Familie nicht unglücklich machen.

Am Ende des Spiels umringten sie ihn. Sie hatten zusammengelegt. Sie drückten ihm das neue Trikot in die Hand.

Heute musste Affe John dran glauben. Sie hatten beschlossen, diese leckeren Mohrenköpfe, ein selbstgemachtes Sahnegebäck, zu kaufen. Das Geld reichte für zehn Stück. Affe John, der Fettsack, sollte sie holen. Mit dem Fahrrad musste er sich zwei Kilometer bergauf zur Bäckerei quälen. In der Hoffnung etwas abzubekommen, nahm er all die Mühsal auf sich und brachte die lecker duftenden Sahnestückchen zum Spielplatz.

Die Auftraggeber machten sich sofort über die begehrten Stücke her. Den letzten Übriggebliebenen hielten sie ihm direkt vor die Nase. Das Wasser lief ihm im Munde zusammen. Kurz bevor er danach schnappen konnte, zogen sie ihm den Leckerbissen weg und verdrückten ihn genüsslich schmatzend.

Affe spielte den Entrüsteten. Sie wussten ja nicht, dass beim Kauf von zehn Mohrenköpfen heute zwei gratis dazu gekommen waren, die er sich in weiser Voraussicht schon einverleibt hatte.

Seit Jahren wünschte er sich ein Fahrrad wie alle anderen Kinder es schon hatten. Er wollte nicht weiter zu Fuß hinterherlaufen, wenn wir zum Spielplatz radelten. Sein Papa war arbeitslos. Er sei krank und würde immer Blut aushusten. Der Doc würde ihn schon wieder gesund machen. Dann würde ihm sein Papa das beste und coolste Fahrrad der Welt kaufen.

Gestern war er mit seinem Papa beim Doc und hat ihn gefragt, wann sein Papa wieder gesund werden würde. Der Doc hat ihm versichert, dass Gott das schon richten werde. An seinem Geburtstag stand dann ein knallrotes Fahrrad mit Zehngangschaltung vor seiner Haustür. Den ganzen Tag lief er um das Fahrrad herum und sang ununterbrochen: »Froh zu sein bedarf es wenig und wer froh ist, ist ein König.«

Die Anwohner fanden es zuerst lustig, holten später jedoch die Polizei, die ihm unter Strafe verbot zu singen.

Am nächsten Tag fuhren sie dann zum Bolzplatz. Cille vorneweg. Keiner überholte ihn. Den ganzen Tag spielten und tobten wir ausgelassen. Cilles Freude übertrug sich auf alle. Die Zeit verging und wir mussten nach Hause. Als wir zu unseren abgestellten Fahrrädern gingen, standen wir wie angewurzelt. Man hatte das Fahrrad von Cille gehenkt. Die Clique der Halbstarken hatte das Fahrrad in alle Einzelteile zerlegt und in fünf Meter Höhe in den Baum gehängt. Cille rannte weg.

Nach zwei Stunden vergeblicher Suche holten wir die Feuerwehr. Sie halfen, die Einzelteile zu bergen und in mühevoller Kleinarbeit bastelten wir das Rad wieder zusammen. Wir brachten das Rad zu Cilles Eltern und waren erleichtert, dass er schon zuhause war.

In dieser Nacht glaubte Affe John geträumt zu haben, dass er fliegen könne. Er öffnete das Fenster seines Schlafzimmers und schwamm durch die Luft. Er flog federleicht über Wiesen und Dächer. Je schneller er ruderte, desto schneller kam er vorwärts. Alles erschien ihm so klein von oben. Er flog wie ein Vogel oder wie ein Frosch. Er konnte die Nacht schmecken. Er atmete den Rauch der Schornsteine. Er fühlte den Tau auf seinem Gesicht. Unten gingen noch vereinzelt Leute im Schein der Laternen. Sie schauten zu ihm hoch, sie konnten ihn nicht sehen.

Er bog über Cilles Baracke und kam zum Bolzplatz. Dort saß die Clique der Halbstarken und rauchte. Er flog direkt über ihnen. Er pisste aus vollem Rohr auf ihre Köpfe.

Seltsame Ereignisse sollten folgen.

Die alten Dorfbewohner erzählten unheimliche Geschichten über den Wald hinter unserem Bolzplatz. Ein junger Mann sei in dieses Dickicht hinein gegangen und als alter Greis wieder herausgekommen.

Eigentlich war nichts Besonderes an diesem Wald, Ja, die Bäume waren etwas größer, die Eichen etwas älter und die Zweige der Bäume etwas gewundener.

Wir glaubten, den Zauber, der über diesem Wald schwebte, zu kennen.

Unmerklich schlichen sie sich an. Es waren zuerst nur ein paar wenige, die am Ortsrand wuchsen. Doch nach und nach drängten sie gegen die Zäune, übersprangen die Straßen und breiteten sich überall aus. Überall Gestrüpp und Bäume, soweit das Auge reichte.

Die einen sagten: »Herrlich, dieses Grün!« Die anderen fühlten sich eingeengt und verfolgt. Von einem Tag zum anderen waren einige Bewohner des Dorfes plötzlich verschwunden.

Erst beim genauen Betrachten erkannte man sie in mannigfaltigen Lebewesen wieder. Das Dorf wurde von gackernden Hühnern, watschelnden Enten, störrischen Eseln, dummen Ziegen, Hornochsen, Rindviechern und stinkenden Schweinen bevölkert. Einige Dorfbewohner fühlten sich völlig unwohl in ihrer Haut, ihrem Gefieder oder dem Fell. Andere waren mit ihrem Dasein zufrieden und erfuhren hohe Wertschätzung, die sie zuvor nie gekannt hatten. Die Kinder genossen den Spaß und schlossen Wetten ab, wer sich eigentlich hinter jedem Vieh verbarg. Als der große Zauberer kam, hob er den Spuk wieder auf.

Jeder hat nun seinen Gott, der sich mit ihm entwickelte. Das Leben ging weiter. Ob es besser oder schlechter war als früher, konnte keiner beurteilen. Doch eines hatte sich verändert: das Geheimnis des Lebens war wieder da.

Alfred Tersek

Der Schiffsjunge

Der Wind war fast eingeschlafen und die Bark »Concordia« machte mit verringerter Segelfläche kaum noch Fahrt. Segelmacher und Koch blickten sorgenvoll gen Himmel, der mittlerweile eine beinahe schwarze Färbung angenommen hatte. Es war stockdunkel geworden und wenn nicht eben vier Glasen gewesen wären, hätte man meinen können, es wäre tiefe Nacht.

»Da!« – rief der Koch plözlich und deutete mit der Hand nach oben in den Groß-Mast. »Da oben, ich hab's gesehen! Elmsfeuer! Gott steh uns bei!«

Der Segelmacher und einige der Decksleute, die den Ruf gehört hatten, wandten den Blick nach oben und tatsächlich waren an der Rahnock der gerefften Bram und dem Royalsegel und an den Mastspitzen kleine blaue Flammen zu sehen. Einige der Decksleute bekreuzigten sich und Kapitän Hermsen, der die elektrostatische Aufladung ebenfalls bemerkt hatte, unterdrückte einen Fluch, denn er wusste um den Aberglauben seiner Leute.

»Der Junge bringt Unglück, er ist ein Jonas«, flüsterte der Koch.

»Ja, er muss von Bord, sonst sind wir alle verloren«, pflichtete der Segelmacher ihm bei und wandte seinen Blick in Richtung des Schiffsjungen Willem, der mit bangen Augen in die Takelage starrte. Während gleichzeitig mehrere Blitze zuckten, war aus der Ferne ein dumpfes Grollen zu hören und vor der Dunkelheit an Luv hob sich deutlich sichtbar eine weiße Wand ab.

»Wahrschau Männer, nu geiht dat los!«

Die Warnung wurde dem Kapitän durch den plötzlich einsetzenden Wind von den Lippen gerissen. Mit aller Macht traf der Sturm nun das Schiff. An Steuerbord türmten sich die Wellen auf, von deren Kämmen weiße Gischt wehte, Blitze, von krachendem Donner begleitet, zuckten in kurzen Abständen über den schwarzen Himmel. Das Deck wurde überwaschen und die Männer, die bis zur Brust im tosenden Wasser standen, hielten sich krampfhaft an den Strecktauen fest, um nicht über Bord in die kochende See gerissen zu werden. Der heulende Wind drückte die »Concordia« auf die Seite, so daß die Rahen in die schäumenden Wellen eintauchten. Das Schiff ächzte in den Verbänden, rollte und stampfte in der schweren See, richtete sich aber immer wieder auf.

Über eine Stunde tobte der Sturm bereits, längst hielt Kapitän Hermsen gemeinsam mit dem Steuermann das Ruder, als plötzlich mit einem lauten Knall das Focksegel zerplatzte. Eine Anzahl der Fetzen verschwand im heulenden Sturm, der Rest wehte waagerecht von der Rah und verursachte ein knatterndes Geräusch. Tief tauchte der Bug der »Concordia« in die schwarz-grünen Wellenberge, erhob sich nach unendlich scheinenden Sekunden stöhnend wieder, weiße Gischt versprühend und der tosenden See trotzend. Kapitän und Steuermann blickten sorgenvoll in die Takelage.

»Wenn dat Rack bricht, kommt der ganze Schiet von oben.«

Kapitän Hermsen antwortete seinem Steuermann mit stummem Kopfnicken.

Einen Tag und eine Nacht dauerte nun der Kampf von Schiff und Mannschaft gegen Sturm, Strom und Wellen. Die Männer waren abgekämpft, müde und nass, keiner von ihnen hatte mehr einen trockenen Faden am Leib. Das Logis war klamm und feucht, es stank nach nassen Wolldecken und Ausdünstungen. Längst hatten die Männer aufgehört zu fluchen, waren ihre Gespräche erstorben und in den wenigen Pausen schliefen sie erschöpft in ihren nassen Kleidern oder nahmen schweigsam ihre Mahlzeit zu sich, die meistens aus Kaltverpflegung bestand, da der Seegang keine warme Küche zuließ.

Auch der Schiffsjunge Willem war in den Rhythmus der ständigen Alle-Mann-Manöver eingebunden, hatte rote, aufgescheuerte Hände vom eiskalten, harten Tauwerk. An Hals und Stirn bildeten sich endzündliche Pickel und Scheuerstellen, die vom Salzwasser herrührten. Willem absolvierte mit zusammengebissenen Zähnen seine Wache, auch wenn ihm zum Heulen zumute war und bei der Ablösung trugen ihn kaum mehr seine Beine, wenn er den Niedergang hinunter stieg, sich in Ölzeug und Seestiefeln auf seine Koje warf und unmittelbar darauf einschlief. Die Stimmung der Männer schwankte zwischen Hoffnung und Enttäuschung, bei einigen machte sich Resignation bemerkbar, andere wiederum wussten nicht wohin mit ihrem Frust und der aufgestauten Wut.

Es geschah, als die Nacht am schwärzesten war, Wut und Aberglaube bildeten eine unheilige Allianz, bemächtigten sich einiger ansonsten untadeliger Seeleute und machten sie zu Mördern. Der Sturm hatte wieder zugenommen und trieb den Männern Hagel ins Gesicht. Das Schiff stampfte im hohen Seegang, das Achterdeck hob und senkte sich derart, dass die dort arbeitenden Männer sich kaum halten konnten.

Bereits mittags war eines der Stagsegel unter dem ständigen Winddruck in der Mitte zerrissen, was einen Teil der Fahrt kostete und den Steuerleuten die Arbeit erschwerte. Willem schickte sich soeben an, ein Ende aufzunehmen, als er von zwei starken Armen gepackt wurde. Dann ging alles schnell, zwei andere Arme fassten ihn bei den Füßen und im nächsten Moment rasten die schwarzen Wellen auf ihn zu. Sein Entsetzensschrei wurde vom Sturm fortgerissen und einen Herzschlag später verschwand er in der tosenden See.

Als der Segelmacher am anderen Morgen den Niedergang hinauf stieg, empfingen ihn Sonnenschein und ein blauer Himmel, an dem der Wind einzelne große Wolken vor sich her trieb. Kapitän Hermsen und der Steuermann standen auf der Leeseite des Achterdecks und unterhielten sich leise. Das Ruder führten derweil zwei der Decksleute.

»Tragisch, das mit dem Jungen. Tut mir wirklich leid, dass er ausgerechnet auf seiner ersten Fahrt verunglücken muss. Den hat wohl heute Nacht ein Brecher über Bord gewaschen, von den anderen hat das keiner bemerkt in der Dunkelheit. Ich werde heute gegen Mittag die Männer zusammen rufen lassen, einige Worte dazu sagen, aus der Bibel lesen und ein Gebet für den armen Kerl sprechen.«

Der Rest der Reise verlief ohne bemerkenswerte Zwischenfälle. Am 14. September 1890 erreichte die »Concordia« Valparaiso und Kapitän Hermsen kabelte der Reederei ihre glückliche Ankunft.

Elfe Weiß

Brief an Roy Black
(Die Kunst des Lebens)

Lieber Gerd!

Es macht mir so viel Freude, dir einen Brief zu schreiben! Im Jänner 2018 ist dein 75. Geburtstag.

Gern wäre ich dir eine Freundin gewesen, doch leider haben Ort und Zeit um dich persönlich zu treffen, nicht gepasst (und E-Mail hat es auch noch nicht gegeben).

So schreibe ich an dich als dein Fan.

Es sind über 25 Jahre vergangen, seit du für uns »live« warst und im Internet melden sich mittlerweile zahlreiche Fans unter 25 Jahren, die dich leider nie live erleben konnten. Deine fesselnde Stimme hat sie trotzdem erreicht.

Gern möchte ich allen Fans und denen, die es noch werden wollen, empfehlen, sich jedenfalls einen älteren Konzertmitschnitt zu besorgen. Mich hat der Unterschied zu den Schlagersammlungen überzeugt und mir ist wieder klar geworden, warum ich als Teenie an deinen Lippen gehangen habe.

Aber noch viel lieber hätte ich mit dir gesungen, am Lagerfeuer.

Dein sanftes Kippen zwischen Kopf- und Bruststimme und das besondere Timbre erfüllen alle von dir bekannten Lieder und deine kraftvolle Energie in den Rock'n'Roll-Nummern muss man erlebt haben (neulich habe ich eine Notiz darüber gefunden, dass du angeblich etliche Verstärker kaputt gesungen hast).

Ich meine, du hättest mit Sicherheit ein berufliches Leben finden können, das physisch und psychisch weitaus weniger belastend und stressig gewesen wäre als das eines Sängers und Schauspielers, doch hast du die Priorität deiner Gesundheit zeitlebens zurückgestellt, um insbesondere deine einzigartige, unverwechselbare Stimme mit uns allen zu teilen, dein Engagement und deine Liebe zur Musik in jeder Form. Du hast nicht nur zu 100 Prozent abgeliefert.

Ich hab als Teenager deine frühen Filme gesehen und war mir dann sicher, dass mein »Zukünftiger« ca. 1,70 bis max. 1.80 m groß sein würde und schwarzhaarig, mit einem Körper wie der griechische Apoll.

Und rund 10 Jahre später war es dann auch so …

❀❀❀

Groupies

Groupies sind meist weibliche Teenies, die noch keine ernsthafte dauernde Beziehung zu einem realen Freund oder Partner haben und all ihre Gefühle und Sehnsüchte auf einen, meist männlichen, Künstler fokussieren. Sie sammeln Fotos, Zeitungsausschnitte, alte Konzert- oder Kinokarten und ähnliches, doch damit natürlich nicht genug. Wie in einer realen Beziehung ist es ihr größter Wunsch, ihrem »Schwarm« nahe zu sein und sie träumen davon, dass er, würde er sie nur kennenlernen, ihre Gefühle erwidern würde.

Groupies sind bei der Wahl ihrer Mittel zur Herstellung persönlicher Kontakte recht skrupellos. Sie lauern ihrem Geliebten nicht nur zur Autogrammstunde auf, sondern überraschen ihn im Privatleben auf Schritt und Tritt mit ihrer Allgegenwart. Dass er sein Privatleben gern privat leben möchte oder auch nur erschöpft ist nach einem Auftritt, sehen sie nicht. Das ist jedoch, folgt man ihrem Gedankengang, nicht verwunderlich. Er wird ja gleich ganz glücklich sein, dass sie da sind. Und, wenn sie ihn jetzt nicht allein für sich haben können, weil ja eine ganze Schar von Groupies da ist, dann brauchen sie doch wenigstens einen kleinen Fetzen von seinem Hemd …

So witzig das alles vielleicht klingen mag, die Gefühle von Groupies sind echt, und auch ihre Tränen. Du hast sie gekannt, Gerd.

In meiner Teenagerzeit haben viele Mädchen ein Hemd ihres Liebsten als Bluse getragen, um ihrem Schatz den ganzen Tag so nah wie möglich zu sein. Hast du das auch erlebt?

Du könntest jedenfalls wahrheitsgetreu sagen: du hast für deine Groupies dein letztes Hemd gegeben …

Auch unter den reiferen Damen hast du treue Fans, das sind meist verheiratete Frauen mit unmusikalischen Ehemännern.

Und vielleicht sind jene »Fans«, die im Freundes- und Bekanntenkreis nur damit angeben wollen, dich »kennengelernt« zu haben, unangenehmere Verfolger für dich gewesen.

Allein

In deiner Rock 'n' Roll-Zeit warst du daran gewöhnt, mit einer Gruppe von Freunden auf einer kleineren Bühne zu stehen und mit Leidenschaft warst du ihr Lead-Sänger, der dem Publikum so richtig eingeheizt hat.

Das Publikum, meist junge Menschen, hat mitgeklatscht, den Refrain mitgebrüllt, hat dich als ihren Entertainer getragen. Je länger die Performance, umso heißer und lauter … Zwischendurch auch etwas für eng umschlungene Pärchen. Alles in Interaktion und voll purer Energie zwischen den Menschen.

Auf großen Bühnen gibt es für Konzertabende ein Orchester, dessen Musiker räumlich entfernt und mitunter dem Sänger gar nicht bekannt sind. Für einen Gast-Sänger gibt es meistens nur Halb-Playback mit Musik vom Tonträger. Scheinwerfer in Richtung Bühne erschweren die Sicht des Künstlers und damit auch den Kontakt zu seinem Publikum, das hier nur die passive Rolle der Zuschauer und Zuhörer hat.

Dann stehst du ganz allein auf der Bühne und vor der Kamera, Dunkelheit vor dir, aber du weißt jetzt alle Erwartungen, alle Augen auf dich gerichtet, vielleicht sogar jene von Millionen Hörern oder Fernsehzuschauern. Am besten singst du jetzt: »Du bist nicht allein …«

Du hast immer den Live-Kontakt zu den Menschen in deinem Publikum gesucht und wenn es dir möglich war, hast du sie gefangen genommen und mitgerissen in deine Melodien und Rhythmen, in deine Freude an der Musik, in deine Kraft und Energie – und dann haben sie dich, ihren Entertainer, getragen.

❀❀❀

Zwei halbe Leben?

Ich hab oft gehört, Gerd Höllerich und Roy Black hätten nichts gemeinsam, weil Roy Black trägt immer Anzug und Krawatte, Roy Black strahlt immer, Roy Black ist ein reicher Playboy, Roy Black ist hauptsächlich Schnulzensänger, Roy Black ist eine Kunstfigur, es ist schwer, Roy Black zu sein.

Gerd Höllerich ist ein ganz gewöhnlicher Mensch, mit den Musikinteressen und den Freiheitsgedanken der Gleichaltrigen seiner Zeit. Du wolltest Musik für junge Menschen machen, aber Woodstock war brotlos.

Zuerst hab ich gedacht: »Ist denn der Auftritt als Roy Black wirklich so fordernd?« Viele Menschen müssen Berufskleidung tragen, viele Menschen sind im Berufsleben gefragt, »ein anderer« zu sein. Arbeite im Kundendienst und es wird erwartet, dass du »immer strahlst«.

Aber der Job der meisten gewöhnlichen Menschen findet ja in festgelegten Zeiträumen statt und sie können sich darauf verlassen, vor und nach dieser Zeit privat sein zu dürfen, eben ganz gewöhnlich. Sie müssen kein Millionenpublikum unterhalten und werden nicht auf Schritt und Tritt verfolgt.

Gerd Höllerich wurde selbst in seinem Privatleben zu Roy Black, sobald irgendwo Menschen auftauchten, die das möglicherweise oder tatsächlich erwarteten, wie Fans, Groupies oder auch Paparazzi irgendeiner Art, ja vielleicht sogar Berufskollegen und -kolleginnen.

So hatte Gerd Höllerich gerade mal im engen Kreis die Möglichkeit, ganz gewöhnlich zu sein und die Auftritte als »Roy Black« machten wohl manchmal auch weniger Spaß, nicht immer ist man zu 100 % Sonnenschein.

Und jetzt machen wir eine Wendung um 180 Grad.

Gerd Höllerich, du warst nie ganz gewöhnlich, sondern im Gegenteil, ein ganz begnadeter Sänger. Diese wunderschöne Stimme war ja die deine! Deine Fans sind gekommen, um deine Stimme zu hören.

Ganz egal, wie du dich genannt, gekleidet oder verhalten hast, Roy Black war nicht ohne Gerd Höllerich und deshalb haben die beiden wohl doch eine Menge gemeinsam(?)

❀❀❀

Arbeit in der Glitzerwelt

Man darf in dieser Glitzerwelt anders sein, die Realität des Tages loslassen, man darf einander sogar näher begegnen, Erlebnisse genießen, die den Sonnenaufgang nicht sehen. Die Glitzerwelt beginnt abends mit bunten Lichtern, Musik und Tanz, den Glamour-Gestalten der Nacht und ihrem ausgelassenen Gelächter. Die Nacht hat etwas Verborgenes, etwas Verbotenes, und sie hat ihre eigenen Regeln. Sie ist unsere Scheinwelt, die den Tagesanbruch nicht erlebt.

Menschen, die in dieser lauten Glitzerwelt, in unserer

Scheinwelt, arbeiten, laufen nachts energetisch hochtourig, schlafen danach meist in den Tag hinein. Wenn aber die Ausflüge in die Glitzerwelt unregelmäßig stattfinden oder gar die Glitzerwelt dominiert, was ist dann Schein, was Realität?

Wann können oder sollen denn diese Menschen loslassen? Was loslassen? Den Tag, die Nacht? Den Schein, die Realität? Trägst du heute Gerd Höllerich in die Nacht? Nimmst du morgen Früh Roy Black mit heim?

❀❀❀

Joe Cocker

Einer deiner Lieblingssänger? Ich mag sein »Summer in the City«, könnte aber nicht behaupten, dass ich viel von ihm kenne. Auch seine Stimme ist unverwechselbar, aber oft auch ein gerade passendes heiseres Grölen.

Auch wenn du vielleicht vieles so empfunden hast wie Joe Cocker (hat er das eigentlich gewusst?), finde ich, dass deiner Stimme das heisere Grölen nicht wirklich gut entsprochen hätte – zum Glück von Millionen von weiblichen Fans, die das ähnlich sehen, einen Joe Cocker hatten sie ja! Selbst wenn du in Rock 'n' Roll unterwegs warst, ist deine kraftvolle Stimme doch immer melodisch geblieben. Ich war völlig erstaunt darüber, dass du Pfeife geraucht hast, was ja der Stimme nicht wirklich gut tut (wolltest du am Ende doch grölen?). Aber bekanntlich sind ja Pfeifenraucher Genussraucher, die sich dafür Zeit nehmen müssen, so dass ich annehme, du bist gar nicht so oft in diesen Genuss gekommen.

Ich hab mit Zigaretten meine Stimme verdorben, aber das war kein Verlust für die Menschheit.

Männer haben primär ein harmonisches Gehör, Frauen ein melodisches. Musikerinnen und Musiker brauchen natürlich beides. Auffallend in deinen Liedern, in welch schneller Abfolge von Tönen du noch ganz exakt und trotzdem sanft die völlig unterschiedlichen Tonhöhen punktgenau ansingst. Ein Wonneschauer für Menschen wie mich, mit ein bisschen Gesangserfahrung im Chor.

Deine Performance des Rock 'n' Roll – so sehr ich sie auch genieße, soweit noch in Ton und Bild vorhanden – war sicherlich körperlich sehr viel anstrengender, als die Interpretation deiner Lieder, der erforderliche Druck auf der Stimme, um das Schlagzeug zu toppen, ein gewaltiger.

Hätten wir dich als häufigen Rock 'n' Roller womöglich noch früher verloren?

❀❀❀

Alkohol

Der Alkohol gehört zur Nacht, zum Wohlfühlen, zum Loslassen ... Ich habe immer gestaunt, wie unterschiedlich die Anzahl der »Gläschen« ist, die Frau und Mann sich genehmigen, um sich in ähnlicher Weise wohlzufühlen. Dazu kommen natürlich noch unterschiedliche Gewohnheiten und Gewöhnungen.

Künstlerinnen und Künstler sind sicher in besonderer psychischer Art beruflich gefordert, zu bestimmten Zeitpunkten optimal abzuliefern und suchen danach Entspannung und oft auch Gesellschaft.

Wir waren zwar für den friedlichen Freiheitskampf der 68er etwas zu jung, haben aber auch in häufigen Gesellschaften nicht nur den Durst gestillt. Auch wir haben losgelassen über den Sinn des Lebens diskutiert und das oft bis zum »Morgengrauen« in jeder Hinsicht.

Während Frauen nach ein paar Gläschen Wein meist entspannt sind, können Männer erheblich mehr Alkohol vertragen.

Mir sind zwei verschiedene Typen von Menschen begegnet. Während die einen am späteren Abend schläfrig und wortkarg werden, um sich dann bald zu verabschieden, blühen die anderen zusehends auf. Ihre Aktivitäten und ihre Kommunikation nehmen nicht nur zu, sondern richtiggehend überhand. Mit zunehmendem Alkoholgenuss wird vernünftige Unterhaltung mit beiden Typen schwierig.

Gut, dass die Zeiten vorbei sind, in denen Alkoholgenuss sehr rasch moralisch kriminalisiert hat.

Ich saß in jungen Jahren eines Sonntagvormittags mit zwei Arbeitskollegen in einem Biergarten in meiner Wohnnähe. Weil die leeren Gläser nicht abgeräumt wurden, sammelte sich auf dem Tisch nach einiger Zeit eine Zahl leerer Gläser, die mich ebenfalls des Zuspruchs von Alkohol hoch verdächtig machte und rasch wurde ich von einer guten Bekannten gesehen und beredet, obwohl ich für die Welt als Person nie interessant war, im Gegensatz zu dir.

Gerd, ich vermute, dass dir Höflichkeit immer ganz besonders wichtig war.

Du bist in zahlreichen Interviews nach deinem Umgang mit Alkohol und nach deinen Trinkgewohnheiten gefragt worden und du hast immer versucht, zum Thema zu erklären, was deiner Persönlichkeit entspricht. Du hast nie gesagt, dass das eigentlich deine Privatangelegenheit sei.

Darum sage ich dazu für alle deine Fans, und auch für die, die es nicht sind: Wir sind nicht dazu berufen, anderer Menschen Leben zu bewerten.

❈❈❈

Der Sinn unseres Lebens?

Ein großes Thema. Du hast das Gefühl gehabt, für dein Leben bestimmt zu sein, doch hast du in deinem Leben keinen konkreten Sinn gefunden.

Ich denke, dass unser einzelnes Leben nur Sinn für das gesamte Leben im Universum macht, weil sich das Leben seit seiner Entstehung durch Lernen und Anpassen immer weiterentwickelt hat und sicher noch nicht an seine Grenzen gestoßen ist.

Und sehr wohl denke ich auch, dass jedes einzelne Leben, wenn auch nicht zu einem erkennbaren großen Sinn, so doch zu seiner »kleinen Bedeutung« bestimmt ist.

So sind unsere Gedanken über das Leben gar nicht so sehr verschieden. Und wenn die fernöstlichen Religionsphilosophien recht haben, werden unsere Seelen noch viele Male leben. Vielleicht lernen auch sie dazu?

Privatleben? Freiheit?

Dir war verdammt wenig Privatleben und Freiheit vergönnt. Wie du es spaßig erwähnt hast: »Wenn Gerd Höllerich in der Nase bohrt, ist es gleichzeitig Roy Black, der es sich nicht leisten kann, in der Öffentlichkeit so erwischt zu werden, sonst gibt es eine Schlagzeile …«

Ich glaube, dass heute sehr vieles sehr viel lockerer gesehen wird. Du bist um etliche Jahre zu früh geboren worden und damit sicher auch ein Opfer deiner Zeit geworden. Man könnte auch sagen, du wolltest deiner Zeit ziemlich weit voraus sein.

Alle Menschen, die gezwungen sind, in einem höchst fordernden Berufsleben zu 100% Dr. Jekyll zu sein, müssen genügend Freizeit und genügend Freiheit haben, um auch Mr. Hyde sein zu können und zu dürfen. Heute weiß die Wissenschaft schon sehr viel mehr darüber. Es wird in der Gesellschaft offener über alles gesprochen, das Verstehen von ganz normalen Bedürfnissen und von menschlichem Verhalten nimmt zu.

Oder können wir uns heute noch vorstellen, dass sich ein Mensch aufgrund seiner beruflichen Anforderungen und deren Folgen ein Hideaway in der Wildnis suchen muss, um seinem Mr. Hyde Raum zu geben, um abschalten zu können von der ständigen Beobachtung und Verfolgung durch unerbittliche Paparazzi, um sich privat ausleben zu dürfen wie wir alle?

Und doch bist du ja als Mr. Hyde auch in deiner Wildnis nicht frei gewesen.

In der Freizeit des Roy Black wartet seine Familie auf den Ehegatten, den Vater, den Sohn, den Bruder, die Band auf den Freund …

Sie warten nicht auf Roy Black, sie warten auf Gerd Höllerich.

Aber sie warten nicht auf Mr. Hyde, und sie können wenig verstehen, wenn sich Gerd mal nicht erwartungsgemäß verhält.

Hoffentlich hast du wenigstens ab und zu alles Glas- und Porzellangeschirr an die Wand geschmissen, das soll ja befreien.

❋❋❋

Deine Wildnis

Deine Freiheit suchtest du in der Wildnis, sonst konntest du wohl überhaupt nicht zur Ruhe kommen. In deiner Wildnis muss Gerd Höllerich funktionieren.

Sicher hast du diese Erwartungen oft gut erfüllt, oft hast du sie noch erfüllt, aber oft war dein Gleichgewicht anscheinend nur mehr durch Aus-TOBEN erreichbar; im Wald, im Kajak auf dem Wasser, auf dem Motorrad. Energie, die raus muss! Dein Leben war immer Risiko.

In die Wildnis kannst du deine Wut und deinen Frust tragen, auch deinen Schmerz und deine Einsamkeit und die Spuren der zerrenden Groupies, die so rasch nicht auszulöschen sind.

Wenn du so auch nicht entspannen kannst, hilft dann vielleicht ein Loslassen bei mehreren guten Gläschen? Wen wundert's? Zu essen hast du dir wenig gegönnt, sonst hätten es die Medien noch kommentiert mit: Roy Blaaaack.

Die Wildnis ist sauber, sie hilft, irritierende Gefühle loszuwerden und zu Klarheit zu kommen, sie schafft aber auch Platz für die nächsten komplexen Belastungen.

Dein Verstand hat alle Probleme so gut analysiert, doch was ist mit dem Verstand, wenn die Gefühle ein Eigenleben führen? Verstand und Gefühl sprechen verschiedene Sprachen und beide Sprachen zu erlernen und so weit zu dolmetschen, dass Verstand und Gefühl einander zumindest ertragen können, ist ein lebenslanges Ziel. Direkt kommunizieren werden sie nie.

Und dabei warst du ein ausgesprochenes Sprachtalent! (Schwäbisch, Bayerisch, Hochdeutsch, Englisch, Französisch, Italienisch, Spanisch, Holländisch …)

❦❦❦

Künstlerische Entwicklung

1969 hab ich die Übertragung deines Konzertes aus Bielefeld im Fernsehen verfolgt. Leider hab ich damals nicht viel vom Text verstanden (nur Deutsch und ein bisschen Englisch), jetzt kann man ja im Internet alle Texte finden. Roy Black hatte damals das kurze Black-Out im »kleinen Bär« und ich bin mit dir (fast) gestorben, doch haben alle nur bewundert, wie viel an Texten du behalten hast.

Deine Rolle war klar, »jugendlicher Liebhaber«, 26 Jahre jung.

1971 kam »Anita«. Was war das jetzt? Wer hat dir bloß geraten, deine Rolle als »jugendlicher Liebhaber« gegen die von »Papa mit Kind« zu tauschen? Ich war erstaunt, dass dieses Experiment im ersten Anlauf noch gut gegangen ist, fürchtete aber für dich, dass das Interesse von zigtausenden Mädels, älter als zehn, schlagartig abgekühlt war.

Zur Veranschaulichung: Dein eigener Sohn war 1986 zehn Jahre alt, du 43. »Anita« hat dich also 1971 mit 28 Jahren über Nacht auf 43 Jahre altern lassen. Sie konnte nichts dafür. Aber was nach »Anita«? Warum sägst du an dem Ast, auf dem du sitzt?

Bei mir und vielleicht bei vielen anderen hast du Verunsicherung geschaffen. Wer bist du jetzt? Wie alt bist du?

Zur gleichen Zeit kam es zu einer Abwertung der gesamten Schlagermusik, was zu einer schlimmen Diskriminierung der Schlagersängerinnen und -sänger, aber auch ihres Publikums, den Fans von Schlagermusik, führte.

Aber allem zum Trotz: der »Hit« lebt. Und deine Lieder leben, Gerd.

In Interviews hat es dich manchmal gedrängt, ein paar Wahrheiten loszuwerden, doch leider war dann meistens die Zeit zu kurz, um sie so weit erläutern zu können, dass auch Menschen verstehen, die nicht im Showbusiness leben. Nachdem die Medien kein Interesse daran hatten, deine Kurz-Aussagen näher zu erklären, bist du viel interpretiert worden und irgendwann warst du dann in Interviews nur mehr Roy Black. Gerd Höllerich hast du das Mikro verweigert. Wahrscheinlich eine kluge Entscheidung. Aber schade!

Hautnah

Früher hab ich mich oft gefragt, wie Schauspieler und Schauspielerinnen Liebesszenen überzeugend darstellen können, wenn sie einander doch gar nicht lieben? Die erste gefundene Antwort war: sie tun einfach so. Die zweite Antwort war, dass sich Künstlerinnen und Künstler während der gemeinsamen Arbeit auch oft tatsächlich verlieben. Natürlich! Bei Film und Fernsehen gibt es begabte, sensible, schöne, ausgewählte Menschen, die aufgrund ihrer Ausbildung und Erfahrung auch keine Berührungsängste haben. Manchmal wird daraus eine Lebenspartnerschaft, meistens eine Erinnerung. Eine Erinnerung an Freud und Leid einer gemeinsam intensiv durchlebten Zeit während der Dreharbeiten. Roy Black war während Dreharbeiten nicht gern abgelenkt. Nicht durch Gerd. Roy und Gerd »gleichzeitig« gerecht zu werden, war einfach zu viel für dich.

Ein Künstler der Bühnen, der von weiblichen Fans umschwärmt wird, kann sich Art und Anzahl seiner »jugendlichen Liebhaberinnen« nicht auswählen. Die Frauen wollen ihrem Lieblingssänger nahe sein. Sie denken nicht darüber nach, dass rund um ein Konzert hunderte Frauen auf Küsschen warten, nicht alle jung und schön. Ich hätte in gleicher Situation auch lieber nicht darüber nachgedacht. Für den Star sicher nicht die Lieblingsbeschäftigung, auch wenn du überzeugt hast, Gerd. Du hast keine erkennbaren Berührungsängste gehabt.

Ich denke, du hast Angst gehabt vor dem steigenden Alter deiner weiblichen Fans, das hat dich zu sehr an dein eigenes Alter erinnert, und Angst davor, dass aus dem Alleinsein in langen Nächten, insbesondere auf deinen Tourneen, nach langen Konzertabenden, Einsamkeit werden könnte. Wir alle versuchen, dieser Angst eine Weile zu entkommen, indem wir nach Kontakten suchen, die uns jedoch leider nicht lange darüber hinwegtäuschen können, dass wir immer allein sind.

Alle weiblichen Fans, die sehr wohl Aufmerksamkeit von ihrem Star für sich haben wollen und gleichzeitig verurteilen, dass andere Frauen nahe sein dürfen, seien gegrüßt. Man nennt das Neid.

❋❋❋

Erwartungen

Was erwarten Menschen von Mitmenschen?
Anerkennung in der Gemeinschaft der Menschen,
Anerkennung in der persönlichen Freiheit,
DAS SEIN-LASSEN
Was erwarten Partnerinnen und Partner?
Anerkennung in der Partnerschaft,
Anerkennung als Individuum und
Zuneigung,
DAS ANNEHMEN

Sobald wir eine Partnerschaft eingehen, vergessen wir leicht, dass nicht nur wir, sondern auch unser Partner, unsere Partnerin Anspruch darauf hat, dass sich ihre Erwartungen an uns erfüllen. Gedanken und Ansichten, Verhalten und Leben des/der Geliebten als Partner/in bewusst annehmen und schätzen zu können, dem Partner, der Partnerin vermitteln zu können, dass wir sie exakt so annehmen, wie er/sie ist, weil er/sie so ist, und wir deshalb Anerkennung und Zuneigung für sie empfinden, ist mit einer lebenslangen Arbeit – an sich selbst – verbunden.

Das ist Liebe. Und keiner hat gesagt, dass es leicht ist.

Gerd, ich denke, auch du hast diesen Kampf in deiner Partnerschaft gekämpft. Es gibt dabei keine Sieger, keine Verlierer. Wenn diese gegenseitigen Erwartungen, angenommen zu werden, zu wenig erfüllt sind, löst sich die Partnerschaft auf. Mit Donner, Feuer und Rauch oder in aller Stille.

Natürlich wissen wir das alles. Und natürlich vergessen wir das alles immer dann, wenn es gerade wichtig wäre …

❀❀❀

Schmerzliche Missverständnisse

Immer wieder habe ich von Eheproblemen gehört, die hauptsächlich darin begründet waren, dass Mann und Frau sehr verschieden auf die Umstände des Lebens reagierten. Leicht werden diese Unterschiede dann dem individuellen Charakter des Partners, der Partnerin zugeschrieben und das Missverstehen ist auf dem besten Weg, zum Missverständnis zu werden.

Ich hab' mal gelesen, dass sich Hund und Katz deswegen so schlecht »verständigen« können, weil der Hund das Schnurren der Katze für Knurren hält, es sei denn, er ist mit Katzen aufgewachsen.

❀❀❀

Zeit nach der Hochzeit

Wenn die Zeit des Kennenlernens und des intensiven Zusammenseins mit einem Menschen in einer Hochzeit gegipfelt hat, ersehnt sich die Frau eine »neue« intensive Zweisamkeit mit ihrem Partner, nunmehr als gemeinsame Eheleute, während es den Mann hinauszieht, anscheinend, um seinen »Erfolg« zu feiern, seine »Eroberung kund zu machen« und vielleicht auch, um neue Kraft aufzutanken.

Die Frau sitzt verstört zu Hause und kann nicht verstehen, warum er jetzt plötzlich nicht (mehr) mit ihr zusammen sein möchte. Sie kränkt sich.

Auch zu Beginn unserer Ehe hat mein Mann plötzlich viel Zeit mit Kumpels verbracht, der Mann meiner Freundin war von einem Tag auf den nächsten wieder häufig zu Gast bei seiner Mutter. Wir Frauen können das deswegen nicht verstehen, weil wir das Verhalten nicht nachempfinden können und die Erklärungen der Ehemänner halten sich in Grenzen (verstehen sie es selbst?). Aber wohin immer er geht, er kommt ja wieder und seine Gefühle sind unverändert …

❀❀❀

Glück teilen

Wir erwarten vom Partner, der Partnerin, Lob für Anstrengungen und Leistungen, die uns persönlich besonders wichtig sind.

Wenn man das so liest, wird sofort klar, wo der Wurm drin ist.

Lieber Gerd, wenn deine Frau an die neuen Vorhänge Rüschen näht, die ganz besonders gut zur Einrichtung passen, sie dich ins Wohnzimmer führt, in der Hoffnung, dass sie dir auffallen, und sie für dich heller als die Raumbeleuchtung strahlt …

Dir ist wichtig, einen besonderen Abend gestaltet zu haben, zum Spaß und zur Freude deiner Gäste, mit deinen Liedern, die du heut besonders für deine Frau singst, und du strahlst auf der Bühne heller als ein Super Trouper …

Ja, selbst wenn wir alle hoch sensibel sind und unsere Gefühle voll öffnen, werden wir es nicht immer schaffen, das richtige Lob zur richtigen Zeit bereit zu haben für den ganz persönlichen Einsatz unseres Partners, unserer Partnerin. Oft wird sie auch für uns ausbleiben, die spontane Umarmung, gerade jetzt, gerade dafür, die Zuneigung, der Kuss.

Schaffen wir es, die Zufriedenheit mit unserer eigenen Leistung, das Glücksgefühl, mit dem Partner, der Partnerin zu teilen? In den Zeiten der Verliebtheit gelingt das alles wie von selbst, anscheinend sind wir dann einander besonders zugewandt.

In den Zeiten des täglichen Kampfes gegen den Rest der Welt, müssen wir versuchen, uns immer wieder daran zu erinnern, wer wir waren, wer wir sind, was wir miteinander teilen … Und dann ist es nicht mehr ganz so wichtig, ob wir die Welt völlig gleich erleben oder ob uns verschiedene Leistungen im Leben von Bedeutung sind, ob unser Partner, unsere Partnerin eben diese Leistung, die uns selbst so wichtig ist, als genauso wichtig erlebt.

❋❋❋

Männer und ihre Babys

Was häufig auffällt, ist eine gewisse körperliche und seelische »Unbeholfenheit« der Männer in Themen rund um die Geburt und im Umgang mit Babys, die sie aber förmlich geschickt dazu nutzen, um entsprechenden Abstand zu wahren. Selbst bei Vätern, die bei der Geburt ihrer Kinder dabei waren, findet man virtuelle Abstandshalter in unterschiedlichem Ausmaß. Viele Männer scheinen die Ansicht zu leben, dass Geburt und Babys ein »Frauending« sind. Ist ihnen die Entwicklung eines Kindes ein bisschen unheimlich? Vielleicht macht es ihnen ein wenig Angst? Oder sie können kein Blut sehen … Viele mögen keine Spitalatmosphäre und laufen aus »weißen Bereichen« grundsätzlich davon.

Für Frauen ist diese Haltung unbegreiflich, weil das kleine Wunder sie ja körperlich und seelisch so unmittelbar und so nah betrifft. Sie sind daher auch durch die männlichen Abstandshalter gekränkt.

Wieder sind wir darauf angewiesen, unsere Gefühle möglichst gut zu teilen und miteinander zu leben. Lassen wir sie langsam näher kommen, unsere Helden des Alltags. Sobald Babys »berechenbarer« werden und sich erwartungsgemäßer verhalten, sind sie dann schon da, die Väter, mit ihrem Stolz auf ihre Sprösslinge. Sie lieben ihre Kinder, anders als Mütter, aber sicher genauso innig.

Wenn der erwerbstätige Partner nachts nicht zur Ruhe kommen kann und ein Hotelzimmer bucht oder für längere Zeit Freunde besucht, die (noch) ohne Nachwuchs sind, lassen sie ihn oder sie ziehen. Geteiltes Leid ist manchmal doppeltes Leid.

Weinende Babys, deren Grundbedürfnisse nach Nahrung und trockenen Windeln gedeckt sind, kann man nur beruhigen, wenn man selbst völlig ruhig ist. Du konntest es nicht schaffen, Gerd.

❊❊❊

Tränen

Du hast oft von Tränen gesungen. Den Frauen sind die Tränen des Leids viel näher als den Männern. Oft wird behauptet, das hat mit unterschiedlicher Erziehung zu tun. Klar, wird den Jungmännern bereits erzählt, »dass Indianer keinen Schmerz kennen«. Aber Männer weinen ja, wenn auch erst in äußerst dramatischen Zeiten. Heutzutage ist Weinen gesellschaftsfähig.

Aber betrachten wir doch auch einmal die Freudentränen. Aus meiner Erfahrung muss ich sagen, auch die Tränen der Freude, der Rührung, sind den Frauen viel näher als den Männern. Also lasse ich für mich den Schluss zu, dass die unterschiedliche Neigung zu Tränen überwiegend auf angeborene Unterschiede zwischen Mann und Frau zurückgehen.

Es fällt mir oft schwer, diesen Unterschied einfach zu leben, weil Tränen meist mit Schwäche gleichgesetzt werden. Aber mein Mann hat immer und überall ein Taschentuch für mich dabei.

Liebe Frauen! Männer sind auch empfindsam, sie weinen oft ohne Tränen und sie sagen es nicht immer.

❊❊❊

Was verraten Herzleiden?

Schon lang sind die Organe der Menschen mit seelischem Befinden verbunden. Wir alle wissen, was damit gemeint ist, wenn uns etwas über die Leber läuft, wenn uns die Galle übergeht, das Hirn sauer wird, wenn wir keine Luft mehr bekommen oder uns das Herz bricht.

Körperliche Herzleiden verraten oft vorausgegangene seelische Leiden, die »Herzschmerzen« verursacht haben. Gerd, ich denke, deine Herzleiden wurden immer schon von schwierigen Beziehungen verursacht. Frauen leben ihre Beziehungen oft unruhig und emotional gesteuert, im Gegensatz zur typisch männlichen beständigen Präsenz. Sie waren immer deine Liebe und dein Hass, deine Freude, aber auch dein Schmerz und dein Rätsel.

Gerd, wie konntest du bloß einen Arzt spielen?! Ich habe

den Weißkitteln nie zu 100% vertrauen können, in dem Wissen, dass sie nicht fühlen können, wie ich mich fühle. Mein Verstand kann versuchen, zu beschreiben, wie es mir geht. Aber die Probleme zwischen Verstand und Gefühl sind wir ja schon durch. Ich hab auch immer gespürt, dass Ärzte dazu neigen, ihren Patienten nicht wirklich zu vertrauen (die haben ja nicht Medizin studiert …).

Selbst die Menschen, die Medizin studiert haben und sich Ärzte nennen, leben nicht immer gesund und sind nicht immer so tolle Vorbilder. Aber über die Schwächen, die sie selbst nicht haben, können sie hervorragende Reden halten.

Es ist jedenfalls gesünder, keine Ärzte zu brauchen; manchmal braucht man sie doch. Zumindest so lang, bis man mit dem eigenen Körper und seinem Zustand wieder klar kommt.

Gerd, es scheint, du warst immer ein analytischer Geist, eine empfindsame Seele und getrieben von einem immer wieder ruhelosen Herz, das alles zugleich leben wollte und sich doch nach Ruhe gesehnt hat.

❦❦❦

Ein Herz, eine Seele?

Die Wissenschaft hat sich damit beschäftigt, dass unser Herz schmerzt, wenn die Seele leidet.

In der Theorie Nr. 1 wurde die Seele als Funktion unseres Gehirns vermutet. Unser Herz ist der wichtigste Muskel im Körper, der jedoch keinerlei direkten Kontakt, keine direkte Verbindung zu den Funktionen des Gehirns hat. Wie also kann sich dann das seelische Befinden auf das Herz auswirken?

In der Theorie Nr. 2 wurde dann das Herz als »Sitz der Seele« angenommen und die Seele als eine vom Gehirn unabhängige Funktion im Menschen gesehen, die auf unseren Geist reagiert und anscheinend den »Mittler« zwischen Geist und Herz darstellt.

Wenn wir großes Leid oder große Freude erleben, bringt unsere Seele diese Gedanken als Gefühle zum Herz, das daraufhin in seiner Art zu arbeiten reagiert. Kaum einer, der nicht schon die große Freude sich zu verlieben erlebt hat, oder den Schmerz eines großen Verlustes kennengelernt hat. Dann bringt unsere Seele das Herz zum Klopfen, Hüpfen, zum Aufgehen, zum Schmerzen …

Wie kann ich mit Worten beschreiben, was mein Herz fühlt? An diesem Ort endet alle Sprache. Gerd, ich denke, auch du warst oft in der Sprachlosigkeit. Führte sie dich zum Singen? Führt sie uns zum Singen?

So will ich meinen Brief an dich schließen,
du bleibst in meinen Gedanken,
deine Stimme in meinem Herzen,

Elfe

Wolfgang Wesemann

Gotthelf Pingeligs Freizeit

Ließen der Hang zur Ordnung und Genauigkeit sowie die intellektuellen Interessen Gotthelf keine Zeit, den als normal bezeichneten Interessen eines jungen Mannes zu folgen? Trieb er Sport, besuchte er mit Gleichaltrigen Kneipen oder Diskotheken? Wie hielt er es mit Mädchen?

Mannschaftssportarten wie Handball oder Fußball kamen für ihn nicht in Frage. Bei diesen körperbetonten Sportarten scheute er den zu engen Kontakt. Unvorstellbar, dass er in der Mannschaftskabine den Geruch des zersetzenden Schweißes und das gemeinsame Duschen ertragen hätte.

Er wählte eine Sportart, bei der er Distanz wahren, sich den Gegner oder Partner vom Leib halten konnte. Diese Bedingung erfüllte in nahezu idealer Weise das Fechten. Hier gilt es, den Gegner auf Abstand zu halten, seiner Klinge auszuweichen, und selbst bei eigenen oder gegnerischen Treffern bleibt der Abstand von einer Klingenlänge gewahrt. Als eleganteste Sportart wählte er das Florettfechten. Beim Florett ist die Anwendung von Kraft oder gar Gewalt nicht nur verpönt, sondern auch hinderlich für dessen präzise Handhabung. Geistige Wendigkeit und Reaktionsschnelle, vor allem bei den Finten, Körperbeherrschung beim Ausfall, Genauigkeit der Florettführung bei Parade und Angriff: all diese Voraussetzungen eines guten Fechters brachte Gotthelf mit.

Die sich regelmäßig an das Training anschließende Kneipenbesuche seiner Fechtkameraden lösten in Gotthelf zwiespältige Gefühle aus. Geselligkeit in einer Kneipe und Hygiene erschienen ihm unvereinbar. Er wollte nicht auf die Gemeinschaft verzichten und freute sich auf anregende Unterhaltungen. Auch hatte er nach anstrengendem Training großen Durst. Doch hier lag das Problem. Was sollte er trinken? Bier? Die Biergläser wurden in ein Becken mit Spüllauge und anschließend zum Trocknen auf die Theke gestellt. Wie unappetitlich, wenn fünf, zehn oder noch mehr Gläser ins selbe Spülwasser getaucht wurden! Hygienisch arbeitende Spülmaschinen waren damals in den Kneipen eine Ausnahme. Bier direkt aus der Flasche zu trinken, schied als Alternative aus; denn eine echte Kneipe war stolz auf ihr gepflegtes Bier vom Fass und führte kein Flaschenbier.

Als Ausweg bestellte Gotthelf eine Flasche Mineralwasser, wischte den Flaschenhals sorgfältig mit einem Hygienetuch ab, bevor er direkt aus der Flasche trank. Diese Trinkgewohnheit stempelte ihn im Kreise seiner gleichaltrigen Sportfreunde zum sauertöpfischen Sonderling. Gotthelf Messner konnte es drehen, wie er wollte, er war ein

Außenseiter, gleichgültig, ob er gemeinsam mit den anderen eine Kneipe besuchte oder ob er nach dem Training direkt nach Hause ging.

Es wäre falsch, anzunehmen, Gotthelf sei ein überzeugter Einzelgänger. Einzelgänger? Ja. Doch aus Überzeugung und Neigung hatte er diese Rolle nicht angenommen. Seine Veranlagung und die Gesellschaft hatten sie ihm zugewiesen.

Im Bemühen, sich nicht von Gleichaltrigen abzusondern, um gleichsam nicht als Absonderling zu gelten, probierte er die Kontaktmöglichkeiten von Diskos aus. Zwar fraktioniert der ohrenbetäubende, ohrenzerstörende Diskolärm jede Unterhaltung, doch auch der engagierteste Diskjockey legt Pausen ein und gönnt sich sowie den Ohren und Gliedern der Besucher Ruhepausen.

Das hygienische Trinken bereitete in einer Disko weniger Probleme als in einer Kneipe. In der Disko war der Schluck direkt aus der Flasche weit verbreitet. Einige Flaschenkinder nahmen die Flasche sogar auf die Tanzfläche mit. Es war schwer zu entscheiden, ob die Musik, der Flascheninhalt oder die Partnerin, das Girl, die Tänzer zu den rhythmischen Zuckungen beflügelten. Feststeht, dass diese Flaschenkinder selbst bei den gewagtesten Tanzübungen niemals die Flasche, wohl aber schon mal ihr Girl verloren.

So weit die Theorie zu den Vorteilen eines Diskobesuches für Gotthelf! Vor der Entscheidung, in welcher Disko er die nächtliche Kontaktpflege in Angriff nehmen wolle, inspizierte er die Toiletten der Etablissements. Bekanntlich erlaubt der Zustand der Toilette Rückschlüsse auf die Hygiene in der Küche. Erst die Toilettenanlage der dritten geprüften Disko bestand, wie man heute sagen würde, Gotthelfs Stresstest, wenn auch mit Einschränkung. Wenn er, wie üblich, nach dem Händewaschen die Türklinke mit einem Papierhandtuch oder einem Kleenex-Tuch anfasste, waren Toiletten- und Waschräume dieser Disko gerade noch akzeptabel. Zumindest hoffte er zuversichtlich, beim Genuss von Flaschenbier hier nicht unfreiwilliger Gastwirt der Erreger von Schweinepest, Hühnergrippe, Influenza und anderen possierlichen Mikroorganismen zu werden, die sich in menschlichen und in Presseorganen breitmachen.

Die Diskotheken bieten Gelegenheit, Exemplare des anderen Geschlechts kennenzulernen, für Gotthelf ein willkommener Umstand, denn sein Hormonhaushalt war altersentsprechend durchaus normal.

Viele Diskobesucher vermeiden beim Tanzen zunächst eine zu enge Tuchfühlung. Sie bewegen sich mehr selbstvergessen als partnerschaftlich über die Tanzfläche. Ihr Tanz ist eine Mischung von Kommunikation mit dem Partner, mit allen anderen auf der Tanzfläche stampfenden, sich windenden Paaren, ja auch mit dem Diskjockey. Im Zustand der Selbstvergessenheit oder Selbstgenügsamkeit löst sich die lockere Bindung an den Partner, der sich im Gewühl der Tänzer verliert. Diese einsame Zweisamkeit kam Gotthelfs Berührungsängsten entgegen. Ohne aufzufallen, konnte er Distanz wahren.

Während der Tanzpausen war Gotthelf mit einer adretten Brünetten ins Gespräch gekommen. Sandra, oder wie sie von ihren Freunden genannt wurde, Sandy studierte wie Gotthelf Volkswirtschaftslehre und Jura. An Gesprächsstoff mangelte es daher nicht.

Pingelig gefiel, wie Sandy ihre gemeinsamen Dozenten trefflich charakterisierte: der Notzüchter, dessen Lieblingsthema Sitte und Moral waren; der Bechterew, ein hochaufgeschossener, dürrer Dozent, der sich im Winkel von 90 Grad über das Manuskript beugte und sich nur nach Ende der Vorlesung wieder zur vollen Größe aufrichtete; der falsche Paragraph, der seine Vorlesung mit Anekdoten über Fehlurteile und falsch interpretierte Paragraphen würzte; die reine Lehre, eine blitzgescheite, etwas jüngferliche Professorin, die dem Beifall heischenden Kollegen wegen seiner zahlreichen Falschfallbeispiele, die einem seriösen Unterricht abträglich seien, Opportunismus vorwarf, und schließlich der Wirtschaftsjurist, der mit seinem strengen Atem die Hörer in den ersten Reihen an den Folgen seiner nächtlichen Praxisstudien teilhaben ließ.

Pingelig forderte die kesse Sandy immer wieder zum Tanz auf. Schließlich blieben sie wie auch andere Paare während der Pausen Händchen haltend auf der Tanzfläche stehen, was offensichtlich auch Sandy nicht unangenehm war. Pingelig war noch nie solange, so eng und ausschließlich mit einer Vertreterin des anderen Geschlechts zusammen gewesen. Es war ihm, als ob Sandy eine gewisse, nicht näher zu beschreibende Leichtigkeit auf ihn übertrug.

Gegen Morgen, als sich die zuvor aufpeitschenden Musikrhythmen beruhigten, sich die Bewegungen der Tänzer verlangsamten, schmiegten sich die Tänzerinnen schutzbedürftig eng an ihre Partner. Wange an Wange, gleichsam auf Hautfühlung, gaben sie sich in immer sparsameren Bewegungen der endlich gefundenen Zweisamkeit hin.

Auch Sandy suchte Gotthelfs Nähe. Ihm war, als ob ihn ihre Körperwärme angenehm durchströmte. Spürte Sandy, dass seine Männlichkeit erwachte? Er wurde verlegen. Als Sandy ihre Wange an seine legte, erstarrte sein Körper. Sein Ekelgen schlug Alarm. Ein Adrenalinausstoß überschwemmte seinen Körper, verdrängte die Testosteronwirkung und löste den Fluchtreflex aus. Ungewollt heftig schob er die verdutzte Sandy zur Seite, murmelte eine unverständliche Entschuldigung und verließ mit hängenden Schultern die Disko.

Zerfahren wischte er mit seinem Taschentuch die Wange ab, die Sandy berührt hatte. Er haderte mit sich. Sandy war ihm nicht unsympathisch. Im Gegenteil, er fand sie sogar sehr attraktiv. Ein ihm bisher unbekanntes Gefühl durchflutete ihn. Gerne wäre er länger mit ihr zusammen gewesen. Andere Paare küssten sich auf der Tanzfläche sogar intensiv und mit großer Ausdauer von Mund zu Mund. »Scheußlich, wenn der Speichel hin und her fließt! Es ist, als ob einer dem anderen in den Mund spuckt!«

Die Hygiene hatte über die Zuneigung die Oberhand gewonnen.

Hatte Pingelig nicht ohnehin bereits beim Tanzen durch die langen und seiner Meinung nach zu engen Kontakte mit Sandy gegen seine Hygieneregeln verstoßen?

Seine Befürchtungen wurden über Nacht bestätigt. Am nächsten Morgen erwachte er mit Halsschmerzen.

Besorgt konsultierte er den Studentenarzt. Nach gründlicher Inspektion des Halses sowie der Lymphknoten, nach Perkussion und Auskultation lautete der Befund des Arztes: »Außer einer leichten Rötung des Halses sind Sie kerngesund. Lutschen Sie einige Eukalyptusbonbons und gehen Sie am Rhein spazieren! In spätestens drei Tagen sind Sie beschwerdefrei.«

»Herr Doktor, kann sich aus der Halsentzündung nicht eine eitrige Angina entwickeln? Der Eiter kann doch das Herz infizieren.«

Der Arzt versuchte zu beruhigen: »Ich sagte: Es ist eine leichte Rötung. Seien Sie unbesorgt!«

»Könnte es Diphterie sein?«

»Nein! Ich weiß nicht, ob Sie in vier Wochen, vier Monaten oder in vier Jahren eine eitrige Mandelentzündung, Diphterie oder die galoppierende Schwindsucht bekommen. Vielleicht sind Sie bis dahin mit der Rheinbrücke in den Fluss gestürzt. Auf Wiedersehen, Herr Messner.«

Missmutig und sorgenvoll verließ Pingelig die Arztpraxis. »Diese arroganten Ärzte!«

Pingelig freute sich, Sandy ab und zu in den Vorlesungen zu sehen. Nach der abrupten Verabschiedung von der Tanzfläche in der Disko hatte er Hemmungen, sie anzusprechen. Er fürchtete, abgewiesen zu werden. Da Sandy ihm jedes Mal freundlich, er glaubte sogar aufmunternd zulächelte, überwand er sich schließlich und sprach sie an.

Sandys lachende Begrüßung: »Hallo, mein Marathontänzer!«, machte ihm Mut zu hoffen, dass sie sich nicht verletzt fühlte, mehr noch, dass sie ihn vielleicht auch mochte.

Doch fielen ihm zunächst längere Gespräche schwer. Dies hatte zwei Ursachen: Er schämte sich zu sehr wegen des peinlichen Zwischenfalls in der Disko. An einem unbefangenen Gespräch wurde er zusätzlich durch die starke Neigung, die er für Sandy verspürte, gehindert.

Hanjo Winkler

Naturburschen

Dieses Mal soll etwas Außergewöhnliches bei uns starten. Skiabfahrten des Nachts, baden im fast vereisten Fluss oder Abende im Iglu sind in den letzten Jahren schon zum festen Programm geworden und erregen kaum noch die Gemüter. Der Fantasie sind bekanntlich keine Grenzen gesetzt und so ist es nicht weiter verwunderlich, dass ein Fan vorschlägt, wie die Lappen mit einer Kothe in die Botanik zu ziehen und einen auf »high life« zu mimen.

Der Vorschlag findet den Beifall der Clique und nach einigen Bemühungen in die verschiedensten Richtungen sind wir Besitzer einer zünftigen Kothe. Die vier schwarzen Planen machen im ersten Moment zwar einen recht vorsintflutlichen Eindruck und riechen penetrant nach Rauch, sollen aber, wie uns der Eigentümer mit treuherzigem Augenaufschlag versicherte, jeder Witterungslage gewachsen sein.

Noch ein paar gutgemeinte Tipps von Seiten des Kothenverleihers und dann quer durch die Mitte.

Nun sind wir einige Tage im Urlaubsort und haben uns schon recht gut akklimatisiert. »Lugger«, ein sympathischer Junge mit Sommersprossen auf der Nase, der wie ein Teufel die Balalaika bearbeitet und dazu Russisch singt, ist zu uns gestoßen und ergänzt den Haufen vortrefflich. Auch er wird heute Abend in der Kothe mit dabei sein.

Der ganze Vormittag sieht uns bienenemsig im Wald. Wie die ersten Menschen streifen wir durch die Botanik. Endlich, nach langem Suchen haben wir eine geeignete Stelle gefunden. Sie liegt etwa 3 km von unserem Aufenthaltsort entfernt und ist nur auf Waldwegen zu erreichen (18.031 Schlittenstunden von Moskau entfernt).

Die Kothe stellen wir in Rekordzeit auf. Zwar knüpfen wir mehrfach die Planen verkehrt zusammen, aber das gehört zum Service. Nun heißt es, eine gute Unterlage zu schaffen, denn keiner von uns hat Lust, schon bald starkes Rheuma in den Knochen zu verspüren. Deshalb strolchen wir eifrig umherspähend wieder durch die deutschen Auen.

Einmal versuchen wir es mit Eichenzweigen, dann jedoch entscheiden wir uns für Birkenreiser. Diese beziehen wir von einigen Bäumen, die vorher von Waldarbeitern umgelegt worden sind.

Da ich den Erste-Hilfe-Kasten bei mir trage, hacken meine Freunde eifrig drauflos. Es ist eine elende Drecksarbeit, jedoch haben wir es nach zwei Stunden geschafft: die ganze Fläche der Kothe ist in einer Dicke von etwa zehn Zentimetern mit Birkenreisern ausgelegt.

Die Feuerstelle ist schnell gebaut und wir freuen uns schon jetzt auf den herrlichen Grog und die Brühe, die wir nachts kochen wollen. Jeglicher Komfort ist also vollkommen eingeplant.

Endlich ist es soweit. Schwer bepackt latschen wir bergauf. Ich habe vier Decken auf dem Rücken und alle Klamotten, die ich besitze, auf dem Körper. Der Schweiß läuft in Strömen.

Glaubt mir, Freunde, alle Sünden fielen mir dabei ein.

Schwer atmend stehen wir dann nach einer Dreiviertelstunde vor der Kothe. Einzeln kriechen wir in das Zelt und richten uns häuslich ein.

Beim Feuermachen gibt es das erste Problem: Wo gibt es im Wald bei anhaltendem Schneefall trockenes Holz? Na ja, ein Pfund kleingeschnittene Margarine, vermischt mit einigen Illustrierten, gibt fürs erste auch eine tolle Flamme. Einige nicht verwendete Heringe wandern sofort in die deutsche Qualitätsmargarineglut.

Da wir nach einer Viertelstunde nur noch nasses Holz besitzen, gibt es große Mengen von Rauch im Inneren Zeltes. Das geht so weit, dass wir uns nur noch mit geschlossenen Augen und eifrig nach Luft schnappend wie Karpfen auf dem Lande, hier aufhalten können. Der Versuch, diese Szene für das Familienalbum auf Platte zu bannen, schlägt vollends fehl. Die Tränen kullern uns die Backen hinab, aber das soll noch nicht der letzte Gag sein an diesem romantischen Abend.

Der Schey, ein russisches Getränk mit viel Alkohol, Gewürzen und Früchten, dampft gerade ganz tüchtig im Kochtopf, da knackt es verräterisch über unseren Köpfen und im nächsten Moment kommt die Kothe mit allen Details über uns hernieder. Der Strick, der das Zelt hält, hat offensichtlich gestreikt. Unser heißgeliebter Topf mit dem schmackhaften Gesöff kippt zu unserem großen Entsetzen ganz langsam ins Feuer und die Flammen schlagen, die wir uns eifrig kriechend auf dem Boden zum Ausgang des Zeltes bewegen, tüchtig entgegen.

Meine Sorge ist nur, dass die Zeltplane im Feuer fängt, denn der nächste Trupp einer freiwilligen Feuerwehr kann nach meinem Dafürhalten in anderthalb Stunden zur Stelle sein.

Aber es geht alles wieder gut. Der ganze Krempel wird mit vereinten Kräften in Ordnung gebracht und nach schätzungsweise drei Zigarettenlängen ziehen wir zum zweiten Male ein.

Da kein »Sprit« mehr vorhanden ist, greifen wir zu Maggi- und Knorrsuppen, die wir pfiffigerweise einfach zusammenschütten und kochen. Das Zeug schmeckt greulich, nur die Temperatur stimmt, aber was tut man nicht alles für ein romantisches »Sit-in«.

Nach diesem herrlichen Mahl gehen wir zum gemütlichen Teil des Abends über: der »Russenfan« mit der Balalaika spendiert drei Flaschen Tokaier und wir Frankfurter Würstchen, Käse und »Karate-Kuchen« (dieser Sandkuchen heißt so, weil er so hart ist, dass manche Leute behaupten, wer ihn mit einem Handkantenschlag durch bekäme, dem müsste der schwarze Gürtel verliehen werden).

Gegen 23:00 Uhr (MEZ) ist der Rauch so kompakt und beißend, dass wir das Feuer löschen müssen. Einige 105-Prozentige stimmen zwar dagegen, jedoch die gesunde Mitte setzt sich durch.

Die Taschenlampe reicht nur noch für zwanzig Minuten und dann sitzen wir im Dunkeln.

Bis 2:00 Uhr halten wir durch, aber dann wird die Kälte trotz feurigem Balalaikaspiels so durchdringend, dass wir in die Decken kriechen.

Ich denke ans Schlafen, aber denkste! Ich zähle nicht zu den verweichlichten Typen, aber es ist so kalt, dass ich nicht in den Schlaf kommen kann. Ständig muss man Angst haben, dass eine Stelle in der Deckenkonstruktion offen ist und die eisige Kälte an den »Body« kommen kann.

Um 4:00 Uhr schnattern zwei Mann neben mir so stark, dass ich ihnen den Vorschlag mache, doch ins Dorf zurückzugehen. Das ist einfach gesagt, aber die Freunde kommen nicht mehr in ihre Schuhe, da diese vor Kälte steif geworden sind.

Nach dem Motto »barfuß durch die Hölle« machen sie sich wenig später in Socken auf den langen Weg. Ich kann ihnen nur noch nachrufen, dass sie sich eine große Menge von Grippetabletten in den Rachen schieben und in einigen Stunden für uns das Frühstück bereithalten sollen.

Erst um 5:00 Uhr sinke ich erleichtert Morpheus in die Arme, nachdem ich mir vorher meinen Janker um den Kopf gewickelt habe.

Gegen 10:00 Uhr ist Morgentoilette. Wir ziehen unsere Klamotten aus und reiben uns gegenseitig mit Schnee ab, so dass das alte Temperament langsam zurück kommt. Die Reste unserer Würfelsuppen werden schnell erwärmt und inhaliert und dann rennen wir im »Schweinsgalopp« bewohnten Gegenden zu.

Ein Gefühl wie bei der Bescherung packt wohl jeden von uns, als wir am Kaffeetisch sitzen und das aromatische Gebräu uns dampfend in die Nase zieht. Anschließend lassen wir uns in die Betten fallen und »ratzen« einige Stunden um die Wette.

Die Zivilisation hat uns Ausreißer wieder.

(Zeichnung: Hanjo Winkler)

Gemobbt

In jedem Hund steckt, wie beim Menschen, ein innerer Sauhund. Jetzt werden natürlich die Hundeliebhaber vor Empörung aufheulen und die angebliche Harmlosigkeit ihrer vierbeinigen Wadenbeißer beschwören, aber das nutzt ihnen nichts, denn ich kann das Gegenteil beweisen.

Als betagter Rentner spazierte ich gestern wieder einmal durch den Stadtpark, als mich ein herrenloser Hund überholte, der mich vorher schon tagelang beobachtet haben musste, denn der Rüde führte mir in der Folge mein persönliches Verhalten im Park schonungslos vor Augen, indem er mich täuschend echt nachäffte. Das Ganze war äußerst perfide gemacht.

So hustete er plötzlich schwer, zog das linke Bein nach, blieb oft stehen, erleichterte die Blase ungeniert an den Bäumen, nötigte Entgegenkommende rigoros zum Ausweichen, verscheuchte knurrend spielende Welpen, beanspruchte zum Ausruhen eine ganze Parkbank für sich allein, kläffte grundlos andere Artgenossen an und schaute sehnsüchtig hübschen Hundedamen nach, ohne jedoch dabei mit dem Schwanz zu wedeln.

Am Schluss des Schmierentheaters pinkelte mir der infame Köter noch ans Hosenbein und erlöste mich danach endlich von seiner widerlichen Gegenwart, indem er schleunigst das Weite suchte.

Ich bin wirklich ein Tierfreund, aber ich hätte kein Mitleid, wenn diesem Sauhund der nächste Knochen im Halse stecken bliebe! –

Johannes Wöstemeyer

Biologenherbst

Der Sommer war unerfreulich gewesen. Die Experimente gingen nicht richtig voran. Wahrscheinlich konzentrierte er sich nicht genug; vielleicht war er einfach nur erschöpft. Tagsüber verbreitete er Optimismus bei seinen Studenten, in der Nacht ergab er sich der Verzweiflung. In dieser Situation kam ihm die Einladung zu einem großen Kongress auf der Krim gerade recht. Seine ukrainischen Kollegen waren ausgesprochen freundlich zu ihm. Sie boten ihm einen der begehrten großen Vorträge an und überließen ihm die Wahl des Themas selbst. Er überlegte nur kurz, dann nahm er an. Die Woche schien Urlaub zu verheißen, sogar die Kosten hielten sich in Grenzen.

Die Reise verlief ohne Probleme, außer dass die Unruhe der letzen Wochen ihn noch immer quälte. Die Pannen im Labor, die Attacken einer neidischen und unbeherrschbar aggressiven Kollegin auf seine Laborräume sowie eine abgelehnte Veröffentlichung verletzten ihn mehr, als er sich eingestehen mochte.

Jetzt, nach siebzehn Stunden Fahrt, war es kurz nach zehn am Abend, so dass sich allmählich Müdigkeit ausbreitete. Auf dem Flughafen in Frankfurt, als er einen ganzen Trupp von Kollegen in derselben Warteschlange sah, wäre er beinahe umgekehrt. Dem unvermeidbaren Smalltalk wollte er definitiv für eine Woche entgehen. Ein kleiner Zwischenfall sorgte schließlich noch für hinreichende Ablenkung. Irgendwo im Futter des kleinen Koffers, den er gewöhnlich mit in die Kabine nahm, hatte sich ein Küchenmesser versteckt, das auf dem Röntgenschirm gut sichtbar war, aber dennoch nicht sofort gefunden werden konnte. Es gab ein wenig Aufregung, die ihn von seinen Problemen ablenkte.

Die Abfertigung bei der Einreise in Simferopol dauerte quälend lange. Man war sehr gewissenhaft und fragte telefonisch jede einzelne Passnummer bei einem Zentralregister ab. Dann fuhr man in den frühen Abend hinein in Richtung auf das Schwarze Meer, erst nach Yalta und endlich nach Katsiveli, unmittelbar am Meer. Sein Nachbar war ähnlich schweigsam wie er selbst, so dass er die Stunden im Bus genießen konnte. Erst morgen Abend sollte die Tagung beginnen.

Unterwegs gab es einen Berg, der etwas geduckt aussah, als ob er sich ins Meer vorschieben wolle. Die kleine Legende dazu freute ihn. Der Berg sei eigentlich ein großer Bär gewesen, der mit einem jungen Mädchen lebte, das für ihn kochte und ihn umsorgte. Eines Tages lernte das Mädchen einen Mann kennen, der mit ihr über das Meer fliehen wollte. Der Bär, um dies zu verhindern, legte sich ans Ufer und begann das Meer auszutrinken, damit das Boot der Liebenden stranden möge. In dieser Lage sieht man ihn noch heute, weil Gott zu den Liebenden hielt und den Bären in Stein verwandelte. Im Mittleren Westen Amerikas hatte er eine ähnliche Legende gehört, in der jedoch der Bär von der Spitze des Berges aus an den Himmel gebannt wurde, wo er noch heute als Sternzeichen sichtbar ist. Er mochte solche Legenden: Die Träume waren überall gleich.

Vom Bus aus sah er große Anbauflächen für Wein, viele schöne Menschen, viel Optimismus auch, zu Stein geworden in einer Vielzahl naiver touristischer Unternehmungen, und entsetzlich viele spätkommunistische Bausünden, etliche davon niemals fertig gebaut.

Morgen würde er die Füße ins Schwarze Meer stecken, würde den Wind riechen, der aus Georgien herüberwehte, würde den Flaneuren zusehen und die Kinder spielen hören. Er würde der Musik der rauschenden Blätter lauschen und den Duft der Pinien und des Oleanders in sich aufnehmen. Er würde allein sein.

Der Kongress begann mit einer Ice-Breaker Party in einer sehr simplen Bar an der Strandpromenade, eigentlich nur eine Art überdachter Tanzfläche, von der aus man über eine kleine Holztreppe zum Strand hinuntergehen konnte. Es gab liebevoll servierte Snacks. Die meisten Getränke standen einfach so da. Den Rest kaufte man für ein paar Hrnvnar beim Barkeeper. Bei dem war er schon am späten Morgen gewesen und hatte eins der lokalen Biere aus einer unerwartet großen Auswahl gekippt. Wider Erwarten hatte er die Party genossen. Es gab gute und ehrliche Gespräche mit den Kollegen aus Kiew, von denen er die meisten mindestens flüchtig kannte. Außerdem gab es Tanz, den er mochte, und leider auch die üblichen pseudowissenschaftlichen Gespräche, die er nicht mochte und auch nicht gut beherrschte.

Danach, allein am Ufer des fremden Meeres, ließ er Träume in sich einsickern, im Licht der unglaublich klaren Sterne, die Vertrauen spendeten und die Illusion von Wärme projizierten. Gleich, bei Sonnenaufgang, würde er etwas hinausschwimmen. Die Quallen würden es nicht übelnehmen, dass er keine Badesachen mitgenommen hatte. Der Wind hatte gedreht. Statt aus Georgien, wehte er nun vom Bosporus her. Er war klarer geworden und fordernder.

Zwischen den vorwiegend beschreibenden Vorträgen, oft mit Expeditionsberichten und den ökologischen Besonderheiten russischer Landstriche, nahm sich sein Beitrag zur Evolution sehr alter Pilze, die viel älter sind als Bäume und Saurier, zunächst seltsam aus oder doch mindestens anders. Nach einer Weile erregten seine Daten und Hypothesen zur Evolution der Pilze die Aufmerksamkeit der Jüngeren im Auditorium. Es kam ihm vor, als ob einige sich auf die Reise zu den Wurzeln der Pilze und zu ihrer skurrilen, bisweilen artüberschreitenden Sexualität mitnehmen ließen. An diesem Tag war er glücklich und blieb es.

Am Abend wurde gefeiert. Einer der Tagungsorganisatoren entführte ihn samt einiger anderer Freunde und der eigenen Arbeitsgruppe mit Hilfe eines Minibusses mit gemietetem Fahrer in die Berge, in eine Art Luxus-Datscha in den Bergen. Es gab unglaublich viele frisch im Dorf zubereitete und phantastisch gute Speisen. Es wurde getrunken, erzählt, gelacht und gesungen. Er fühlte sich wohl, ließ sich einhüllen vom Gelächter der anderen und ließ sogar den Flirt einer Doktorandin aus Kiew zu. Natürlich war ihm bewusst, dass sie damit vorwiegend etwas für ihre Karriere als Wissenschaftlerin erreichen wollte, doch war ihm das für heute egal. Später, als er die Szene einem Freund beschrieb, würde dieser sagen, dass sich dort eine Orgie abgezeichnet hätte. Die Analyse stimmte, über das Wort musste er lächeln. Zum Glück kam es nicht dazu. Es hätte ihn überfordert.

Dann wieder Sterne. So viele hatte er noch nie gesehen, noch nie eine derart differenzierte Milchstraße. Die Doktorandin gestand ihm, dass sie alle ihre Träume aufschrieb und riet ihm, das gleiche zu tun. Auch sagte sie, für die Erfüllung ihrer wichtigsten Träume würde sie alles tun. Zunächst hielt er es für eine launige Bemerkung. Als er nach seiner verwunderten Rückfrage den Ernst spürte, erschrak er. Schließlich übernachtete man in der schmalen, aber dreistöckigen Hütte. Der Ausflug gehörte zu den unvergesslich intensiven Erlebnissen, die nicht oft im Leben passieren. Es war schön, und zuletzt gestand er sich doch noch ein, nicht gern allein ins Bett gegangen zu sein. Leider gab es nicht mal eine Katze, die sich auf seine Füße gerollt hätte.

Der Kongress hatte in der Tat den ersehnten Urlaubscharakter. Wirkliche Sensationen hatte es seit dem letzten Meeting vor zwei Jahren offenbar nicht gegeben. Es bestand also kein Grund zu hektischer Betriebsamkeit. Stattdessen überließ er sich den Annehmlichkeiten der sozialen Ereignisse. Ein Abendausflug in den Palast, in dem 1945 Churchill zur Konferenz von Yalta wohnte, amüsierte ihn. In diesem Land hatte man mit Bausünden und Stilbrüchen schon früh begonnen. Der Palast wirkte im Inneren völlig unwirtlich und vereinte alle Scheußlichkeiten, zu der das 19. Jahrhundert fähig war. Die Renovierung der Sowjets gab der nur für Repräsentationszwecke errichteten Anlage den Rest. Seine gute Laune litt nicht darunter. Sie wurde noch besser, als er dem partiell im osmanischen Stil erbauten Gebäude den Rücken zukehrte und den Blick über den verzaubert wirkenden Garten nach Süden über das Schwarze Meer lenkte. Dort fand er, ein Glas Sekt in der Hand, einen Platz im Schatten einer Granit-Ballustrade, die ihm Zuflucht schenkte. Im Garten gab es riesige Schwärmer mit einer Spannweite von ziemlich zehn Zentimeter, die mit ihrem körperlangen Rüssel die zahlreichen Petunien aussaugten. Es müssen Hunderte dieser wunderschönen Falter gewesen sein. Zusätzlich faszinierten ihn Fledermäuse und ein kleines, vorwitziges Käuzchen, das sich von den vielen Menschen nicht irritieren ließ und dem Schutz der nahenden Nacht vertraute. Draußen, durch die Dunkelheit, zog ein Schiff nach Osten; die rote Backbordleuchte zeigte den Kurs.

Wie immer sammelte er auf den Exkursionen und Spaziergängen ein paar Kot- und Pflanzenproben, aus denen er im Labor neue Pilze isolieren würde. Der Ausflug auf das Hochplateau in circa 1250 m Höhe über dem Meeresniveau war besonders ergiebig und bescherte ihm Wochen später eine Unzahl lohnender Mikroorganismen, mit deren Erforschung er einige Diplomstudenten beschäftigen würde. Bei der Wanderung durch die Berge und über die Hochebene bildeten sich einige ernsthafte Paarungen heraus. Die gemeinsame Arbeit und die Freude an den kleinen Entdeckungen bei Exkursionen schaffte Verbundenheit. Es war schön, dabei zuzuschauen.

Zum Mittagessen rastete man in einer Art Touristenfalle an einem Pass. Ein unansehnliches Tartarendorf belagerte die Straße von der Küste her. In einer einfachen Gaststätte saß man mit untergeschlagenen Beinen auf Polstern. Pilaw gab es, angenehm scharf und mit so viel Knoblauch, dass er ihn noch Tage später aus allen Poren verströmte. Die Gemeinschaft von einer Engländerin, zwei Deutschen, einem Österreicher und drei Ukrainern am Tisch gelang ungezwungen und mit gesundem Lachen. Die Wärme der sich zwangsläufig berührenden Schenkel bei Tisch tat gut.

Unweigerlich
geboren in den Wurzeln,
erstarkt in der Dunkelheit des kalten Winters,
drängt mein Traum ans Licht,
vertraut sein Geheimnis dem Licht an und dem Wind.
Noch ist es Zeit, bis die Blätter verwehen.

Diese Zeilen fielen ihm ein, als er zum zweiten Mal auf einem spektakulären Gipfel an der Abrisskante der Yaila hinunter zum Meer stand. Man hat dort die Sitte, ein Band an eine Art Gipfelkreuz zu binden, ein Band, dem der wichtigste Traum mitgegeben wird. Es kam ihm albern vor, zumal die vielen flatternden Bänder und Wäschestücke nicht gut aussahen. Ernüchtert, als sei die Woche bereits zu Ende, stieg er ab.

Dann aber kehrte er um, investierte eine halbe Stunde in noch einen Aufstieg und ließ sein bestes Taschentuch zurück.

Gedichte

Thomas Barmé

Sehstücke

1

wenn hinaufgezogen
von gottes angel
auf dem meer des nächtlichen himmels
still der mond erscheint
zieht weiter
der reizende köder
an des horizonts dünnem faden

und nicht einmal
im traum ist der haken
daran zu erkennen
nicht die angst des fischs
vorm schatten des fischers

denn weiter fährt längst
der nachen des hüters des schlafs
von der lichterkette entbunden
dahin
wo alles werden
ist

2

mit dem willen zum schein
teilen sich blicke
mit dem spiegel des wassers
einigen glanz

vermag es einer zu schaffen
mit hellsicht zu ankern
ist das lassen getan
brauchts jetzt
kein jenseits mehr

3

von blinden passagieren
wird zur stunde
das rettungsboot
zur schwarzfahrt
mit ratten beladen

läuft es
mit der zeit
aus dem ruder
drehen die zeiger
der uhr
das steuer
zur not
auch allein

4

die kleinen fische
lächeln still
in trüben wassern

da will der fischer
der wünsche hinaus
in die atemflut
um die hungrigen netze
zum immer
hin zu entwerfen

doch statt endlich das herz
aus den angeln zu heben
beißt eine gierige brust an
und nimmt sich aus
sicheren gründen
das tiefere leben

5

niemals können die fragen
die antworten wirklich erreichen
so denken die irren sich
vor ihre häfen
und stellen sich vor
wo die anfänge enden
und der lösungen fracht
mit feuer gelöscht wird
sie sehen sich vor
der heimkehr der gründe
an ihre ziele gekommen
denn wenn die erst ankern
ziehen die schlüsse daraus

Mariann Busch

»Mein Dankeschön an Berlin.«

Dunkelrote Brombeeren

Vormärz

Am Sonntag ging ich Brötchen holen.
Am Montag ging ich einkaufen.
Am Dienstag hatte er
ein merkwürdiges Geschenk bekommen.
8 auf ihrer Kleidung,
das Zeichen der Vereinten Nationen,
heißt:
»Danke für Ihre Freundschaft,
Herr Bush.«
Das stimmt wirklich!

Denn März liebt unendlich.
Und unendlich ist die Zahl.
Ach, könnt' ich nur noch einmal leben,
hätt' ich mein Leben nicht verspielt.

Antje, Skopje

Und ging in die Stadt,
auf eine lange Reise,
von der sie wirklich zurückkommt.
Da lag ein Haus im hellen Sonnenlicht,
nicht arm, nicht reich,
ganz beschaulich,
wie in der Abfolge des Gesprochenen:
»Antje, Skopje«.
Die Klassenzimmer waren leer.

Verlaufen und
keinen Kaffee vorbeigebracht.
(Über die Liebe).

Märzblume

Märzblume, sieh auf!
Sieh auf, wie sie aufgeht
und zersprießt,
sich räkelt und streckt
im warmen Sonnenlicht.
Nur manchmal scheint
aus Unvernunft,
dem Tode so nah.

Eigentlich

Eigentlich ist alles so schwer.
Eigentlich ist alles ganz einfach.
Eigentlich, so trügt dich das Leben.
So ist deins auch meins,
wäre manches leichter
und nie mehr allein.

Vor meinem Heimatland bin ich gestorben
(Gedanken an Konrad Adenauer)

Vor meinem Heimatland bin ich gestorben,
täglich hat sie geweint,
täglich stand der Feind vor der Tür.
Drei Kinder sollst du bekommen,
versprach sie ihm.
Davon soll eines das Kind der Nation sein.

Gedanken von gestern (an heute)

Der Wind erzählt mir manchmal,
den Zahn der Zeit.
Doch wann war gestern?
Ich weiß es nicht mehr,
ich habe es vergessen.
Nur manchmal, ein kleiner Amselhieb,
lacht verschmitzt und erinnert mich daran,
wie wertvoll die Zeit im Leben ist,
die uns bleibt.

Das Märchen vom Friedrichslied

In einer Zeit, in der alles unmöglich schien,
erzähl' ich dem Friedrichslied ein Lied.
Dort, an dem alten Ufer
werde ich stehen,
da kann ich dir nicht widerstehen.
(Altes Volksmärchen).

Am Bahnhof

Es war einmal, das Leben.
Und das Leben war ein Bahnhof.
Pünktlich fuhren die Züge ab.
Nur einige Menschen
konnten nicht einsteigen.
Sie hatten nämlich von ihren Eltern
keine warmen Mäntel bekommen.
Schade.

Danke

So, heiliger Vater,
hab Dank.
Vergelt's Gott,
ich denk' an euch!
Bis wir uns wiedersehen.

Mariann Buch

Gerd Diemunsch

»Humor ist die Würze meines Lebens.«

Der Zitronenfalter

Ein frisch geschlüpfter Zitronenfalter,
noch unerfahren und kess für sein Alter,
wollte nicht mehr wie seine Alten,
immer nur Zitronen falten.

Er versuchte sich zuerst an Orangen,
die ihm aber nicht gut gelangen.
Er verunglückte prompt – man konnte es ahnen,
beim Geradebiegen von Bananen.

Der Schwalbenschwanz

Ein farbenfroher Schwalbenschwanz
der übten seinen Hochzeitstanz.
Er startete den Höhenflug –
bekam vom »Gaukeln« nie genug.

Er wollte wie 'ne Schwalbe segeln
und zählte sich schon zu den Vögeln.
Ward unprosaisch unterdessen,
von eben diesen aufgefressen!

Der Distelfalter

Ein fürwitziger Distelfalter
sah einen bunten Büstenhalter.
Der hing zum Trocknen auf der Leine,
bestand aus Blüten, nur zum Scheine.

Es lockt ein Duft – recht blütenschwer,
vom Spülbad stammt der nämlich her.
Will naschen von der schönsten Blüte,
rutscht ab von dieser spitzen Tüte.

Erhängt sich in den duft'gen Maschen –
als Strafe für das fremde Naschen.

Der Trauermantel

Ein eleganter Trauermantel flatterte im Sommerwind.
Er war kein grämlich-trauriger Geselle –
oh nein, er war wie eben Falter sind.
Er nippt mal hier und nascht mal dort,
schwebt flugs zur Nachbarblüte fort.

Sah er 'ne »Trauermäntelin« – schon war er hin.
Folgt blindlings ihrer duft'gen Spur,
gemäß den Trieben der Natur.
Am nächsten Tag ward er gefangen –
im Spinnennetz sieht man ihn hangen.

Im »Trauermantel« eingesponnen,
hat er ein traurig End' genommen.

Der Wasserfloh und die Energie-Bilanz

Am Waldesrand in einem Tümpel –
inmitten Müll und Altgerümpel –
da lebt ein kleiner Wasserfloh
ganz unbeschwert und lebensfroh.

Der kleine flinke Wasserfloh
fror jämmerlich an seinem Po.

Da kam ein großer alter Barsch –
dem war auch kalt am Ar…

Er hatte Hunger im Gedärm
und, auch damit er sich erwärm –
fraß er den kleinen Wasserfloh
mit Haut und Haar, trotz kaltem Po.

Die Mücke

Nach jedem Mückenstich frag ich mich,
warum grad ich?
Ich brauch ja nur die Mücke fragen,
sie kann's mir leider nicht mehr sagen.
Ich hab sie grad erschlagen.

Herbstliche Gartenimpressionen

Die blaue Traube am Spalier
genießt die späten Sonnenstrahlen.
Ihr zarter Reif, ihr würz'ger Duft
lässt Gaumenfreuden ahnen.

Vom Zaun her grüßen Dahlien,
in wunderschöner Farbenpracht,
die Blütenköpfe stolz erhoben
nach erster kühler Vollmondnacht.

Der Birnbaum in der Gartenecke
trägt schwer an seinen »Kalebassen«.
Als Igelfutter hat er schon
viel gold'ne Früchte fallen lassen.

Mit seinem zarten Blütenkleid
der Zauberkelch der Herbstzeitlose –
erfreut des Menschen trüben Blick
nebst Asternpracht und letzter Rose.

Der Extremist

Der Extremist heißt Extremist,
weil er doch wirklich extrem ist.
Mal heißt er »rechts-«, mal »linksextrem«,
ist vielen darum unbequem.

»Ex« heißt »aus« und Mist bleibt Mist –
doch stolz nennt er sich Extremist!

Selbsterkenntnis

Grad aufgewacht schau in den Spiegel –
erblicke seinen »Platten-Igel«.
Unrasiert, mit einer Glatze –
'ne grässliche Altmänner-Fratze.
Das Alter macht manch Menschen schön,
bei mir scheint dieses nicht geschehn.

PILZALLERLEI

Krause Glucke

Ne »Krause Glucke« gluckte krause
wie'n vollgesogener Badeschwamm
stirnrunzelnd und mit grimmiger Miene
hinterm morschen Kiefernstamm.

Da kam vorbei der Opa Krause
im Eilschritt – Rentnerzeit ist knapp,
erspäht die Glucke, die so krause –
sein Messer blinkt, schon ist sie ab,
'ne »Pilzjagdbeute« für Zuhause.

Der Fliegenpilz

Ein frisch gelackter Fliegenpilz,
der steht ganz stolz im Wald.
Ich steh davor, bewundre ihn
und langsam wird mir kalt.

Wer so schön angestrichen ist,
der kann nicht tückisch sein.
Er ist ja nur zum Anschaun da,
drum pack ihn ja nicht ein.

Der Parasol

Ein Meisterwerk der Pilzbaukunst –
schön, elegant und schlank,
so steht der Parasol vor uns –
und essbar – Gott sei Dank!

Gebraten in der Pfanne
schmeckt der panierte Hut,
fast wie ein »Wiener Schnitzel«,
so unwahrscheinlich gut.

Sein zäher Stiel ist nach dem Putzen,
getrocknet und pulverisiert,
als Pilzgewürz noch sehr von Nutzen,
in Suppen und Soßen gern serviert.

Der Pfifferling

Der Pfifferling ist sehr bekannt
als Speisepilz im ganzen Land.
Sein sattes Gelb im grünen Moos
besiegelte sein schweres Los.
Als Massenpilz in früh'ren Tagen
füllt er den Korb und dann den Magen.

Jetzt ist er Rarität geworden,
weil blindwütige Sammlerhorden
sein empfindliches Mycel zerstören.
Die Pilznatur kann sich nicht wehren.
Selbst kleinste Kerlchen kratzte man
aus Moos und Streu von Ficht und Tann.

Nun ist's mal wieder fast geschehen,
man kann ihn nur noch selten sehen.
Vergraste Wälder, saurer Regen –
dem Menschen ist er unterlegen.
Der Pfifferling ist so apart,
schonen wir doch seine Art!

Das Ei des Kolumbus

Kolumbus liebt sein Frühstücksei
doch oftmals ging es ihm entzwei.

...

Wolfgang Eichhorn

»WACHT AUF! STEHT GEMEINSAM AUF FÜR FRIEDEN, FREIHEIT, OFFENHEIT UND WÜRDE!«

Braucht Papiergeld Deckung?
Bringt Gold Stärkung, Streckung?
Fehlt's an Nahrung, Wasser,
hilft dann einem Prasser
goldgedeckte Pinke
oder Pinke-Schminke?

Sucht nicht Stoff zur Deckung,
sondern kämpft für Weckung
willensstarker Hirne,
die mit kluger Birne
produzieren, toppen,
was die Menschen shoppen!

Wächst das Waren-, Dienst-Gemenge
schneller als die Geldesmenge
bei Geldumlauftempo »konstant«,
dann kommt Inflation zum Stillstand.

Steigt jedoch der Geldstrom rascher
als die Waren-, Dienste-Menge,
findet sich oft schnell ein lascher
Kopf mit Theorie-Gepränge,
der Preisanstieg-Gau voraussagt.

Glaubt nicht immer solchen Köpfen,
deren Denken kaum herausragt!
Lernen kann man oft von Tröpfen,
die sehr gegen Theorien
sich der Empirie bedienen:

Diese Tröpfe seh'n Billionen
Euro-, Dollar-Invasionen
irre vielerorts eindringen,
ohne Inflation zu bringen.
Und das alles schon seit Jahren!

Jede(r) soll es jetzt erfahren:
Immer mehr Zentralbankgelder
fließen in Finanzweltfelder,
während für Konsumausgaben
viele wenig Kohle haben.

Rettungswege: Ticks und Tricks ums Geld kurieren,
Geldflusszweck für Arm und Reich gerecht forcieren!

Immer, wenn du ein Kleinkind siehst,
triffst du Gott auf frischer Tat.
Manchmal, wenn du ein Schulkind siehst,
triffst du 'nen Teufel auf frischer Tat.
Teufel? Nicht von Anfang an!
Ist das Umfeld schuld daran?

Angeregt von Martin Luther: »Immer, wenn du ein Kind siehst, triffst du Gott auf frischer Tat.«

Einigkeit und Recht und Freiheit
für das deutsche Vaterland –
danach lasst uns alle streben
aufrichtig mit Herz und Hand!

Menschenwürde, vor'm Recht Gleichheit
im umhegten Vaterland –
dafür lasst uns alles geben:
Leidenschaft und viel Verstand!

Menschlichkeit, am Frieden weben
selbstbewusst mit Hand und Pfand –
weil wir gern voll Freude leben
im geliebten Vaterland!

Leben, Glaube, frei und offen
– Grundgesetz, Garant und Band –
das lässt uns von Herzen hoffen:
Blühen wirst du, Vaterland!

Angeregt durch A. H. Hoffmann von Fallersleben, den Dichter der deutschen Nationalhymne, Bertolt Brecht und das Grundgesetz. Mit den ersten vier Zeilen – allerdings mit »brüderlich« statt »aufrichtig« – beginnt die deutsche Nationalhymne. Statt »brüderlich« steht oben »aufrichtig«, weil Brüder wie auch Schwestern und Geschwister es im Miteinander hin und wieder an Lauterkeit fehlen lassen.

Erreichst du möglichst schnell ein Ziel,
entgeht dir unterwegs sehr viel.
Vielleicht ist dir ein Ziel bestimmt,
das Wege weist und Zeit nicht nimmt.
Denk' nicht an Ziele, denk' an Wege
und lass dir Zeit für deren Pflege!

Angeregt von Marie von Ebner-Eschenbach, Oliver Hasenkamp und Hans Pfitzner

Gescheit
kommst weit,
doch heiter
kommst weiter.
Als Heiterste(r) der Gescheitesten
kommst weit und breit am weitesten.

Wolfgang Eichhorn und Hans Lenk

Hochmut kommt oft vor dem Fall,
Kleinmut schadet überall,
Übermut tut selten gut.
Mut und dazu Edelmut
wärmen Seele, Herz und Blut.

Angeregt von zwei eingebauten alten Sprüchen.

Wenn ein Freund dich aufsucht
und dein Bett beansprucht,
geh' ganz lieb zu Boden gleich!
Dann liegst hart und er ruht weich.

Angelehnt an Ernst Jandl

Mit Marcello – massig, rastlos, reich beglückend –
hat Carmela – rassig, maßlos, gleich berückend –
unter famosen, weichen, reichlichen Steppdecken
einen mafiosen, reichen, weichlichen Depp stecken.

Die Gewaltenteilung der staatlichen Institutionen
ist für die Bürger ein hoher Wert,
der eingeschränkt wird durch die Tatsache, dass die
Medien Kläger, Richter und Quälende *in einem* sind.

Angeregt von Heinz Kerp.

Jahr für Jahr 'ne Meisterschaft:
Sieger ist, wer Meistes schafft.
Meistern winkt in dieser Welt
meist auch immer sehr viel Geld.
Geld macht gierig, fett, oft krank.
Droht 'nem Meister dann die Bank,
ein Reservespielersitz,
glaubt er's nicht, potz Blitz, potz Blitz!

Angeregt von André Presse

Herr, mach mich zum Friedensfan,
dass ich liebe, wo man hasst,
dass ich verzeihe, wo beleidigt wird,
dass ich verbinde, wo ein Streit entzweit,
dass ich Hoffnung wecke, wo Verzweiflung quält,
dass ich Licht entzünde, wo die Nacht regiert,
dass ich Freude bringe, wo der Kummer wohnt. –
Herr, lass mich trachten,
nicht, dass ich getröstet werde, sondern dass ich tröste,
nicht, dass ich verstanden werde, sondern dass ich höre,
nicht, dass ich Geliebte(r) werde, sondern dass ich liebe. –
Denn wer gibt, dem wird gegeben,
wer sich selbst vergisst, der findet,
wer verzeiht, dem wird verziehen,
und wer stirbt, erwacht zum ew'gen Leben.

Veröffentlicht von der Vereinigung »Souvenir Normand«, 1912.
Angeregt durch etliche Übersetzungen ins Deutsche, 2017

Ein Mensch meint, gläubig wie ein Kind,
dass alle Menschen Menschen sind.
Von Menschen hofft er, lieb und still,
all' das zu kriegen, was er will.
Doch viele Menschen sind wie Affen,
die statt zu geben grinsend gaffen.

Angeregt durch die Anfangszeilen von Eugen Roth

Wacht auf!

Schlaft aus, doch verschlaft nichts!
Millionen fliehen,
weil in ihrer Heimat
Blut und Tränen fließen,
während ihr gemütlich schlafend
und womöglich träumend
eine bess're Welt herbeisehnt.

Wach auf!
Lehn dich auf gegen alle,
die mit tötenden Waffen morden.
Setz auf deine innere Stärke!
Trotz mit Herz und Hirn dem Bösen,
das dich drohend einkreist
wie ein Ring, der immer enger wird und Angst macht.

Schlaf nicht,
während Mächtige planen,
weltweit alles zu überwachen und
Mauern und Zäune zu bauen.
Glaube nie und nimmer denen,
die dir sagen: »Wir tun das
dir und deinem Wohlergehen zuliebe.«

Wacht auf!
Steht gemeinsam auf für Frieden,
Freiheit, Offenheit und Würde!
Denkt nicht nur an euch und eure Ziele,
sondern auch an zu Unrecht Verfolgte!
Kümmert euch um Flüchtlinge! Schenkt ein Lächeln,
das von Herzen kommt wie Licht im Grauen.
Aber lächelt nicht nur! Gewährt ihnen Hilfe!

Angeregt durch »Wacht auf!« (1950) von Günter Eich

Kolumbus segelt westlich
mit Indien als Ziel,
erreicht es nicht verlässlich,
doch Strand entdeckt er viel.
Der ist mitnichten indisch,
der Irrtum also groß.
Macht nichts! Wer ist denn kritisch,
wenn Landgewinn im Schoß?!
Amerika, du Irrwisch:
Bring Glück, stopp Leid, lass los!

Angeregt von Erich Kästner

Gott hat uns die Welt und das Leben geschenkt,
doch den Frieden hat er uns nicht gebracht.
Vieles hat er für uns mit Liebe gelenkt.
Um für Frieden auf Erden zu sorgen,
hat er jedem von uns genug Kraft zugedacht
für den Kampf um ein friedliches Morgen.

Angeregt von Heinz Erhardt

Mel Evans

»Gedanken sind Räume, die du belebst –
und viel zu oft sind sie erstickend klein.«

Zu dir zurück

Zu dir zurück
    Zu dir zurück
    Komm ich
An dein Grab, wo
    Du gebettet liegst

Wenn ich das Tor
    Durchschreite
    Rosen in der Hand
    So werd' ich angefüllt
    Mit der Erinnerung
    Mit den Momenten
In der Zeit
    Nie verloren
    Lebhaft hinter dem Tor
    Verschlossen und
    Doch frei fließend
    Durch mich hindurch
Zu dir zurück
    Zu dir zurück
    Komm ich
    An dein Grab
    Wo du gebettet liegst

Dein Duft so flüchtig
    So zart
    Wie die Rosen in
    Meiner Hand
    Erhebst du dich
    Vom Wind der Erinnerung
    Getragen
Deine Bewegung
    Deine Liebe
    Das Lächeln auf deinem Mund
    Das Strahlen in deinen Augen
Versteckt ist es
    Hinter dem Tor
    Unter dem Stein
    Tief in mir drin

Merle singt ein Lied

Die Amsel auf dem Aste sitzt
Vergnügt 'ne rote Beer' stibitzt

Sie zwitschert lustig vor sich hin
Hat für ein weiteres Beerchen Sinn

Sie springt gar keck von Ast zu Ast
Und noch ein rotes Beerchen prasst

Sie tiriliert ein kleines Lied
Und schaut sich um, was sie wohl sieht

Das Gras ist spitz, die Erde weich
Ein Würmling drückt sich durch das Reich
Ein Würmling, nun wie wär der jetzt
Lieber die nächste Beer' gespätzt

Die Amsel schaut sich weiter um
Ein Hörnchen springt dort
Gar nicht dumm
Den Baumstamm senkrecht gar hinauf
Dem Merlchen fallen die Ohren auf
Der buschige Schwanz, der lustig schwingt
Die Amsel zwinkert und sie singt

Dann hebt sie sich in höchste Höhen
Um übers ganze Land zu sehen

Sie sitzt in höchstem Baumeswipfel
Und öffnet ihren gelben Zipfel
Singt eine süße Harmonie
und wird daselbst die Melodie
Oh ti-ri-la, ach ti-ri-lie
die wundervolle Melodie

Der Wind, er jauchzt und freut sich sehr
und trägt das Lied bald vor sich her

Weit reist er mit dem Drosselklang
Stürzt dann hinab
Und wird zur Schlang
Die zischelt leis' das Amsellied
Bis eine Füchsin sie wohl sieht

Die beißt sich fest und trägt sie fort
Zu ihren Jungen in den Hort

Die Jungen jubilieren toll
Die Schlange schmeckt so wonnevoll
Der Fähe Wurf gelingt ein Quieken
Das klingt gleich wie ein Amselküken
Oh ti-ri-la, ach ti-ri-lei
Die wundervolle Melodei

Nun rollt der Wurf sich müde ein
und Mutter Fuchs schläft mittendrein
Und schon träumt jedes Fuchsenkind
Von hohen Bäumen und dem Wind
Und wundervoller Melodie
Oh ti-ri-la, ach ti-ri-lie

Schatten

Unsere Welt ist wie der Schatten einer anderen Welt und flach dagegen. Wie der graue Schatten eines saftig-grünen-hohen Baumes, dessen Laub sich, in der Sonne strahlend, über viele Ebenen zum Himmel hebt. Flach, grau auf dem Boden, liegt die Reflexion in eine andere Dimension: Schatten. Flach, grau. Und doch ist der Schatten kein Schatten. Facettenreich brilliert das Dasein, magisch und tief. Der Schatten scheint, was er nicht ist. Er wirft seine eigenen Schatten aus dem Licht.

Ich wäre gern

Ich wäre gern weit fort
An einem anderen Ort
Wo niemand fragt, nach Glücklichsein
Nach bist du mein
Dann bin ich dein

Ich wär so gern weit fort
An einem anderen Ort
Auf einer anderen Welt
Die nicht regiert wird
Nur durch Geld
Sich fett frisst
An der dritten Welt

Verantwortung hier unbekannt
Wer nicht schön heißt
Wird umbenannt
Damit er als Kopie
Verführen kann all die
Die sich nur wünschen Glück allein
Und hab ich was
Dann kann ich sein

Ja, ich wär so gern fort
An einem fremden Ort
Wo niemand sich nach Luxus sehnt
Mit Menschen, die verrückt man nennt
Weil niemand sie versteht und kennt

Dem einen auf der Spur
Der menschlichen Natur
Der anderen Dimension
Ich spüre sie fast schon
Dem Ding, wofür man Geld nicht braucht
Was hier den Menschen Angst einhaucht
Das wär ein schöner Ort
Ach, wär ich doch schon dort

Sympathie

Mit dunklen Wolken über uns
Verlassen wir den Ort
Der täglichen Pein
Um auszuruhen
Uns in der Gastlichkeit
Der kalten Stadt
Verständnis gebärend
Aufgehend in befreiendem Reden
Gedanken klärend
Tauschen wir uns aus
Und du teilst deine Taler
Um mich zu stärken
Mit heißem Getränk
Die Wolken ziehen fort
In eigenen Gedanken
Springen wir hinab
Die Stufen, lachend
Zum stählernen Wurm
Zeit zur Trennung
Ein Tag vorbei
In einer Geste
Voller Christlichkeit
Teilst du dein Brot
Und steigst aus der Bahn
Den Kuss schnell
Auf die Wange gehaucht
Sind wir uns nah
Danke – Angelica

Vergebung

Vergebung
Güldene Kraft
Hebe dich empor
Aus moosfeuchtem Sumpf
Strahlend
Wird die Welt
Wenn du dein Schwert erhebst
Gegen die Verderbnis
Ein zäher Kampf entfacht
Das Feuer der Verachtung
Durch die Wasser der Liebe
Erst wird es gelöscht
Und die Erde vergibt
Was so schmerzlich
Sich ins Fleisch gebrannt

Margarethe Gemsjäger

»POESIE IST WIE GOLDSTAUB,
DER UNSEREN ALLTAG ZUM LEUCHTEN BRINGT.«

Leben

Leben ist bunt,
nicht schwarz, nicht weiss,
Leben ist Vielfalt,
eckig, rund, ein Kreis.
Leben lacht,
Leben weint,
ich bin mit meinem Leben vereint.

(2010)

Verstörtes Kind

Geboren in eine Zeit,
in der nichts mehr gilt.
Grenzen verschwimmen,
lösen sich auf,
nichts nimmt
seinen ganz normalen Lauf.
Du hast nur dich,
das ist dir gewiss,
dein Kapital – nur dich.
Verstörtes Kind,
geboren in eine Zeit,
die nach Liebe schreit.

(ca. 2007)

Leben zerrinnt,

Die Uhr tickt,
du hörst sie nicht.
Vertane Zeit – vorbei.
Die Uhr tickt,
geliebt, gehasst, verzeihen …
vorbei.
Zeit, die sinnlos verstreicht –
nimm sie dir –
Zeit für Liebe,
Zeit für Freude,
Zeit für Freunde,
Zeit für Musen,
Zeit …
Nimm sie dir,
Zeit zu leben.

(Oktober 2010)

Erstes Kind

So jung war deine Mutter nie,
als in dem Lenz, da sie dich trug,
da noch dein Herz in ihrem schlug –
so jung war deine Mutter nie.

Auch nicht als Kind war sie so jung,
dem Frühling so vertraut wie da.
Der Erde so verwandt und nah –
auch nicht als Kind war sie so jung.

Tag war wie Nacht und Nacht wie Tag,
sie lag mit Augen wach und groß,
du wuchsest ja in ihrem Schoß.
Tag war wie Nacht und Nacht wie Tag.

Der Frühling war in ihrem Blut,
die Knospe dehnte sich und sprang,
die Amsel brütete und sang,
und Frühling war der Mutter Blut.

Wenn das Herz mit Bewusstsein erfüllt wird,

hörst du die Engel singen,
sie rufen deinen Namen.
Hörst du ihn?
Wenn das Herz mit Bewusstsein erfüllt ist,
öffnet sich der Himmel über dir und
du kannst in das Auge des Vaters schauen.
So lange schon wartet er auf dich,
dein Zuhause, im Innern deines Herzens,
auf dem Grund deiner Seele.
Und du kehrst zurück in dein Heim –
deine Seele singt.
Kannst du sie hören?

Der letzte Tanz

Bunte Blätter tanzen im Wind,
geh nach Hause geschwind;
der Nordwind pustet durch alle Ecken,
nichts kann sich vor ihm verstecken.
Meine Wangen, ganz rot von seiner Kraft,
dabei hat er mich frech angelacht.
Er zauselt und rattert,
pustet die Wolken vor sich her und knattert.
Vogelformationen in geometrischer Figur gen Süden ziehen,
hin zur Sonne, warm und leicht.
Dämmerung kehrt ein –
bald wird es Winter sein.
Ich breite meine Arme aus –
ein letzter Tanz –
die Sonne möcht ich halten –
ganz.

Margarethe Lemsjäger

Wolfgang Gräßler

»Auch ein Unbegabter kommt manchmal auf andere Gedanken.«

Gewitter

Dunkle Wolken ferne
ballend vor dem Sturm,
blinkend erste Sterne,
Falken um den Turm,

schweigend schwarze Berge,
kaum erkannt der Wald,
wie ich nicht bemerke
das Glas des Fensters, kalt.

Schwerer die Gedanken
getrieben durch die Angst,
das Ich, grundlos im Schwanken,
voll Unruhe und bang.

Unheimlich die Stille,
Ruhe – scheint es nur,
abgesenkt der Wille
als Mittler der Natur.

Stadt wie im Erstarren,
letzter Lärm verhallt,
noch lange kein Erwachen
des Morgens in Gestalt.

Erwartet, doch erlösend
der grelle Schein vom Blitz
im Donner, rollend, tosend,
entladend wie Geschütz.

Plötzlich frei der Atem
im Regen, voll sein Fluss,
der Sturm als Hoffnungsträger
erweitert frisch die Brust.

Die Wolkenmauern reißen,
der Mond im hellen Licht,
und klar Gedanken kreisen
voll Hoffnung – kein Gericht!

Das Nachtgespenst gewichen
dem Griff der Wirklichkeit,
und Hell und Dunkel mischen
sich in der Offenheit.

Du unbeschreiblich Offenes
mit gütiger Gewalt
erscheinst mir hier Betroffenem
als freier neuer Halt.

Ein weißer Herrscher

Stolz zieht der Schwan auf dem See heran,
seine Blicke die meinen erwiderten –
und sie drücken aus, ich bin eben doch
der Schönste unter Gefiederten.

Auf halber Höhe, weit spreizend die Schwingen –
will sagen: kannst du mir folgen?
Denn du siehst, ich bin immer und überall
der Größte zwischen Wasser und Wolken.

Und du erkennst, gleich bin ich da;
wir machen gemeinsam Bekanntschaft –
dann kannst du erleben, was es bedeutet,
dass ich bin der Herrscher der Landschaft.

Es dürfte nicht stören, der Wanderer spricht,
die betreffende Situation klar belegend –
dass du der Herrscher, bezweifle ich nicht
als harmloser Betrachter der Gegend.

Steil drohend der Hals, der andere naht
hoch reitend auf rollender Welle.
Der Wanderer denkt, du willst mich nicht dulden –
steht auf und verlässt eilig die Stelle.

Kloster Buch

Vom Waldhang überm Strome fällt
ein letztes Sonnenlicht.
Das rote Dach
des alten Klosters
erstrahlt aus meiner Sicht.

Stille Bank vor hoher Eiche
lädt ein zu kurzer Ruh.
Vom Kapellenturm
die Glocke tönt,
dann fallen Augen zu.

Ich spüre eine Hand berührend
behutsam meinen Arm –
herangetreten
irgendwer,
die Stimme freundlich warm.

Ein Mann vor mir, hoch von Gestalt,
in Kutte, weit geschnürt.
»Ich bin der Abt.
Mein müder Freund,
was hat dich hergeführt?«

Die Augen reibend, träume ich
von längst vergangner Zeit?
»Die große Leistung
deiner Mönche
bewundern wir noch heute!«

»Es stimmt. Ihr habt gelernt von uns
landwirtschaftliches Brauchtum.
Auch eure Heilkunst
lebt von unsrer,
der Kräutergärten Ruhm.

Ahnst du dort oben meine Mönche,
wie emsig schreibt ihr Stift?
Sie schufen
und erhielten euch
viel Werk in Wort und Schrift.«

»Klar, dass eure Tradition und Können
bis heute uns noch speist.
Ihr wart es,
die gefördert haben
kraftvoll Natur und Geist.

Und selbstverständlich, dass ihr geltet –
das wissen doch die Sterne –
als wissenschaftlich,
Wegbereiter,
Vorläufer der Moderne!«

Zum Abschied drückt die Hand der Alte,
nachdenklich sein Gesicht.
»Moderner seid ihr
ohne Frage;
doch besser seid ihr nicht.«

Augustusburg

Vom hohen Schellenberge
schaut thronend übers Land
kurfürstlich Schloss Augustusburg,
als Residenz bekannt.

Dem Baumeister Hieronymus,
spät wurde ihm bewusst,
wie schwer die Hand des strengen Herrschers,
genannt der Vater August.

Bastionen, Mauern, Türme stolz,
als Zwingburg fest sie stand,
bewehrt seit Zeit der Renaissance.
Sie wurde nie berannt.

Herausgesprengt aus hartem Felsen
bei vieler Jahre Dauer,
in dunklen Brunnens Tiefe fällt
mein Auge voller Schauer.

Als sehe man vor langer Zeit
Soldaten drüber springen.
Die Schweden, noch im Sachsenkrieg
dort kreuzten ihre Klingen.

Der Kapelle Ölgemälde zeigt
nach Cranachscher Gestaltung
die große fürstliche Familie
in demutsvoller Haltung.

Lauernd der Fürst im Hintergrund,
sein Blick drohend gebannt,
will sagen, respektiere mich
bei untertänig Abstand.

»Ich weiß, dass du als großer Herr
voll Tüchtigkeit und Macht
dein Land vergrößert, straff geordnet,
die Wirtschaft hoch gebracht.

War nötig, dass du Politik
nicht immer fair geführt,
und dass du dein bedrücktes Volk
mit Grausamkeit regiert?«

Bei August steigt die Zornesfalte,
es öffnet sich sein Mund:
»Was verstehst denn du von Politik,
du nachgeborner Spund?

Was bedeutet mir Gerechtigkeit
für einen einzeln Mann,
wenn es um Land, Volk, Glaube geht,
steht dies wohl hinten an!«

»Heute ist das anders, starker Fürst«,
entgegne ich betreten,
»es zählt uns die Gerechtigkeit
für alle und für jeden!«

Der Alte stutzt. Dann er verzieht
breit lachend das Gesicht.
»Du sprichst aus wilder Illusion
und glaubst es selber nicht.«

Der »geheilte« Patient

Kalt weht der Wind, der Abend bricht an,
unter den Schuhen zerstiebt feiner Schnee.
Der Lärm der Stadt in der Ferne verhallt;
noch mancher Gedanke ein Weh.

Das Leiden der Menschen – kein eigner Schmerz,
Mit – Fühlen gehört zum Beruf;
das Schicksal des Fremden dringt nicht bis ins Herz,
verantwortlich der, der sich's schuf.

Zu Ende der Tag, den Kopf mach dir frei,
deren Probleme, die löst du nicht!
Verstehend begleiten, hin und wieder ein Rat,
sieh das an als deine Pflicht.

Der Weg fällt ab, links murmelt der Bach,
darüber bricht klirrendes Eis.
Die Schatten von Erlen begrenzen das Tal –
da nähern sich Schritte leise.

Im Mantel verhüllt, den Hut in der Stirn,
einen kräftigen Stock in der Hand,
so schreitet der Ankömmling gleichmäßig mit,
der Klang seiner Stimme bekannt.

»Ich will dich begleiten, hast du immer gesagt,
deine Ideen berühren auch mich!
Vom Leben werden wir alle befragt –
und jetzt begleite ich dich!

Ich war damals krank, du hast es gewusst,
auch wenn ich's selbst nicht erkannte,
und als er herausbrach aus meiner Brust
der Größenwahn, der verrannte,

da warst du mein Freund und handeltest gleich,
denn Widerspruch war mir nicht recht.
Die Klinik würde mein neues Reich –
so sprachst du; es war auch nicht schlecht.

Man nahm mich dort an, man hörte mir zu,
die Behandlung passte sich an.
Ich war wieder klar, weder Kaiser noch Gott.
Dann kam die Entlassung heran.

Nun treff ich dich hier und sage es dir,
wie ich dir Gesundheit verdanke.
Du glaubst es mir doch, ich seh es dir an,
dass realen Grund ich erlangte!«

Er schweigt. Wir gehen gemeinsam daher,
sein Bericht ganz ruhig, mit Gewicht.
Der Weg sich gabelt. Er reicht mir die Hand
und hält mir den Stock vors Gesicht.

Unheimliches Funkeln im starren Blick,
hoch die Gestalt auf gefrorenem Gras:
»Wenn du es nicht glaubst, bricht es dir das Genick!
Du weißt – ich bin der Messias!«

Sonja Hajek

»DAS SCHREIBEN WAR UND IST
AUSDRUCK DES SEELENLEBENS.«

Lichter

Die Schatten werden länger,
der Abend senkt sich schon hernieder,
der Tag vergeht, die Nacht rückt nach,
Glühwürmchen, zündet eure Laternen an,
damit die Sonne schlafen kann
und wenn die Sterne oben funkeln,
wird unten sich die Welt verdunkeln.
D'rum zündet eure Lichter an,
damit das Dunkel ruhen kann,
die Schatten werden länger,
der Abend senkt sich schon hernieder,
der Tag, er fällt in Teiche aus Licht,
sich zögernd an den Ufern bricht,
die Mondfrau webt einen Teppich
aus Silberglanz und fahlen Nebelschwaden,
die uns durch die Nacht hintragen,
eine Nacht der Zeitlosen, der Abwesenden,
der Vergangenen,
eine Nacht für dich und mich,
wir, die verlassen sind
und trotzdem jeden Tag erwachen,
wir, die wie Ebbe und Flut daher gehen,
während uns die Schatten umhüllen
und die Glühwürmchen ihre Laternen anzünden,
wir sind nicht allein,
wir lassen die Sonne nur etwas schlafen
und warten auf das nächste Morgenrot.

(05.08.2015)

Winterleben

Kälte schweift hin übers Land,
durchbricht der Wärme zart' Gewand,
zieht seine Schatten immerfort,
verdunkelt jeden lichten Ort.
Es scheint, als wär's des Mondes eigen Sohn,
der herrschet über einen Thron
aus Nebel und aus Tränen
kann niemand seinen Schmerz vergeben,
den einst die Königin ihm gab
damit er lerne, zu verstehen,
die Sonne und das Licht zu leben,
in Augen ohne Sternenschein.
Doch er mit Adlers Zügen nur
ihr lächelnd Seelenstaub gebar,
so zog er weiter seine Schatten,
verstoßen, wie ein Kind der Nacht,
ohne ihres Antlitz' Glanze,
ohne ihrer Liebe Macht
und Winter, die als letzter galten,
reichen weiter ihm die Hand
durch der Kälte Seelenland,
dass der Schmerzen bitt're Tiefe
die dunklen Täler seines Herzens
leuchten lässt von rotem Blut.

(für einen Seelenverwandten, Dezember 1999)

Nebelaugen

Siehst du nicht des Morgens Röte
wie Schatten aus Kristall und Licht,
siehst du nicht die Zeit entschwinden,
bedeckt mit Runzeln dein Gesicht.

Das Leben fließt in Strömen weiter,
es scheint, als wärs ein Augenblick,
dann sinkt die Nacht im Traum zurück
und steigt herab die Himmelsleiter.

Es lebt sich einsam hinterm Lichte,
siehst du die Welt mit Nebelaugen nur,
doch sag mir, dunkles Rot des Morgens,
was wärst du ohne diese Stunden der Nacht,
wenn Schleier dir die Augen küssen,
so ist ein weit'rer Tag vollbracht.

Die Zeit, sie hat ein Maß aus Licht,
doch Nebelaugen weinen nicht.

Der Morgen malt sein Rot an dein Fenster,
die Nebelaugen schlafen.

(November 2007)

Geisterstunde

Was ist es nur, was banget mich,
es ist die alte Uhr, die spricht,
sie schlägt zur zwölften Stunde nun,
wo soll ich hin, was soll ich tun,
denn manche Nacht geht sie umher,
die weiße Frau, die kommt vom Meer,
eine Gestalt aus alten Zeiten
will mich ins Schattenreich geleiten,
hinunter zieh'n ins dunkle Nass
und schleppend durch das feuchte Gras
zieht sie umher in mancher Nacht,
umschlingt von hinten dich ganz sacht,
dein Atem stockt, dein Herz bleibt steh'n,
die Beine wollen nicht mehr geh'n,
was soll ich tun, wo soll ich hin,
mich holt die tote Königin,
die man einst stieß ins kalte Meer,
'drum geht sie manche Nacht umher,
ich spür sie schon, die kühle Hand,
es schlägt die Uhre an der Wand,
der Spuk ist endlich nun gebrochen,
ich komme schnell ins Bett gekrochen
und schlafe friedlich wieder ein,
im Sternenglanz und Mondenschein.

(05.08.2015)

Traumtänzer / Dreamdancer

Wecke mich auf
                                           wake me up
und tanze mit mir im fahlen Mondlicht
                 and dance with me in the pale moonlight
sag mir nicht, wenn die Sonne aufgeht
                 don't tell me when sunrise comes
lass mich glauben, wir wären die einzigen Menschen
im Schatten der Nacht
                 let me believe we were the only people
                           in the shadow of the night
wecke mich niemals aus diesem Traum
                 don't you ever wake me up out of this dream
es ist nur ein Flüstern in der Dunkelheit
                     it's only a whisper in the darkness

(07.07.2015)

Berge

Fliege zu den Bergen,
bringe die Sonne zum Horizont zurück
in den Nächten der Dunkelheit,
sage den Schmetterlingen, wohin du gehst,
wenn der Abendstern dir die Augen küsst,
am letzten Tag des Jahres,
male ein Lächeln in die Seelen der Schatten,
wenn das Laub der Bäume welkt,
um bald im Eise des Winters zu erstarren,
komm mit mir – fliege zu den Bergen
und bringe für mich eine Sonne zum Horizont zurück.
Wir sind am Ende der Nacht,
der Schnee taut bereits unter unseren Füßen.

(Dezember 2007)

Sommertag

Sommer ist ein Gefühl in meinem Herzen,
wenn die Sonne mir die Augenlider küsst
und meine Seele streichelt,
all der Nebel, der zuvor durch meine Gedanken zog,
scheint vergangen,
das feuchte Gras erfrischt meinen Geist,
nie schien der Winter ferner zu sein,
heute ist ein guter Tag,
um dem Leben zu danken
und dem Tode zu verzeihen,
ich umarme die Welt
und spinne mir ein Netz aus Sonnenstrahlen,
das mich umhüllt und auffängt,
wenn die Schatten länger werden
und die Nacht mich eingeholt hat,
denn Sommer ist manchmal nur ein Gefühl
in meinem Herzen.

(07.07.2015)

Schlaflied meiner Seele

Was einst war,
brach mir entzwei,
was ist,
fliegt sacht' an mir vorbei,
was sein wird,
singt einzig mir Trauervogel
über den Dächern meiner Seele.
– Trauervogel –
zeige mir die Wahrheit
unter den Schwingen
deiner tagträumerischen
Schwerelosigkeit.

(in einem »verlorenen Winter«, ca. 2000)

Klanglos

Regen an meinem Fenster – leiser Klang
voller Sehnsucht nach dem Licht,
doch ich horche – mir ist bang,
verwehret mir die Sonne nicht.

Erwache mitten in der Nacht,
kein Hauch des Morgens ist zu sehn.
Schlag des Herzens eig'ner Macht,
ich lass mein Gestern morgen gehn.

Wut und Verzweiflung sich in meiner Seele regen,
der Alltag deckt die Träume zu,
stiller Schläfer, so erwache, kämpfe, sei verwegen,
wünsch' mir nur ein wenig Ruh'.

Regen an meinem Fenster – leiser Klang,
voller Sehnsucht nach dem Licht,
krümme mich im Schmerz so bang,
verwehret mir die Sonne nicht –
doch das Leben murmelt leise:
»Du hältst dein eigenes Gericht!
Bist des Wartens ach, so müde –
bald kehrt ein dein Seelenfriede.«

(Februar 2012)

An deinem Fenster

Eiskristalle malen Bilder
an deinem Fenster,
unter deiner Haut,
als der Regen aufhörte zu fallen
gingst du fort,
dorthin, wo die Flüsse fließen,
wo der Mond scheint,
doch die Nacht dunkel ist.
Du bist gegangen,
ohne dir den Morgentau von den Augen zu wischen,
ohne das Gestern im Schrank einzuschließen
und das Heute für den Tag danach zu bewahren.
Du gabst mir einen Brief,
die Rosen fielen zu Boden
als ich ihn las.
Während die Sonne den Raum durchflutete,
sah ich dich lächeln
hinter dem Fenster.
Eiskristalle malen Bilder
unter meiner Haut,
das Papier, das ich in meinen Händen halte,
ist leer,
denn du bist fortgegangen,
heim zu erfrorenen Tränen,
in des Winters letztem Blick.

(undatiert)

Heimkehr

Die Zeit verfliegt im Abendlicht
und alle Wolken gehen schlafen,
das Gold der Sonne außer Sicht,
das letzte Schiff kehrt heim zum Hafen.

Ein zarter Schimmer küsst die Nacht,
danach nur dunkle Nebelschwaden,
beim Glockenschlag bin ich erwacht,
es klopft an meinem Fensterladen.

Das Vögelein durchbricht die Stille,
sein Klopfen tief in meiner Seele,
oh Geister, ist das euer Wille,
dass ich mich Nacht für Nacht schon quäle?

Lasst die Gedanken in mir ruh'n,
schenkt meinem Herzen Frieden,
was soll ich in der Zukunft tun?
Ich wünsch, es soll die Liebe siegen.

Da hält das Klopfen plötzlich inne,
ein schwarzer Falter seine Flügel hebt,
nach tiefem Schlaf steht mir der Sinne,
will nicht mehr, dass die Seele bebt.

Die Zeit verfliegt im Abendlicht
und alle Wolken gehen schlafen,
das Gold der Sonne außer Sicht,
oh Schiff, so bring mich doch zum Hafen.

Nach Hause, wo mein Liebster ist,
den ich nun schon so lang vermisst,
jetzt legt es endlich an im Hafen,
ihr Geister, ja, nun kann ich schlafen.

(Mai 2011)

Nachtwanderung

Stille, schlafende, träge, müde Katzen,
stille, ruhige, atemlose, berauschende,
große, lauschende Stille,
leise Sohlen, Pfoten, die schleichen
horchend in die Stille,
dort, wo der Abend die Nacht begrüßt,
um langsam innezuhalten
und das Rot am Horizont verblassen zu lassen,
bis nur noch ein schwacher Schimmer
in bleichem Rosa den Tag erahnen lässt;
stille, schlafende, träge, müde Katzen,
stille, ruhige, atemlose, berauschende,
große, lauschende Stille,
wo schlägt der Falter sein Lager auf,
wenn all die Blumen schlafen?
Wo verglüht das Glühwürmchen,
wenn alle Lichter erlöschen?
Wohin reist ein Mensch,
dessen Haus die Vergangenheit zum Einsturz brachte?
Wohin schwinden Gedanken,
wenn sie ungeschrieben verloren gehen
im tiefen, fahlen Weiß des Blattes,
das sie gierig verschlang,
noch bevor sie es berührten?
Stille, schlafende, träge, müde Katzen,
stille, ruhige, atemlose, berauschende,
große, lauschende Stille,
Füße, die gehen wollen,
gehen, in blinder Vertrautheit
wie schleichende Pfoten,
horchend in der roten Blässe
des nahenden Tages.
Stille – berauschende Stille.

(19.06.2013)

Aus den Schatten

Aus den Schatten einst du kamst
und ahntest nicht der Menschheit Gier.
Du tastetest und riefst und sahst
soviel zu früh des Dunkels Tür.

Du gabst ein Lächeln, einen Blick,
ein Flüstern nur zu später Stunde,
warf Gram und Not dich auch zurück,
umsorgt du warst zu jed' Sekunde.

So geh' nun heim ins Reich der Schatten,
lass dich von Engelsschwingen tragen,
musst nicht mehr weinen, noch ermatten,
nur bleiches Tuch, als wir dich bargen.

Ein tränend Herz gewachsen ist,
wo Erde war und Steine,
so schmerzlich wurdest du vermisst,
was immer bleibt, sind bloß Gebeine.

Zum Vogel werde, spreiz' die Flügel
und fliege frei bis hin zum Meer,
bei Sonnenaufgang die Nachtigallen singen,
erinnern mich an dich so sehr.

(für meinen Bruder, 26./27.05.2016)

Flaschenpost

Es ist so schwer, für dich zu schreiben,
du bist mein Felsen und mein Licht,
und waren Zeiten einst auch düster,
du wichst von meiner Seite nicht.

Wär' ich nun eine Flaschenpost,
die triebe weit hinaus aufs Meer,
umspielt von silber-blauen Wellen,
nur Weite – ohne Wiederkehr.

Doch eines weiß ich ganz bestimmt,
wohin die Wogen mich auch tragen,
du wartest überall auf mich,
bist mein Zuhaus' an Regentagen,
denn auch die Sonne reist mit dir,
für alle Zeit – hab' Dank dafür!

(für meinen Mann, 18.10.2016)

Christa Kieser

»Schreiben – mit zarter Hand weben, Traumgespinste, Luftschlösser bauen, Blumen auf den Weg streuen, Worte in die Erde säen, abwarten … und Tee trinken.«

wann wieder

wann wieder
sehe ich dich
wann wieder
winkst du
mit deiner
hand
mir zu?

wie lange noch
werde ich gehen
die schritte
neben den tagen
zählen

die wünsche der
hoffnung
fragen mich
wann wieder
wann endlich
deine hand –

das herz
beruhigen.

Ob du kommst, Frühling

Noch
schläft die Weide
fröstelnd
am Fluss

Noch
recken sich stumm
die Zweige
der Pappeln
im Nebel

Noch trage ich
den Schwan
über vereiste Wege

Noch
frage ich nicht
ob du kommst
Frühling

Wer sagt …

Ist Liebe
eine Frage des Alters?,
dachten wir uns
und lächelten schüchtern
als wir uns
umarmten
auf honigfarbenem Grund
der Duft der Zirbelkiefer
erfrischte unsere Sinne
wer sagt
im Alter gibt es
keine Liebe mehr?
Ich weiß es nicht
und habe es vergessen
als wir uns liebten
und Jugend und Alter
eins wurden
auf honigfarbenem Grund.

Wandelzeit im Herbst

In den Nebel wandere ich
in der Sonne wärme ich mich
in die Stille des Morgens
tauche ich ein

plötzliches Erschrecken
Herbstgeflüster und Innehalten –

da –
Zauberin Rhiannon tanzt
im weinroten Kleid
zwischen den Silberfäden,
welche die alte Sommerpappel spinnt
am Fluss

in den Nebel wandere ich
in der Sonne wärme ich mich

Wandelzeit Herbst.

Die Farben des Morgens

Die Farben des Morgens
ziehen langsam über das Dach,
unter dem wir schliefen
und tasten sich an unsere Fenster heran –
ein lichtes Grau und unbestimmt noch
für das, was heute kommen mag

Fröstelnd krieche ich
nochmals zurück
in meine dunkle Höhle
sammle unter dem Drachenbaum
meine nächtlichen Träume ein
und ordne sie dann hinein
in meine Welt der Worte und Dinge.

Leise murmeln wir
schlummernd noch
und finden uns
mit schlaferwärmten Händen

Zart fahre ich mit meinen Fingern
über deine Haare
und übermütig kitzle ich
deine Nasenspitze wach.

Höre –
der rotgefiederte Vogel singt für uns.

Schau –
die Farben des Morgens
entfalten sich
und schieben
die verblassenden Gestirne der Nacht
zurück.

Klar und deutlich
wird der neue Tag
bestimmt.

Zuversicht

Ich bin das Ziel
das sich noch
verbirgt
hinter dem
Schatten
den die Ulme wirft
langsam steige
die Stufen hinunter
zum Fluss
kräusle die Lippen
mit den Wellen
sprich dem zitternden
Sternenlicht
im Wasser
gut zu
leihe dem Raben
deine Stimme
am frühen Morgen.

Stille

Die Wurzeln wachsen lassen
mit Geduld

In die Leichtigkeit schweben
mit den Flügeln

und dem Ungewissen vertrauen

Stille legt sich sanft
auf mein Haus
Stille umschmiegt leise
meinen Körper

Nicht immer
singt der kleine Vogel
draußen auf dem Baum

Nicht immer zittern
kleine Wasserperlen
an seinen Zweigen entlang

aber – jetzt.

Hilde Klammer-Fichtl

Frauen

Das Geheimnis des Lebens ist in ihnen verborgen,
umsichtig sie für die Zukunft sorgen,
zu bewahren, zu beschützen
und jede Chance für eine gute Zukunft zu nützen.
Das Leben bewahren hat Vorrang vor Gier und der Sucht nach Macht,
das Miteinander wird als wichtiger eracht'.
Die Stimmen der Frauen sind klar, nicht laut,
auf ihre Werte ist das Fundament einer lebenswerten Zukunft gebaut.

Die weibliche Kraft

Neulich dort am Frauenberg,
da stieg so ein Gefühl auf in mir,
als ob da vor gar langer Zeit,
Frieden war zwischen die Leut'.
Es war, als gäbs' andere Prioritäten
und Heiterkeit war überall.
Die Menschen konnten sorglos feiern
und lachend in die Zukunft schaun'.
Blumen und Vogelgezwitscher,
ein »weiches« Lebensgefühl,
alles war ein bisschen femininer
und allen Menschen tat es wohl.

Wie sag ich's meinem Kind

In einer Welt voller blanker Gier,
sag ich: »Sei lieb zu den anderen, denk nicht nur an dich!«,
und hoffe, mein Kind versteht den Sinn,
sich zu bemühen, tolerant zu sein, die Hand zu reichen,
auch wenn's nicht immer ist fein.
Das Herz zu öffnen, nicht hart zu werden,
wir müssen es vorleben,
sonst werden die Kinder orientierungslos,
isoliert und erbarmungslos.
Erkaltet geht's dann nur mehr um Profit,
der eigene Vorteil ist alles, was zählt.
Im Job oder privat sucht man seine Chancen,
das Grenzen überschreitende Miteinander
 wird ein leeres Wort – fremd und scheinbar
nutzlos geworden.
Darum sag ich's meinem Kind:
»Sei lieb zu den anderen, denk nicht nur an dich!«,
und hoffe mein Kind versteht den Sinn
und kann den Keim der Liebe spüren.

Vater sein

Zarte Ärmchen halten meinen Nacken fest,
suchen Geborgenheit und Schutz.
Schon wohnt dies zerbrechliche und doch so
würdevoll strahlende Wesen,
tief verankert in meinem Herz,
auch wenn es vielleicht noch bringt einigen Schmerz.
Unerschütterlich glaubt es an mich,
ich zeig den Weg, leuchte ihn aus,
selbst wenn die Stürme des Lebens mich rütteln,
nie werde ich ruhn',
immer versuchen, das Richtige zu tun.
Der Kompass im Herzen zeigt mir den Weg,
in Liebe geh ich voran,
meine Weisheit nutzend, um zu behüten,
was mir anvertraut.

Gerhard Kohtz

»Das Schreiben und das Dichten
über Jahrzehnte alter Geschichten
soll durch mein Erzählen und Reimen
Erfahrung und Vision vereinen.«

Trump

Amerika First, doch erst komm' ich!
ICH sag' euch gleich, ihr hört auf mich!
Der Angie hab' ich es auch gesagt.
Sie hat auch gar nicht groß nachgehakt,
doch höhere Verteidigungsausgaben will sie nicht,
sagte sie mir in Brüssel direkt ins Gesicht!
Ich hab' mich allerdings überhaupt nicht geniert
und unsere Verbündeten ganz schön brüskiert.
Klimaschutz hin – Klimaschutz her,
Wahlversprechen zählen mehr!
Der amerikanische Arbeiter rückt in die Mitte,
mit »DICKER LUFT« erfüll' ich MIR diese Bitte!
Denn ICH bin der Chef von Chaos und Fiasko im Weißen Haus,
wer schlechter lügt als ich, den schmeiß' ich raus!
ICH baue eine schöne große Mauer aus Steinen und Sand,
weil nicht jeder ist willkommen in unserem schönen Land.
ICH blamiere mich täglich und streite mit dem Gericht.
ICH beschimpfe die Medien, doch das alles stört mich nicht.
ICH habe schon so viel erreicht,
deshalb spreche ich mir Anerkennung aus!
ICH bin der größte Präsident, der je wohnte im Weißen Haus!
ICH bin ein guter Mensch, ich habe keine Laster.
ICH bin der PRÄSIDENT, der MASTER of DESASTER!

1989

Erneuerung, Reformen und Demokratie,
in der DDR hörte man diese Worte sonst nie.
Doch seit die friedliche Revolution geglückt
und man Löcher in die Mauer hat gedrückt,
kann man von Ost nach Westen geh'n
und Trabis auch auf unseren Straßen seh'n.
»Wir sind das Volk«, rufen die Massen,
»Freiheit soll man uns jetzt lassen!«
Was für uns selbstverständlich ist,
hat man im Osten Jahrzehnte vermisst.
Drum schätzt die Freiheit
und versteht wie noch nie
Erneuerung, Reformen und Demokratie!

*In einem Brief vom 26.09.1991 an mich brachte Bundeskanzler Dr. Helmut
Kohl seine Freude über das Gedicht zum Ausdruck. Die Devise – Erneuerung,
Reformen und Demokratie – treffe in der Tat einen Kerngedanken unserer
freiheitlichen Verfassungsordnung, außerdem habe die jüngste Geschichte
eindrucksvoll die Anziehungskraft dieser Prinzipien belegt.*

Umwelt

UMWELT – ein Wort, das uns alle bewegt,
UMWELT – jeder muss sie erhalten, wo es nur geht!
Die UMWELT beginnt für uns direkt vor der Tür,
doch steht unser Verhalten denn immer dafür?
Mutwilliges Zerstören von Scheiben und Röhren,
anschmieren von Wänden mit schmutzigen Händen.
Wegwerfen von Wurst, Butter und auch Brot,
weil hier zum Glück herrscht keine Not.
Doch in anderen Ländern, das muss jeder wissen,
tut man Wurst, Butter und auch Brot schmerzlich vermissen.
Dort sterben die Menschen, weil das Essen ihnen fehlt,
hier isst man und wirft weg, wenn es nicht mehr geht.
Ich wünsche, dass jeder sich einmal besinnt
und bei uns die Umwelt bald wieder stimmt!

Ingeborg Katharina Leiber

schreiben

in ungeschützter verletzbarkeit
erfahrungen ausloten
befindlichkeit in der zeit reflektieren
schreiben
ein akt der selbstfindung
der selbstbefreiung
immer balanceakt zum du
harfe und trommel zugleich

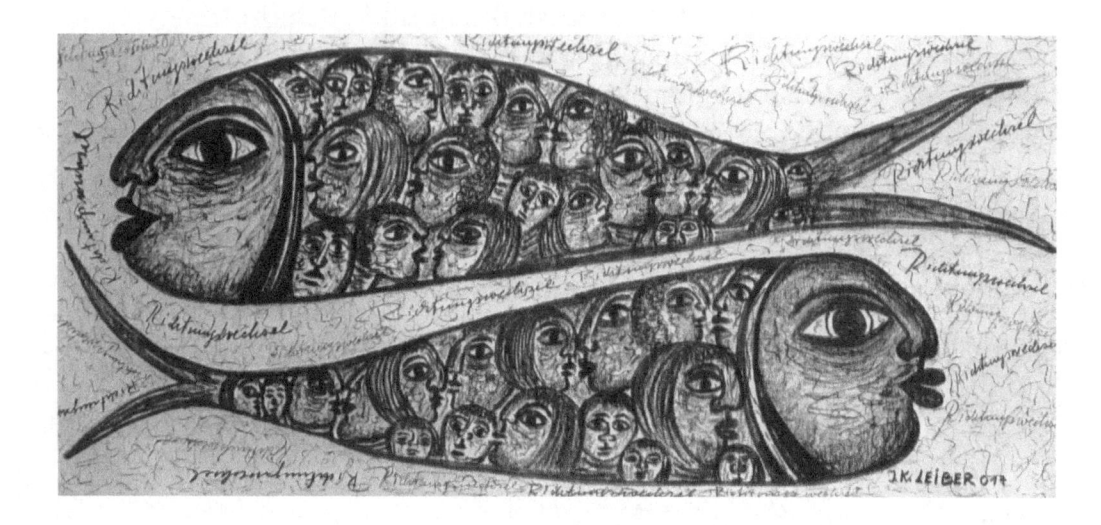

mit dem sonnensegel
fernweh
aller vagabunden
mit dem ruder
sehnsucht
nach unserem ursprung
durchfliegen wir
die glühenden meere
mit der farbe blau
und dem wagnis rot
ohne angst
zu verlieren
bei zunehmenden
und abnehmenden monden
immer auf der suche nach einem ufer
an dem wir uns ausruhen
und eins werden
mit dem meer der meere

wie eine puppe
in der puppe
sich märchen
vom märchen erzählt
träumen wir
von einer welt
hinter dieser welt
vom überwinden
aller überflüssigen realität
vom seiltanz
zwischen erde und himmel
von begegnungen
zwischen abendrot
und morgenrot
ohne sieger
und besiegte
und von der kunst
mensch zu werden

Carmen Möbius

»Lass fallen dich in deine Nacht:
auch sie ist ein Himmel.
Schliess die Dunkelheit ins Herz:
und sieh – sie wird zu Licht!«

Horch! sie schließen
den Deckel
über mir

Hab – oh hab!
ich alles gesagt
was ich musste

Engel! bezeug' es
ich flehe

Sonst wehe! Wehe
wenn sie dann wässern
die Rosen
über mir

Ein todloses Herz
schlägt gegen
den Deckel

Nachts unter den Rosen

Wenn die Tränen ungezählter Jahre
aber waren einst der Regen
für ein einz'ges Lied,
das zählt,

Dann, Leben, füge gern ich mich der Bahre
und preis dich für den Segen
und das Leid,
das nichts mehr zählt.

Haltet ein!
Nur zum Schein
bin ich tot

Not! Begrabt
mich nicht lebend

Sie sind taub!
oder ist stumm
mein scheintoter Mund?!

Die Erde wird schwer
die Erde so schwarz
Engel! Zu Hilf!
Halt sie doch auf!

»*Du* rufst nach *Leben* –
und nicht nur zum *Schein*?«

Engel.

Falte meine toten Hände zum Gebet

Edens-Endes-Endens Tod

Eden
Eden
totendes
Eden

Himmels gefangen
versterbend die Wege
zurück

Schlag das Herz
horchend der Seele

Vermummtes Hoffen
in schuldlosem Singen
unter dem Apfelbaum

    Vor Unzeit
      getürmt
        hinauf in den Turm
    Harrend dort
    besserer Zeit:

Ist sie schon da? Ja und Hurra?!

Grabe unter dem Turm!
Da ist es
Harrend
ungetürmte Zeit

Den Ozean
noch nicht überquert
mit dem weißwunden Geist

Hast du es je gehört
wenn er
des Nachts Furchen zieht
durchs weinende Wasser

Sein Schiff trägt großes Lied

    Regen du
    aus Seligland
    Fall mir ein
    und leg mir du
    mit kühler Hand

    ums Haupt ein Efeuband

    Dass fall mir ein
    das lieden Wort
    aus Seligland

Christa Müller

»Gedichte sind für mich Gedanken und Gefühle, in Versform gebracht.«

Nach dem Regen

Kalter Regen fällt nieder
gleich Tränen des Himmels
aus grauen Wolken
wandelt Wiesen zu Sümpfen
lässt schwellen das Bächlein
zum reißenden Fluss

Doch es bricht durch das Dunkel
mit unendlicher Kraft
strahlend die Sonne
Schickt belebende Wärme
auf dampfende Erde
saugt auf alles Nass

Regentropfen an Sträuchern
glänzen, eben noch trüb
wie Diamanten
Aufgeplusterte Vögel
Schutz suchend in Hecken
nun singen im Chor

Aus dem Schuppen hervorlugt
mit prüfendem Pfötchen
des Nachbars Katze
Unter stahlblauem Himmel
erscheint unvermittelt
weiter Horizont

Melancholie

Ich sitze am Fenster und schaue hinaus
denk an nichts, sitz ich nur und schau
den Spatzen zu
die Birke dort
steht blätterlos
schwankend im Winde
und um mich ist Ruh`

Hinten am Waldrand fährt lautlos ein Zug
fährt vorbei – schon ist er fort
das Nebelmaul
hat ihn verschluckt
alles ist grau
kein Sonnenstrahl stört
die Melancholie

Ich bin ganz gefangen in der Stille
und das Klingeln erschreckt mich
die Freundinnen
sektbewaffnet
stürmen das Haus
wir füll`n unser Glas
und quietschen vor Glück

Willst du wissen …

Willst du wissen, wer ich bin,
schenk' mir deine Zeit,
hab an meinem Leben teil,
bist du dazu bereit

Willst du wissen, wie's mir geht
schau mir ins Gesicht,
läufst du achtlos nur vorbei,
siehst du mein Lächeln nicht

Willst du wissen, was ich fühl'
lies in meinen Augen,
stummen Blicken kann man oft,
mehr als Worten glauben

Willst du wissen, wie ich leb'
komm und sei mein Gast
fäll' dein Urteil erst, wenn du
mich kennengelernt hast

November

Die Welt ist klein am nebligen Morgen
meine Augen suchen das Sonnenlicht
suchen zu durchdringen die Wand aus Nichts
Vergeblich

Der Baum vorm Haus stößt ab seine Blätter
sich befreiend von unnötiger Last
Im Herbstwind tanzen sie den letzten Tanz
Schon sterbend

Mit nassem Kleid zetert ein Spatzenpaar
zu vertreiben den streunenden Kater
der lauernd und hungrig um Ecken streicht
Angsterfüllt

Der junge Star, zu schwach um zu fliehen
vor eisigen Winden ins warme Land
kämpft, längst schon verloren, um sein Leben
Verzweifelt

In kalter Nacht, beim Schein der Laterne
finde ich leblos das erstarrte Tier
am Wegesrand, bedeckt vom ersten Schnee
Schonungslos

Ganz kahl steht nun der uralte Kirschbaum
Ich schaue genauer und erkenne
an nackten Zweigen schlafende Knospen
Hoffnungsvoll

Bist du müde

Bist du müde am Abend
leg dich zur Ruh
lösch aus die Kerze
die Augen schließ zu

Mit all deinen Träumen
entschlummerst du sacht
Engel begleiten
dich in die Nacht

Alle Mühen des Tages
sind ferne und klein
ins Land des Vergessens
trittst du nun ein

Sanfte Klänge ertönen
dir wird so leicht
du fühlst dich geborgen
im himmlischen Reich

Sonnenaufgang

Rot geht die Sonne auf
und es wird Tag

Unbeschreiblich schön
der Feuerball
der Vernichtungswut des Menschen
dieses Winzlings zum Trotz

Der Mensch kann alles,
alles vernichten
die Natur, die reine Luft, sich selbst,
doch niemals die Sonne

Sie wird auch noch glühen
ewige Zeit
wenn er sich längst ausgerottet hat
und vergessen ist

wenn er nicht »Stopp« ruft
und sich besinnt
was wirklich wichtig für ihn ist
was er zum Leben braucht

nämlich die Erde, auf der er wohnt,
die Luft, die er atmet
und die Sonne, die ihn wärmt

Kurt Riffel

»POESIE GLEICHT EINEM KIRCHENFENSTER:
VON AUSSEN EHER UNSCHEINBAR;
VON INNEN ABER VOLLER FARBENFÜLLE.«

Hauch des Ewigen

Der dunkle Vorhang der Ewigkeit
öffnete sich vormals weit und breit

Zwischen seiner Ränder Saum
erschienen Zeit und Lebensraum

Pflanzen, Tier- und Menschenarten
entwickelten sich im Lebensgarten

Die Formenvielfalt, reich und bunt,
tausendfach tat sie sich kund

Einst schließt sich der Store
nach vollendeter Zeit –
alles war nur ein Hauch
der Ewigkeit.

Freudenboten

Aus einem traumverklärten Haus
ein kleines Lächeln flog hinaus

es wärmte manchen kalten Ort,
es scheuchte manches Dunkle fort

es tröstete manch weinend Herz,
es linderte manch tiefen Schmerz

soeben ist's vorbei gekommen,
es war auch mir sogleich willkommen

ich lächle wieder, froh und heiter,
und schicke sie gemeinsam weiter

Aeolsharfe

Ihr Spiel klingt leise und verhalten,
nur dem wachen Ohr vernehmlich:

Beim Weh'n der Wiesengräser,
im Wolkenreigengang,
beim Schwung von Vogelflügeln,
im Regentropfensang

Beim Wellenspiel des Waldbachs
schwingt sie verrauschend fort,
vom Blätterchor der Bäume
grandioser Schlussakkord!

So offenbart sie ihre Spur,
die Aeolsharfe der Natur

Autoschlange

Da wälzt er sich hin, der Lindwurm der Zeit,
lässt grellbunte Lichter versprüh'n,
er hupt und zischt und quietscht und schreit
und dampft von Öl und Benzin.

Er frisst sich durch Wälder und Wiesenflur,
durch Tage und Nächte voran,
ihn hemmen nicht Wetter noch Stundenuhr,
ihn ficht keine Müdigkeit an.

So hastet er weiter, verchromt und gestählt,
wie schnell, wie lange, wie weit?
Verwunschenes Untier der Sagenwelt
– hier erwacht es
zur Wirklichkeit.

Katzenmedizin

Mariechen eilt zur Apotheke:
»Unser Kätzchen ist so schwach und krank,
haben Sie ein Mittel hier,
vielleicht einen kräftigen, heilenden Trank?«

Der Meister nickt beruhigt
mit dem bedeutsamen Satz:
»Vieles, was wir hier haben,
ist ohnehin
für die Katz!«

Verhängnisvolle Urlaubsreise

Die beiden Freunde Knipp und Knapp
gehn auf Urlaubsreise;
der eine knippt, der andere knappt,
jeder auf seine Weise.

So wandern sie zum Titisee,
um Tretboot dort zu fahren;
auf das Vergnügen freuten sich
die zwei bereits seit Jahren.

Schon sind sie mitten auf dem See,
da passierte das Malheur:
dem ständigen Knipphin-Knappher
gehorchte das Boot nicht mehr.

Es lief voll Wasser bis zum Rand
und kenterte letztlich still und leise;
die Knipp- und Knappschaft
schwamm an Land.
Das war ihre letzte Urlaubsreise!

Bernd Ringwald

»Mutig und mit Gottvertrauen
der Zukunft entgegensehen
und den Augenblick dabei nicht vergessen.«

Rättvik

Und zufällig
Kam ich an jene Stelle wieder
An der einst
Der Stein gelegen.

Nach nun mehr
Als doppelt so vielen Jahren
Wie ich damals
Jung gewesen.

Als sie sich
Neben mich
Auf die mit Moos und Gras
Bedeckte Erde setzte,

Mit mir sprach,
Da fand ich
Jenen kleinen Stein,
Den ich heute noch besitze.

Ganz von ihr
Verzaubert,
Widmete ich ihr später
Ein Gedicht.

Nannte es
Erste Liebe,
Ob sie es je gelesen,
Ich denke nicht.

Nun sind so
Viele Jahre
Seitdem vergangen, mit Freude,
Hoffnung, Leid,

Und trotzdem
Spüre ich,
Wenn ich die Jahre so betrachte,
Dankbarkeit.

So schreibt
Das Leben
Romane, Dramen, mitunter auch
Ein Gedicht;

Doch so
Wie dieses,
Reimt sich das Leben, unser Leben
Oftmals nicht.

Hoffnung II

Ich sah mich
Weinend lächeln
In deinen
Augen.

Das wollt'
Ich dir
Nur
Sagen,

Eh' gleich
Deine,
Meine Augen
Fragen.

Erste Liebe

einst fand ich jenen kleinen stein,
der nun so still, so tot,
und doch so unendlich vielsagend vor mir liegt.

ich fand ihn, als sie zu mir trat,
sich neben mich auf die mit moos und gras bedeckte
erde setzte,
mit mir sprach,
während ich mit den fingern in der erde grübelnd
nach fragen und antworten suchte.

so fand ich jenen kleinen stein,
der mich nichts vergessen lässt,
der nie tot sein wird.

© public book media verlag

Zweiundzwanzigster September
Zweitausendfünfzehn

Mit dem
Sommer
Geht der
Winterkorn

Kommt mit dem
Winter
Dann der
Sommerkorn

Ich glaub'
Ich brauch
'Nen
Doppelkorn.

Sehnsucht

Auf den Flügeln einer Taube
Möcht' ich schicken
Meine Gedanken
In die Vergangenheit zurück,

Um den Becher
Mir zu bringen,
Aus dem man trinkt
Das Glück.

Ich trank einst aus jenem Becher,
Jedoch nur einen Schluck;
Ich meinte, dass dies reichte,
Und stellt' ihn dann gleich zurück.

Heut sehn' ich mich nach jenem Becher,
Und fühlt' ihn so gern an meinem Mund;
Meine Gedanken, sie wollen gehen
Immer nur zu ihm zurück.

Doch werd' die Taube ich wohl niemals schicken
In die Vergangenheit zurück,
Aus Furcht, sie könnte bringen
Die Gedanken von dort nicht mehr zurück.

© public book media verlag

Bernd Ringwald

Peter Röttscher

»Im Schatten der Bücher wird es hell.«

Umkehr II

An einem Vormittag im Sommer
Traf einen braunen Schmetterling
An diesem Vormittag im Sommer
Wollt mit ihm gehn, vergass es wohl
An jenem Vormittag im Sommer.
25.3.1968

Dauer III

Vorbei die dunklen Turbulenzen
Der Baum im Garten leuchtet blau
Durch stille Tage langsam schwimmen
Leuchtfäden, Schneeflocken im März
Wie Elfenbein, so endlos taumelnd
Und drüben pfeift wer kupferrot
Den Weg entlang der Abend dehnt sich
Die Züge reiten auf dem Wind
Im Wirbel schwarzer Anemonen.
1.3.1974

Quelle IV

Wie nah du bist, wenn du nicht da bist
Denkbilder aus der Gegenwelt
Verspielt der ganze dunkle Morgen
Lichtschneise in der Lilienzeit
Bist du die Sonne überdeutlich
Sprachlos den Sommer im Gesicht
Halb wach, halb schlafend nach dir tasten
Und wieder schlafen, das Gefühl
Bildstein, du gelb, ich braun im Wortmeer
Und alle Worte sind für dich
Wie nah du bist, wenn du nicht da bist.
18.9.1982

Warten VII

Vergiss mich, ächte mich, berühr mich,
Ertränk mich, würg mich, wärme mich,
Regier mich, unterdrück mich, küss mich,
Organisier mich, streichle mich.
Neutralisier mich, hass mich, nimm mich,
Immunisier mich, liebe mich,
Quäl, stich, brenn, schlag mich, plag mich, trag mich,
Umzingel mich, verzauber mich.
Entehr mich, lass mich laufen, halt mich.

18.1.1998

Deutlich IX

Sternschnuppen und ein Pfeil ins Leere
Und wir verstecken uns im Tag
So viele Träume, so viel Nähe
Als hätte ich dich schon berührt.
Nein, meine Uhr hat keine Zeiger
Nein, dieser Kuss hört nicht mehr auf,
Es gibt nur eine Zeit, die Liebe.

25.8.2003

Feuer IX

Tramonto voller Nichtgedanken
Matratzengruft, Kopfkissenbuch
Ursachenbär im Trendmuseum
Jetzt schieb die Himmelsschlüssel weg
Vergiss die Milchglasscheibenmenschen
Mit ihrem Bruttoinlandgück
Und ihren Kohäsionsmillionen
Der incomunicado streikt
Die incartade als Katharsis
Ersttagsbewusstsein duldungsstarr
Nicht desultorisch, sondern dingfest
Ein Augenblick ein Alkahest
Änderungswolke und Adinkra.

8.4.2013

Thomas Schneider

»ICH BIN DES TROCKNEN TONS NUN SATT,
WOHL DEM, DER AUCH HUMOR NOCH HAT.«

Wie alles begann

Ich hab mein Herz wohl einst verloren
in Heidelberg, wo ich geboren
am achten Tag des Februar.
Als ich mir so die Welt besah,
da dachte ich bei mir verwundert,
damals im Jahre neunzehnhundert
einundfünfzig ist's gewesen –
natürlich konnt ich noch nicht lesen –
dass es ein Ziel wär, hier auf Erden
sobald es ging, dichter zu werden.

Hab schnell die Windeln abgelegt
und dann schon bald den Wunsch gehegt,
wollt aus dem Wie- ein Hauptwort machen,
die meisten fanden das zum Lachen.

Das Wiewort hat sich lang geziert,
doch ich hab's so lang dekliniert,
bis es dann schließlich resigniert
und doch zum Hauptwort ist mutiert.

So kann ich mich jetzt Dichter nennen,
die einst gelacht, müssen bekennen:
»Dass der einmal Karriere macht,
das hätten wir uns nie gedacht.«

Hätt Adam damals nur verzichtet

Im Schweiße deines Angesichts
sollst du dein täglich Brot erwerben,
und daran ändert sich auch nichts,
bis du dann irgendwann musst sterben.

So oder ähnlich hat's gesagt
der Herr, damals im Paradies,
nachdem er Adam angeklagt
und ihn des Gartens dann verwies.

Und so wie Gott es prophezeit
ist es natürlich auch gekommen.
Hätt Adam doch nur seinerzeit
von dieser Frucht nichts angenommen.

Obst und Gemüse sind gesund,
das steht zwar überall zu lesen,
aus diesem ganz speziellen Grund
wär jedoch besser es gewesen,
hätt auf die tägliche Ration
der Adam ganz bewusst verzichtet
und stattdessen damals schon
nur sein Augenmerk gerichtet
auf ein mit Wurst belegtes Brot,
oder auf eins mit Käse.
Wer weiß, wo er dann ohne Not
heut wohl gemütlich säße?

Federleicht

Heut Nacht, da hatt' ich einen Traum,
ich schwebte einfach so dahin,
und ich bemerkte dabei kaum,
wie leicht ich doch geworden bin.

Ich fühlte mich wie eine Feder,
die wirbelnd sich im Wind bewegt,
in seinem Leben hat wohl jeder
schon einmal diesen Traum gehegt.

So federleicht mich fortbewegend
flog ich, gemütlich, wie ich fand,
und kam dabei in eine Gegend,
die ich bislang noch nicht gekannt.

Es war das Land der bunten Falter
mit ausgedehnten Blumenwiesen,
wo ohne Sorgen um das Alter
alle ihr Leben nur genießen.

Dort hab ich erst mal Halt gemacht,
das Fliegen strengt doch etwas an,
als eine Fliege sich gedacht,
dass sie mich mal bestäuben kann.

Kam mit dem Stachel mir zu nah,
vielleicht war ich zu ungeschickt,
obwohl das etwas schmerzhaft war,
bin kurz darauf ich eingenickt.

Als ich dann wieder aufgewacht,
fand ich zunächst mich nicht zurecht,
um mich herum war dunkle Nacht,
war das noch Traum oder schon echt?

Die Leichtigkeit, die war verflogen,
ich lag im Bett, war wieder schwer,
das Traumgebilde war zerstoben,
ich träumt' ihm nur noch hinterher.

Wenn die weißen Neben wallen

Wenn Nebel aus den Wiesen steiget,
wie in Claudius' Abendlied
und uns das Gefühl begleitet,
dass all das, was nun geschieht,
wie in einem Meer aus Watte
fast unmerklich vor sich geht,
was einst war und was man hatte,
auch in Zukunft noch besteht,
legen wir beruhigt uns nieder,
streifen ab, was uns beschwert,
hoffen, dass uns immer wieder
Trost und Gnade widerfährt.

Wenn die weißen Nebel wallen,
ist die Erkenntnis längst gereift,
die Zweifel, sie sind abgefallen,
weil man endlich nun begreift:
Gottes unendliche Güte
lässt uns froh nach vorne schauen,
darauf, dass er uns behüte,
können wir getrost vertrauen.

Der Denker

Er glaubt, er habe immer Recht,
hätt die Weisheit wohl gepachtet,
findet's deshalb nur gerecht,
dass man immer darauf achtet,
was er zu welchem Thema sagt,
wie er's staatsmännisch verkündet.
Hat zuweilen auch geklagt,
dass er manchmal sogar findet,
man müsst ihm mehr Beachtung schenken,
denn sein scharfer Sachverstand
bestimme letztlich doch das Denken
mehr oder weniger im Land.

Er ist so von sich eingenommen,
dass er dabei nicht bemerkt,
wie immer größere Zweifel kommen,
wie sich der Unwillen verstärkt,
weil man immer mehr erkennt,
dass der scheinbar weise Mann,
der sich selbst nur Denker nennt,
eigentlich nichts andres kann,
als heiße Luft zu produzieren,
und dass er nichts andres macht,
als Platitüden formulieren,
über die man nur noch lacht.

Verschwunden ist der Heilgenschein,
denn jetzt ist auch dem Letzten klar,
da wollte einer größer sein
als er es letzten Endes war.

Ursula Schöbe

»Das Gedicht ist kein Geistesblitz,
das Gedicht ist eine emotionale Eingebung,
die aufgeschrieben werden muss!«

Verzweifelte Sehnsucht

Ich nehme keinem etwas weg,
denn ich nehm nur das, was du mir gibst.
Verbieten kann mir niemand, dass ich liebe,
was und wen ich will!
Auch du nicht!

Und seiest du auch sternenweit entfernt –
mein Herz ist mit dir, um dich zu begleiten
und auch zu behüten, bei allem,
was du tust und denkst!

Es kann nichts Böses sein, sonst könnte
ich dich nicht so sehr vermissen.
Die Welt ist traurig – ich möchte
nicht mehr traurig sein müssen …
Deine Stimme allein schon macht mich froh
und der trübste Tag wird heller!

Ich habe in schweren Tagen und Stunden
eine geliebte Seele nicht allein gelassen,
habe geholfen, den letzten Weg zu geh'n.
Im Jetzt und Hier bin ich dir nahe und
möchte dir gerecht werden und Gutes tun.

Ich fühle mich nicht schuldig und ich weiß,
dass mir verziehen ist.

Ich bin ein Vögelchen
in deiner Hand –
fühl mich geborgen und behütet –
nicht schutzlos und allein,
ausgeliefert all den Unbilden und Schwernissen dieser Welt.

Du hast deine Hand geöffnet,
um mich aufzufangen und
voller Vertrauen flog ich
in deine Hand.

Doch manchmal warte ich.
Ich sitze, von heftigem Wind des Lebens gebeutelt,
auf einem ganz dünnen Ästchen
im Garten deiner Seele und sehne mich,
in ein geöffnetes Fenster hineinfliegen zu können,
fliegen, fliegen –
in deine Hand …

Der Augenblick

Es gibt einen Augenblick,
da jubelt das Herz,
fliegt mit einem sanften Wind
in eine Richtung, nur
hin zu dir, zu dir.

Du weißt es nicht –
oder spürst du es?

Es gibt einen Augenblick,
der schwarz und scher für
das Herz ist

und der Wind, der mich trägt,
ist nicht sanft und süß – nein,
stürmisch und böse
und

er lockt aus einer verletzten Seele
schlechte Gedanken und verwirrte Gefühle.

Ich denke, auch du hast solche Augenblicke,
denn du hast es doppelt nicht leicht.
Ich weiß, es ist kein ungetrübtes
Zusammensein
aber wunderschön …

Loslassen

Der TOD ist es nicht,
der diesen undefinierbaren Schmerz auslöst.
»Erlösung« ist ein starkes Wort, das TROST gibt,
aber dennoch weiß man um viele Versäumnisse:
Viel Ungesagtes, Ungetanes, Ungerichtetes und
das ist durch das Absolute eines Todes
ohne Abschied so quälend.
Der Mensch weiß: Aller Schmerz vergeht
wenn man loslässt.
Tu es einfach …

Wiedersehen

Selig an deinem Munde hängend
trink ich des Wiedersehens süßes Glück und
taumle, trunken vor Verlangen
in die Vergangenheit zurück!

Schon nach dem ersten Blick in deine Augen sah ich,
wovon solange ich geträumt:
Dass wir füreinander taugen!
Mich schauderts – beinahe hätten wir's versäumt!

Hans Schricker vom Paukowitsch

> DEMOKRATIE IST DER MISSGLÜCKTE VERSUCH DES MENSCHEN, EINE VORGABE DER EVOLUTION AUSSER KRAFT ZU SETZEN: SEINEN UNTER DEM DECKMANTEL MENSCHENRECHTE SCHLUMMERNDEN TRIEB ZUM EGO – BESSER BEKANNT ALS EGOISMUS.

Demenz
2016

Tod oder Leben
Das ist die Frage
Nehmen und geben
Hält sich die Waage
Unheil und Glück
Sind Spießgesellen
Lassen zurück
Versiegte Quellen

Die eigene Jugend spürt man kaum,
Sie ist bloß unseres Alters Traum.

Fast wie ein Strauch;
Stammplatz für eines Hundes stete Rast,
Der plötzlich alle Blätter fallen lässt,
Stirbt auch der Mensch ob seiner Lebenshast
Vorm Ziel;
Dem er sich hoffnungsvoll entgegenpresst,
Und Werte für das Dasein oft zur Seite fegt.

Die roten Wolken, die am Horizont
Der Sonnenstrahlen letztes Glühn verkünden,
Sind wie ein Hilfeschrei der Angst
Vor jenem unbekannten Land
Aus dem es keine Rückkehr gibt;
Der ihn geleitet unsichtbar
Auf allen seinen Wegen.

Als Vision sieht er ein Abbild seiner Seele,
Wobei ihm ist als wär er nie geboren worden,
Und er als Schemen fliegt im leeren Raum;
Darüber zieht die Zeit verborgene Kreise,
Abseits von einer tristen Gegenwart.

Sehnsucht im Körper und im Geist;
Das Dasein lockt mit schönen Träumen.
Mit diesem Bindeglied es weist
Ihn auch zu vielen dunklen Räumen.

Ob er sich durch das Leben quält,
Ob er von Menschlichkeit beseelt,
Oder von Unkultur gepfählt,
Ein Untier hat dies auserwählt.

Urplötzlich kam es in sein Haus,
– Nicht um die Sinne ihm zu pflegen –
Löste nur Hast und Unrast aus,
Zerstörerisch auf seinen Wegen.

In seinem Innern wütet es,
Grausam, gepaart mit Konsequenz;
Nicht wie der Drache von Loch Ness,
Mehr Abbild Freud'scher Kompetenz.

Es sind die Fragen über Fragen die ihn plagen,
Und ungelöst betrüben und den Geist erschlagen.

Bin ich es selbst, der mir die Richtung zeigt?
Bin ich es selbst, der mich ins Dunkel führt?
Bin ich es selbst, der in Gedanken schweigt?
Bin ich es selbst, der meine Seele spürt?
Bin ich es selbst, der klopft bei mir,
Einlass begehrt an meiner Tür?
Es ist die Psyche, die getrennt von ihrem Streben,
Unsichtbar, unhörbar in einer Totenstille,
Auf unsichtbaren Schwingen weggeflogen;
Es scheint, als ob des Menschen letzter Wille
Wurde, nicht wahrnehmbar, um seinen Sinn betrogen

Von einer Zukunft, die ihn aufgesogen
Und ihn zerstört durch seinen Gegner Zeit;
Kurz unterbrochen von blitzartigem Verstehen,
Danach zurückgestoßen in die Einsamkeit,
Wie Luftgespinste – Wolken im Verwehen.

In der Sekundenschnelle vorm Vergehen
Verharrt er wie vor irrealen Toren;
Er wird sein Ende nicht sogleich erreichen,
Das Dasein hat bloß seinen Zweck verloren.
Die Lebensflamme sendet schattenhafte Zeichen

Und lässt die Tage trügerisch verstreichen.
Am Ende ist er tot und dennoch nicht gestorben.
Es ist nur Ende seiner Lebenswanderschaft;
Gleich Blumen die nach eigenem Duft verdorben,
Ist die Erinnerung nun ohne Lebenskraft.

Annex

Der Geist gebiert bedrückende Erinnerungen, die den Körper veranlassen, undefinierbare Töne des Schreckens auszustoßen, aber er gebiert auch glückliche Erinnerungen, welche die zu einer maskenhaften Larve erstarrte Miene in ein Lächeln verzaubert.

Mixtur 2

Die Rückkehr in die Zeit, in der ich einst gelebt,
Ist nur ein Traum, der mich in seinen Fängen hält;
Wie ein von Wirklichkeit erfülltes Wandgemälde,
In dem der Ablauf meiner Existenz Erfüllung fand.

Die Nacht wird mir zum Tag gemacht
Und ich verfolgt von neuen Reimen;
Obgleich geistig noch nicht entfacht
Beginnen sie in mir zu keimen

Gesichtslos und dem Körper fremd,
Als Embryos der Phantasie.
Wie Sündenfall im Büßerhemd;
Gedanken der Anomalie.

Fanfaren und Posaunenklang
Verkünden stolz die Wertigkeit;
Doch Wertigkeit ist nur ein Gang,
Begrenzt auf Wege mit der Zeit.

*

Von einem ungehemmten Sein
Und seines Körpers Unkultur,
Entstand der illusionäre Schein,
Der Mensch sei Wunder der Natur.

Gleich Märchen der Vergangenheit,
– Weisen a la Grimm und Hauff –,
Wär er geflossen in die Zeit,
Wie Marathon im Zieleinlauf.

Solch Denkprozess den Geist zerfrisst,
Sofern noch Geist vorhanden ist.

*

Man meint, der Mensch sei fehlerfrei,
Wenn er Kriterien erfüllt,
Die einem in den Rahmen passen;

Was ihm gebührt, soll er erhalten,
Für gute und für schlechte Taten,
Gerechtigkeit sollte rasch walten,
Um ihren Sinn nicht zu verraten.

In ungeistigen Schnellverfahren
Zum Ausklang ohne Rettungsgurt,
Sollte man Übersicht bewahren,
Wie beim Durchqueren einer Furt.

Vergleichbar mit dem Lebensweg,
– Wo Hürden in die Höhe ragen –
Ist Eile auch kein Privileg
Zum Schutze drohender Rochaden.

Die Spur ist lang die Last wiegt schwer,
In karger Daseinstätigkeit;
Nicht nur dass manches Leben leer,
Es steht zum Untergang bereit.

Solch Dasein gleicht auch einem Teich
Der voll von Fischen vieler Arten;
Solange die noch sind im Laich,
Ist Arglist auch nicht zu erwarten.

Erst wenn der Lebenshungertrieb
Zum Ausbruch käme in den Leibern,
– Blitzartig wie ein Peitschenhieb –
Formte der diese dann zu Räubern.

Lässt nicht nur rauben, sogar morden,
– Ein Misserfolg der Evolution? –
Und die Gewalt, die beispiellos geworden,
Prägt Wohllaute zu einem schrillen Ton.

*

Abartigkeit scheint sehr beliebt,
Nicht nur bei Homos und bei Lesben;
Doch ihre Folgen – ungesiebt –
Erinnern an Stiche von Wespen.

Fast wie ein tägliches Gebet
– Klingt dekadent und inhaltsleer –
Wird dies schier zur Normalität;
Normalmenschen tun sich da schwer.

Regt euch nicht auf, sondern bleibt kühl,
Was ist schon wert ein Menschenleben?
Unsichtbar ist es als Gefühl,
Als wollt ein Spuk die Hand uns geben.

Wie loser Staub fliegt es im Wind,
Gedanklich in der falschen Welt,
– Als sei es taub und stumm und blind –
Wo Täuschung ihre Andacht hält.

Nehmt jeden Menschen wie er ist,
Denkt nicht abstrakt, sondern normal. –
Menschliche Schwäche ist wie List,
Unabdingbar – doch letzte Wahl.

Die Worte Deutschland über alles,
Verstrahlten einst Leichengeruch,
Doch heute gilt, im Fall des Falles,
Der Satz als unglücklicher Spruch.

Ob Spruch oder Leichengeruch,
Die Wahrheit ist der Welt egal;
Ist doch das Leben nur Besuch
Bei seinem eigenen Totenmahl.

Deshalb die Sprache zu verbieten?
Alternativlos – Radikal?
Davor mög man sich tunlichst hüten;
Gebärden sind auch nicht verbal.

Sprüche, welche im Sprachgebrauch
Zeichen von Diktaturen waren;
Sie zu erhalten hieße auch,
Sie der Geschichte zu bewahren.

Etwa ein Wort wie Volksschädling,
Verbunden mit des Führers Kraft,
Klingt nur als ob ein Schmetterling
Als Raupe schon das Fliegen schafft'.

Ihr braucht nicht euer Leben gendern,
Oder neu ordnen euer Haus;
Nur euer Geist müsst sich so ändern,
Als würd der Wolf in euch zur Maus.

Doch nützet die Gelegenheit,
Zu fassen euch am eigenen Schopf;
Und reißt als Zeichen dieser Zeit,
Verlogenheit aus eurem Kopf.

Vielleicht dann Kleinmut Tröstung fände
Und ihr erlöst würd' aus der Not,
Im Kopf Zwiespalt sehr rasch ver-
schwände;
Freiheit im Geist kennt kein Gebot.

Doch Freiheit gilt grundsätzlich nur
Verbunden mit des Menschen Willen;
Duldung der Anderen Natur,
Heißt eigene Freiheit zu erfüllen.

Lasset uns daher Freiheit senden,
Als Botin in die Dunkelheit,
Ein einziger Lichtstrahl kann beenden
Der Menschen Ängste vor der Zeit.

Gedankensplittermixtur
2017

Menschen und Affen sind verwandt;
Ähnlichkeit ist zwar nicht frappant,
Doch ist trotz aller losen Banden
Geistige Bindung oft vorhanden.

Schizophrenie als Rückwärtslauf.
Das Seelenleben wird durchquert
In einem wechselnden Verlauf;
Meint man es sei ein Feuerherd.

Nicht sättigend – Schwanengesang,
Oder gewissermaßen nur
Als wesenloser Abschiedsklang,
Brennstoff nichtssagender Natur.

Die Kümmernis schafft neuen Schmerz
Wenn sie sich löst aus dem Exil,
Da Zukunftsangst dann als Kommerz
Beteiligt ist an diesem Spiel.

Wer einst als Mensch hat so gelebt,
Wie keinesfalls er leben wollte,
War in dem Dasein nur bestrebt,
Zu handeln wie er es nicht sollte.

Trockene Luft, ein feuchter Tag,
Als Abgrund ihm zu beiden Seiten,
Gefühle – als Befreiungsschlag? –
Sind doch nur Unabwägbarkeiten.

Er ist ein Mann – fühlt sich als Frau,
Sie, als die Frau – fühlt sich als Mann,
Doch wie das Wetter – falls zu grau –
Man sein Geschlecht nicht wechseln kann.

Auch Neubeginn ist ihm verwehrt,
Obwohl der Wunsch dazu vorhanden;
Dies wär als würde umgekehrt,
Ein Fluss in seiner Quelle landen.

Es ist nun hoffentlich geklärt,
– Antwort auf nicht gestellte Fragen –
Dass Abarten man nur gewährt,
Wenn sie nicht aus dem Rahmen ragen.

Die Wurzel allen Lebens aufzufinden,
Den Sinn des Daseins zu entdecken,
Die eigene Seele zu ergründen,
Verborgene Wahrheiten erwecken,

Sich seine Grenzen abzustecken?
Machbar, wie vieles hier auf Erden,
Und wichtig, da wir sonst verrecken,
Oder lebend begraben werden.

*

Die Haare grau und blaue Flecken
Und Altersschmerz hält sich bereit,
Gelingt es diesen abzuschrecken
Fühlt man sich danach wie befreit.

Manch langer Reden kurzer Sinn
Erklärt bloß einen Sachverhalt,
– Ein oft nicht einfacher Beginn –
Der Form nach neu, im Kern uralt.

Zur geistige Potenz im Wesen
– Es war vom Schöpfer so geplant –
Hat er einst Menschen auserlesen,
Sein Ebenbild – doch sehr riskant.

Der Mensch – abrufbares Symbol
Göttlicher Evolution;
Für einen Gott ein Schachzug wohl
Nicht durchschaubarer Aktion.

Äonen sind für ihn Sekunden
In seinem Reich Unendlichkeit;
Nur seine Wesen sind gebunden
An Takte einer anderen Zeit.

Ein Sommer wie schon lange nicht,
Der Himmel blau, die Sonne strahlt,
Reminiszenz im Weltgericht,
Die Menschheit hat Tribut gezahlt.

Die Zeit löst sich in Flammen auf,
Verbrennt Kritik und Dankbarkeit.
Karnevalsspuk und Perchtenlauf
Erinnern an Vergangenheit,

Die alte Frau – der alte Mann,
Leben in dieser anderen Welt,
Die noch nicht ganz verlöschen kann
Solang der Tod nur Einzug hält.

Sie waren kaum mehr zu verstehen,
Die Stimmen schienen nicht vorhanden,
Der Ton entsprach mehr einem Flehen;
Mimik hielt sie in stummen Banden.

Der Glanz der Augen leer und trüb.
Da Kraft des Geistes nicht versiegt,
Nur Sklavendasein übrig blieb;
Sinnloser Traum sich selbst belügt.

Das Glück der Seelen teilten Mann und Weib,
So wie sie teilten ihre beiden Leben;
Zwei Körper die vereint in einem Leib,
Mitsammen überwanden tiefe Gräben.

*

Wer ist mehr wert, Frau oder Mann?
Ein Rätsel, daher keine Wahl;
Solch Denkspiel heizt Gedanken an,
Gemütlich nicht, auch nicht brutal;

Eine bestimmte Art von Frauen,
Wünscht für sich eine eigene Welt,
Um neue Regeln aufzubauen,
In einem unerschlossenes Feld.

Illusionen weiblicher Chaoten;
Das eigene Geschlecht neu zu fixieren,
Um Tatsachen für Idioten
Neu zu erschaffen und variieren.

Sie möchten Gleichberechtigung
Als Grundsatz jeglichen Bestrebens.
Äquivalenz im Quantensprung?
Wünsche von Männern sind vergebens.

Bisher waren sie stets dazu da
Um Lust beim Manne einzukesseln;
Was weiterhin mit ihm geschah
War das Bestreben ihn zu fesseln

Und seine Freiheit einzuschränken.
Gleich Speisen die er zu sich nimmt,
Sollte sein Herz nur Liebe schenken;
Fortlaufend – nur für sie bestimmt.

Wenn Angst vor Minderwertigkeit,
Wahrheit sich auf den Kopf dann stellt,
Ist sie als Frau sofort bereit,
Zu tun was Männern nicht gefällt.

Hat Angst man vor Rechtfertigung?
In Wahrheit plagen andere Sorgen.
Möglich – Geschlechtsverweigerung
Schwebt furchtsam tief in ihr verborgen.

Der Mensch ist weder gut noch schlecht.
Als seines Lebens Fetischist,
Er unbeirrt vom Menschenrecht
Nur seines Vorteils Knecht er ist.

Blindheit im Geist als Übermacht,
– Als Fremdkörper schlich sie sich ein –
Hat ihm nur Sklaverei gebracht;
Verursacht lebenslange Pein,

Da albtraumhaft ihm diese Zeit
Fast zwanghaft durch sein Leben führt;
Mit alten Märchen im Geleit,
Neu adaptiert – was Ärger schürt.

So ist nun mal der Lauf der Welt,
Die Stärke stellt die Regeln auf,
Und Schwäche damit auserwählt
Ware zu sein im Ausverkauf.

Haben wir eine Arche nötig?
Vorm Untergang schützt sie uns kaum.
Erfahrungswert macht sich erbötig,
Uns zu entreißen diesen Traum.

Nachdem uns die Gedanken lenken
Auf einem Weg der Phantasie,
Verleiten sie zum falschen Denken;
Sich selbst enträtseln Menschen nie.

Erfolgreich sein im Kunstbetrieb,
Ist wie der Trunk aus einem Sieb.

Mit Kunstprojekten ihrer Zeit
Gelangten sie zur Ewigkeit.
Nachdem ihr Geist bot die Gewähr
War es für sie nicht allzu schwer
Den Weg erfolgreich zu beenden.
Zustimmung floss aus vollen Händen.

Neidvolle Überheblichkeit
– Mit Egoismus im Geleit –
Sprach man Rivalen Leben ab,
Stieß metaphorisch sie ins Grab;
Endgültig und nicht umkehrbar.
Hoffnungslos selbst die Hoffnung war.

Was wäre wenn – die Zukunft ruft.
Sinnlos, Gedanken zu verschwenden;
Auch wenn's als nutzlos eingestuft,
Muss man selbst Unsinn nicht beenden.

Ein Spuk fliegt ziellos durch die Lüfte
Und sucht vergeblich seinen Weg.

Ein Eremit aus Leidenschaft,
Verkroch sich in sein Domizil,
Um hier zu finden neue Kraft.
Der Weg ist lang – fern ist das Ziel.

Die Zeit – sie klopfte an die Tür,
Nur wurde sie nicht eingelassen;
Es war, dass sowohl die Willkür
Als auch die Dummheit des Insassen

– Ein Künstler der Einmischung hasste –
Wollte nur eigene Wege gehen,
Dadurch jedoch die Chance verpasste,
Mit seiner Kunst auch zu bestehen.

Lebt er in einer Endlichkeit?
Gedanklich wie im Regenbogen?
Folgt Mahnung der Vergangenheit?
Die Illusion ist rasch verflogen.

Der Drang solcher Geschöpfe ist,
Ein Gleiten nur auf eignen Kufen.
Doch wenn ihr Los darauf vergisst,
Kommt fremde Hilfe unberufen.

Wie eine Flamme ohne Feuer,
Fühlt sich dabei ihr Dasein an,
Als unfassbares Ungeheuer,
Das keinen Sinn erkennen kann.

Nicht wie bei Pest und Cholera,
Läuft Lust zum Leben dann davon;
Ein anderer Todeskeim ist da.
Die Psyche als Religion.

Damals
Geschrieben im Stil einer Ballade
2017

Die gute alte Zeit, sie war nicht immer gut,
Und wenn, so nur für einzelne Personen;
Dies förderte im Volk im ständigen Disput,
Die Flammenschrift zur Auslöschung von Drohnen.

Die Großmutter erzählte mir,
Von einem Jüdischen Hausierer;
Damals um Neunzehnhundertvier,
Oder war es vielleicht schon früher?

Als sie noch war ein kleines Kind.
Er kam jährlich zur selben Zeit,
Die Triebkraft war sein rauer Wind
Zur Überlebensfähigkeit.

In jüdischer Bescheidenheit
Handelte er mit Textilien;
– Damals wohl keine Seltenheit –
Ein Jude aus Galizien

Mit Wurzeln aus der Walachei.
Den Wohnsitz hatte er verlegt.
In das Gebiet der Slowakei.
Er blieb von Tradition geprägt.

Ein Bart umrahmte sein Gesicht,
Ein Kaftan schützte seinen Leib,
Die Aura kündete Verzicht
Für seine Kinder und sein Weib.

Über die March kam er ins Land,
– Im Teil von Ungarns Grenzbereich –
Im Volk auch Morawa genannt,
Damals Grenzfluss zu Österreich.

Zwei Mal im Jahr war seine Frist,
Um anzubieten seine Waren.
War es ein Fehler oder List;
Ein unwirtschaftliches Gebaren

Wenn er zu feilschen war bereit?
So akkordierte er auch Schulden.
– Absturz in Minderwertigkeit? –
Er war bereit sich zu gedulden.

Ein Sohn starb in Amerika.
Ein Fenstersturz, so sagte er;
Man wusste nicht wie es geschah,
War es ein Unfall? – Gott weiß mehr.

Sein Alter hat er nie verraten.
Dem Anblick und der Stimme nach
Gab's keine Rückschlüsse auf Daten;
Da lagen die Gedanken brach.

Der Judenmax wurd er genannt;
Als ein Bestandteil dieses Ortes
Wurde er allseits anerkannt. –
Wie der Buchstabe eines Wortes.

Für andere war er hingegen
Nur eine Null im Sinn des Wortes;
Lustvoll für sie den Hass zu pflegen,
Wie Faulspiel im Bereich des Sportes.

*

Viel später kam dann die SS.
Sie hatte freie Hand zu töten,
Gewaltherrschaft bis zum Exzess,
Die Menschenwürde lag in Nöten.

Barmherzigkeit im tiefen Fall,
Als Resultat die Sklaverei,
Stummheit bleibt ohne Widerhall;
Die Stille ist kein Hilfeschrei.

Heut spricht man viel vom Holocaust
Um damit eigenen Dreck zu decken,
Und droht, die Hand geballt zur Faust.
Will man in ihr Mitschuld verstecken?

*

Max ist schon lang nicht mehr am Leben,
Seine Familie zerstreut;
Doch dieses albtraumhaftes Beben
Hat sein Geschlecht vom Zwang befreit.

Mixtur 3
2017

Gefühle sind nicht immer klar,
Nachdem sie Träume nur versprechen;
Daher im Kern nicht immer wahr;
Dennoch kein Grund sie zu zerbrechen.

Das ewige Leben ist ein Traum
Für Menschen die ihr Ziel verfehlen,
Und schmerzerfüllt im Lebensraum
Sich durch ein tristes Leben quälen.

Erinnerung weckt manches Leid.
Gedanken träumten aus dem Schlaf
Und suchten die Vergessenheit;
Wobei der Wunsch die Hoffnung traf.

Ein Mensch steht nur für sich allein,
In sich gewandt und gnadenlos;
Solch Ton erwirbt den Eintrittsschein
Zur Hölle – noch vorm Todesstoß.

Ob er an Gott glaubt oder nicht,
Er landet doch in dessen Hafen;
Ein Geist, der für das Dogma ficht,
Wird ihn für Abweichung bestrafen.

Nicht nur, falls er als Exorzist
Brach mit dem Schöpfer aller Welten,
Er sogar für Verstöße büßt,
An Regeln, die für ihn nicht gelten.

Es sprach von eines Pudels Kern,
Goethe damals in seinem Faust;
Uns liegt der Ausspruch schon zu fern.
Im Innern jedes Menschen haust

Sein eigenes Gesetz primär
Von der Geburt bis in den Tod,
Das ihn beherrscht totalitär
Als festgeschriebenes Gebot.

Salopp verkleidet – elegant,
Ansichten menschlichen Natur.
Der Lügenschirm ist aufgespannt,
Trugbild zu einer falschen Spur.

Wahrheit lebt viel zu weit von hier.
Man braucht, um sie auch zu erreichen,
Im Dunkeln auch bei offener Tür,
Rechtfertigung als Öffnungszeichen.

Folglich kommt sie meist spät ans Licht.
Die Auswirkung ist gut bekannt;
Das Schmerzgeschrei verhüllter Sicht
Hat Unwahrheit zu spät erkannt.

Die Seuchenherde dieser Welt
Verbreiten ihre üble Brut,
Menschen, denen die Härte fehlt,
Bezahlen dies mit ihrem Blut.

Pessimistische Gedanken nachts um halb drei.
2017

Geistig am Ende ihrer Denkkraft angekommen
Sind nicht nur Menschen mit verminderter Begabung;
Auch Analytiker und abgesondert Philosophen,
Zweifeln an der Erkenntniskraft menschlicher Gehirne,
Daher am Sinn und Zweck menschlicher Existenz.
Präziser ausgedrückt, am Sinn und Dasein aller Lebewesen,
Als todgeborene Materie der Schöpfung – Sendboten der Düsternis?
Oder Sendboten göttergleich und trotzdem blind und taub?
Abnormitäten für sie wie Bazillen, Viren und Bakterien,
Krankheitserreger allesamt, aus dem Bereich der großen Evolution.
Sie denken viel und wissen nichts,
Denn die Erkenntnis ist wie der Ozon der sie umstreicht,
Präsent und doch nur im Gefühl zugegen.

Ein Wettlauf ist's wie Tag mit Nacht,
Nicht enden wollendes Bemühen
In einem endlosen Verglühen.
Nutzloses Ringen um die Macht.

Normales Leben gibt es nicht,
Die Zeit frisst alle ihre Kinder;
Humanität gilt nicht als Pflicht,
Ist kein Programm für Heilsverkünder.

Trotz Losungswort und Sicherheit
Ist Schöpferkraft nicht mehr vorhanden,
Geistiger Zerfall löst letzte Banden;
Apokalypse weit und breit.

Am Ende der Normalität
Eilen Gedanken um die Wette,
Verlassen die gewohnte Stätte,
Und wissen nicht wohin es geht.

Der Menschen Leben ist vorbei,
Wenn keine Ortungslichter brennen
Und sie sich nicht mehr selbst erkennen.
Ihre Substanz formt sich zu Brei.

Philosophie ist nicht ein Ort
Um zu begleichen seine Schuld;
Schuld ist letztendlich nur ein Wort.
Es aufzulösen heißt Geduld.

Gedankensplittermixtur 2
2017

Ein linker Fuß hat seinen eigenen Willen,
Er lehnt es ab, den Wunsch des rechten zu erfüllen,
Obgleich Geschwister, die gezeugt aus einem Ei,
Fühlt rechter Fuß sich gleichfalls ungebunden – frei.

Nur einem einzigen Körper untertan
Sind sie, und dennoch auf getrennter Bahn;
Wobei im losgelösten Vorwärtsstreben,
Sie nur für ihre eigenen Zwänge leben.

Als Argument wär einzig und allein Vernunft zu sehen,
Da sie verhindert, einen falschen Weg zu gehen;
Nur wird Vernunft als eines Menschen Abwehrschild,
Zu oft verblendet durch ein allzu grelles Bild.

Am Ende seines Tunnels sieht er immer Licht;
Ob er es auch erlangen wird – die Frage stellt sich nicht.
Beim Suchen nach Erkenntnis schweigt der Mund,
Vergessenheit drängt dämpfend aus dem Hintergrund.

Der Glanz der Sonne in den vielen dunklen Hinterhöfen,
Ist wie das schwarze Haar vorm grauen Ansatz an den Schläfen,
Und eine Lösung unfassbarer Sonnenzeichen,
Lassen sich – zu rätselhaft – von einem Menschen nie erreichen.

Folgerung

Das erste Ei, aus dem der Mensch sich hat entwickelt,
War ein Produkt von überirdischer Synthese.
Er sich dagegen unermüdlich selbst zerstückelt,
Mit Abarten der eigenen Genese.

Nicht auflösbar ist für den menschlichen Verstand,
Rätsel und Sinn der Lebensflamme auf der Erde.
Nachdem ihr flackern zweifelnd oft vorm Ende stand
Und weiter stehen wird – als Warnung durch Unwetterherde,

Steuert sie unaufhaltsam hin zu seinem Untergang,
Wo eine unbekannte Kraft das Ich abzweigt;
Zerfall der Geisteskraft vernichtet jeden Klang
Und jedes Farbenspiel, eh noch der Körper schweigt.

Der Trieb beeinflusst ihn wie jedes andre Lebewesen;
– Manchmal zu hart, dann wieder viel zu weich –
Von der Vorsehung wurde er letztendlich auserlesen,
Nur die Figur zu sein in diesem Zauberreich

Des eigenen, vorausbestimmten Lebens,
Wo er, bedeckt vom Egoismus abrufbarer Zeit,
Mit einer Fessel unnachgiebigen Bestrebens
Fixiert wird auf den Weg in die Vergangenheit.

Normales Denken ist für ihn nicht zu erreichen.
Lähmung der Denkkraft hindert ihn daran,
Wobei durch sinnlos falsch gestellte Weichen
Er seinen Zweck nicht mehr erfüllen kann.

Als Mensch klopft er an Grenzen seines Seins;
Der rätselhafte Moloch der sich Leben nennt,
Ist Schattenspiel der Seite eines Scheins,
Welches Zukunft und Gegenwart zugleich verbrennt.

Obgleich er meint, er sei sein eigener Gott,
Regiert an dunklen Orten Ungemach;
Sein Geist sprüht die Gedanken nur als Schrott,
Und Freude und auch Hoffnung liegen brach.

Ihm ist, als ob sein Leben längst dahin;
Vom Einfluss dunkler Kräfte überrannt.
Zweifelsfrei? – Oder bloß fühlbar nur für ihn,
Als wär er in die Ewigkeit verbannt.

Da er als Wesen ist unwandelbar,
Muss er als Abfall enden, wie das dürre Laub,
– Was ihm ergründlich ist und doch nicht klar –
Sowie endgültige Verwandlung dann zu Staub.

Machtstreben
2017

Der Dorn, der sich in einem dicken Arsch gestochen,
Wär lieber Mitglied einer exklusiven Dornenkrone;
Denn Eitelkeit, die dienstbereit zu ihm gekrochen,
Stützt seine Phantasie der Möglichkeit,
– Gemäß dem Trend in dieser Zeit –
Beförderung zur eigenen Ikone.

Über einen Poeten
2017

Die Seele ist als Lebensborn
Sein Hort für menschliches Gefühl,
Schürt weder Milde noch den Zorn,
Ist nur Begleiter bis ins Ziel.

Ist es der Reim, der ihn an seine Dichtkunst bindet?
Oder die Phantasie, die diesen Reim erfindet?
Vielleicht auch Knospen, welche in ihm keimen,
Und deren Blüten ihn dann führen zu den Reimen?

Unmittelbar danach fordern Gedankenstöße
Nicht vorhersehbarer Qualität und Größe,
Steigerung der eignen Zeugungsfähigkeit.
Diese verliert sich – zwecklos geworden – in der Zeit,
Nachdem sein Inneres brennt in Depression,
Mit einem, nur für ihn hörbaren, schrillen Ton.

Sackgasse
2017

Mehr geben als haben heißt Suizid.
Ein sinnloser Akt in sich selbst verglüht.

Aus weiter Ferne zugezogen. –
Von falschen Freunden hergetrieben,
Nicht nur belogen – auch betrogen,
Und daher heimatlos geblieben.

Auf einem Feld – das okkupiert von Wanderratten –
Sind sie in Massen nur zum Sterben angetreten;
Ihr Streben nach der Sonne siecht im Schatten,
Der Sehnsuchtsdrang nach Freiheit liegt in Ketten.

Wenn dann die Lebenswurzel rebelliert,
Und das Verlangen schreit nach Helligkeit;
Klingt es für ihre Feinde pervertiert,
Denn deren Wunsch ist nur die Dunkelheit

Für ihre Opfer, nicht fürs eigene Leben.
Sie fressen Menschenseelen auf,
Können nur nehmen und nicht geben;
Einseitigkeit heißt der Verlauf.

Der Geist strebt nach Unendlichkeit
Bei seiner Fahrt ins Niemandsland
Unendlichkeit ist nicht mehr weit,
Endlichkeit führt sie an der Hand.

Wenn man denkt über Sinn und Zweck
Jedwedes Menschen Existenz,
Wirft man Erkenntniskräfte weg,
Als letztmögliche Konsequenz.

Weil unauflösbar alle Fragen,
– Etwa nach Gott der alles steuert –
Kann dies die Psyche nicht ertragen;
Sie ihrem Geist den Dienst verweigert.

Auch wenn der Veitstanz dieses Lebens,
Euch noch nicht ganz verlassen hat,
Sind Schreie allen Leids vergebens.
Empfindung strahlt, als sei's Verrat.

Möglich, dass ihr noch nicht geboren;
Und wenn, die Hölle ist der Lohn,
Der Gang zum Glück hat euch verloren,
Satan, der Herrscher wartet schon.

Der Tod klopft an das Schlafgemach;
Weckruf der Evolution,
– Die Widerstände sind zu schwach –
Auf, auf, das Ende wartet schon.

Müsst ihm erklären wer ihr seid,
– Ob Mann, ob Weib ob Zwiegestalt,
Ob Freud in euch oder ob Leid,
Ob geistig jung, ungeistig alt –

Und euch symbolisch neu gebären.
Bewusstsein mit ihm fest verbünden,
Um euch der Schatten zu erwehren;
Und nicht auch fressen eure Sünden.

(Alb)träume 2
2008/2017

Folgenschwer wie nach Biss von Schlangen;
Die Angst tief in den Augenhöhlen,
Das Herz in Albträumen gefangen,
Sind wir nur Quäler eigner Seelen.

Bin Billeteur im Opernhaus
Und habe mich verspätet
Der Chef steht in der Eingangshalle
Still schleich ich mich an ihm vorbei
Und hoffe, nicht erblickt zu werden
Such meinen Arbeitsplatz vergebens
Der Stufen Weg führt in die Irre
Mit einem Mal ein Aufzug
Ich steh vor seiner Tür
Zwei Mädchen neben mir
Fordere ich auf
Miteinzusteigen
Sie laufen kichernd weg
Ich steige ein und sehe mich
In einem Abstellraum
Gefüllt mit allerlei Gerümpel.
Danach den richtigen Aufzug
Nebenan
Benütze ich und fahre in die Höhe
Er hält nicht an
Fährt übers offene Dach hinaus
Um mich herum nur freier Himmel
Ich friere
Der Aufzug hält
In einer undurchsichtigen Wolkenschicht

Mich überfällt ein Schwindel
Da senkt er sich und endet
Am selben Bau ganz oben
Das offene Dach noch immer da
Ich steige aus
Verschlossene Türen überall
Die mir den Abgang wehren
Und mich gefangen halten
Ich sehe einen freien Platz
Links prunkt ein Schloss
Begrenzt durch eine Mauer
Dahinter Bäume
Es ist so still
Die Menschen fremd und stumm
Vor mir die Kärntnerstraße
Ich geh in Richtung Stephansplatz
Die Kirche ist verschwunden
Daneben freie Flächen
Ein Park
Stadtauswärts wandere ich
Dem Osten zu
Ist dort Großenzersdorf?
Oder gar Schwechat?
Rechts auf dem Hügel
Schrebergärten
Durch deren schmalen Wege
Ich mich vorwärtsbewege
In Richtung einer breiten Fahrbahn.

Die Straßenbahnen fahren
Mir vor der Nase weg
Haltestellen verschieben sich
Vor meinen Augen
Bin immer hintennach
Und bleib allein zurück.
Alles so unverständlich
Als wär ich nicht vorhanden
Hab ich gar einen Feind?
Wo lauert dieser nur?
Bin plötzlich vor dem Wienerwald
Das Häusermeer wie abgeschnitten
Ein schmaler Weg dazwischen
Die Bäume dicht an dicht
Ein undurchdringlich dunkler Wall
Was treibt mich bloß hierher?
Den endlos Weg geh ich zu Fuß
Versuch, mein Endziel erreichen
In einer unbekannte Gegend.
Am Fuße eines Berges
Ein altes Haus in dem ich Zuflucht finde.

Gedanken überfallen mich im Traum und fragen;
Ist es Gewesenes, das sich aus der Geschichte schält?
Oder die Ahnung, die mich als Trugbild aus der Zukunft quält?
Tiefschlaf ließ mich dem Warten auf die Antwort selbst entsagen.

Zwischenzeiten
2017

Gott schütze unsern guten Kaiser,
Sang einst man jubelnd und mit Schwung.
Die Stimmen wurden jedoch leiser;
Wahrheit stoppte Begeisterung.

Ob Lüge eine Sünde ist,
Muss jeder für sich selbst entscheiden;
Selbst Wahrheit als Gewächs der List,
Mimt Lüge um sich zu verkleiden.

Es war schon immer obligat;
Lügen bis sich die Balken bogen,
Von Leuten, die in diesem Staat
Das Sagen hatten und betrogen.

Parteienherrschaft unbeschränkt,
Demokratie ein rotes Tuch,
Von oben her das Volk gelenkt;
Repression bei Widerspruch.

Neuartig der Regierungsstil.
Als Beispiel sei hier angeführt
Ein einst hoch angestrebtes Ziel.
Die Folgen man noch heute spürt.

Sie holten Blindheit in das Land,
Die mit Gewalt Freiheit bezwang,
Und flogen mit dem Unverstand
Gemeinsam in den Untergang.

Bisher ist alles gleich geblieben,
Dieselbe Clique hält sich bereit,
Die Ehrlichkeit wird klein geschrieben,
Verlogene Wahrheit macht sich breit.

Der Menschen Sein auf dieser Erde,
Sinnlos bereits bei Anbeginn;
Der Spruch des Gottes – Sein und Werde,
Bedeutungslos in diesem Sinn.

Nur ihre Zukunft schwebt als Traum
Der Hoffnung auf Erfüllbarkeit,
Wie Blütenmeer auf einem Baum
Vorhandener Unfruchtbarkeit.

Ob sie sich wohlfühlen auf Erden,
Ob sie gestört im Gleichgewicht,
Als Blindgänger begraben werden;
Gott weiß es immer – Menschen nicht.

Gedanken kreisen vor der Tür,
Halten die Sehnsucht nicht im Zaum,
Verlorene Zeit zahlt die Gebühr;
Nutzlos für einen leeren Raum.

Der Mensch ist weder gut noch böse,
Im Leben buhlt er nur um Gunst;
Als Resultat dieser Genese
Ist wertlos er wie leeren Dunst.

Ist er nur Hülle seines Lebens
In dem das eigene Dasein hetzt?
Wahrheitsgeburt scheint hier vergebens,
Erkenntnis folgt meist zeitversetzt.

Philosophie – Gedankenspiele.
Lösungen noch im Dunkeln liegen;
Antworten darauf gibt's nicht viele,
Und wenn, so sie sich selbst belügen.

Wer kann je fühlen was er denkt,
Wofür sich alle Sinne drehn,
Seine Gedanken wohin lenkt?
Umwege meiden? – Stille stehn?

Solch geistige Barrieren schaffen
Das Klima Unverträglichkeit,
Wobei Gehirnmuskeln erschlaffen,
Vorm Gang in Überheblichkeit.

Wenn er entschwunden aus der Sicht
War er zum Sterben wohl bereit.
– Klingt sinnlos so als ob das Licht
Versklavt wird von der Dunkelheit –

Der Abfallkorb der Weltgeschichte
Beförderte ihn in ein Land,
Wo – es sind keinesfalls Gerüchte –
Ethik im Grund ist unbekannt.

Im Irrweg aus der Menschlichkeit
Versucht er zu analysieren,
Ob er dazu auch war bereit,
Oder er ließ sich nur verführen

Von unsichtbaren miesen Mächten;
Die aus Verborgenheit regieren
Und letztlich mit tödlichen Kräften
Sinnlos in seinem Herz agieren.

Unzählige Verdachtsmomente,
Sind kein Beweis für eine Schuld;
Nur mit ausreichender Geduld,
Er dieses Ziel erreichen könnte.

Ihr hoffentlich ihm dann erklärt;
Als Lösung nicht gestellter Fragen.
Weshalb man Zustimmung verwehrt,
Wenn diese aus dem Rahmen ragen.

Denn es sind immer nur die gleichen Werte,
Die glühend heiß in eines Menschen Leben stürmen;
Deckblätter sozusagen – als Offerte,
Um ihn vor Zukunftsängsten abzuschirmen.

Drückende Stunden aller Menschenleben flattern
Wie Fledermäuse in den Käfigen der Dunkelheit,
Oder sie schlängeln sich, getarnt in Leibern von
harmlosen Nattern,
Giftigen Vipern gleich, aus Nestern der Vergessenheit.

In den Gehirnen mancher kranken Zeitgenossen
Sind Sehnsüchte nach eigener Herrschaft immer noch vorhanden.
Sie nähren hoffnungsvoll – im Inneren unverdrossen –
Die Illusion von starken nationalen Banden,

Doch diese Art von Neugeburt gibt es nicht mehr;
Mit Schornsteinen, die schwarze Rauchschwaden ausstoßen,
Und mit Sirenen, schreckhaft für das Untertanensklavenheer,
Als würde es danach in einem Kerker eingeschlossen.

Grausamkeit ist Geschöpfen pauschal nur von Gott gegeben,
Mildtätigkeit vergleichsweise bloß in bestimmten Fällen.
So etwa Hunde warnen dann mit Knurren statt mit Bellen,
Und Beißen nur als letzte Konsequenz beherrscht ihr Hundeleben.

Der Mensch ein Hund? – Im Ursprung sind sie beide Tiere;
Oder gar Menschen mit verschiedenartigem Verstand?
Vielleicht auch Menschentiere sozusagen im Bestand
Der Eingangstür zum Schöpfer als Scharniere.

Nachdem die Geisteskräfte sind fast abgestorben,
– Als Abweichung vom Weg menschlichen Intellekts –
Wirkt dies wie Unheil eines tödlichen Infekts,
Der auch die Wurzel seines Seins hat mitverdorben.

Annex

Er zählte noch zu einer Generation von Lebewesen,
Die sich den Erdball auch von außen her betrachten konnten;
Um dann – Ultima Ratio – ihn durch Atome aufzulösen,
Und dadurch ihre geistige Absenz auch noch b e t o n t e n.

Knechtschaft
2017

Der Mensch als Wesen der besonderen Art /
Hat sich in seinem Inneren nie verändert /
Und dennoch ist er atemlos geworden /
Im Gegensatz zu seiner angeborenen Bestimmung /
Die nicht nur ihm, sondern auch jedem Lebewesen innewohnt /
Auch jeder Pflanze und auch jedem Baum /
Die programmiert von einer Macht /
Doch von den Menschen nicht begriffen wird /
Ja nie begriffen werden kann /
Es sei, das Leben würde sich verlängern /
Und aus der Endlichkeit verschwinden /
In diese geistige Unendlichkeit /
Des unbegreiflichen der Weltenzeit /
Wo seine Jahre schrumpfen zu Sekunden /
Doch eine Kraft blockiert den Menschen so /
Als wäre er in einem Eisblock eingeschlossen //

Tadel
2017

Es gibt bewusste und auch unbewusste Aktionen von Machtmenschen, um sich in der Rangordnung die Spitze zu erobern und diese auch zu behalten. Man soll den Nationalsozialismus nicht schön- und auch nicht kleinreden, aber die Methoden, die derzeit in manchen Fällen zum Tragen kommen, sind nicht besser, sondern nur subtiler geworden. Die Menschheit geht dadurch entweder früher oder später an dieser Seuche zugrunde und vernichtet sich selbst. Und dazu bedarf es keiner Atombomben.

Jaukowitsch

Günter Storjohann

»Vieles muss zusammenkommen,
entscheidend sind Augenblicke wortstarker Imagination.
Selbstkritik und Änderungen folgen hernach;
der lebendige Kernimpuls aber
darf dadurch nicht beeinträchtigt werden.«

Noch bis zur Uferbank

Den fernen Nebel löst das Sonnenlicht
zu frühen, fein bewegten Schleierstufen,
darin die Sphäre leuchtend Tiefe flicht.
Ich hör den Kuckuck schon recht lebhaft rufen;
der zarte Widerhall erlischt am Hang.

Entlang des Wegs zum Erlenbruch
stehn wurzelfest sehr alte Buchen.
Mein Schritt reicht nicht mehr hin
zur buschumstandnen Höh.
Längst silberweiß erscheint
mein Haar.
Ich schaff es noch
zur Uferbank am See.

Vergönn mir doch
ein weitres
augenwaches Jahr,
Geschick, schlag ein;
es müsste mir jedoch
ein schauend helles sein!

2014

Spüren und Denken

Regt sich des ahnenden Vorlaufs Vermögen, drängt's dann zum Blatt dich,
fordert der innere Sinn schauenden, bildstarken Mut.
Stiftwaltend wagt sich die Hand vor. Zuweilen doch lockt dich des Zufalls
reizvoll zwinkernde Spur abwegig fort ins Gewirr
flackernder Täuschung. Meister jedoch ist, wer denn in Freiheit
zupackt, Sinnkraft stärkt, Nötiges hinschafft ins Ziel.

Spürend brauchst du Verstand. Erfülltheit erhellt dir das Werden,
findet meist sinnigsten Weg hin in ein schlüssiges Bild.

2015

Verstiegner Wunsch?

Was mich ängstigt,
was mich freut,
mich vorantreibt;
was unbedacht von mir getan,
mich bitter reut;
wo ich zagend steh,
wagend schließlich
mich erhöh,
bin ich ganz durchfangen,
tiefer zu gelangen
zu gesetztem Dasein.
Alles das hab ich
auf dieser Erde.
Hier gilt mir
das »Stirb und Werde«
und es regt sich
wunschumhofft.

Wie's mich drängt,
zu widerstehn
der Bürde arg zerrissner Welt!
Dünkt's mich oft noch,
dass verborgen sei die Stund,
die eigens *mein* sein müsst,
befreit zu schweigen,
dass ich zuinnerst
dann erst wüsst,
worin ich ganz am
Ursprung meines Sinnens
unverdrossen heimisch wäre.

Wie gern wär ich im Bund
vereinter Bannerträger
strebend tapfren Muts.
Ich gönnt es mir:
Dass ich noch einmal
aufgerufen würd, zu hören,
Werde!, nochmals stünd,
umrätselt wach zu schaun,
neu beseelt und tatbereit
auf heller,
friederweckter Erde.

Raunt leis alsdann:
Halt inne,
Alter, – schweig!
Es werden sich
vieltausend Reihen schließen;
du
bist dann nicht mehr
dabei.

2016

Idee, gereift zum Vormodell

Regen
führt er mit sich,
rauer Wirbel,
der den Eilenden
gar heftig zausend
packt.

Rest des Tags
beginnt ins Dunkeln
sich zu neigen.

Welch Beweggrund
muss den
hagren Mann nur
treiben,
solchem Wetter
hart zu trotzen,
nassen Hauptes,
voller Tropfen schon
sein Bart,
fortzuhasten,
ohn zu rasten
das Erreichte
abermals zu prüfen.
Erwarten ist's doch,
das ihm fortan
jede Stund bestimmt:
Bildwerk großen Maßes
zu vollbringen
und alsbald in
treuem Mühn und Ringen
formgerechten Ausdruck
zu gewinnen,

dem verlässlich
Bronze
Würd verschaffen soll.

Hastig trägt er
Unruh innren Blickens
in den Raum zurück,
der seit Kurzem
neue Arbeitsstätt ihm ist,
nochmals jüngsten Wurf
zu mustern,
ob er Weite in sich trage
und gehörig Spannkraft hege,
die gehaltvoll
Ausdruck innrer Form
bezeuge,
alle Teile ganzheitlich
bewege.

Frage drängt ihn:
Hat das Gipsmodell
genug Gewicht,
wird's auch halten,
was es ihm
bislang verspricht?

Kümmert doch den Mann
Sturm und Regen
nicht!

Eilend
sinnt er:
Ausdruck des Gestrengen
müsst erprobt herbei,
Merkmal auch der
Schwere noch im Schweben.
Und im Antlitz aber
sei das Höchste
offenkundig frei,
Bildgehalt emporzuheben
in den tiefen Sinnwert:
Abbild,
das wie seeldurchfangen
in sich ruht,
von herbem Leid
zu künden,
gilt's doch, solches Mal
mit raumerfüllter Stille
zu verbinden.

Angekommen,
zündet drinnen
er ein Licht an.
Große Leuchterkerze,
wandelt mit ihr
um paar Hölzer;
Schatten der Figuren
haschen
flackernd auf.

Der Bozetto
ist ihm
ganz besonders wichtig,
trägt die Spuren
künftigen Verlaufs.
In dem kleinen Werke
ist der kühne Vorsatz
nun beglaubigt bildumrissen
und, bestärkt aus
schauendem Gewissen,
spricht der Prüfende
gelassen vor sich hin:
Wirklich,
nichts daran ist
nichtig.
Vorentwurf,
der ausdrucksstark das
Wesenhafte
eigentümlich rafft.
Hinweis ist er schon
auf jenes Wollen,
das hernach die große Form
gestrafft wird schaffen müssen.

Sehr leise fügt der Bildner
noch hinzu:
Gut so,
wie der »Engel«
kopfwärts waagerecht doch
schweben muss.
Sinnvoll,
Arme vor die Brust,
die Hände
flach nach vorn!

Und er ist sich
sehr bewusst:
Wie viel Ringen,
welche Mühen,
wie viel freudiges Gewinnen
werden dort das
Werk vollbringen,
wo noch vorher
Autowerkstatt war.

Schließlich bricht's dann
stark aus ihm hervor:
Wie das Eigentliche
allmal einbeschlossen,
vorgegeben ist
in kleinen Handmodellen!
Donnerwetter, Barlach,
kannst noch
um die Ecke gucken,
Gültiges zu fangen,
schon bevor du sie
denn überhaupt erreichst.
Ohne Bangen
wirst du's wagen,
plastisch streng zu sagen,
was das Wort so nicht vermag.
Augensinnig muss das
Bildwerk Botschaft tragen
in die arg zerissne
Welt.

2016

*Vermutlich
lückenhaft bewahrter alter Liedtext,
mitgeteilt aus Thomsens Sammelmappe*

Mädchen,
meinte schon, du seist aus
Feenland.
Tanztest barfuß
auf dem Ufersand
hier geschwind.
Morgendlicher Wind
entflocht dein Haar.

Doch ein Jahr entschwand;
suchte dich,
fand dich nicht.
Rief nach dir
im Walde,
laut am Strand,
sah mich um in
weitem Land.

Tanzt nun wieder,
hurtig, leicht und fein.
Wind entflicht dein Haar.
Möchte
dein Gespiele sein.
Hab gewartet nun
ein ganzes Jahr.

Sprach zu mir:
Bursche, fass mich
bei der Hand.
Hab dich gleich erkannt.
Lockt dich doch
mein Rosenmund.
Schweb einmal mit mir
ums Birkenrund,
will dich küssen
innig.
Dein Herz jedoch bleibt wund,
ungestillt dein Sehnen,
bis dir schlägt die
letzte Stund.

Komm geschwind!

Ich gehör dem
Morgenwind.

2015

Aus Varchis Brief an Michelangelo

Hadre nicht mit dir,
Unentwegter,
grolle nicht am Fenstereck
verstaubter Arbeitshalle!
Weiß ich doch
um deine schroffe Strenge,
deinen Einspruch.
Im Gedränge unnachgiebigen Verlangens
hast selbst eignes Werk
du nicht verschont.

Doch dein Wille,
forsch im Schaun,
ist vom Ansatz her
bildstark schon belohnt,
Kämpfe auszutragen,
schaffend Äußerstes zu wagen.
Welch entschiedner Stufengang
bis ins Ziel!

Trefflich greift der Ausdruck
bündger Bildkraft
durch den Marmor,
spannt sich ganz von innen
aus dem Springquell
aller Form
bewegt ans Licht,
regt sich voll Bedeuten,
spricht sich aus in
allen Teilen, die
ein Ganzes
kraftvoll trägt.

Grolle nicht,
Verbissner,
bist verpflichtet
ernstem Sollen;
schicksalhaft erstrebt
dein Wollen
hehres Bildwerk.
Äußre Umständ sind
dem innren Drange
arg dir zugesellt.

Wer schaut so tief
hinab in sich und
widersteht wie du
den Widersprüchen
rau zerrissner Welt?

Mir ist's, du seist,
Gestrenger,
wie gewollt
in sie hineingestellt.

Benedetto

1991

Vom Schöpferischen
(An einen Freund)

Du weißt ums
wortumschwebte Weben,
dass Sinnkraft fordert
und in geneigten Augenblicken
gleichsam Sprach beordert,
besondre Eigenheit zu finden.
Dein Sinn wird
Zufalls Gnad alsbald
gehörig binden
und in Stufenfolgen
Ungelenkes
achtsam überwinden.
Du schaffst es,
Wege aufzuspüren
zu den Elementen hin,
die zum Formgerechten
führen.

Fast unversehens
ist die Stund berührt,
darin Bewegtsein
erwecktes Ahnen dir
gebiert.
Doch führt hernach
kein Schritt dich
ohne Müh
durch das Erfordernis,
Gestalt als Eigenwert
zu schaffen.
Dein Innenquell muss
Ströme dir in eins
dann raffen,
damit die Sprache
sinnreich dir erblüht.
Du brauchst doch mehr
als nur den Augenblick,
der Funken sprüht.

Der Zufall ist dir
Spürsinns wandelbarer Knecht.
Jedoch,
Gesetz der Form
verlang sein eignes Recht
im Anspruch,
Ausdruck rein zu fassen;
das Anbequemte,
du musst es
fahren lassen.

Du brauchst
Ermächtnis innrer Kraft,
das Wort,
das Sachbedeuten
gemessen übersteigt und
aus dem Stofflichen heraus
durch jede Einzelheit
des werdenden Gebilds hindurch
erfüllend sich
in Ganzheit
unbeirrt verzweigt.

2016

In lichtem Morgen

Die Sonn erweckt die schattig hohen Fichten,
aus dem Gezweig entströmt der harzge Durft.
Wie sich die starken Stämme aufwärtsrichten,
umhaucht von lind durchtauter Morgenluft!
Das Weiß der Wolke muss mir Hoheit stiften,
die Himmels Tiefe her zum Felde ruft.
Im Schreiten spür ich Schwerkraft dunkler Erde
und Daseins Zeitpuls bindet Raumes Weite.
Dass freier Sinn mir täglich Ansporn werde:
ein Blick, der mir ein Ganzes reg erschließt,
die Kraft, die sinnreich Schaffenden ersprießt,
die Würd, die sich besonnen tapfer hält
und andrer Menschsein achtsam mit durchfasst.

Wie prächtig ruht die bogenschwere Last
des Hügels nun in frühem Sphärenlicht,
das Morgenglanz um Weidenäste flicht,
am Schilf den Perlentau gemach umschmiegt,
vom Winde leis im Blätterspiel gewiegt.

Ich trage Mut aus
hart erprobten Jahren.
Mein Haupt ist
schütter-weiß behaart;
kann immer noch
mit Kraft des Augs
Bildbedachtes hell erfahren,
wodurch ein Augensinnlich-Tiefes
erlöst sich offenbart.

2016

Doris an ihren Freund

Komm zu mir
wie unversehens,
still mit hellen Augen,
mich erahnend
deine Hand mir
herzureichen.

Öffnen wird mein Aug
sich dir
freien trauten Blicks;
dein Gespür
aus meiner Seele dann
dem Widerscheine deiner
eignen innren Kraft
begegnen und
ich werde wortlos,
tief und rein
deine Träume segnen,
danken dir,
so ganz versonnen
bei dir sein.

Komm alsbald
mit hellen Augen,
einmal noch
mir die Hand
zu reichen.

2017

Fragment aus Thomsens Nachlass

Ich bin doch nicht
der krude Schein,
darin der Zufall
blasse Stunden zählt.
Mir pocht ein Puls,
der hell sich regt,
dem Sinnen
zugewacht zu sein.

Bin nicht vertäut
am Schatten träger Schwere,
nicht der Mann,
dem Ungefähres
flinker Hand
gefällig wäre.

Mich treibt,
was sinnhaft mir noch
unerfüllte Spuren reiht.
Ein Ringender bin ich,
der manchmal
freudvoll schreit
auf just erreichter
Seelenstufe,
wo flugs ich dann
mir Zeit der innren Kraft
berufe,
im Schaffen
hilfreich mir
zur Seit zu stehn.

Betaute Früh.
Wiesengrün rundum.
Perlend feucht die Wanderschuh.
Beherzte Müh,
reich mir heut
gefasstes Werden zu.

2016

Auf erdenschweren Wegen

Am Schilf
erglänzt der Perlentau;
ich weil am Birkeneck,
erschau den Bogen,
drunter sich die Wolke
aufwärtsreckt.
Sie bleicht ihr Kleid
am Sonnenlicht zu feinstem Weiß,
erweckt nun Widerschein
auf Waldes Gipfelhöh
und senkt ihr Leuchten
in den nahen See,
darin sie schimmernd
sich erspiegelt.
Dicht über fernrem Ufer
schwebt ein heller Schweif,
den Morgenwind
erfrischt beflügelt.

Ackers Bodenschwere,
wie oft hab ich sie
wandernd mir erspürt;
von Raumes Zeitmaß
ward mein Sinn,
mein innrer Blick,
durch Daseins mannigfachen Wandel
reich berührt.

Das Fordernde
sei uns gemäß;
das Streben gibt,
was uns gebührt.
Im Überwinden
reicht den tapfren andern
eure Hand;
in entschlossnem Tun
werd Eigenstes erkannt.

Dem Irdischen,
den Unverzagten
fühl ich mich
treu verwandt.

Ich steh nun hier am Koppelzaun.
Die Last der Jahre
zehrt an mir,
weiß keine Tür
zum Überraum
bescheidnen Scheidens.

Unterm Schatten
an bebuschtem Höhenkranz
möcht gern ich ruhn,
doch
auferstehen dereinst,
voll Erwarten *einmal* noch
mir erdenschwere Wege
aufzutun.

2016

Ursula Strohm

»Dem schönsten Regenbogen geht Regen voraus.«

Im Zaubergarten der Worte

gefangen von reiner Poesie
flattern suchend
(verschreckten Vögeln gleich)
Wortketten
– ringen Realität und Phantasie –.

Irren durch des Zaubergartens Labyrinth
und finden – in die Herzen – träumend ihren Weg.
Unterhalten, trösten, erfreuen, zeigen fremde Sprachen,
je nachdem, wohin es geht.

Erdenken nie gekannte Wunderwelten
voll neuer literarischer Kraft.
Ganz entrückt darin versunken, staunt man fragend:
wie hat der Autor/die Autorin das geschafft?

Behutsam gesetzt wärmen sie Menschen, bauen Brücken
länderweit; wählt man aus sie mit Bedacht.
Doch sie können hart verletzen –
Kulturen gegeneinander hetzen –
gibt man nicht genügend acht.

Worte können wolkenleichte Bilder malen.
Lass sie purzeln auf's Papier.
Endlos wieder Neugier weckend –
verzaubern sie das Kind in dir.

Klirrende Kälte schon seit Wochen;
keine Wolken wandern am Firmament.
Blank geputzt strahlt tags blauer Himmel

und so viele Sterne in klarer Nacht.
Eine Million ist zu klein gedacht.

Es murmelt kein Bach,
der schweigt, erstarrt, unter Platten von Eis.
Gras bricht beim Betreten wie splitterndes Glas.

Nur blasse Sonne huscht mit fahlem Schein
eilig über frostig weißen Stein.

Die Temperatur bleibt im Kältekeller;
keine Vögel ziehen am Firmament.
Zweistellig unter Null scheint nächtens extremer

und Eisblumen geben Fenstern letzten Schliff.
Der Eishauch des Winters hält alles im Griff.

Zeit für Wünsche flüstert die Nacht;
Flugzeuge kratzen am Firmament.
Alle Sterngucker sind lange wach.

Eine Sternschnuppe lässt fallen ihr verlöschendes Licht.
Bloß meinen Wunsch verrat' ich nicht.

Zeit

Neben Gesundheit ist nicht Geld, nicht Schmuck,
sondern Zeit, die größte Kostbarkeit.
In der Jugend ging es im Schneckengang.
Ein Schultag zog sich endlos lang.
Plötzlich jagte sie wie durchgehende Pferde
einer zuvor friedlich grasenden Herde.
Schöne Stunden vergingen wie im Flug.
Für Familie und Freunde war nie Zeit genug.
Sie fehlte im Urlaub, auch sonst, wo sie nötig schien.
Ein Arzt- oder Krankenhaustermin zog sich dagegen wie
                                        Gummi hin.

Heute habe ich mal Zeit, bin nicht verplant;
schon kommt etwas dazwischen.
Es scheint, sie spielt mir einen Streich
und möchte mir entwischen.
Sitze ich dann in der Bahn
kommt nur der Anschlusszug rechtzeitig an.
Muss in zwei Minuten von Gleis 17 nach 1 hin jetten;
Der Koffer wie Blei und nebenbei den Sitznachbarn retten.
Der ältere Herr drohte röchelnd zu stürzen am
                                        Nebengeleise
und bremste fatalerweise ungewollt auch meine Reise.
Mitten im wortreichen Dank sehe ich voller Schreck,
mein Anschlusszug fährt gerade – ohne mich – weg.
Zwei Minuten, die nur fehlten, habe ich jetzt im Überfluss.
Noch völlig außer Atem schiebe ich mächtigen Verdruss.
Wünsche den Bahnchefs flugs die Gicht.
Mein Zeitproblem löst das noch nicht.
Rufe schnell zu Hause an – tja, kein Netz.
Es lebe die Technik! Besonders jetzt.
Diesen Zeitgewinn tritt man gerne mit Füßen,
würde lieber die pünktliche Ankunft begrüßen.
Mit frechem Grinsen scheint die Zeit zu siegen.
Die Arbeit daheim bleibt eben liegen.

Leiste später heimlich Abbitte zu Haus.
Ein Ersatzzug holte die verlorene Zeit wieder raus.
Warte am Zielbahnhof wundergleich staunend
                                        auf meinen Mann.
Wer ahnt denn, dass die Bahn auch pünktlich sein kann.
Habe viel Zeit nutzlos vertan, möchte sie besser sinnvoll
                                        verwenden;
doch oft genug zerrinnt sie einfach unter meinen Händen.
Mit dem Auto stehe ich im längsten Stau.
Fahre viel zu früh los, denn ich weiß es genau.
Heute nicht. Termin erst in Stunden;
habe die Stadt noch nie so schläfrig empfunden.
Es regnet in Strömen, sitze im Auto in Ruh.
Sämtliche Geschäfte sind leider noch zu.
Die Zeit treibt mit mir stets ihr neckisches Spiel;
mal gibt sie zu wenig, dann wieder zu viel.
So vieles, das ich schön plante und nur wenig davon in
                                        Erfüllung ging.
Mir scheint, die Zeit plant mit mir ihr eigenes Ding.
Doch halt! Immer öfter nutze ich sie, wie ich es mag
und freue mich über den gelungenen Tag.
Greife dem galoppierenden Pferd in die Mähne
und pariere es zum Schritt.
Gemeinsam schreiten wir langsam voran
und die Zeit? Sie nimmt mich mit.

Ein Gedicht gegen Krieg

Bin nur ein Strohhalm im Wind
und möchte doch Frieden schaffen.
Nicht durch Gewalt, nur mit Worten;
wirklich – niemals mit Waffen.

Bekomme die Bilder nicht aus dem Kopf,
der Kinder in Trümmern und Krieg.

Die Mächtigen dieser Welt – auch Politiker
voller Gier und Machtinteressen,
die das Schicksal der einfachen Menschen
(ihrer Landsleute) schlicht vergessen.

In vielen Ländern leiden, hungern, sterben,
Kinder für euren Sieg.

Habt ihr noch Herz?
Taut den Eispanzer auf!
Oder wart ihr schon früher aus Stein?
Schreckliche Nachrichten Tag für Tag
laden zum Abstumpfen ein.

Hab von Verzweiflung getriebene Menschen
in schwankenden Booten geseh'n,
getragen nur von der Hoffnung,
in ihrem neuen Land nicht
gnadenlos unterzugeh'n.

Möchte nicht einfach schweigend denken:
Glück gehabt, lebe in einem sicheren Land,
habe keinen der vielen Verletzten und Toten
je persönlich gekannt.

Bin nur ein Dummkopf und Träumer,
verstehe nichts von Krisendiplomatie;

doch wünsch ich mir Worte wie Waffen.
Leih' sie euch Mächtigen gerne aus;
um damit überall auf der Welt,
endlich – Frieden zu schaffen.

Das Meer steht über aller Zeit;
lädt zum Verweilen ein.

In trauter Zweisamkeit, unangefochten durch Zeit und Raum,
tanzt ewig Ebbe mit Flut.
Es ermöglicht auch Schwimmen gegen den Strom,
doch das erfordert Mut.

Setzt in pausenloser Betriebsamkeit
ruhiges Brandungsrauschen ein.

Seine Wildheit hat schöne Inseln geformt
gegen zu rege Geschäftigkeitswut.
Dort hält es erholsame Strände bereit,
die tun den Müden gut.

Das Meer schenkt Gelassenheit;
schrumpft alle Wichtigkeit klein.

Sorgen trägt es weit hinaus,
versenkt sie an tiefsten Stellen.
Schon rollt es neue Träume heran
auf seinen wilden Wellen.

Es war längst da vor meiner Wenigkeit,
wird lange nach mir sein.

Probleme – wie winzige Muschelschalen – nimmt es mit zurück
als Spielball harter Wellen.
Lässt sie unbedeutend, wie ein Wimpernschlag,
an fernen Gestaden zerschellen.

Im hochbetagten Buchenwald
ihm liegt ein Teppich zu Füßen.
Er ist zwar weiß, doch nicht aus Schnee.
Der Frühling lässt schön grüßen.

Unbelaubte Kronen lassen
hindurch das zarte Licht,
sein Strahlen fördert zu Tage
Buschwindröschen dicht an dicht.

Unirdisch schön, wie aus weiten Fernen.
Grad so, als hätte der Himmel
die Erde wach geküsst
mit tausend Blütensternen.

Ursula Strohm

Sabine Swientek

»Der Erhalt der Natur, ihrer Vielfalt, ihr Leben,
ist in unser aller Hände gegeben.«

Vorfrühling

Er ist schon da, der erste Star!
Und das im Monat Februar.
Er fliegt zu einer Birke hin
und ist gleich in dem Astloch drin,
das schon im vergang'nen Jahr
ein Nest für junge Vögel war.

Auch am Boden tut sich was,
Schneeglöckchen blüh'n im frischen Gras.
Die Sonne strahlt vom Himmelsblau.
Ein Eichhörnchen schaut aus dem Bau
und flitzt dann flink quer durch den Garten.

Wir müssen nicht mehr lange warten.
Ich denke, er ist nicht nur nah,
nein, der F r ü h l i n g ist schon da!

Sommer

Ostseestrand – barfuß im heißen Sand
Möwenschrei – ein Kahn tuckert vorbei

Der Fischer steuert aufs Meer hinaus,
wirft dort seine Netze aus.

Dünen – Strandhafer schwingt im Wind
Schäumende Wellen – ich bin wieder Kind!

Ich laufe und laufe und laufe ganz weit,
dich zu umarmen,
du herrliche,
sonnige,
Glück versprühende,
ewig junge Sommerzeit!

Frühling

Der Eichelhäher sitzt im Baum,
ich träume einen frohen Traum.
Ich seh ihn nicht zum ersten Mal,
wie er sich wärmt im Sonnenstrahl,
den Kopf ganz leicht zur Seite neigt,
mir seine bunten Federn zeigt,
als hätte er mich auch gesehn,´
ein kleines Wunder ist geschehn´!
Es ist, als wollte er mir sagen:
Du, Mensch, kannst dich nach draußen
wagen;
Hol ganz tief Luft, dann spürst du´s auch,
es weht der erste Frühlingshauch.

Herbst

Nebel fällt.
Die Parkbank ist verwaist.
Am grauen Himmel ein Raubvogel kreist.
Sturm kommt auf.
Er zaust in den Kronen der Bäume,
treibt die Blätter zur Erde;
sie wirbeln und tanzen im Sand,
bunt wie meine Träume.
Als die Sonne durch die Wolken bricht,
erfüllt sie alles mit ihrem Licht,
vergoldet die prallen Trauben am Strauch,
bringt Erntefreuden und Erntedank –
nach altem Brauch.

Winter

Zarte Flocken fallen sacht,
zaubern eine weiße Pracht
über diese graue Welt,
wo seit langen dunklen Tagen
sich kein Sonnenstrahl gezeigt.
Kahle Äste aufwärts ragen,
alles wie in Starre schweigt.
Doch dann plötzlich dieses Licht,
das die Dunkelheit durchbricht,
läßt den frischgefall´nen Schnee
wie tausend Diamanten funkeln.
Auf dem zugefror´nen See,
buntes Treiben bis zum Dunkeln.
Jung und Alt vergnügen sich:
W i n t e r z e i t, wir lieben dich!

Tierrätsel

Zwei ziemlich kleine Klettermaxen
treiben munter ihre Faxen.
Sie jagen um den Buchenstamm, belauern sich,
steh´n plötzlich stramm auf ihren zarten
Hinterpfoten.
Sie tun sich wichtig wie zwei Boten,
die in großer Eile sind.
Weiter geht´s, wie Wirbelwind
fliegen sie fast durch die Äste.
Wer fängt wen, wer ist der Beste?

Plötzlich ist der eine weg.
Hat er vielleicht ein Versteck,
wo er Nüsse, Eicheln lagert,
damit er nicht ganz abmagert,
alle dann im Winter frißt,
wenn nichts mehr zu finden ist?

Wer ist wohl das kleine Tier?
Eines noch verrat´ich dir:
Sein Fell ist rotbraun,
hell der Bauch.
Mehr sag´ ich nicht!
Nun, weißt du´s auch ??

Lissy Theissen

»Dichten spüre ich in der Haut.
Es ist eine leidenschaftliche Musik,
die von innen tönt.«

Bei der Flut

Wenn die Flut kommt
bist du hilflos
Ruderst gegen den Schmerz
in der Brust
wie ein Fisch
über Wassern

Wenn sie dich mitreißt
ist tiefschwarze Nacht
Du stößt dich schmerzlich
bei jeder Drehung
im Glasscherbenhaus
der Erinnerungen

Gibt es einen Ausweg?
Ein rettendes Wort
wenn die Kehle dir zuschnürt?
Einen weiten Himmel
mit Engelsleiter
zum tröstenden Mond?

Die Hoffnung des Bauern
zum Wiederaufbau
der grünen Felder
ist senfkorngroß
Sollte verlorenes Land
noch einmal erblühen?
Kaum vorstellbar.

Heimat

Heimat trägst du
im Herzen.
Sie lässt dich nicht
los. Ist ein
Gefühl der Erde
und ihres Himmels,
der Früchte und Feste,
der Lieder.

Heimat sind Menschen,
Worte und Zärtlichkeiten.
Heimat ist überall dort,
wo man dich geliebt hat,
wo man dich liebt.
Heimat ist Fernweh und Heimweh,
ist Sehnsucht nach Himmel
über und in dir.

Liebe

Berührt sie dich im Herzen,
so blühst du auf.
Spürst in dir
Wurzeln, Stamm und Krone wachsen.
Erfährst deine neuen Blätter
im Streicheln der zärtlichen Sonne.

Der Paradiesgarten
lädt dich zum Verweilen ein,
eure Seelen berühren sich,
eure Körper feiern ein glanzvolles Fest.

Glück durchströmt dich.
Du wächst über dich hinaus.
Du hast einen Tempel betreten
und du wirst heil.

Flusslandschaft

Was da ist,
kannst du nicht wegdiskutieren,
auch nicht nach Jahren,
nicht mal
vor dir selbst.

Schau die Birke,
wie ihre Blätter
spielen im Wind,
so lass Vergangenheit
und Gegenwart
dein Herz durchstreifen.

Wenn die Sonne
den Strom begleitet,
bist du
für eine kleine Ewigkeit
ein Teil von ihm.
Von Wärme und Wehmut
singt der Birke Lied,
von Angst vor dem Verlust.
Du besteigst wieder
dein kleines Floß.
Die Fahrt geht weiter.

Auch du bist ein Klang

Du bist unterwegs
Läufer zwischen zwei Welten,
Wüstenbezwinger, Städteroberer, Paradiessucher.
Kennst keine Wunder,
zahlst lieber mit Karte.
Findest keinen Weg zu dir,
aber in die Welt.
Bist Medienfreund,
aber selten bei dir zu Haus'.
Abgesehen von Beruf, Adresse,
Pass, E-Mail, Facebook …
Wer bist du wirklich?

Schau nicht in den Spiegel.
Hör auf das Echo deiner Tageslieder!
Lässt es aufhorchen?
Ist sie beliebt,
die Melodie deines Herzens?
Oder machst du viel Lärm um nichts
außer dir selbst?

Du glaubst noch immer nicht an Wunder?
Nicht mehr? Man hört´s.
Die Melodie deiner Sohlen
hast du in den Sand gesetzt.
Wo ist dein Klang?
Deine Zeitgenossen haben ein Anrecht
auf die Musik deines Herzens.
Gib sie frei!

Du zahlst mit Verwundbarkeit,
doch beim Gesang der Morgenröte
triffst du mindestens einen Engel mit Harfe.
Dein Echo war gut.

Rosenduft nach der Nacht

Tag und Nacht:
ein ewiger Rhythmus
Leid und Liebe
sind der rote Faden
durchziehen Tage und Nächte
Glück und Schmerz

Dämmerung und Dunkelheit
Wehmut im Nachtgesang der Amsel
Finsternis umhüllt dein Gesicht
Und dann: Morgenlicht im Tau
der aufziehenden Sonne
Rosenduft im Erwachen
Und da: Vibrierendes Licht in Fülle

Heute
stehst du wieder
am Himmel
gehört dir
die Weite des Lichts
Worte und Wärme
Licht und Leben
ausgegossen wie nur für dich

Heute
sprühst du wieder Funken
Sonnenstrahlen wärmen
Vogelherz und Gefieder
Liebe ist die Glut
die uns Menschen verbindet
uns sammelt und eint
um den heiligen Ort

Bestandsaufnahme

alles in dir
glut wüste und oase
alles in dir

zärtliche glut
singende glut
verzehrende glut

gesänge der wüste
nomaden der wüste
durst der wüste
ein strahl öffnet plötzlich das tor
zur oase in dir

lachende oase
erzählende oase
berauschende oase

glut wüste und oase
in dir
dreifache mitgift
aus der heimat der seele

Stark wie das Meer

Weitab von Begreifen
nur Fühlen und Sein
leidenschaftlich und unbändig
sanft und liebkosend
umspielst mir die Füße
reißt sie aus
schwemmst sie weg
und lehrst mich zu fliegen

Die Macht der Liebe

Sie wird gedacht
sie wird erfahren
Wenn jemand Mut hat
wenn die Zeit reif ist
spricht man sie aus

Ihre Wirkung ist
ungeheuerlich
Sie trifft ins
Schwarze
Sie verbindet
über Welten hinweg
Sie sprengt alle Grenzen

Im zitternden
Nebelraum
der Angst
der Verzweiflung
spinnt sie Stroh zu Gold

Sie ist
eine Himmelsleiter
Und doch so
nötig wie
das tägliche Brot

Raum für Wunder

Mitten in der Nacht
summt die Erde
vor Glück
winkt der Himmel
dir zu
und die Wüste wird
blumiges Land
Stroh spinnt sich
zu Seide
und du begreifst den Sinn

Schau dich um
dieser Raum steht
neben dir
geh hinein
und horche
ein Weilchen

Lissy Theissen

Ingrid Wedekind

»Das beste Werkzeug des Menschen ist seine Sprache: stark und unverwüstlich.«

Die dicke Hummel Sumsebrumm und die Fliege Sirilie

Die dicke Hummel Sumsebrumm
trifft einst die Fliege Sirilie
und das in einem Apfelbaum,
der übervoll in Rosa blüht.

»Was tust du hier im Blütenmeer?«,
fragt Sirilie den Sumsebrumm.
»Ich stäube all die Blüten ein,
und jede Blüte wird zur Frucht.«

»Und frisst du dann die Früchte auf?«
»Bewahre nein – sind nicht für mich.«
»Hummel, du bist nicht nur dick,
nein, du bist auch wirklich dumm!«,
spricht spöttisch Fliege Sirilie
und hebt sich neckisch in die Höh.

Doch übersieht die Fliege hier
ein ausgespanntes Spinnennetz.
Und eh sie noch entweichen kann,
sitzt sie in Klebefäden fest.

»Verdammt!«, sirrt nun Klein-Sirilie,
»wie komm ich hier nur wieder raus?«
Und schon holt aus der Fadenmitt'
die Spinne schnell zum Angriff aus,
rennt zielstrebig zur Beute hin.

Doch Sumsebrumm sieht die Gefahr,
lässt all die Blüten Blüten sein,
summt blitzeschnell ans Netz heran
und drückt die Fäden – husch – entzwei.

Klein-Sirilie, erregt vor Angst,
sieht ihre Möglichkeit und flieht.
Die Flügel zittern immer noch,
als sie dem Sumsebrumm dann dankt.

Und fragt man Fliege Sirilie
nach ihrem Retter Sumsebrumm,
beteuert sie: »So herrlich dick
ist er – und dabei gar nicht dumm!«

Ingrid Wedekind

Elfriede Werner-Meier

Auch ein Literaturverzeichnis

Mein Großvater kam zur Welt
sechsunddreißig Jahre nach Goethes Tod.
Er kannte noch auswendig Balladen, die er mir vortrug:
Zu Aachen in seiner Kaiserpracht …
Die deutsche Volksschule hielt mehr von Friedrich Schiller.
Der Herr von Ribbeck war noch nicht geschrieben.

Mein Vater wurde geboren zwei Jahre nach Effi Briest.
Nach seinem großen Krieg sah er einmal Faust auf der Bühne.
Er las Freiligrath und Felix Dahn: Kampf um Rom
(Heldentum war angesagt),
schmähte Heinrich Heine
und vertraute mächtig auf das Land der Dichter und Denker.

Ich, seine Tochter, kam 98 Jahre nach Goethes Tod auf die Welt
und hatte die nächsten fünfzehn Jahre nichts mit ihm zu tun.
Nach meinem großen Krieg las ich Seelentröster,
Stifter, Rilke, auch Der Großtyrann und das Gericht.
Ich lernte Herrn von Ribbeck kennen und lieben,
natürlich war ein Schiller dabei, natürlich ein Goethe,
aber auch Verschwiegenes, Benn und Trakl beispielsweise.
Aufregend neu war Sartre.

Als meine Kinder geboren wurden,
gab es schon die Blechtrommel, sie wurden bekannt
mit den Ansichten eines Clowns und mit Habichten in der Luft.
Sie lasen den guten Menschen von Sezuan, überhaupt viel Brecht.
Etwas Goethe war auch dabei.

Zu Hause lasen sie Asterix.
Jetzt lesen sie englische Krimis und kluge Sachbücher.

Meine Enkel lesen auch
hin und wieder. Comics, aber auch Bücher,
wenn man sie ihnen gibt.
Nächtelang harren sie aus bei Harry Potter,
kennen die Ode an die Freude (1. Strophe),
manche sogar die Ballade vom Birnbaum.
Wörter lesen sie meist nicht von Blättern ab.

Wir Alten

Klar sind wir alt, wir geben es ja zu,
es ist einfach so passiert,
wir können nichts dazu,
und manchmal geben wir damit auch an,
damit ein Junger uns bestaunen kann.

Wir sind alt, wir geben es ja zu,
es ist einfach so passiert,
wir haben nur ein bisschen besser aufgepasst,
dass uns das Unheil nicht beim Kragen fasst
und niemand uns so einfach einkassiert.

So ungefähr vor hundert Jahren
setzte man uns in die Welt,
das ist auch einfach so passiert,
keiner fragte uns, ob sie gefällt, die Welt,
und ob wir mit ihr einverstanden waren.

Wir geben es ja zu, wir kamen gut zurecht,
sonst säßen wir nicht hier, wir Alten,
sonst wär das einfach nicht passiert
und wir fänden Welt und Leben schlecht.
Wir geben alles zu – auch Altersfalten.

Abschied

Ich bin der Lehrer, der geht.
Ich packe meine Bücher ein letztes Mal
in meine Tasche
und die Jahrzehnte des Lehrens
in meinen Lebenslauf.
Ich hinterlasse kein Opus,
bin nicht der Baumeister
der durch die Straßen geht und sagt:
»Dieses Haus habe ich gebaut,
der Bogen jener Brücke ward zuerst in meinem Kopf geschlagen.«

Ich war der Lehrer, der lehrte,
der das Beständige und Flüchtige
am Lebendigen, Werdenden maß,
der die Konturen des Lebens den wachsenden Sinnen gezeichnet.
Ich lehrte die Liebe zum Wort und den Zweifel an Wörtern,
dem allzu Glatten zu misstrauen,
die Wahrheit zu prüfen,
das Leise zu hören, das Kleine zu sehen.

Ich war der Lehrer, der lehrte und der nicht weiß,
ob das, was er lehrte, eine sichere Stufe doch war
auf dem Anstieg des Werdens
für einen der Menschen, die er gelehrt.
Meine Tasche ist voll von den Dingen, die ungetan,
von den Sätzen, die ungesagt,
von dem Lob, das nicht ausgesprochen wurde.
Vielleicht, eines Tages, kommt einer, der vergessen hatte,
mich etwas zu fragen.

Elfriede Werner-Meier

Hanjo Winkler

»Mit Speck fängt man Mäuse, mit Poesie Lese-Ratten!«

Land-Leben

Wenn das Dorf morgens erwacht,
Die Ferkel fröhlich quieken,
Die Hähne lautstark krähen
Und ihre Hennen eifrig gackern,
Dann freu ich mich
Auf mein Frühstücks-Ei! –

Lauben-Pieper

Wenn die Dämmerung hereinbricht,
Die Grillen ihr Konzert beginnen
Und die Fledermäuse
Emsig um das Gartenhäuschen flattern,
Dann ist für verliebte Gartenzwerge
Die Stunde gekommen,
Nach getaner Arbeit
Genüsslich ein Pfeifchen zu rauchen
Und dabei
Von ihrer hübschen Gärtnerin
Zu träumen! –

Ruhrpott-Esoterik

Rhythmisch-zuckend,
Wie in Trance,
Bewegt sich mein Körper,
Gleich den Aborigines,
Zu dem Hypno-Ton
Der Didjeridu.
Die Magie des Ayers Rock
Ist über mich gekommen:
Als rötlich-mystischer Gigant
Nimmt er Gestalt an
In meinem Innern! –
Positive Energie-Ströme
Beginnen zu fließen! –

Da klingelt mein Telefon!!! –
Ich hebe langsam die Augen-Lider,
Blicke in Richtung Küchen-Fenster
Und starre völlig entgeistert
Auf die schäbige Kohlen-Halde
Von Zeche »Glück Auf«
Direkt vor unserm Haus! –
Gnadenloses Ende
Meiner Bewusstseins-Erweiterung! –
Das muss ich unbedingt
Meinem Psychiater erzählen:
Der war nämlich schon öfters
Auf dem Ayers Rock!!! –

Hanjo Winkler

*Preisträger des Literaturwettbewerbs
»Frischer Wind in der Literatur«
in der Sparte »Gedichte«
2015/2016*

Christian Schmidt
1. Platz

Frühsommer

Man sitzt in Lauben,
Sonne scheint durch die Gespräche,
und lässt uns glauben,
jemand bräche
Rosen aus dem grünen Laub.

Kein Windhauch stört
die hellen Sonnenträume.
Ein süßer Duft betört
des Gartens bunte Räume.
Die Farben sind noch ohne Staub.

Und hinten, über Hügeln weit,
ganz fern am Firmament,
ein kleiner Hauch von Ewigkeit,
ein Ahnen ist's, das jeder kennt,
von Gott und Raum und Zeit.

Die Liebe schwebt
durch diese lichterfüllten Räume.
Sie wirkt und webt
die schönsten aller Träume;
von Glück und Seligkeit.

Peter Krebs
2. Platz

Wie viele Tage hat die Unendlichkeit?

Die Eintagsfliege tut mir leid
Nur einen Tag lang hat sie Zeit
Ihr Leben zu gestalten
Im Flug sich zu entfalten

Erbarmungslos tickt ihre Uhr
Es bleiben ein paar Stunden nur
Sie fliegt noch eine Runde
Schon schlägt die letzte Stunde

Ich frage mich, wonach sie strebt
Wie hat sie ihren Tag gelebt
Hat sie geliebt, hat sie geweint
Sich mit dem Fliegerich vereint?

Hat sie in ihrem kurzen Leben
Dem Dasein einen Sinn gegeben
Hat sie vom Anfang bis zuletzt
Sich selbst ein hohes Ziel gesetzt?

Noch lass ich die Gedanken schweifen
Als mich zwei Fliegenflügel streifen
Nein, Angst hat diese Fliege nicht
Setzt sich direkt auf mein Gesicht

Sie schaut mich an und sagt dann leise:
»Ich geh jetzt auf die letzte Reise
Nun frag ich dich, wie ist's mit dir
Du bleibst doch wohl für ewig hier?«

Dann flattert sie ein letztes Mal
Ihr bricht der Blick, ihr Kleid wird fahl
Sie stirbt – Im Raum bleibt ihre Frage:
Unendlichkeit hat wie viele Tage?

Lila Ulrike Schöne
3. Platz

Bevor ich gehe

werde ich dir
einen lila Kuss
auf die Schulter hauchen und
wir werden lachen.

Im Gras will ich liegen
bis weiches Moos auf meinem Rücken
klebt, bis ich träume
tiefgrün.

Eintauchen will ich
in das weite Blau
des Ozeans
gehalten und still.

Ich werde in die Sonne
schauen bis
meine Augen blind sind
vor Licht.

Bevor ich gehe
will ich hören
wie tief die Erde singen kann und
wie deine Stimme mich führt.

Anhang

Ausführliche Angaben zu den AutorInnen

MARGARETE BAUER-HILD, in München geboren, schrieb als ganz junges Mädchen ihre ersten Theaterstücke für die Hinterhofkinder und spielte während ihrer Schulzeit leidenschaftlich in Laientheatern. Ihre Bücher »*Kanarische Inseln – Küche, Land und Menschen*« und »*Kulinarische Streifzüge durch Mallorca*« (Silbermedaille der GAD), entstanden durch ihre Reiseerfahrungen. Momentan arbeitet sie an zwei weiteren Büchern verschiedener Genres und beginnt erst jetzt damit, ihre Erzählungen zu veröffentlichen.

THOMAS BARMÉ, geboren 1952 in München, lebt seit 2012 in Berlin. Studium der Malerei, Meisterschüler, Diplom; einige Jahre Tätigkeit als Kunstpädagoge, parallel dazu Ausbildung zum Psychoanalytiker; von 1992 – 2016 in eigener Praxis tätig. Mit »*Lichthungerjahre*« erschien 2017 sein erster Gedichtband im R. G. Fischer Verlag.

SABINE BENZ-WENDLANDT, geboren am 11.11.1936 in Berlin, 1945 Übersiedelung nach Bückeburg, Ausbildung in der Lokalredaktion einer Zeitung. Studium der Graphologie an einer Fachschule in Baden-Württemberg. Seit fünfzig Jahren verheiratet und in Nürtingen wohnhaft. Schon als Schülerin erwachte in ihr die Liebe zum Reimen und begleitete sie lebenslang. Neben Gedichten entstanden Geschichten über Erlebtes und Gehörtes.

CONRAD BOEHM (Pseudonym), Jahrgang 1953, wuchs mit sechs Geschwistern im Isarwinkel auf. Nach dem Wehrdienst studierte er in München Chemie, Forschungs- und Entwicklungsarbeit an verschiedenen Instituen und in der chemischen Industrie folgte. Seine Erzählungen befassen sich mit Ereignissen in und um seine Heimatstadt Bad Tölz, wo er seit 1976 mit seiner Ehefrau lebt. 2017 erschien im R. G. Fischer Verlag seine Familiengeschichte »*Im Schatten der Kaserne*«.

ELISABETH BORGHORST wurde 1931 in Mülheim an der Ruhr geboren und 1937 eingeschult. Nachdem die Schule 1944 geschlossen worden war, besuchte sie eine Handelsschule und war einige Jahre als Büroangestellte tätig. Hiernach ließ sie sich in der Landwirtschaft ausbilden und legte 1954 ihre Prüfung vor der Landwirtschaftskammer ab. Nach der Heirat mit einem Landwirt bewirtschaftete sie einen kleinen Betrieb und brachte vier Jungen und zwei Mädchen zur Welt, die alle studiert haben. Die Autorin ist seit 1982 verwitwet.

❧✿❧

MARIANN BUSH wurde 1981 in Slowenien geboren und hat ab 1992 die Realschule in Calw und hiernach die Politechnische Oberschule besucht. Nach einem Berufskolleg der Sozialpädagogik widmet sie sich seit 2003 der Pflege ihrer Eltern und studiert seit 2013 Sozialpsychologie und Humanbiologie.

❧✿❧

STEFAN BUßHARDT, geboren am 06.07.1978 in Freiburg im Breisgau, CDU-Mitglied, war nach seinem Schulabschluss zunächst als Kaufmann im Einzelhandel tätig und studiert seit 2006 an der Fernuniversiät Hagen Politik, Verwaltung und Soziologie.

❧✿❧

HARRY H. CLEVER, am 02.06.1938 als Harald Hasenclever in Wuppertal geboren, zwangsevakuiert in Thüringen, wurde er 1944 dort eingeschult. 1953 trat er in den Metzgerberuf der Vorfahren ein, spätere Tätigkeiten in verschiedenen Berufen folgten. Er war einige Jahre DJ und Moderator für und mit internationalen Künstlern und über zwanzig Jahre Gastwirt. In den Sechzigerjahren begann er, Texte zu schreiben, mit Renteneintritt hat er das intensiviert. Durch Erlebtes fand er zu ganz verschiedenen Themen.

❧✿❧

Gerd Diemunsch: Ich wurde im Jahr 1939 in Reinsdorf bei Wittenberg geboren. Nach dem Abitur und anschließender Gärtnerlehre begann ich ein Gartenbaustudium an der Humboldt Universität in Berlin. Als Diplom-Gärtner war ich einem VEG Obstbau als Abteilungsleiter tätig. Nach der Wende schloss ich ein Studium als staatlich geprüfter Sozialpädagoge ab. Ich lebe als Rentner in Zerbst, lese gern und viel, liebe die Natur und bin ein begeisterter Pilzsucher.

Wolfgang Eichhorn: Mathematiker, Emeritierter Professor und Leiter des Institutes für Wirtschaftstheorie und Operations Research der Universität Karlsruhe (TH), jetzt KIT: Karlsruher Institut für Technologie. Im Anschluss an die vorliegende Anthologie erscheint im R. G. Fischer Verlag die bereits 3. Auflage des Bandes »*1000 der besten 70.000 Gedichte, Gebote, Sprüche, Zitate von Aachen bis Zytotoxizität*«, herausgegeben von Wolfgang Eichhorn und Gerhard Gnann. Dort werden u. a. die hier schon veröffentlichten Gedichte enthalten sein.

Tamara Dragus: Geboren am 01.08.1964 in Stuttgart, aufgewachsen in Frankfurt am Main. Studium der Germanistik, Anglistik, Theater-, Film-, und Fernsehwissenschaften an der Johann Wolfgang Goethe-Universität, Abschluss M. A. 1997 Beginn meiner Tätigkeit als freie Texterin und Journalistin. Nach 15-jährigem Aufenthalt in der rheinischen Frohsinnsmetropole Köln, bin ich im vergangenem Jahr an meinen Sehnsuchtsort gezogen: Seit Anfang 2016 lebe und schreibe ich an der zeeländischen Küste, fünf Minuten entfernt liegt das Meer.

Mel Evans ist als dritte Tochter aus deutsch-amerikanischer Ehe in Frankfurt am Main geboren und schon früh an kreativen Bereichen wie Tanz, Musik und Büchern (gerne lesend in der Buchhandlung der Omi), aber auch an Religion und spirituellem Erleben interessiert. In den Neunzigerjahren publizierte sie ein Magazin zu Träumen, veröffentlichte Artikel und hielt Vorträge und Seminare. Im Berufsleben rutschte sie schnell aus der Verwaltungstätigkeit in die IT und ist als Trainerin, Projekt- und Produktmanagerin tätig.

Anne Iris Fresien, 1963 in Freiberg am Neckar (Geisingen) in Baden-Württemberg geboren, das vierte von sieben Kindern, ist gelernte Justizangestellte, Hausfrau und Mutter von zwei erwachsenen Söhnen und seit 1988 mit einem praktischen Wissenschaftler verheiratet. Mit »*Skandal um Nico*« erschien ihr erstes Buch 2012 im R. G. Fischer Verlag, 2015 folgte »*Mailie und Paule*«.

ಇಲಿಕಿ

Rolf Giebelmann: Geboren am 20.11.1933 in Magdeburg, 1952 Abitur an der dortigen Humboldtschule, Chemiestudium in Greifswald bis zur Promotion 1962, Oberassistent und Abteilungsleiter, seit 1998 freier Mitarbeiter am Greifswalder Institut für Rechtsmedizin, Habilitation 1984. Der Autor ist verheiratet, hat drei Kinder und zwei Enkelkinder und lebt in Greifswald.

ಇಲಿಕಿ

Margarethe Gemsjäger, geboren 1952 im Hochwald, Saarland. Das Leben in enger dörflicher Idylle bis zur Jugendzeit hat meinen Lebensweg stark geprägt. Kreatives Schreiben war dabei mein Ventil und ist es bis heute. Mein Leben selbstbestimmt und schöpferisch zu gestalten, ist Triebfeder meines Handelns. Ich bin Pädagogin aus Leidenschaft, wobei die Grundgedanken der Montessoripädagogik in meine Tätigkeit einfließen. Seit über dreißig Jahren lebe ich in Hamburg, bin verheiratet und Mutter zweier erwachsener Söhne.

ಇಲಿಕಿ

Arne Glapa ist 17 Jahre alt und wohnt in Clausthal-Zellerfeld.

ಇಲಿಕಿ

Georges Greco: Autor von »*Kaleidoskop 1*« (2015) und »*Kaleidoskop 2 oder die Geschichte von Joad*« (2016), erschienen im R. G. Fischer Verlag.

ಇಲಿಕಿ

WOLFGANG GRÄSSLER, Jahrgang 1943, Nervenarzt und Theologe in Frankenberg/Sachsen.

ಎಜ಼ಿಎ

SONJA HAJEK, geboren 1982 in Hamburgs Westen, schrieb bereits in der Grundschule eigene Märchen und Geschichten. Zum Teil wurden diese von Lehrern auch nachfolgenden Klassen gerne vorgelesen, auch davon motiviert, blieb sie dem Schreiben treu. Positive Rückmeldungen aus dem privaten Umfeld veranlassten sie, Gedichte aus ihrer Feder aus mehreren Jahren ihres Schaffens in einem Gedichtband zusammenzufassen. Das Schreiben war und ist für sie ein Ausdruck ihres Seelenlebens.

ಎಜ಼ಿಎ

HEIKE HARTMANN ist 1955 in Dresden geboren und war nach Ausbildung zur Handelskauffrau und nach Fachhochschulstudium der Ökonomie in der Lebensmittelindustrie sowie zum Teil als selbstständige Unternehmerin in der Gastronomie tätig. Die Autorin lebt heute in Baden-Württemberg.

ಎಜ಼ಿಎ

JOHANNES HENKE wurde 1929 geboren und wuchs in einem Ortsteil der heutigen Stadt Löhne/Westfalen auf. Seit seiner frühen Jugend galt sein besonderes Interesse der Erforschung der Natur in seiner Heimat. Später promovierte er mit einem klimagenetischen Thema über das »Herforder Keuperbergland«. Nach längeren Auslandsaufenthalten lehrte er Englisch und Französisch an Höheren Schulen. Als Dozent an den Volkshochschulen der Städte Bielefeld, Halle und Herford beschäftigte er sich schwerpunktmäßig mit der wissenschaftlichen Erforschung der Eiszeit. Der Verfasser wohnt heute in Bad Oeynhausen.

ಎಜ಼ಿಎ

HEIDI M. JUNG, Jahrgang 1945, ist in Karlsruhe aufgewachsen. Sie übersiedelte früh nach Frankfurt, erwarb Diplome der englischen und französischen Sprache und arbeitete als Marketing-Kauffrau bei nationalen und internationalen Verlagen. Sie liebt besonders Sprachen, Schreiben, Bücher, Bücher …

ಎಜ಼ಿಎ

Karl-Heinz Käpnick ist 1939 in Pommern geboren. Nach Vertreibung und Flucht landete er 1946 in Schleswig-Holstein, wo er und seine Mutter wieder mit dem Vater vereint wurden. Kar-Heinz Neesé war als Lehrer in Deutschland und sieben Jahre (1974-1980) in Südafrika tätig. 2001 wurde er pensioniert. Er ist verheiratet, hat zwei Töchter und vier Enkel.

꒰꒱❀꒰꒱

Christa Kieser, geboren 1950, lebt in Niederbayern. Studium der Psychologie und Pädagogik an der Universität Freiburg, langjährige Tätigkeit im Bereich der Klinischen Psychologie sowie als Seminarleiterin zu den Themen: Kommunikation, Traumarbeit und biografisches Schreiben.

꒰꒱❀꒰꒱

Hilde Klammer-Fichtl ist in Wien geboren. Sie ist Dipl. Jugendarbeiterin und Sozial-und Berufspädagogin. Viele Jahre hat sie eine Peergruppe zur Meditation und Kontemplation angeleitet und lässt nun ihre Erfahrungen mit den Hintergründen des Lebens in ihre Bücher einfließen. Sie ist verheiratet und Mutter einer Tochter. Mit ihrer Familie lebt die Autorin am Stadtrand von Graz. Ihr Buch »*Sonnentanz des Lebens*« erschien 2016 im R. G. Fischer Verlag.

Gerhard Kohtz, Jahrgang 1946, ist seit 1970 Raumausstatter-Meister und kam durch berufsbezogene pädagogische Tätigkeiten zum Schreiben. 2002 erschien ein Fachbuch für Raumausstatter im Cornelsen-Verlag. Für seine Schüler schrieb er 1989 Texte über den Fall der Berliner Mauer und dieses Gedicht über Erneuerung, Reformen und Demokratie. So lautet auch der Titel eines Buches, über die Geschichte der Bundesrepublik, welches noch in diesem Jahr im R. G. Fischer Verlag erscheinen soll.

꒰꒱❀꒰꒱

Malte Kühl-Friedrich, 1967 in Hamburg geboren und aufgewachsen, entschloss sich im Alter von 16 Jahren, zur See zu fahren. Nach der Ausbildung zum Matrosen befuhr er sieben Jahre alle sieben Weltmeere, bevor er Feuerwehrmann, Feuerwehrtaucher und Tauchlehrer wurde. Er arbeitete als Tauchlehrer in Ägypten, für Greenpeace, auf Forschungsschiffen und im Hamburger Hafen. Nach dem Studium zum nautischen Wachoffizier ist er als Navigator und Kapitän auf allen Meeren unterwegs, wenn er nicht bei seiner Familie im Oberharz lebt.

꒰꒱❀꒰꒱

Brigitte Lederich (Jahrgang 1950), in Hannover geboren, lebt seit 1984 in Schleswig-Holstein, aktuell in Nähe der Kieler Förde. Sie ist Mutter zweier erwachsener Kinder. Von 2003 bis 2010 verfasste die Autorin zunächst Gedichte und Texte für private Festlichkeiten und für Zeitschriften. Im Sammelband »*Geschichten aus dem Kirschenbaum*« erschien 2004 ihre Prosa »*Zug um Zug*«; eine Sonderausgabe dieser Kindheits-Erzählung wurde auf der DRUPA 2004 weltweit veröffentlicht. Die Autorin ist seit 2006 als Lokalreporterin unterwegs. Der Kieler Förderverein für zeitgenössische Literatur Nordbuch e. V. veröffentlicht seit 2007 in seiner Anthologie »*Fundstücke*« jährlich Lyrik und Prosa der Autorin.

Ingeborg Katharina Leiber, 1941 in Vörden, Kreis Höxter geboren, von 1961-1964 Studium an der Fachhochschule für Design in Münster. Ab 1970 zahlreiche Einzelausstellungen in Berlin, Stuttgart, Bonn, Augsburg, Bremen, Soest und Museum Abtei Liesborn mit Zeichnungen, Radierungen, Malerei, Objekten, Installationen, Holz- und Steinarbeiten und eigenen Texten. Seit 1980 Lyrikveröffentlichungen u. a. »*Mit Flügeln und mit Fesseln*«, »*Harfe und Trommel*« und Beiträge in Anthologien. Die Autorin setzt eigene Erfahrungen ins Bild. Diese dienen der Künstlerin zur Selbstüberprüfung, reflektieren ihr Befinden, ihre Position in der Zeit. Sie greift Urbilder verschiedenster Kulturen auf. Ziel ihrer Kunst ist der Dialog.

Eva Miersch, geboren 1968, lernte Berufsreiterin und studierte drei Jahre BWL, bevor sie zur Tiermedizin wechselte. Ihre Promotion schloss sie mit summa cum laude ab. Seit 2001 betreibt sie eine Pferdepraxis. Sechs Jahre engagierte sie sich im Vorstand der CDU Overath, wo sie auch den Vorsitz führte, arbeitete im Kreisvorstand und als Delegierte des Landesparteitages mit. 2014 setzte sie ihre Liebe zur Literatur in die Tat um, schrieb ein Buch über ihre Stadt: »*Overath – Eine kleine Stadtgeschichte*« und Kurzgeschichten. Ihr erster Roman wird 2017 erscheinen.

CARMEN MÖBIUS, geboren 1969 in Wien als deutsche Staatsbürgerin. Studium der Germanistik, Romanistik, Theaterwissenschaft, promovierte Musikwissenschafterin. Doktorarbeit über Georg Friedrich Händel. Als Pianistin Begleitung Elfriede Hablé (Weltmeisterin Singende Säge, Aphoristikerin). Sängerin; Alte Harfen, Monochord. Lebt in Wien.

CHRISTA MÜLLER, 1954 in Sonneberg/Thüringen geboren, lebt in Neustadt bei Coburg, ist verheiratet, hat zwei eigene und zwei angeheiratete Kinder und zehn Enkelkinder. Sie erlernte den Beruf der Buchhändlerin und ist derzeit Verkäuferin in einem Gartencenter. Mit Büchern aufgewachsen ist eine zweite Leidenschaft ihr schöner Garten. Seit ihrer Jugend schreibt sie für Familie und Freunde. Ihr Kinderbuch »Von Paulchen, der Angst vor dem Schnee hatte« erscheint 2017 in der Reihe R. G. Fischer KIDDY.

SABINE NIEMEYER wurde im Dezember 1966 in Hildesheim geboren und hat nach der Ausbildung zur Industriekauffrau und Fremdsprachenkorrespondentin Betriebwirtschaftslehre in Göttingen studiert. Veröffentlichungen in diversen Anthologien des R. G. Fischer Verlages. Die Autorin liebt Reisen und Radfahren und lebt mit ihrem Ehemann in Köln.

KURT THEODOR OEHLER studierte zunächst in Aachen Gießereikunde und in München Wirtschaftswissenschaften, bevor er sich der Psychologie, der Pädagogik und der Psychoanalyse widmete. Promotion an der Technischen Universität München und Tätigkeit als wissenschaftlicher Mitarbeiter. Ausbildung zum Gruppendynamiker, Psychotherapeuten, Psychoanalytiker und Gruppenpsychotherapeuten. Oehler lebt bei Bern, ist verheiratet und in eigener Praxis tätig. Seit 1991 Fachbuchautor und freier Schriftsteller. Im R. G. Fischer Verlag erschien sein Buch »Der gruppendynamische Prozess« und die Arbeitsmappe »Ich-Gestalt-Test nach Oehler (IGTO)«.

Kurt Riffel, geboren 1932 in Karlsdorf/Baden, Studium an der Pädagogischen Hochschule Karlsruhe, Lehrer und Kunsterzieher im Ruhestand. Der Buchautor hat eine besondere Vorliebe für bildende Kunst und Literatur.

⁂

Bernd Ringwald, Zahntechniker im Ruhestand, wurde 1952 in Stuttgart geboren und lebt heute in Ostfildern. Schon während der Schulzeit interessierten ihn die Gedichte von Hölderlin und Brecht. Unter dem Titel »*Getragen von den Flügeln der Morgenröte*« erschien 2015 sein erster Gedichtband, in dem die Gedichte »*Sehnsucht*« und »*Erste Liebe*« veröffentlicht wurden.

⁂

Eleonore Henriete Rosentreter wurde in Insterburg/Ostpreußen geboren. Die Familie übersiedelte in die Tschechoslowakei und lebte dort sechs Jahre. Vor Kriegsende 1945 flüchtete die Mutter mit den Kindern nach Wuppertal. Dort heiratete die Autorin im jugendlichen Alter, die Tochter Regine Sofie wurde 1959 geboren.

⁂

Peter Röttscher, Magister, Romanist und Dokumentalist, geboren 1946 in Göttingen, lebt seit 1972 in Zürich, liebt Bücher, Billard und Bordeaux, hat 70 Länder südlich des Nordpols bereist und schreibt mindestens jedes Jahr ein Gedicht – dies als Spielregel der Sehnsucht im Alphabet des Lebens.

⁂

Christian Schmidt, geboren am 20.12.1945 in St. Peter, promovierter Facharzt für Radiologie und Nuklearmedizin, Chefarzt am Bürgerhospital Frankfurt am Main, publizierte in nationalen und internationalen Fachzeitschriften, hielt Fachvorträge im In- und Ausland und veröffentlichte neben Beiträgen in Lehrbüchern auch einige Fachbücher, um sich mit den Romanen »*Rhapsodie ind Grün*«, »*Rosen für Medea*«, »*Die Brunnennymphe*« und dem Gedichtband »*In die Nacht geflüstert*« (alle R. G. Fischer Verlag) nun der Belletristik zuzuwenden.

⁂

Thomas Schneider, 1951 in Heidelberg geboren, verbrachte dort Schul- und Studienzeit, war von 1973-2009 als Lehrer für Deutsch und Geographie tätig, 30 Jahre davon in Kirchberg/J., wo er seit seinem durch eine Parkinson-Erkrankung erzwungenen vorzeitigen Ruhestand wohnt und sich vermehrt der Poesie widmet. Sein Gedichtband »*Mit dem Vers auf Du und Du*« erschien 2017 im R. G. Fischer Verlag.

Ursula Schöbe, 1928 in Klingenthal/Vogtland geboren, 1946 »Notabitur«, bricht ihre Ausbildung zur Junglehrerin ab, um den Eltern ihres zukünftigen Ehemannes auf deren Hof zu helfen. Ab der Heirat 1960 Mitarbeit in der Tierarztpraxis des Ehemannes, 1970 Planung der Flucht in die BRD, um ihren Söhnen ein Studium zu ermöglichen, Verurteilung zu 7 Jahren Freiheitsstrafe, nach 5 Jahren Haft »freigekauft«, Niederlassung in Baden-Baden, 1995 Umzug nach Berlin. Mutter von zwei Söhnen, seit 2014 verwitwet, glückliche Großmutter von sechs Enkeln.

❧❀❧

Hans Schricker vom Paukowitsch wurde in Wien geboren, die Wurzeln seiner Familie finden sich in Niederösterreich und im Sudetenland um Königsberg. Seinen bereits in der Kindheit bestehenden literarischen Ambitionen konnte er erst mit dem Eintritt in den Ruhestand folgen, das bisherige Schaffen besteht aus Geschichten, Theaterstücken und einem Roman. Sein Buch »*Chaotische Perspektiven*« erschien 2010 im R. G. Fischer Verlag.

❧❀❧

Ich bin **Josefine-Helene Steilmann,** 2006 in Bochum geboren und gehe zur Erich Kästner-Schule, was schön ist, weil ich seine Erzählungen sehr liebe. Seit ich schreiben kann, mag ich fast nicht mehr aufhören. Ideen finde ich überall, nicht nur für Geschichten, sondern auch für kleine Theaterstücke, Fabeln oder Musicals. Ich spiele auch Geige, Klavier und Querflöte und komponiere gerne Musik, wenn ich in der Stimmung bin. Ich empfinde große Freude am Geschichtenerfinden, denn Wörter und selbst Buchstaben haben für mich eine tiefe Bedeutung und so kommt es, dass in meinem Geschreibsel etwas von mir selbst steckt.

❧❀❧

Elmar Stelzer, geboren 1959 in Pforzheim, Studium der Medizin in Hamburg, Heidelberg und Tübingen. Facharzt für Gynäkologie und Geburtshilfe an der Universität Köln. Seit 20 Jahren niedergelassen in Mannheim, verheiratet, vier Kinder. Mit »*Aus Söhnen werden Väter*« erschien sein erstes Buch 2017 im R. G. Fischer Verlag.

❧❀❧

GÜNTER STORJOHANN, Jahrgang 1932, Mecklenburger; pädagogische und kunsthistorische Studien, Studium der Anglistik; langjährige Lehrtätigkeit. Der Autor lebt in Ratzeburg. Bisweilen nutzt er tradierte Metren, Strophen- und Gedichtformen, wandelt sie hier und dort ab und gelangt in ihnen zu freieren Diktionen. In anderen Gedichten zeigt er eigenwilligen rhythmischen Duktus. Beiträge in Anthologien des R. G. Fischer Verlages.

URSULA STROHM wurde am 1. April 1962 als fünftes von sechs Kindern und einziges Mädchen geboren und galt daher als Aprilscherz. Die in Saarbrücken lebende Autorin begann erst 2012 zu schreiben, nachdem sie von ihren Kindern ermutigt und mit »Kladden« ausgestattet worden war. Mit »*Zauber wohnt in alten Bäumen*« hat 2017 Gereimtes und Ungereimtes den Weg in einen eigenen Gedichtband im R. G. Fischer Verlag gefunden.

SABINE SWIENTEK, Jahrgang 1936, lebt in Berlin. 2017 hat die ehemalige Lehrerin vier Bildbände über die von ihr in Szene gesetzten Abenteuer der »*Eule Ursula*« und ihren Freunden im R. G. Fischer Verlag veröffentlicht.

ALFRED TERSEK, Jahrgang 1952, entstammt einer Bergarbeiterfamilie und wuchs im Ruhrgebiet auf. Bereits früh interessierte er sich für Literatur, doch führte ihn sein Weg zunächst in die Industrie. Als gelernter Industriekaufmann und Fremdsprachenkorrespondent fand er seine Aufgabe im Vertrieb/Export und arbeitete über drei Jahrzehnte lang in leitenden Funktionen verschiedener Unternehmen. Nach Beendigung seiner beruflichen Tätigkeit fand er endlich wieder Zeit zu schreiben.

LISSY THEISSEN: In Bonn geboren, Tochter des Malers und Bildhauers Jean Küppers, verheiratet, zwei Söhne. Studium der Germanistik, Biologie und Theologie in Bonn und Frankfurt. Berufstätigkeit u. a. in Bonn, Mönchengladbach und über 20 Jahre im Frankfurter Raum. Seit 1985 als Künstlerin mit zahlreichen Ausstellungen im In- und Ausland tätig. Seit 1992 schreibt sie Gedichte. Ihre Gedichte und Texte finden auch bei den Ausstellungen großen Anklang.

INGRID WEDEKIND: Ich bin in einem kleinen Dorf in Schwansen (Schleswig-Holstein) aufgewachsen, habe Pädagogik studiert und an Grund- und Hauptschulen unterrichtet: zuerst in Schleswig-Holstein, nach meiner Heirat im Solling in Niedersachsen. Seit meiner Pensionierung widme ich mich vermehrt dem Schreiben von Geschichten, Gedichten und Laienspieltexten in Hoch- und Niederdeutsch. 2005 kehrte ich in meine Heimat Schleswig-Holstein zurück.

❧❀❧

ELFE WEISS: geboren 1958 in Wien, habe ich einige Ausbildungskurse am Konservatorium besucht. Immer hab ich selbst gern musiziert und gesungen, am Lagerfeuer, in der Musikgruppe und im Chor. Nach der Reifeprüfung habe ich eine Stelle im Bundesdienst (Sozialressort) angenommen. Am Arbeitsplatz habe ich auch meinen jetzigen Ehemann kennengelernt. Während ich noch berufstätig bin, betreut er unseren kleinen Garten. Ich schreibe gern Gedichte, der aktuelle Beitrag ist mein erster in Prosa.

❧❀❧

WOLFGANG WESEMANN: Über fünfzig Jahre konnte der Naturwissenschaftler seine Fantasie nur in die Planung von Experimenten, nicht aber in deren Protokollierung einfließen lassen – was ihn heute dazu veranlasst, ihr auf vergnügliche Art freien Lauf zu lassen. Mit »*Herr Pingelig, eine Karriere*«, 2017 im R. G. Fischer Verlag erschienen, ist ihm eine ebenso feinfühlige, wie amüsant-satirische Charakterstudie gelungen.

❧❀❧

HANJO WINKLER, geboren 1940, 1946 aus Schlesien ausgewiesen. Ausbildung zum Technischen Zeichner, nach Krebserkrankung und Verlust des rechten Armes Studium der Sozialarbeit und Tätigkeit als Sozialarbeiter, zuletzt 23 Jahre als Bewährungshelfer. Von einer Studienreise durch Nord- und Südamerika mit seiner Ehefrau Erlebnisberichte in der Wochenendbeilage der »*WAZ*« verfasst, nun pensioniert. Veröffentlichungen in diversen Anthologien, mit »*Die Zwei-Quellen-Oase*«, »*Dann wachsen meiner Seele Flügel*« und »*Amors Panoptikum*« erschienen eigene Bände im R. G. Fischer Verlag.

❧❀❧

JOHANNES WÖSTEMEYER ist Jahrgang 1951, stammt aus Essen an der Ruhr, hat in Gießen und Bochum Biologie und Chemie studiert und später an den Universitäten Köln, Hamburg und an der TU Berlin gearbeitet. Nach vierjährigem Intermezzo an einem Forschungsinstitut in Berlin-Dahlem wurde er auf den Lehrstuhl für Allgemeine Mikrobiologie und Mikrobengenetik an der Friedrich-Schiller-Universität Jena berufen. Hier lebt er seit 1993. Mit vielen Kollegen, zumeist Doktorandinnen, forscht er am liebsten über sexuelle Kommunikation und Entwicklung der Pilze und über Endosymbiosen zwischen Protozoen und Bakterien. Ende März 2017 war der Ruhestand leider unvermeidbar. Seitdem forscht er in deutlich bescheidenerem Umfang. Auch wenn die Universität Lebensmittelpunkt bleiben wird, schreibt er jetzt durchaus nicht mehr nur naturwissenschaftliche Artikel und Lehrbücher, er reist und gestaltet seltsame Dinge.

Vorauswahl des Literaturwettbewerbs »Frischer Wind in der Literatur« 2016/2017

Preisträger in der Sparte »Erzählungen«

Elke Werner
»When she comes to stay«
1. Platz

Andrea Karrasch
»Ich und Greta«
2. Platz

Charlotte Köther
»Der Tod steht vor der Tür«
3. Platz

Preisträger in der Sparte »Gedicht«

Svenja Bertermann
»Was ist, wenn Morgen kommt?«
1. Platz

Maja G. Anders
»Tag und Nacht«
2. Platz

Franz Juhra
»Lustfahrten«
3. Platz

Erzählungen

Munir Alubaidi

Im Zug

Wie jeden Tag war ich auch heute morgen auf dem Weg zur Arbeit. Dieses Mal lief ich jedoch mit leichten Schritten, als ob ich von einer Wolke getragen würde; da kam schon der Frühling und die frische Morgenbrise erfrischte alles. Rundum von den Spitzen der Bäume sangen die Vögel, vom Frühling geweckt. Ich fühlte mich aktiv und enthusiastisch, spürte ein mich überwältigendes Verlangen nach Arbeit. Der Zug erschien in der Ferne, hielt im Bahnhof an. Ich stieg ein und nahm einen Sitzplatz neben der Tür.

Mir gegenüber saß ein Mann, der nach gestrigem Alkohol und billigem Tabak roch. Als er mich sah, zog er sich zurück, presste die Knie zusammen und warf mir einen Blick mit einem Gemisch aus Furcht und Zweifel zu. Sein Haar war ungekämmt, ergraut, der Bart lange nicht rasiert; er war in Lumpen gekleidet, das Gesicht ermattet. Unter seinen erschöpften Augen traten Schwellungen hervor. Wie bei vielen Obdachlosen in dieser Stadt war die Kälte des vorigen Winters tief in seine Knochen eingedrungen.

Ich blieb auf meinem Sitzplatz. Tat ich es aus Höflichkeit oder fühlte ich mich in unerklärbarer Weise von ihm angezogen? Er hat etwas Besonderes. Bei ihm spürte ich eine alte Niederlage. Vielleicht wäre ich wie er, wenn manche Sachen bei mir schief gegangen wären. Hinter seinem schäbigen Aussehen entdeckte ich etwas von mir. Auch begann er, mir alle paar Sekunden schnelle, bittende Blicke zuzuwerfen, als ob er sich für etwas entschuldigen wollte.

Unterwegs zwischen Marienfelde und Attilastraße habe ich seinen Bart rasiert, den Schnurrbart getrimmt, ihm die Haare gekämmt, den Staub von seinen Schultern entfernt. Ich schaute ihn prüfend an, wie er jetzt aussah.

Auf der Strecke bis zum Priesterweg habe ich seine Lederjacke gesäubert, seine Hose durch eine neue ersetzt, die Schuhe poliert.

Bis zum Südkreuz habe ich die Falten und Schwellungen unter seinen Augen entfernt, seinen Augen den Glanz zurückgegeben.

Als er aufstand um auszusteigen, blickte er mich selbstbewusst, elegant, gutaussehend an und ging lächelnd, mit festen Schritten über den Bahnsteig.

Auf dem letzten Stück zu Blissestraße breiteten sich Falten auf meinem Gesicht aus, zwei Schwellungen entstanden unter meinen Augen, mein Bart wuchs, meine Haare gerieten durcheinander, meine Kleidung wurde schäbig und die Schuhe waren schmutzig, die Knie zitterten.

Ein eleganter Mann stieg in den Zug ein und setzte sich mir gegenüber. Ich zog mich voller Angst in mich zurück und schaute ihn bittend an. Als ich die Zielstation erreicht hatte, stieg ich aus. Ich fühlte mich fremd, meine Schritte waren unsicher, ich stand verwirrt auf dem Bahnsteig: wer bin ich und was tue ich hier?

Udo Bahntje

Richtig böse Champignons

Mein Liebster,

Du wirst dich daran erinnern, dass wir damals bei diesem Versandhändler aus Rumänien einen Kasten mit Spezialerde, gemischt mit Mycel von Champignons, bestellt hatten. Es schien uns ein echtes Sonderangebot zu sein, super günstig aus dem Internet. Wir wollten im Keller unsere eigenen Champignons züchten, die wir doch beide so mögen. Doch trotz guter Pflege nach Vorschrift ist nie ein einziger Champignon daraus erwachsen. Natürlich reklamierten wir beim Versender, doch es kam keine Antwort, und im Netz war seine Adresse verschwunden.

Sicher wirst du dich auch daran erinnern, dass wir die Kiste mit dem Champignonmycel dann hinter dem Haus neben dem Rosenbeet entsorgten bzw. dort eingruben. Ich hatte die ganze Angelegenheit schon fast vergessen. Doch dann passierte drei Tage nach meinem Unfall, der mich noch immer ans Bett fesselt, etwas Seltsames. Der schwarze Kater von unserem Nachbarn Mr. Holmes, du weißt schon, der, der Max heißt, wurde nachts beim Stromern von einem Auto angefahren und schleppte sich offenbar mit letzter Kraft in den Garten, wo er neben unserem Rosenbeet verblutete, genau dort, wo wir diese Pilzerde vergraben hatten. Man fand den Kadaver völlig ausgeblutet am nächsten Tag.

Und dann passierte Folgendes: Wenige Tagen nach diesem Vorfall sprießen doch aus diesem Beet ganz munter und als wäre es plötzlich selbstverständlich unsere so lang vermissten Champignons aus der Erde. Als ich zufällig aus dem Fenster neben meinem Bett nach unten blickte, traute ich meinen Augen kaum. Prächtige Exemplare, die dann von Tag zu Tag so schnell wuchsen, dass man fast dabei zusehen konnte. Gleich habe ich unsere Lisa, die für mich kocht und das Essen bringt, in den Garten geschickt, um die ersten Pilze zu ernten und mir ein schönes Champignonomelett zuzubereiten. Doch sie kam nach kurzer Zeit völlig verstört wieder und sagte, die Champignons hätten rot geblutet, als sie sie zerschneiden wollte. Es müsse sich um eine fremde Pilzart handeln, die möglicherweise nicht zum Verzehr geeignet sei. Und ihre Hände waren mit roten Flecken übersät, die sich nicht abwaschen ließen. Am nächsten Tag ist sie dann nicht mehr gekommen und hat mir per Brief gekündigt.

Als ich daraufhin bei der Arbeitsagentur anrufen wollte, um mir eine neue Hilfskraft vermitteln zu lassen, streikte das Telefon, und es kam kein Rufzeichen mehr. Ich erinnere mich, dass die Telefonleitung außen am Haus unterm Fenster senkrecht nach unten in Richtung Rosenbeet verläuft. Und mein altes Handy liegt seit dem Unfall immer noch mit vermutlich jetzt leerem Akku im Kofferraum und damit außer Reichweite. So nehme ich einen Briefblock, um dir wenigstens schriftlich von diesen Vorgängen zu berichten. Den Brief kann Hilda mitnehmen, die mich am Wochenende besuchen will. Zu dumm, dass du gerade jetzt so weit weg in den USA sein musst.

Donnerstag. – Jeden Tag schaue ich aus dem Fenster und sehe, wie die Champignons geradezu unheimlich schnell in die Höhe schießen. Es kommt mir vor, dass sie jeden Tag schneller wachsen. Außer mir kann das niemand beobachten, weil ja unser hinterer Garten von außen nicht einsehbar ist. Die ersten Pilzköpfe haben jetzt tatsächlich schon die untere Fensterkante unseres Wohnzimmers im Parterre erreicht. Fast sieht es so aus, als ob sie da neugierig hineinschauen und etwas suchen wollten. Du weißt, ich bin nicht ängstlich, doch wird es mir jetzt langsam unheimlich zumute. Ich denke dauernd an Hilda. Wenn sie übermorgen kommt, werde ich sie bitten, mich umgehend ins Krankenhaus einweisen zu lassen. Auch mein Vorrat an Leibnizkeks und Schokolade hier neben meinem Bett geht langsam zu Ende. Ich brauche jetzt dringend Hilfe.

Freitag. – Stell dir vor: Heute Morgen tauchen doch tatsächlich die ersten weißen Köpfe vor meinem Fenster auf. Und das, obwohl mein Schlafzimmer im ersten Stock liegt! Die Köpfe pressen sich an die Scheibe, als wollten sie mich beobachten. Dabei haben sie doch keine Augen! Oder riechen sie etwas? Ich fühle mich bedroht. Einen Tag muss ich noch aushalten. Morgen kommt Hilda. Wärest du doch nur hier!

Samstag. – Heute Morgen weckt mich ein Knall von zersplitterndem Glas. Ein dicker weißer Champignonkopf drängt sich durch die Scheibe. Ich bin wie erstarrt. Greife zu meiner langen Papierschere, die zufällig auf dem Nachttisch liegen geblieben ist. Als der Kopf näher kommt, steche ich damit zu. Ein roter Saft fließt heraus und der Pilz sackt zusammen. Doch durch die zerbrochene Scheibe drängen weitere Pilzköpfe nach, Köpfe ohne Gesichter. Riechen sie meine Nähe? Dabei sind Pilze doch sogenannte Fäulnisbewohner oder Schmarotzer, die sich nur von toter organischer Substanz ernähren. Und ich bin doch nicht tot! Trotzdem kommen sie immer näher und näher. Wieder greife ich zur Schere und steche damit wild um mich. Ich bin in rotem Saft gebadet. Es klingelt an der Haustür. Hilda, Hilda, zu Hilfe! Einen Augenblick scheinen sich die Köpfe zurückzuziehen. Doch dann … Hilfe! …, ein entsetzlicher Anblick …

Carina Baron

Der Künstler und der Vogel

Ein Künstler hatte eine Idee. Etwas Gewaltiges wollte er schaffen. Er hatte lange gesonnen, überlegt, entworfen und gezweifelt, bis eine Vorstellung in seinem Kopfe herangereift war, die es umzusetzen galt. Er würde der Nachwelt ein Denkmal hinterlassen. Bisher war er nicht sonderlich beachtet worden in seinem Schaffen, zu selten brachte man ihm die Würdigung entgegen, die sein Werk verdiente.

Nun war er sich sicher. Er glaubte, schaffen zu können, was er sich vornahm, und so begann er, eine Statue zu modellieren. Er würde das perfekte Kunstwerk erschaffen. Kein Abbild, sondern eine platonische »Idee«, etwas ursprünglich Schönes, das alles Dunkle überstrahlen würde.

Immer wenn er an seinem Werk eine Stelle fand, an der er das Material noch nicht sauber abgeschliffen hatte, schritt er zur Tat und polierte diese Stelle, bis auch jene Ecke beseitigt und die Stelle besonders schön und glatt war.

Dann entstanden an anderen Stellen Makel. Immer wieder fand er Risse, lösten sich Brocken, liefen Spuren schmutzigen Wassers an der Figur herunter, weil sie Wind und Wetter ausgesetzt war. Der Künstler verkaufte seine Habe und baute ein Haus um die Statue herum. Auf diese Weise gelang es, sie vor schädlichen Witterungseinflüssen zu schützen. Doch immer häufiger verwünschte er seine Wahl des Materials, denn es schien ein merkwürdiges Eigenleben zu entwickeln. Immer häufiger riss es, immer wieder fand er scharfe Kanten und Reste von Grat, den er längst beseitigt zu haben glaubte.

Und so schliff und polierte er weiter, fest davon überzeugt, dass es nicht mehr lange dauern konnte, bis die Figur perfekt war und dem Entwurf in seinem Kopf zur Gänze entsprechen würde. Er schliff und polierte tagein, tagaus, und nachts bettete er sich zu Füßen des Sockels, auf dem die Figur thronte, zur Ruhe.

Jeden Morgen wachte er auf und machte sich daran, alle neuen Makel auszubessern, alle weiteren Fehler an seinem Werk zu entfernen, die über Nacht hinzugekommen waren.

Eines Tages flog ein Vogel ins Haus und ließ sich auf der Statue nieder. Der Künstler beäugte das kleine Tier kritisch. Es begann zu singen und dem Künstler gefiel seine schöne Stimme. Und so ließ er zu, dass es mit seinen kleinen Füßen ein wenig das Material der Statue verkratzte. Das konnte er mühelos ausbessern.

Immer in den Abendstunden flog das Vögelchen davon, und wenn der Künstler am Morgen erwachte, so ertappte er sich dabei, wie er sich freute, wenn es zurück war und vom Kopfe der Staue aus auf ihn herab blickte.

Er nahm es fortan in Kauf, jede Nacht, wenn das Vögelchen davongeflogen war, weniger zu schlafen, um die feinen Kratzer wegzupolieren, die dessen Krallen im Material hinterließen. Dem Künstler gefiel der Gesang des Tierchens und er war eigenartig fasziniert von seinem Gefieder, dessen Schwarz im Sonnenlicht in allen Farben schillerte.

Oft ärgerte er sich über den dreisten Vogel, der ihm immer wieder neue Mühen verschaffte, und ihn mit seinem Gesang ablenkte; ihn manchmal sogar größere Makel in der Skulptur übersehen ließ. Dann hielt er es nicht mehr aus und verscheuchte das Tier. Kam es nicht nach kurzer Zeit wieder, so vermisste er es und schaute zur Türe hinaus, um nachzusehen, ob es nicht doch zurückkehren wollte. Er versuchte ihm beizubringen, nicht ständig auf seinem Kunstwerk herumzuhüpfen und mit voller Inbrunst zu trällern, sondern sich etwas abseits des Werkes niederzulassen und leisere Töne anzustimmen, doch der Vogel erkor sich immer wieder die gleichen Stellen aus, die er verschmutzte und zerkratzte. So blieb dem armen Künstler nichts weiter übrig, als weiter zu polieren, zu schleifen und nachzubessern. Irgendwann würde er Mühe haben, den Sockel heraufzuklettern, um bis ganz nach oben zu kommen und dort auszubessern, wo der Piepmatz mit Vorliebe schiss.

Immer mürrischer vertrieb er den kleinen Sänger aus seinem Hause, wedelte mit den Armen und jagte ihn fort, damit er in Ruhe sein Werk vollenden konnte. Immer strikter zwang er sich selbst, einen klaren Blick auf seine Arbeit zu behalten, die Kontrolle nicht zu verlieren, und schließlich gelang es ihm, nicht mehr nachzusehen, ob der kleine Vogel nicht doch wiederkäme, wenn er ihn wieder einmal gerade vertrieben hatte.

Eine Zeitlang tat er das noch, doch eines Morgens kehrte er nicht zurück. Auch nicht am nächsten und übernächsten Morgen.

Der Künstler widmete sich nun umso inbrünstiger seiner Arbeit. Jetzt, da er ungestört war, stand die Vollendung kurz bevor.

Er wurde schwächer und schaffte es nicht mehr, alle Stellen zu erreichen, und so beschränkte er sich darauf, nur noch den Sockel der Figur zu polieren. Er vergaß jedoch nie den kleinen Vogel, der sich nicht ein einziges Mal wieder in seinem Hause blicken ließ.

Eines Morgens wurde der Künstler von einem mächtigen Getöse geweckt. Erschrocken fuhr er hoch und schaute sich in der trüben Morgendämmerung um. Überall wirbelte Staub, und als dieser sich gelichtet hatte, sah er etwas darin herumflattern. Das Vögelchen war da und hatte sich auf dem Kopfe der Figur niedergelassen. Doch da der Künstler entkräftet nur noch an dem Sockel geschliffen hatte, hatte die Statue dem Fliegengewicht des Tierchens nicht mehr standgehalten, war herabgestürzt und lag nun in Trümmern um den Künstler herum.

»Verfluchtes Vieh!«, schrie er und sprang auf, um den Missetäter zu verjagen, doch bekam ihn nicht zu fassen. Der Künstler war zu alt, zu schwach, brach schließlich zu Füßen des Sockels zusammen und starb.

Da begann der kleine Vogel in den Sockel zu picken. Er pickte und kratzte einen ganzen Tag und eine ganze Nacht lang, bis er sich erschöpft zur Ruhe legen musste, denn auch er war mittlerweile alt und geschwächt.

Als die Sonne aufging, flatterte ein weiterer Vogel ins

Haus. Er sah seinen Freund auf den Resten des Sockels liegen und hüpfte voller Sorge herbei, um traurig festzustellen, dass auch dieser gestorben war.

Er las hastig, was in den Sockel geschrieben stand und flog davon.

Es waren nur wenige Worte in den Stein geritzt: »Er war zu glatt.«

Olga Bernasconi

Seltsam singen Vögel in der Nacht

Drei Uhr morgens. Schlaflos. Ich näherte mich dem Fenster, aus dem der langgezogene Innenhof zu sehen war, darüber die Waldstrasse und auch der Wald selber. Warme schwüle Aprilnacht. Kein einziger Stern am Himmel, der Innenhof mit dem künstlichen Laternenlicht spärlich befleckt. Ein seltsamer Vogeltriller erklang aus der Waldrichtung. Ich dachte, der einsame Vogel könne auch nicht schlafen, es kamen dann aber andere Stimmen hinzu – kurze Triller, leises Pfeifen. Einige Vögel riefen sich verträumte Phrasen zu. Dieses unzeitgemässe Vogelgespräch war so überdeutlich klar wahrnehmbar vor dem Hintergrund der samtenen Nachtstille.

Plötzlich hörte ich Schritte. Jemand klackerte mit den Schuhabsätzen durch den schmalen Eingang in den Innenhof. Ob eine Nachbarin die späten Gäste verabschiedete? Es waren aber keine Abschiedsrufe hörbar. Es war niemand zu sehen, nur etwas verlegene, ungleichmässig den Asphalt beklopfende Schritte näherten sich unabdingbar durch die Dunkelheit. Ein wilder Hund heulte im Wald und gab dem unregelmässigen Schrittrhythmus des Unsichtbaren eine unheimliche Untermalung.

Erstarrt vom Schrecken und der schmerzenden Anspannung der Sinnesorgane dachte ich, es könne der Geist der vor zwei Monaten verstorbenen Azorya sein, der den Weg zur alten Wohnstätte sucht. Schliesslich wurde die Dunkelheit durchlässiger und gewährte mir die Silhouette einer krummbeinigen, schwarzgekleideten Frau. Ob es wohl die geisteskranke Rosa von neben an war, die einen nächtlichen Rundgang macht, um ihren Albträumen zu entfliehen?

Entlang des Innenhofes stützte eine alte Mauer den Hang, auf dem sich die schrägen mierigen Häuschen der Waldstrasse aneinander schmiegten. Obwohl diese Mauer bald einzustürzen drohte, liessen die Nachbarn ganz unbekümmert ihre Autos darunter stehen. Die Frau durchstach die Nachtstille Richtung Mauer und kreiste seltsam um die Autos, als würde sie etwas suchen. Es war eine grauhaarige Alte, ganz in Schwarz samt den Schuhen, doch nur ihre dürren Beine leuchteten matt unter dem Rock hervor wie zwei verbogene Wachskerzen.

Die Alte schlich sich zum Abfallcontainer, der sich ganz schludrig und stinkig in der Mitte des Innenhofs auftürmte. Sie begann im Abfall zu wühlen, so, wie es die hungrigen mageren Strassenkatzen machen.

»Eine Flaschensammlerin«, schoss der Gedanke mir durch den Kopf und entspannte mich ein wenig.

Die alte Frau schien aber im Abfall nichts gefunden zu haben, was ihren Bedürfnissen entsprach, und machte sich auf den Rückweg. Sie eierte wieder um die Autos herum und trottete schliesslich zum schmalen Hofeingang.

»Warum macht sie das?«, fragte ich mich. In diesem Moment erschien die geschrumpfte Figur, mit hageren Beinen in den gepflegten Schuhen mit Absätzen und einem kleinen akkuraten Köpfchen zum letzten Mal im Laternenlicht. Im nächsten Moment schritt sie wieder in die Dunkelheit und blieb kurz stehen.

Die entstandene Stille schwoll unnatürlich an und erlaubte der Finsternis, die alte Frau wieder ganz zu absorbieren. Ich sah sie mit der Dunkelheit zusammenlaufen und ein heftiger Schauder ergriff mich.

»Verschwiegene Not«, legte sich glasklar ins Bewusstsein und erfüllte mich mit dem Urbild der Hoffnungslosigkeit. Dann klackerten die Schuhabsätze aus dem Innenhof in die Nacht hinaus.

Wie seltsam singen die Vögel in der Nacht. Das nächtliche Zwiegespräch hat mit dem vorabendlichen Pfeifen der Schwalbenschwärme oder dem morgendlichen Zwitschern der Spatzen nichts gemeinsam. In der Nacht ist jede Phrase klar und verständlich, als sässe ich mit den Vögeln auf einem Ast im Wald und schaute, wie langsam und hoffnungsvoll sich der neue Tag am Horizont erhellt.

Arnd Buse

Der Abgrund

„Ich liebe dich."

Der Liebesschwur hallte noch deutlich in Iris' Ohren, als sie die Steilwand zu Joachim hinab sah. Nicht größer als ein Spielzeugmännchen sah er aus dieser Höhe aus – das Sicherungsseil in den Händen haltend, den Kopf in den Nacken gelegt.

»Und warum ließ ich es zu, dass du eine derartige Größe in meinem Leben einnimmst, dass es mich fast erstickt?« Widerwillig gab Iris das vereinbarte Zeichen. Noch vier Stufen …

So eng es ging, drückte sie ihren Körper an den schroffen Fels. Ihre Zehen, die wie ihre Finger in engen Spalten steckten und den gesamten Körper vor dem Absturz bewahrten, schmerzten. Jeden Muskel ihrer Beine zum Zerreißen angespannt, drückte sie sich ein paar Zentimeter höher. Tastend glitt ihr narbenübersäter Unterarm über den rauen Fels, bis ihre Hand eine Öffnung erreichte, die groß genug schien. Wie Haken klammerten sich ihre Finger in die Ritze.

»Du schaffst das!« Joachims Stimme war nicht mehr als ein fernes Wispern.

»Und ob ich das schaffe!« Mit einem Ruck zog Iris sich hoch. Unter der Anspannung hoben sich die wulstigen Narben auf ihrem Arm deutlich ab. Ein Ekelgefühl überkam Iris, als sie daran dachte, mit dem Kern des Übels noch über das Seil verbunden zu sein. Eine geflochtene Nabelschnur zur inneren Hölle.

Noch drei …

Weit über sich hörte sie das ferne Kreischen eines Raubvogels, der seine Kreise zog.

»Wie Joachim«, schoss es ihr durch den Kopf. »Stets da, um mich zu beobachten. Aber als ich ihn brauchte … bei der Nachbarin!« Jeder Schnitt ein Besuch – jede Narbe eine Erinnerung an ein Meer aus Tränen.

Unvermittelt blies ihr eine Windböe Staub ins Gesicht. Iris erschrak. »Bitte nicht jetzt«, flüsterte sie.

Sie drehte den Kopf zur Seite, so dass ihr Haar neben ihrer Wange flatterte wie eine Fahne. Blinzelnd schielte sie nach oben – und hätte fast aufgelacht.

Nur einen halben Meter über sich erblickte sie einen kleinen Vorsprung in dem massiven Stein. Und direkt darüber noch einen, der im Schatten eines kleinen Baumes lag, der an der oberen Felskante wuchs.

So gut es ging, versuchte sie einen Moment zu entspannen. Sie ließ den Kopf sinken und schaute herab. Die Beine weit gespreizt hing sie an der Wand – dazwischen das blaue Sicherungsseil. Senkrecht verlief es parallel zur Wand, bevor es sich in einer sanften Kurve vom Fels entfernte.

Vorsichtig drückte Iris ihr Becken ein Stück weiter ab, um besser sehen zu können. Tief unter sich die mit gelbem Löwenzahn bewachsene Wiese, kam Joachims Arm zum

Vorschein – das Seil in der einen Hand. Doch in der anderen …

»Telefoniert er etwa mit ihr?« Wut kochte in Iris hoch.

Den Wind ignorierend wandte sie sich wieder dem Aufstieg zu. Sie zog ihre rechte Hand, die mit Puder bestäubt war, aus dem Riss. Sofort begann sie zu pendeln. »Reiß dich zusammen, Iris!«

Aus den Augenwinkeln fiel ein weiterer Blick in die Tiefe. Joachim stand noch immer telefonierend am Fuße des Berges. Den Körper in Richtung Tal gewandt – das Seil locker in der Hand haltend. »Als ob er sein Hündchen Gassi führt …«

Iris presste die Lippen aufeinander. Tief ein- und ausatmend streckte sie ihren Arm aus. Mehrmals glitten ihre Finger über den Vorsprung, bis sie die richtige Position gefunden hatte – dann wagte sie den Aufstieg.

Noch zwei …

Stoßweise ging ihr Atem. War es die Wut – oder nur die Anstrengung? Iris vermochte es nicht zu sagen. Ihr Kopf fühlte sich leer an.

»Ein Kind will er! Hat er gesagt – vor einem Jahr …«

Iris schaute wieder auf ihre Narben. Die jüngste von letzter Woche – die älteste, die blassrosa direkt über ihrem Handgelenk verlief, knapp elf Monate alt.

Wie schön es wäre, all die quälenden Gedanken einfach dem Wind überlassen zu können … Ein neuerlicher Windstoß zerzauste ihr braunes Haar.

Klack, klack …

Es dauerte eine Sekunde, bis Iris registrierte. Das hellgraue Etwas, das auf sie zuschoss – der Stoß auf ihrer Schulter. Iris riss die Augen auf und ihr Herz setzte für einen Schlag aus. »Zur Seite«, schrie ihre innere Stimme gegen die Angst an, die ihr einen eisigen Schauer bescherte.

Sie sah wieder hinauf zu dem verdorrten Baum, unter dessen Wurzeln sich Steine zu lösen begannen, als der Wind an den knorrigen Ästen zerrte und ihn hin und her schüttelte. Panisch warf sie einen Blick in die Tiefe – auf Joachim, der noch immer telefonierte.

»Vergiss ihn«, schrie die Stimme. »Der Vorsprung …«

Das Blut rauschte in ihren Ohren, als Iris zu der nächsten Kante spähte. Über ihr lösten sich immer mehr Steine, die wie Geschosse in die Tiefe fielen – und die dem einen großen Brocken, der zwischen der Wurzel hing, mehr und mehr Halt nahmen. Knirschend bewegte er sich auf den Rand zu.

Ohne weiter nachzudenken, verlagerte Iris all ihr Gewicht – spannte sich wie eine Feder und griff nach dem nächsten Vorsprung. Sie hatte das Gefühl, als würde ihr Schultergelenk aus der Pfanne gezogen, als sie, frei baumelnd und sich mit nur vier Fingern haltend, an der Wand pendelte. Und das Knirschen ging in ein Krachen über …

Für einen Sekundenbruchteil herrschte Stille, bevor der handballgroße Steinbrocken neben ihr in die Tiefe rauschte. Iris schrie auf. Schrie, wie noch nie in ihrem Leben. Deutlich spürte sie den Luftzug an ihrer Seite – hörte die harten Schläge, als der Brocken gegen die Felswand donnerte.

»Iris ...« Angstverzerrt hörte sich das Wispern aus der Tiefe an.

Sie blickte nach unten. Sah Joachim hochschauen – das Telefon noch in der ausgestreckten Hand.

Nur noch einen ...

Iris schwang ihren malträtierten Arm nach oben, griff in die Grasnarbe und zog sich vorsichtig in die Höhe. Sich auf den Ellbogen abstützend robbte sie vorwärts, bis sie in Sicherheit war. Nur duftende Wiese unter ihrem Gesicht. »Ich lebe ...«

Sie spürte ein Ziehen an der geflochtenen Leine.

»Zu dir zurück? Niemals«, schoss es Iris durch den Kopf.

Ihre Hand fuhr in die Hosentasche. Die Schneide des Taschenmessers blitzte in der Sonne, als sie es geöffnet langsam auf das Seil zubewegte. Mit einem scharfen »Ping« hörte Iris die Fasern reißen, als sie die Klinge das erste Mal über das Seil führte.

Noch vier ...

Katharina Deckenbach

Helden sein

München, Ludwig-Maximilians-Universität, 18. Februar 1943

Sophie

Stille.

Kein Geräusch wird durch die Luft getragen.

Nichts.

Es ist ein seltsames Gefühl, diesen Ort, diese Gänge so stumm zu erleben. Normalerweise sind sie voller Leben und ich glaube noch immer ein Echo der tausenden Stimmen junger Leute an den Wänden widerhallen zu hören. Ihr Lachen, ihr Klagen, ihre Freude und ihren Schmerz.

Es ist, als würde das Gebäude flüstern.

Im Gegensatz dazu sind meine Schritte laut, auch wenn ich versuche, leise zu gehen.

Doch wenn alles still ist, ist jedes leise Flüstern ein donnernden Schlag, der das Nichts durchstößt.

Bam. Bam. Bam.

Plötzlich ist da noch ein anderes Geräusch. Sofort blicke ich mich um, suche die Ursache. Doch ich finde nichts. Sehe niemanden.

Trotzdem bleibt das schlechte Gefühl. Als würde uns jemand beobachten.

Denn es ist hell. Es ist mitten am Tag. Es ist viel zu riskant.

Doch darüber darf ich mir jetzt keine Gedanken machen! Jetzt ist es dafür zu spät.

Die Zeit läuft uns davon.

Ich stelle den Aktenkoffer auf den Boden und hole einen neuen Stoß der Flugblätter heraus.

Mit zitternden Fingern schließe ich den Koffer.

Schnell eile ich weiter.

Vor jede Tür lege ich einen Packen Papier.

So, dass jeder sie sehen kann, dass jeder nach ihnen greifen wird. Denn jeder soll sie lesen. Jeder soll unsere Botschaft erhalten.

Ein neuer Stapel, eine neue Tür.

Wenn ich mich bücke, um ihn abzulegen, kann ich für einen kurzen Moment lauschen, was gesprochen wird. Ich höre Stimmen, die erklären, reden, lehren. Es sind die Professoren. Jeder spricht von seinem Fach, manche sogar in anderen Sprachen.

Doch ich bin nicht hier, um zu hören, ich bin hier, um gehört zu werden, also beschleunige ich meine Schritte.

Hans ist nur ein paar Meter weiter vorne, gleich werden wir fertig sein.

Er legt den letzten Stoß Blätter ab und dreht sich um. Ich nicke und wir gehen.

Uns bleiben nur noch wenige Minuten.

»Da sind noch Blätter«, sage ich, als ich noch einen Blick in meinen Koffer werfe.

Fast schon haben wir den Ausgang erreicht.

»Verdammt«, flucht er leise und bleibt stehen.

Unsere Augen treffen sich. *Sollen wir es wagen?*, fragen sie. *Was, wenn sie uns erwischen? Wenn die Zeit nicht reicht?*

Doch es ist besser, wenn wir keine Blätter mehr bei uns haben. Das wissen wir beide.

Also nicken wir in schweigendem Einverständnis.

Zwei Stufen auf einmal nehmend hetzen wir in den ersten Stock, rennen von Tür zu Tür.

In den zweiten Stock.

Ich höre die Sekunden verstreichen. Höre die Professoren lauter reden, weil die Studenten unaufmerksamer werden. Bald ist Pause.

Bald werden die Gänge voller Schüler sein und dann ist es zu spät. Bis dahin müssen wir unbedingt weg.

Zwei Schritte, einen Stoß Papier.

Tam. Tam.

Tam. Tam.

Tam. Tam.

Der letzte Stapel.

Mein Atem geht schnell. Mein Herz pocht. Doch jetzt fühle ich mich befreit. Jetzt bin ich die Zettel los, das Feuer brennt nicht mehr in ihren Händen. Es brennt überall.

Und ich muss weglaufen, den Flammen entkommen, bevor sie um sich schlagen. Also renne ich, will nur noch nach unten, zum Ausgang. Weg von hier.

Doch dann fällt mein Blick auf die Blätter und für einen Moment zögere ich.

Schweigend liegen sie auf der Brüstung. Als würden sie darauf warten, gelesen zu werden.

Als würden sie rufen.

Schnell gehe ich zu ihnen. Blicke nach unten.

Verlassen liegt der Lichthof unter mir.

Ich gebe den Blättern einen Schubs, lasse sie fliegen.

Sie segeln nach unten. Langsam und leise. Wunderschön. Als würde die Zeit für einen Moment stehen bleiben.

Und während sie fallen, spüre ich etwas in mir. Es ist Zuversicht, es ist Hoffnung. Es ist Genugtuung und Zufriedenheit und Glück und Freude.

Denn, wenn das alles vorbei ist, können wir sagen, dass wir etwas getan haben. Dass wir nicht zugelassen haben, was hier passiert. Dass wir nicht geschwiegen haben. Sondern mehr waren. So viel mehr, wie wir alle sein sollten.

Heute sind wir nur mutige Studenten. Aber eines Tages, eines Tages werden wir vielleicht Helden sein.

München, Ludwig-Maximilians-Universität,
    18. Februar 1946
                        Inge

Stille.

Kein Geräusch wird durch die Luft getragen. Nichts. Es ist ein seltsames Gefühl, diesen Ort, diese Gänge so stumm zu erleben.

Normalerweise sind dieser Flure voller Leben und ich glaube noch immer, ein Echo von tausenden Stimmen junger Leute an den Wänden widerhallen zu hören.

Das Lachen meines Bruders, das Kichern meiner Schwester.

Doch jetzt schweigen die Mauern. Genauso, wie auch die beiden schweigen.

Schon seit langer Zeit.

Manchmal frage ich mich, ob sie sein wollten, was sie heute sind und ob jeder ihren Namen kennen würde, wenn sie an einem anderen Ort, zu einer anderen Zeit geboren worden wären?

Ob sie noch bei uns wären?

Ich glaube, sie wollten nie Helden sein.

Sie wollten nur eine bessere Welt.

Und jetzt gibt es diese Welt, aber ohne sie.

Julia Eppel

Der Baum, der Macht verleiht

Ein silberner Schein erleuchtete die Stadt. Schnell wurde es still auf den zuvor so belebten Straßen, denn jedem Bürger war bewusst, was dieses silbrige Licht zu bedeuten hatte: Ihr König hatte sie nach vielen Jahren weiser und gerechter Herrschaft endgültig verlassen.

Schon einige Tage zuvor hatten die Weisen der Stadt erkannt, dass des Königs Leben zu Ende ging, denn am Baum, der Macht verleiht, hatten sich bereits erste Knospen gezeigt. Ununterbrochen wurde dieses Wahrzeichen des Königshauses im Schlosspark beobachtet, und in dem Moment, als der König für immer seine Augen geschlossen hatte, waren die silbernen Blüten des Baumes aufgegangen. Nun stand er in voller Blüte und erleuchtete die Stadt mit seinem Licht. Der Baum, der Macht verleiht, würde erst dann seine leuchtenden Blüten zu Boden fallen lassen, wenn er einen würdigen Nachfolger gewählt hatte.

Wie es die uralte Tradition verlangte, fanden sich die vier Kinder des Königs am nächsten Morgen bei Sonnenaufgang am Baum, der Macht verleiht, ein. Drei Söhne hatte ihm seine geliebte Frau geschenkt und schließlich ihr Leben bei der Geburt ihrer einzigen Tochter verloren.

Dieses Mädchen durfte nun zuerst vortreten und ihre Hand auf die dunkle Rinde des Baumes legen. Ein sanfter Wind kam auf, und der Baum, der Macht verleiht, ließ einige seiner dunkelgrünen Blätter hinabfallen, doch keine einzige Blüte verließ ihren Platz zwischen den Zweigen. Einen kurzen Moment verweilte die junge Königstochter noch unter dem Baum, dann wandte sie sich langsam ab und stellte sich wieder zu ihren Brüdern. Enttäuschung war in ihrem Blick zu lesen, doch niemals hätte sie es gewagt, die Entscheidung des Baumes, der Macht verleiht, anzuzweifeln. Er hatte sein Urteil gefällt und sie hatte keine andere Wahl, als es hinzunehmen.

Nun folgte ihr ältester Bruder. Auch er trat dicht an den Baum heran und legte seine Hand auf dessen Rinde. Der Wind, der nun aufkam, war stärker als der vorherige, doch ließ der Baum, der Macht verleiht, dieses Mal nicht ein einziges seiner Blätter los. Ohne zu zögern drehte nun auch der älteste Königssohn dem Baum den Rücken zu, und nicht einmal die Weisen der Stadt, die dicht bei ihm standen, konnten seinen Blick deuten, denn niemals ließ er seine Gedanken nach außen dringen.

Der zweite Sohn des Königs war äußerlich das Ebenbild seines Vaters, doch diejenigen, die ihn gut kannten, wussten, dass er stolz im Herzen war, stolzer, als der alte König es jemals gewesen war. Hoch erhobenen Hauptes schritt er nun auf den Baum, der Macht verleiht, zu. Zuversicht konnte man in seinen Augen lesen und weit weniger zurückhaltend als seine Geschwister vor ihm legte er seine Hand auf den Stamm des Baumes. Ein schwaches Zittern ließ da den Baum, der Macht verleiht, erbeben und den Weisen der Stadt schien es, als wehrte sich der Baum gegen die Berührung dieses stolzen jungen Mannes. Dieser jedoch nahm seine Hand nicht fort, und erst, als die Weisen ihn dazu aufforderten, verließ er den Baum. Zorn spiegelte sich in seinen Augen; und niemand wagte es, ihn aufzuhalten, als er den Schlossgarten verließ, obwohl dies die Tradition brach. Niemals wieder wandte dieser Königssohn seinen Blick zum Baum, der Macht verleiht.

Als sich die Unruhe wieder gelegt hatte, die durch die Reaktion des jungen Mannes ausgelöst worden war, bedeuteten die Weisen der Stadt nun dem jüngsten Sohn des Königs, zum Baum, der Macht verleiht, vorzutreten. Die Versammelten waren nun davon überzeugt, dass dieser Junge seinem Vater auf dem Thron folgen würde, war er doch das einzige Kind des alten Königs, das der Baum noch nicht abgelehnt hatte. Auch dem jungen Königssohn erschien dies offensichtlich, und er zögerte, den Baum zu berühren. Niemals hatte er sich gewünscht, über das Land zu herrschen, und er liebte die Lieder mehr als das Fechten mit dem Schwert. Erst als das Volk um ihn herum allmählich wieder unruhig wurde, legte er vorsichtig seine Hand auf die Rinde des Baumes. Leise rauschten da die Blätter, als sängen sie ihm ein Lied, doch nur ein einziges Blatt fiel sachte vor ihm zu Boden. Erleichtert, dass der Baum, der Macht verleiht, ihn nicht auserwählt hatte, zog der jüngste Königssohn seine Hand zurück und ein Lächeln lag auf seinem Gesicht, als er sich wieder neben seinen Bruder und seine Schwester stellte.

Nun waren die Weisen der Stadt ratlos. Noch nie zuvor hatte der Baum, der Macht verleiht, alle Nachkommen eines Königs abgelehnt. Stimmen im Volk wurden laut, die das eine oder andere Königskind als neuen Regenten wünschten. Die Weisen der Stadt jedoch standen eng beisammen und schenkten diesen Stimmen keine Aufmerksamkeit. Besorgt sprachen sie über die Zukunft des Königreiches und achteten nicht mehr auf den Baum, der Macht verleiht.

Da trat ein kleines Mädchen vor, wunderschön, doch ärmlich gekleidet, und wollte eines der großen Blätter aufheben, die der Baum abgeworfen hatte. Als dabei ihre Finger unbeabsichtigt die Rinde des Baumes streiften, erhob sich ein starker Wind und die Blüten des Baumes strahlten heller als zuvor. Sogleich verstummten die Stimmen, und während das Mädchen verwundert hinauf in die Krone des Baumes blickte, lösten sich dessen Blüten und regneten auf sie herab. Nicht mehr alt und abgetragen sah ihr Kleid nun aus, nein, es glänzte wie aus Silber gefertigt und in ihren schwarzen Haaren schimmerte das Licht der Blüten.

Da brach Jubel unter jenen aus, die dort versammelt waren, während das Mädchen in ihrer Mitte stand, von Blüten gekrönt.

Der Baum, der Macht verleiht, hatte seine Entscheidung getroffen.

Bastian Exner

Denkanstöße

Manchmal brauchen wir einen Anstoß von außen, um unsere Gedanken auf die wirklich wichtigen Themen zu richten. Es war vor ein paar Tagen: Ich saß am Esstisch und plante meinen anstehenden Stockholm-Trip. Die barrierefreie Unterkunft und die Flüge hatte ich schon vor längerem gebucht. Es ging nun vor allem um die Planung des Sightseeing-Programms. Ich bin schließlich von Natur aus nicht die Spontanste und an meinen Urlaubsorten arbeite ich gern Listen mit Besuchspunkten ab.

Auf einem Streamingportal suchte ich mir eine Playlist mit schwedischer Popmusik. Das sollte mir helfen, in Skandinavien-Stimmung zu kommen. Irgendwann, zwischen lauter Ace of Base, Dr. Alban, Roxette und Army of Lovers ertönte dann »The Day Before You Came« – ein ABBA-Song, den ich bis dahin nicht gekannt hatte. Das Lied stammt laut Wikipedia aus der Spätzeit der Band. In dieser Phase mussten ABBA-Songs nicht mehr zwangsweise tanzflächentauglich sein und beim Songwriting wurden ungewohnt ernste Stoffe aufgegriffen.

In »The Day Before You Came«, gesungen von Agnetha Fältskog, der Blonden der beiden ABBA-Sängerinnen, geht es um eine junge Frau. Sie versucht sich an einen Tag in ihrem Leben zu erinnern, von dem sie nicht mehr viel weiß: Genauer, den Tag vor einem Ereignis, das ihr Leben grundsätzlich verändern sollte. Sekundär, ob sie auf ihre große Liebe traf oder vielleicht einer lange vermissten Verwandten in die Arme lief. Die Quintessenz des Songs ist, dass ihr Leben vor diesem wie auch immer gearteten biografischen Großereignis ziemlich eingefahren war. Sie durchlebte einen alltäglichen Trott aus Pendlerzug, Bürojob, Fastfood und einsamen Abenden vor dem Fernseher. Wie sie selbst rückblickend feststellt, fehlte ihrem Leben jeder tiefere Sinn: »It's funny, but I had no sense of living without aim. The day before you came.«

Ich habe so oft über den 5. März 2015 gesprochen und geschrieben. Keine Chance, diesen Tag jemals zu vergessen. Der Überfall auf die Volksbankfiliale. Der Schuss, der sich löste. Die Patrone, die eine Trockenbauwand durchschlug und mich im unteren Rücken traf. Der 4. März 2015 hingegen, der Tag vor dem Tag, der mich in den Rollstuhl beförderte, war nie wieder ein Thema. Nicht im Krankenhaus, nicht in der Reha-Klinik, nicht bei der Trauma-Therapie, nicht bei meinen Gesprächen mit Familie und Freunden.

Was ich an diesem 4. März, einem Mittwoch, wohl gemacht habe? Wahrscheinlich habe ich einen ähnlich schlimmen Trott durchlebt wie den, den Agnetha Fältskog einst besungen hat. Ich muss irgendwann zwischen 6:30 und 7:00 Uhr aufgestanden sein und circa 30 Minuten im Badezimmer verbracht haben, um mich dann zum Müsli-Frühstück vor den Fernseher zu setzen. Wahrscheinlich habe ich mir die Börsen-Sendungen auf CNN, Bloomberg und n-tv angeschaut, um ein paar schlaue Kommentare und Analysen aufzuschnappen. Ich brauchte ja stets ein gesundes Halbwissen, um bei Beratungsgesprächen und beim Small Talk mit den Kollegen zu glänzen.

Wahrscheinlich bin ich gegen 8:30 Uhr zur Arbeit aufgebrochen – mit meinem roten Ford, anders als der Hauptperson in dem ABBA-Song stand mir auf dem Arbeitsweg kein öffentlicher Nahverkehr zur Verfügung. Die Fahrt muss ereignislos verlaufen sein. Im Autoradio lief vermutlich harmloser Pop, vielleicht sogar etwas aus Schweden.

Ich habe in meinem Terminplaner von damals nachgeschlagen. Höhepunkte am 4. März 2015 waren zwei Termine mit potenziellen Kreditkunden. Um 11:00 Uhr ein Ehepaar Müller, das sich für eine Immobilienfinanzierung interessierte, und später am Tag ein lokales Handwerksunternehmen, das wohl etwas klamm war, aber Geld benötigte, um seinen Fuhrpark auf Vordermann zu bringen. Auf jeden Fall besagt mein Kalender: »13:30 Schulz GmbH, Konfi 2 (Finanzierung zwei Transporter, kritisch).« Außerdem gab es wahrscheinlich sehr viel Korrespondenz und Datenpflege zu erledigen. Ein sehr durchschnittlicher Arbeitstag in einem sehr durchschnittlichen Bankjob.

Wie der 4. März zu Ende ging? Unspektakulär. Sonst wüsste ich noch, was ich an meinen letzten Abend als Nichtbehinderte getan habe. Der wahrscheinliche Gang der Ereignisse: Feierabend gegen 17:30 Uhr, Heimfahrt mit Zwischenstopp bei Edeka, kann aber auch Rewe gewesen sein. Dann der allabendliche Dreiklang aus Badewanne, Mikrowellenessen und Fernsehen. Die Frau in dem Song mutmaßt, dass sie den Abend des besungenen Tages mit chinesischem Fastfood vor dem TV verbracht hat. Dabei scherzt sie, dass es wohl keine einzige Folge von »Dallas« gibt, die sie noch nicht gesehen hat. Die Strophe könnte von mir stammen. Man müsste nur einen anderen Seriennamen einfügen – vielleicht »King of Queens« oder »Two and a Half Men«.

Der 4. März 2015 war ein Tag zum Vergessen. Es passierte nichts, was es wert gewesen wäre, den Sprung vom Kurz- ins Langzeitgedächtnis zu schaffen – wie an so vielen Tagen in meinen Lebensjahren 25 bis 32. Eigentlich ziemlich traurig. Hat es wirklich den 5. März, einen hypernervösen Bankräuber und eine Kugel gebraucht, um mich aus diesem Trott herauszureißen? Der Gedanke mit dem Psychologiestudium, um etwas zu tun, was wirklich interessant ist und anderen hilft, der Gedanke mit dem Theaterspielen und der Malerei, um mir und allen anderen meine Weltsicht mitzuteilen – hätten mir diese Ideen nicht vielleicht von selbst kommen können? Das ganze ereignislose Mittelmaß war doch erdrückend genug.

Die Frau in dem ABBA-Song ist übrigens überzeugt, dass es am Tag vor ihrem lebensverändernden Ereignis geregnet haben muss: »And still on top of this I'm pretty sure it must have rained. The day before you came«. So war es auch an meinem 4. März. Im damaligen Wetterbericht ist von häufigen Schauern die Rede – teils mit Graupeln und Schnee.

Anastasia Glawatzki

Cadence

»Ihr seht entzückend aus, Eure Majestät.« In der glänzenden Oberfläche des Spiegels sah sie, wie Eastons Arm sich um ihre Taille legte. Ohne sich umzudrehen, beobachtete sie ihre Gestalten im Spiegel: ein hochgewachsener, dunkelhaariger Mann mit strahlend blauen Augen, der eine graziöse Frau in den Armen hielt. Perlenstränge zogen sich durch ihr Haar und ein atemberaubender, weit geschwungener Kragen aus dünnen Silberfäden umgab ihr Gesicht. Noch nie hatte sie so königlich ausgesehen. Eastons Begleitung tat das Übrige. Sie lächelte ihm im Spiegel zu. »Ich danke dir.«

»Bist du bereit?« Sie senkte den Blick. War sie es? Obwohl sie diese Frage nur zu gerne bejahen würde, konnte sie nicht verhindern, dass sie bei seinen Worten erschauerte. Langsam schüttelte sie den Kopf. »Ich bin keine Richterin.«

»Richterin zu sein ist eine Aufgabe der Königin«, entgegnete Easton sachte. Vorsichtig nahm er sie bei der Hand und drehte sie zu sich, sodass ihre Gesichter sich fast berührten.

»Diese Männer haben alle ein Verbrechen begangen, Cadence. Sie haben deinem Land Leid angetan. Egal, wer sie sind – denk immer daran, dass sie das Gesetz gebrochen haben.« Eastons anfangs zärtliche Stimme war durchzogen von Finsternis. Gänsehaut kroch ihren Rücken hinauf, und auf einmal fühlte sie sich unglaublich nackt in ihrem umwerfenden Kleid mit dem tiefen Rückenausschnitt. Nackt und bezwingbar.

Sie dachte wieder daran, wie wenig sich seit ihrer Ankunft im Palais als neue Königin gewandelt hatte. Ihre Schönheit hatte ihr die Krone auf den Kopf gesetzt. Die Macht lag immer noch in fremden Händen. Sie wusste, sie musste es ändern.

»Führ mich in den Saal«, befahl sie.

Easton nickte und geleitete sie aus dem Raum, durch unzählige Säle und Kabinette, bis hin zu einer riesigen schweren Eichentür, die den Eingang in den Gerichtssaal markierte. Als seine Finger die Klinke umfassten, sah er sie an. »Denkt immer daran, was ich Ihnen gesagt habe, Eure Majestät«, fügte er mit kühler Stimme hinzu. Dann öffnete er die Pforte.

Als sie hereintrat, wurde sie geblendet von dem strahlenden Licht, das von Hunderten von Spiegeln zurückgeworfen wurde. Menschenmassen wichen mit ihrem Namen auf den Lippen zurück und senkten ehrfürchtig den Kopf, als ihre Königin an ihnen vorbeischritt. Erhobenen Hauptes ging sie auf den Thron zu und ließ sich nieder.

»Eure Majestät, der erste Angeklagte, Alastair Sether!«, rief jemand aus, dann wurde die Pforte erneut geöffnet und eine Gruppe von Wachen schritt hinein.

Sie hielt den Blick stumm auf ihre Hände gerichtet. Obgleich sie um die Ungerechtigkeit der Gesetze wusste, ahnte sie, dass ihre einzige Wahl der Gehorsam war. Sie musste alle Fäden zerreißen, die sie mit der gleichen Vergangenheit wie die Verurteilten verbanden. Dass sie früher zu einer von ihnen werden konnte, spielte keine Rolle mehr. Sie war die Königin.

Das schwere Schleppen von Ketten wandte Cadence wieder der Wirklichkeit zu. Als sie nach vorne blickte, erwartete sie, einen mittelalten Mann zu sehen, so wie alle, die ihr bisher zu Gesicht gekommen waren. Stattdessen erblickte sie einen Jungen, der kaum älter war als sie selbst. Seine Kleider waren zerfetzt, doch unter ihnen erkannte sie den strammen, durchtrainierten Körper eines Mannes, der jeden Tag zu harter Arbeit verurteilt war. Seine Brust hob und senkte sich aufgeregt. Als ihre Blicke sich trafen, verschlug es ihr augenblicklich die Sprache. Alastair. Sie kannte ihn. Dylan Alastair Sether. Vor all den Jahren hatte er noch seinen ersten Namen verwendet. Ein Schatten der Erkenntnis lief über sein Gesicht, dann verzog er spöttisch die Lippen und verneigte sich.

Cadence holte rasselnd Luft. »Wofür wirst du angeklagt, Bürger dieses Landes?«, sprach sie, ihre Stimme kaum mehr als ein Flüstern.

»Diebstahl, Eure Majestät. Eure Untertanen«, er bedachte die Versammelten mit einem verachtungsvollen Blick, »nahmen es mir übel, einen Brotlaib zu viel aus meiner Heimatbäckerei genommen zu haben. Sie sagten, es müsse bestraft werden, wenn ein Mann seine Familie versorgen möchte.«

Ein empörtes Raunen ging über die Menge und sie erstarrte in dem Wissen, dass sie ihn nicht für diese Provokation bestrafen könnte. Gefühle, von denen sie so lange dachte, sie für immer aus ihrem Herzen verbannt zu haben, fassten nach ihr und drohten, sie zu ersticken. Bilder ihrer Vergangenheit tauchten auf: sein Lachen, der süße Schmerz, wenn er sie in ihrer Verzweiflung an sich drückte, so fest er konnte. Gemeinsame Augenblicke, die sie der Zeit entrissen hatten. Eine Liebe, die es nie geben durfte. Und die ihre beiden Herzen gebrochen hatte.

»Ich muss Euch darauf hinweisen, dass Diebstahl, ganz egal aus welchen Gründen, nach dem geltenden Gesetz mit der Todesstrafe geahndet wird, Eure Majestät.« Leichtfüßig betrat Easton das Podest vor dem Thron und machte neben ihr halt, eine Hand auf ihre Schulter gelegt. Für die anderen sah es wie eine Liebkosung aus, doch nur sie allein kannte die wahre Bedeutung dieser Geste: Tue das, was zu tun ist, Mädchen, oder spüre die Konsequenzen.

»Dann zögert nicht.« Als sie ihren Blick nach vorne richtete, sah sie den Spott in Alastairs Zügen geschrieben, die Feindschaft, mit der er sie verband, seit sie vor seinen Augen ins Palais geholt worden war.

Ein finsteres Lächeln umspielte Eastons Lippen. Er hatte es gewusst. Ihre Verbindung zu Alastair, seine lächerliche Anklage – all das waren nur Instrumente, um ihr zu zeigen, wie sehr sie doch die Gefangene ihrer eigenen Krone war.

Es war, als würde der Zorn dieses Augenblicks sie aus einer ewigen Starre befreien. All die Jahre war sie nur eine königliche Schachfigur in fremden Spielen. Ein Beben durchlief sie, als sie daran dachte, wie oft sie schon in ihrem Auftrag Böses getan hatte. Sie musste ihre Furcht niederkämpfen und sich gegen sie stellen. Denn wo ihr Herz versagte, sprach die Gerechtigkeit. Sie holte tief Luft.

»Ich erkläre das Gesetz für ungültig.«

Nadine Groß

Spring!

Ein neuer Tag war angebrochen, ließ die Vergangenheit hinter sich und grüßte den Morgen. Der erste Sonnenstrahl bahnte sich seinen Weg über die Welt und verabschiedete sogleich die Sterne und den Mond.

Es war ein Mädchen, das sich leise durch die Dämmerung begab und damit begann, ihre Spuren auf der Welt zu hinterlassen. Da war diese Stimme, die unaufhörlich nach ihr rief. Sie ließ nicht mehr von ihr ab und zerrte an ihrem Herzen. Und so begann das Mädchen ihre Reise. Was war es, das sie sich so sehnlichst zu finden wünschte? War es eine Veränderung, die große Liebe oder gar das Leben selbst? Sie wusste es noch nicht genau. Doch würde sie ihr Ziel eines Tages erreichen, würde sie die Antwort kennen.

Das Mädchen hielt inne, als ein Vogel ihren Weg kreuzte. Sein blaues Federkleid zog sie in seinen Bann und wie in Trance begann sie, ihm in einen Wald zu folgen. Was sie schließlich vorfand, raubte ihr den Atem. Mit weit aufgerissenen Augen und offenem Mund betrachtete sie die Umgebung. Riesige Bäume ragten in den Himmel und die verschiedensten Blumen erstrahlten in allen erdenklichen Farben, zeigten sich in den unterschiedlichsten Formen. Immer weiter wagte sich das Mädchen in das unbekannte Gebiet vor, bis sie den kleinen Vogel mit dem blauen Federkleid endlich gefunden hatte. Das Mädchen im Blick saß er auf einem Stein, der aus einem Bach ragte.

»Was ist das hier für ein Ort?«, fragte das Mädchen den Vogel.

Dieser breitete seine Flügel aus, als er antwortete. »Dies ist ein Ort, an dem Träume geboren werden, meine Liebe. Sieh dich um: Bäume, so groß wie die Vorstellungskraft eines Kindes. Gewässer, so rein wie die Liebe. Und Blumen, so artenreich wie die ungewisse Zukunft.«

»Ein wundervoller Ort«, sagte das Mädchen mit einem sanften Lächeln im Gesicht.

Der Vogel begann lauthals zu lachen. »Ja! Ein wundervoller Ort für all jene, die Flügel tragen. Doch ein Gefängnis für all jene, die keine besitzen.«

»Was meinst du damit?«

Doch in diesem Moment erhob sich der Vogel in die Luft, als etwas seine Aufmerksamkeit erregte. Gerade noch schlug er mit seinen Flügeln, glitt durch die Luft, um sich bereits im nächsten Augenblick in ein anderes Element zu begeben. Wie ein Blitz schlug er auf der Wasseroberfläche ein und zerschnitt diese mit einem einzigen kräftigen Sturz. Als er auftauchte und sich wieder auf den Stein setzte, befand sich ein Fisch in seinem Schnabel. Das Mädchen traute ihren Augen nicht. Dieses kleine, unscheinbare Wesen der Lüfte hatte sich an ein zweites Element angepasst, um zu erhalten, was es zum Überleben brauchte.

»Unglaublich! Es erfordert sicherlich viel Mut, dies zu wagen«, erwiderte das Mädchen.

Der Vogel verschlang stolz seinen Fisch.

»Vor allem aber Glaube … Glaube an sich selbst, die Dinge zu erreichen, von denen wir träumen. Handelt es sich dabei auch nur um einen Fisch.«

Der Vogel grinste dem Mädchen entgegen, als er seine Flügel erneut ausbreitete und über das Mädchen hinwegflog. »Ich gebe dir einen kleinen Rat: Verliere deinen Glauben nicht. Du könntest abstürzen.«

»Warte! Wo fliegst du denn hin?« Das Mädchen begann dem Vogel zu folgen, sprang über Steine und Wurzeln hinweg und bahnte sich einen Weg durch das Dickicht hindurch. Als sie einen weiteren Ast zur Seite schob, befand sie sich plötzlich am Rand einer Klippe. Der kleine blaue Vogel saß auf einem Ast, hatte bereits auf das Mädchen gewartet. Vor ihnen erstreckte sich ein riesiges, weites Tal. Grüne Wiesen, ein kleiner Bach, dessen kühles Wasser die Blumen nahe seinem Verlauf nährte und hochgewachsene Bäume, die ihre Äste dem Himmel entgegen streckten. Starke, kräftige Flügel verliehen einem Falken die Macht, sich in die Lüfte zu erheben. Sein Anblick fesselte das Mädchen für einen kurzen Augenblick, sodass sie einen Blick auf die Welt durch seine Augen erhaschen konnte. Ein paar schwarze Wolken bedeckten den Himmel, jedoch nicht genug, um den Sonnenstrahlen den Weg auf das Gesicht des Mädchens zu versperren. Der Vogel unterbrach die Stille mit ernster Stimme.

»Ich weiß, wonach du suchst. Er wird tief in deiner Seele verankert sein, sodass du ohne ihn nicht mehr zu überleben vermagst. Vor die größten Herausforderungen deines Lebens wird er dich stellen und doch wird er dich wachsen lassen, mit einem jeden Schritt, den du wagen wirst. Jeden Tag wird er dich an deine Grenzen treiben, dir aber auch in jeder Sekunde des Leidens Glück bescheren. Binden wird er dich, doch wird es Freiheit sein, die du durch ihn erlangen wirst. Streben wirst du nach ihm dein ganzes Leben lang, da er dir das größte Geschenk auf Erden bereiten wird – deinem Leben einen Sinn verleiht. Es ist dein Traum! In deinem Herzen wird er brennen wie Feuer, deine Leidenschaft schüren, dir Leben einhauchen und dieses vorantreiben. Wie ein Stern in der Finsternis wird er in gleißendem Licht erstrahlen, dir den Weg weisen, dich selbst aus der Dunkelheit führen.«

»Mein Traum …? Doch wie werde ich ihn erreichen können?«, fragte das Mädchen hoffnungsvoll.

Der Vogel blickte zum Horizont, über den Rand der Klippe hinweg.

»Du magst alleine hier oben stehen, doch da ist nicht einmal ein Hauch von Einsamkeit, den du verspürst. Und genau deshalb wirst du jetzt deine Arme ausbreiten, deine Augen schließen und springen. Was wird geschehen? Du weißt es nicht, gehst das Risiko aber dennoch ein. Denn wenn du Glück hast, dann träumst du. Und wenn du träumst, meine Liebe, ist alles nur Erdenkliche möglich, solange du nur von dir überzeugt bist und an dich glaubst. Also, worauf wartest du noch? Spring!«

Das Mädchen machte einen Schritt auf den Vogel zu und strich ihm sanft mit einem Finger über sein Federkleid.

»Ich danke dir.«

Als sie dann mit einem Lächeln an den Rand der Klippe heran trat, breitete sie ihre Arme aus, schloss die Augen und sprang. Sie hatte Zweifel, ja. Aber keine Angst. Denn das Mädchen träumte, als der Wind durch ihr in der Sonne glänzendes Haar wehte und sie sich immer schneller auf das Leben zubewegte …

Bernd Großmann

Vom Winde verweht

Nein, Schatz, du brauchst dir keine Sorgen zu machen. Es gibt einen Hundehimmel. Shirah wird es dort gut haben.«

Meine Nellie-Maus schaute mich mit großen, zweifelnden Augen an, um dann einen bekümmerten, fast ängstlichen Blick auf ihren Liebling zu ihren Füßen zu werfen. Seit Tagen rangen meine Frau und ich mit uns und der unumgänglichen Entscheidung. Der Tierarzt hatte uns eröffnet, dass Shirah ein Krebsgeschwür im Bauchraum hatte, und er hatte uns empfohlen, sie vor weiterem Leid zu bewahren. Für uns ein Schock und ein unvorstellbarer Gedanke zugleich. Shirah, die uns elf Jahre treu ergeben begleitet hatte, die in unsere Familie hineingewachsen und nicht wegzudenken war und die unserer Nellie von Beginn an der beste Spielkamerad und Beschützer war. Liebevoll miteinander, unzertrennlich und vertraute Schwestern, im besten Sinne, so waren sie. Wir sollten uns jetzt von ihr trennen?

Ja, Shirah war in letzter Zeit ein wenig müde geworden, sie hatte ihr sprühendes Temperament eingebüßt, sie hatte weniger gefressen, Gründe, warum wir den Tierarzt aufsuchten. Doch dass sie unheilbar krank war, raubte uns die Fassung. Nein, wir konnten sie nicht dort und sofort erlösen. Wir brauchten Zeit. Wir erbaten uns eine Woche, um noch einmal alles zu durchdenken, um uns Shirah in dieser Zeit ganz zu widmen und, vor allem, um unserer fünfjährigen Nellie den Abschied von ihrer Schwester erklären zu können. Shirah war für Nellie Raufbold, Kobold, Knutschkugel in einem, Kopfkissen beim Mittagschlaf auf dem Teppich, Tröster im Streit mit den Eltern, Trainings- und Sparringspartner. Shirah war für Nellie so wichtig wie Mama und Papa. Manchmal sogar wichtiger. Wie sollte Papa ihr nun nahebringen, dass wir über Shirahs Leben entscheiden mussten?

»Ja, Schatz, Shirah ist sehr, sehr krank, und weil sie so große Schmerzen hat, möchte sie bald in den Hundehimmel. Wir dürfen sie dabei nicht allein lassen. Der Tierarzt wird ihr ein bisschen helfen und ihr die Schmerzen nehmen. Es wird uns allen schrecklich weh tun, uns von ihr zu verabschieden.«

Als der Tierarzt zu uns nach Hause kam, stand eine Kerze auf dem Tisch und Shirah lag auf ihrer Lieblingsdecke auf ihrem angestammten Platz. Wir, die Familie, fassten uns an den Händen und bildeten einen Halbkreis um unsere treue Gefährtin, die uns mit großen vertrauensvollen Augen anblickte. Doch sie schien zu wissen, dass der Hundehimmel auf sie wartete. Als unsere tapfere Nellie sich zu ihr niederkniete, um sie ein letztes Mal zu streicheln, öffneten sich alle Schleusen bei uns Eltern. Ein letztes Tschüss und dann war Shirah erlöst. Nellie ging an den Tisch und blies die Kerze aus.

Shirah fand ihre Ruhestätte bei uns im heimischen Garten. Wir schmückten ihr Grab gemeinsam mit Tannenzweigen aus, denn sie sollte ja weich liegen. Dann senkten wir sie eingehüllt in ihre Lieblingsdecke in die Erde.

Während wir Eltern eine Rose ins Grab warfen, hatte sich Nellie entschieden, Shirah das liebste Kuscheltier mit auf die Reise in den Hundehimmel zu geben. Wir waren uns einig, dass Shirahs Körper bei uns im Garten bleiben würde, dass ihre Seele aber in den Hundehimmel aufstieg. Um diese Seelenwanderung für Nellie erlebbar zu machen, gaben wir in einen großen Ballon ein Foto von Shirah, eine Locke ihres goldenen Fells und eine Grußkarte von uns dreien. Dann füllten wir den herzförmigen Ballon mit Helium und ließen die Seele steigen. Wir schauten ihr lange hinterher und freuten uns, wie sie im Winde tanzte, ganz so, als würde sie uns zuwinken. Als der Ballon vom Winde verweht war, konnten wir Shirahs Körper beerdigen.

Nach drei Wochen lag ein Brief an Nellie in unserem Postkasten. Es klebte eine Hundemarke darauf und es stand deutlich lesbar »Post aus dem Hundehimmel« auf dem Umschlag. Mit zitternder Hand riss Nellie den Umschlag auf und es fiel ihr ein Foto entgegen, das unsere Shirah mit einem schwarzen Labrador zeigte. Wir drehten das Foto um und auf der Rückseite stand in feiner Pfotenschrift:

»Mir geht es gut. Ich habe einen neuen Freund gefunden.
Er heißt Henk.
Liebe Grüße aus dem Hundehimmel,
eure Shirah.«

Und dann war da noch eine dicke Hundepfote auf der Rückseite des Fotos. Dieses Bild hängt seitdem über Nellies Bett und sie guckt es jeden Abend lächelnd an. Dabei strahlen ihre Augen, denn sie weiß ihren Liebling an einem guten Platz. Ich habe ihr natürlich nicht erzählt, dass das Bild eine geschickte Fotomontage ist und der Brief aus Holland gekommen ist.

Aber manchmal ist Holland halt der Hundehimmel und manchmal wird die Wahrheit ein wenig vom Winde verweht.

Leonard Karnath

Das Wiedersehen

Zurück in diese Straße führte ihn wie so oft in den Monaten zuvor allein das Interesse daran, ob das Haus, in dem er seine Kindheit verbracht hatte und das sich seit mittlerweile über drei Jahren nur noch als jämmerliche Brandruine darstellte, mittlerweile abgerissen war. Bei früheren Besuchen, nicht gleich dem ersten, da fehlte ihm noch der Mut, hatte er sich sogar am Bauzaun und den ausufernden Brombeerzweigen vorbei auf das Grundstück begeben, war durch das geborstene, von der Straße nicht einsehbare Wohnzimmerfenster ins Haus gelangt und hatte sich heimlich, denn es war ihm wohl angesichts des Bauzauns und des Absperrbands nicht länger erlaubt, in sein altes ausgebranntes Zimmer geschlichen, um nach Fotoalben, Zeugnissen, Büchern, den letzten Überresten seiner Kindheit zu suchen.

Er hatte kaum Zeit, den Eindruck des Hauses, so wie es sich jetzt vom Bürgersteig aus darstellte, zu erfassen, als er von der gegenüberliegenden Straßenseite seinen Vornamen hörte. Als er sich umdrehte, erkannte er seine Mutter, die er aufgrund ihrer Stimme, auch wenn er diese schon länger nicht mehr gehört hatte, bereits erahnt hatte. Mit ihr hatte er hier nicht gerechnet, er war nur wegen des Hauses hier, und hätte er gewusst, dass sie auch zur gleichen Zeit hier wäre, wäre er vermutlich nicht hergekommen.

Sie kam aus dem Garten der Nachbarn, war dort, so vermutete er, zu Besuch, vielleicht hatte man sie, als man sie hier gesehen hatte, hereingebeten, um mit ihr zu reden, zu klönen, wie sie es immer genannt hatte. Für einen Moment überlegte er, ob sie es wirklich sei, sie hatte sich seit ihrem letzten Treffen ziemlich verändert. Sie hatte ungefähr wieder ihr altes Gewicht, das vor ihrer schweren Erkrankung, zurückerlangt, es stand ihr, wie er fand, gut, sie sah wieder besser aus, älter, aber gesünder. Und sie benötigte nicht einmal mehr ihren Rollator, lediglich einen alten Gehstock führte sie bei sich.

»Mutti«, rief er ihr entgegen und es klang mehr nach einer Feststellung als nach einer Begrüßung.

»Das gibt's ja nicht, was machst du denn hier?«, wollte sie wissen.

Er sagte ihr, dass er mal schauen wollte, wie es hier so aussehe.

»Das find' ich ja schön, dass du mich mal besuchen kommst. Das wurd' ja auch mal Zeit!«, meinte sie.

Da er unschlüssig war, ob es uneingeschränkte Freude ihrerseits war oder ob der Vorwurf, dass er so lange keinen Kontakt mehr zu ihr hatte, überwog, erwiderte er darauf zunächst nichts. Er ließ sich von ihr umarmen und sie sagte ihm, wie sehr sie ihn vermisst habe. Seine Frage, ob sie ein wenig spazieren gehen wollten, bejahte sie sofort. Es war für ihn beeindruckend, wie sie wieder zu Kräften gekommen war, und das freute ihn. Als Zeichen einer Verbundenheit, die gewiss bestand, aber schon lange nicht mehr gelebt wurde, legte er kurz seine linke Hand auf ihren oberen Rücken, und sagte ihr, wie schön es sei, dass sie wieder so gut zu Fuß sei. Sie solle aber Bescheid sagen, wenn es ihr zu viel wäre. Aber sie meinte, ein Stückchen könnten sie noch.

»Wie geht's dir und deiner Familie?«, fragte sie ihn.

»Gut. Gut. Alles beim Alten. Und du, warst du zu Besuch bei den Nachbarn?«, wollte er wissen.

»Was heißt zu Besuch?«

Da er ihre Frage nicht verstand, formulierte er seine Frage anders. »Na ja, du kamst ja von Steinmanns rüber.«

»Ja, die brauchten Mehl, da hab' ich ihnen was vorbeigebracht.«

»Ach so.«

Er schaute seine Mutter an und hatte das Gefühl, sie wurde langsamer.

»Wird es dir wirklich nicht zuviel?«, fragte er besorgt.

Sie schaute ihn an, lächelte ein wenig hilflos und resigniert. »Ja, wird es wohl«, gestand sie sich ein.

»Wollen wir umdrehen?«, fragte er sie.

»Wo steht denn dein Auto?«

»Gegenüber vom Haus.«

»Dann lass' mal zurückgehen«, meinte sie.

Auf dem Rückweg schwiegen sie seiner Erinnerung nach. Vielleicht, weil schon alles gesagt war. Vielleicht auch, weil sie wussten, dass ihr Wiedersehen nun bald enden würde. Und nun war er es, der, als er die Traufseite seines Elternhauses sah, langsamer ging, vielleicht sogar stehen blieb, während seine Mutter zwar nicht schneller wurde, aber unbeirrt weiterging.

Er überlegte, ob er es ihr sagen solle, wie er es ihr beibringen solle, denn er erwartete, dass es sie sicherlich verletzen werde. Als er wieder zu ihr aufschloss, hatte er sich deshalb entschieden, es besser nicht zu erwähnen.

Am Haus angekommen, holte er bereits seine Autoschlüssel aus der Jackentasche. »Ich werd' dann mal wieder, Mutti«, leitete er die Verabschiedung ein.

»Willst du nicht noch mit reinkommen?«, fragte sie und schien die Antwort darauf schon zu erahnen.

»Nein, ich muss los. Man wartet zu Hause doch auch auf mich«, entschuldigte er sich.

»Wann sehen wir uns denn wieder?«, wollte sie von ihm wissen.

»Weiß ich noch nicht«, antwortete er ehrlich.

»Aber nicht, dass es wieder so lange dauert, wie seit dem letzten Mal.«

Er wollte noch sagen, dass es doch gar nicht so lange her war, aber das hätte sie nur verwirrt und vermutlich hatte sie ihn auch, als er zuletzt an ihrem Bett gestanden hatte, nicht mehr wahrgenommen.

Er umarmte und drückte sie und sagte währenddessen mit Tränen in den Augen, dass sie sich sicher bald schon wieder sehen würden.

»Das ist schön«, sagte sie, »aber ruf vorher an, dann mach' ich uns was zum Essen. Kannst dann doch auch zum Mittag kommen.«

»Ist gut«, sagte er, löste sich aus der Umarmung, drehte sich zu seinem Auto um und nutzte die Gelegenheit, sich unbemerkt die Tränen aus dem Gesicht zu wischen.

Er stieg ein, schaute sie an und sagte Tschüss.

»Schlaft alle schön«, sagte sie.

»Du auch, Mutti«, wünschte er ihr, »du auch.«

Sie lächelte und ging rückwärts, bis sie den Bürgersteig auf der anderen Straßenseite erreichte. Als er mit dem Wagen an ihr vorbeifuhr, winkten sie einander zu und er winkte immer noch, als er im Rückspiegel sah, dass sie, anders als bei früheren Besuchen, nicht so lange dort stehen blieb, bis er in die Hauptstraße einbog.

Dieses Mal drehte sie sich früher um, um zurück in ihr Haus zu gehen.

Andrea Karrasch

Ich und Greta

Frau Giersch hat die gleiche feuerrote Perücke wie der Frisör von nebenan, ist aber klein und buckelig und manche haben Schiss vor ihr. Dabei kann ihr die Idee kommen, dir ein ofenwarmes Rosinenbrötchen zu schenken, das dir auf der Zunge zergeht, während sie mit ihren roten und traurigen Augen guckt, wie du guckst. Frau Giersch schläft nie; es ist viele Monde her, seit sie das letzte Mal geschlafen hat. Jede Nacht stiert sie in ihren glühenden Backofen und denkt an traurige Sachen. Die Sehnsucht nach Schlaf, die vom Ofen ausgehende Hitze und die traurigen Sachen, die sie denkt, sind Schuld daran, dass ihre Augen so rot sind. Man kann nie sicher sagen, was in Frau Giersch stecken mag – Schokoladenpudding oder Haferschleim – wenn sie klein und bucklig durch die Nacht zu ihrem Ofen humpelt, ob sie an ihr Gebäck denkt, oder ihren Buckel, oder an die Berge, wenn sie sich aus der Nacht herauslösen und im Mondlicht kobaltblau schimmern. Sie ist wie meine Spielzeugsoldaten, die sind auch klein und brauchen wenig Schlaf, meist schlafen sie sogar erst ein, wenn die Sterne schon ganz müde sind und der Morgen über den Rand der Nacht späht.

Trotz der Rosinenbrötchen gehöre ich auch zu den Jungs im Block, die Schiss vor Frau Giersch haben. Deshalb stehen an Tagen, an denen ich zur Schule muss, meine

Spielzeugsoldaten – besonders die Deutschen, die haben eine blaue Uniform und sind daher sehr pflichtbewusst – schon am Fenster, ungefähr seit Vater glaubt, dass ich mir die Zähne putze, und halten Ausschau nach Frau Giersch.

Von meinem Zimmer aus – wir wohnen im 5. Stock, ich, Vater und die Frau, die morgens aus seinem Schlafzimmer kommt – hat man einen tollen Blick. Man kann alle Laternenpfähle sehen, alle bis hinunter zum Meer, dann das Meer selbst und über das Meer hinüber bis auf die andere Seite der großen Bucht, und manchmal sogar noch ein bisschen weiter, bis an die Stelle, wo die Welt aus dem Wasser steigt.

Man kann natürlich auch einfach nur Frau Giersch sehen, wie sie aus ihrer Bäckerei kommt, am Morgen noch kleiner und buckliger, weil die Nacht schwer ist und sich um ihre Schultern gelegt hat wie eine große, schwarze Katze. Spätestens wenn sie am vorvorletzten Laternenpfahl vor unserem Haus angekommen ist, schießt der deutsche Soldat einmal mit seinem Gewehr in die Luft und da weiß ich, ich muss los, wenn ich Frau Giersch nicht im Treppenhaus begegnen will. Das ist eng und ich muss sie riechen, wenn ich mich an ihr vorbeidrücke, und sie riecht mehr nach nassem Hund als nach ihren Brötchen, das ist sicher, ich habe Erfahrung.

Wenn sie die vorletzte Laterne erreicht hat, ziehe ich mir die Schuhe an. Die Zeit reicht dann nicht mehr, um die Schnürsenkel zuzumachen, aber ich kann mich nicht um alles kümmern, ich gebe lieber Gas, damit ich raus komme, die Treppe runter, ab durch die Haustür, und dann, dann ist er da, der Tag.

Er ist größer, als ich ihn mir von oben habe vorstellen können, die Sonne ist ganz weiß vor lauter Sommer und wenn ich um die Ecke biege, die gelbe, die, an der Vater seinen Gemischtwarenladen hat (aber Vater hat noch nicht aufgeschlossen, das hängt mit der Frau in seinem Schlafzimmer zusammen), habe ich manchmal Glück, und Greta trudelt vorbei.

An Tagen, an denen die Sonne scheint, macht sie immer eine kurze Pause und betrachtet das Bild an der Mauer neben Vaters Laden. Da schwimmt ein Dorsch über blau gestrichenen Beton und wenn die Jahreszeit stimmt, wachsen aus der Ritze vor der Mauer Pusteblumen. Wenn man schnell guckt, sieht es aus, als ob der Dorsch durch die fedrigen Sternenblumenbälle gleitet und überhaupt über den Himmel statt durch das Meer.

Sowie Greta dann weitergeht, wippen ihre blonden Zöpfe. Es sieht aus, als habe sie den Himmel an der Angel, sie spaziert los und er folgt ihr wie ein dicker, glitzernder Fisch.

Wenn ich also Greta sehe – sie ist schon fast 11 und wohnt im Eingang neben mir – bücke ich mich schnell (da ist es wieder gut, dass die Schnürsenkel noch offen sind) und mache umständlich zwei Schleifen, aber ich gucke nicht hin, ich gucke lieber Greta hinterher mit ihren Zöpfen und dem Himmel und so. Es ist schon vorgekommen, dass ich vor lauter Greta den rechten mit dem linken Schuh zusammengebunden habe, und dann bin ich gleich beim ersten Schritt wieder umgefallen. Wenn das passiert, stelle ich mir vor, die Welt ist eine Schale, die langsam voll

Nacht läuft und auf ihrem Grund liege ich, der Junge aus dem 5. Stock des neuen Wohnblocks, und hoffe, es ist nicht Frau Giersch mit ihren roten, in der Nacht leuchtenden Augen, die mich dort findet.

Charlotte Köther

Der Tod steht vor der Tür

Der Tod steht vor der Tür. Er hat Husten. »Scheißtag«, sagt er und kommt herein.

»Stimmt«, antworte ich und biete ihm ein Glas Wasser an. Doch er schüttelt den Kopf und deutet auf die Flasche Brandy auf meiner Kommode. »Wär' mit jetzt lieber.« Er lehnt seine Sense gegen die Wand.

Zwei Minuten später sitzen wir mit unseren Drinks im Wohnzimmer, er hat es sich auf der Couch bequem gemacht und die Füße hochgelegt. Mir ist der Sessel geblieben.

»Also«, beginnt er das Gespräch. »Heute ist der Tag, an dem du sterben wirst.« Eine kurze Pause entsteht.

»Hm«, antworte ich.

»Hm«, antwortet Tod. »Mehr nicht?«

»Was soll ich sagen, Sie scheinen sehr entschlossen.«

»Wir können uns auch duzen, ist persönlicher.«

»Hm«, murmele ich und überlege, wie Tod wohl mit Vornamen heißt.

»Aber ehrlich gesagt, ist mir ein einfaches ›Hm‹ ganz recht. Sonst jammern immer alle rum. Sie wollen sich noch verabschieden. Das wäre ungerecht. Sie weigern sich einfach mitzukommen, ha! Was ich jetzt wohl tun würde? Und so weiter und so fort. Da zieht sich das alles so hin. Jeder denkt nur an sich. Ich meine, hast du dich schon mal gefragt, was das alles für mich bedeutet?«

Ich schüttele den Kopf.

»Macht nichts, du bist nicht der Einzige. Alle beschweren sich, wie schwer das Leben ist und dann am Ende kommt nur der Tod. Alle Bemühungen umsonst. Nur der Tod? Bin ich etwa nicht gut genug? Wenigstens habt ihr ein Leben! Ich hingegen muss Tag für Tag das Gleiche tun. Höre mir Minute für Minute, Stunde für Stunde den gleichen Mist an. Im Grunde seid ihr alle gleich, habt die gleichen Wehwehchen. Und ich? Habe ich mich jemals krankgemeldet? Oder gestreikt? Oder mich auch nur beschwert? Aber am Ende bin ich keinem willkommen. Da bin ich dann nur der blöde Typ mit der Sense und dem viel zu langen Mantel. Der Spielverderber. Die Leute verspotten mich zu Lebzeiten, aber wenn ich dann plötzlich vor ihnen stehe, da bekommen sie es mit der Angst zu tun. Auch die, die gepredigt haben, dass ohne den Tod das Leben nicht lebenswert sei, dass sie ihn als einen Freund betrachteten. Das Paradies, ha! Als ob irgendjemand da wirklich dran glauben würde!«

Mitfühlend schenke ich ihm Brandy nach. »Und, was kommt denn wirklich nach dem Tod?«

Nachdenklich schüttelt Tod den Kopf. »Wenn ich das nur wüsste. Ich war ja noch nie tot. Werde es auch niemals sein.«

Wieder entsteht eine Pause, in der Tod auf den Boden seines Glases starrt.

»Weißt du, ab und zu beneide ich euch. Und dann wünsche ich mir wirklich, ein Mensch zu sein. Allein die Möglichkeiten, die euch offenstehen. Jeden Morgen öffne ich den Schrank, und er ist leer. Bis auf den langen schwarzen Mantel. Der hängt da. Einfach nur so. Er hängt auf seinem Bügel, lang und schwarz und trostlos und langweilig. Und das war's.

So etwas macht kaputt. Der blöde Mantel! Immer öfter, da spüre ich gar keine Traurigkeit mehr, sondern einfach nur Leere. Früher war das anders.«

Wieder eine Pause. Ich versuche mir Tod vorzustellen, wie er einmal jung und verliebt über eine Wiese im Sonnenschein mit seiner Sense schlendert. Es gelingt mir nicht.

»Schon als kleines Kind, da war ich anders.«

Schnell leere ich mein Glas.

»Aber ich war auch nicht so wie jetzt, aber anders. Niemand wollte mit mir spielen, niemand hatte mich lieb. Nur meine Mutter, die hat immer zu mir gehalten und mich verteidigt. Die gute alte Mutti, und dann ist sie gestorben. Und ich war alleine, eine Waise. Mein Vater war ja schon vor langer Zeit abgehauen. So ein Mistkerl! Keiner wollte mich. Keiner hat mich lieb! Keiner wird mich je liebhaben!«

Vielleicht ist es die Wirkung des Alkohols, doch ich meine, eine Träne über seine knochige Wange laufen zu sehen. Mitleid ergreift mich. Unsicher stehe ich auf, bücke mich hinunter und nehme ihn in den Arm. Nur ganz kurz. Dann richte ich mich schnell wieder auf.

Verlegen wischt sich Tod mit dem Ärmel seines Mantels übers Gesicht und steht auf.

»Will nicht länger stören«, murmelt er und geht in den Flur.

»Nochmal danke für alles«, sagt er, und bleibt noch einen Moment unbeholfen so stehen. Dann öffnet er schnell die Wohnungstür und zieht sie hinter sich zu. Erleichtert lasse ich mich an der Tür herabgleiten und schließe die Augen.

Es klingelt. Tod steht vor der Tür.

»Im Alter wird man so vergesslich«, er lächelt mich an.

Mist.

Er geht einen Schritt auf mich zu, nimmt seine Sense und verschwindet.

Manfred Kollmannsperger

Der sechste Sinn

Der Norden Andalusiens färbt seine Landschaft im Sommer fast ausschließlich in Tönen zwischen Braun und Gelb. Irgendwo nach Bailèn aber tauchte auf freier Strecke am flirrenden Horizont eine grüne Oase auf. Sie erwies sich beim Näherkommen als eine Liegewiese mit angegliederter »piscina«, einem Schwimmbad, plus Restaurant.

Spontan gönnten wir uns trotz des horrend hohen Eintritts eine mehrstündige Rast. Wir konnten ja seinerzeit noch vollkommen frei reisen. Ohne gesetzte Tagesziele. Dorthin, wo nur unsere Nasen uns wiesen. Könnte ich dies heute nur einmal noch, ich gäbe viel dafür. Aber das ist lange her und kehrt nie wieder.

Bald lag ich bäuchlings im angenehm kühlen Rasengelände und erlebte eine Premiere.

So vertraut wir damals mit den den geheimsten Gedanken des anderen waren, so wenig war an Sex zu denken.

Wir haben uns nackt gesehen. Ja, beim Waschen und Baden. Doch nur selten ist es zu Berührungen zwischen uns gekommen. Wenn, dann nur zu harmlosen. Etwa, wenn wir einander die Hände reichten, um über große Steine auf dem Weg oder Rinnsale springen zu können.

Zärtlichkeiten aber waren zwischen uns für lange Zeit ein unausgesprochenes Tabu, das ich deutlich spürte und deshalb akzeptierte. Ich wusste ja, was der Grund war. Ihr Verflossener, der Rausschmeißer aus Anitas einstigem Paradies. So redete ich mir es zumindest ein.

Vielleicht empfand ich gerade deshalb jetzt in diesem Schwimmbad Anitas Finger gerade dort so intensiv, weil ich sie zuvor so selten auf meiner Haut spüren durfte. Ich konnte zum ersten Mal in meinem Leben mit der Haut lesen.

Beide waren wir ja eher dunkle, zumindest im heimischen Germanien mit Haut und Haar wie Südländer wirkende Typen, die auch relativ schnell bräunten.

Anita hatte es aber – Gott weiß warum – dennoch nicht versäumt, Sonnenmilch in einer Menge mitzunehmen, dass selbst meine unwahrscheinliche Entführung zur Fremdenlegion im Tschad und die ihre in einen Harem bei den Tuareg zu keinen Problemen geführt hätten. Dermatologisch gesehen wenigstens.

Vielleicht, weil sie das Tabu nicht auf der ganzen Reise mitschleppen wollte. Vielleicht auch nur, weil sie mit der – von mir grob so geschätzten – Tonne Sonnenmilch die Bremsen und Stoßdämpfer meines R4 nicht weiterhin zusätzlich zu ihrer manchmal allzu forschen Fahrweise belasten wollte. Vielleicht aber auch, weil ihr nun einfach danach war, begann sie unversehens, mit großzügig in Sonnenmilch getauchten Fingerkuppen meinen Rücken zu beschriften.

Was hatte ich nur gesagt oder getan, dass mir jetzt so viel Gutes widerfuhr? Ich glaube, ich hörte zu atmen auf und schloss die Augen, um die Linien und Schwünge zwischen meinen Schulterblättern und dem Ende der Wirbelsäule besser deuten zu können.

Ich atmete nicht, ich rührte mich nicht und ich wagte keinen Laut. Vor Angst, der Zauber sei dann sogleich vorbei.

Sie schrieb wohl gerade am zweiten Wort. Ich fragte mich eben, ob ich mir dies alles einbildete, als ich nach dieser viel zu kurzen Ewigkeit plötzlich die anfängliche Kühle nicht mehr fühlte. Stattdessen eine blutwarme Pinselführung zwischen meinen Schulterblättern.

Das Wort schien zu Ende geschrieben zu sein. Aber was ich da eben zu spüren gewähnt hatte, das konnte nicht sein. Ich musste mich getäuscht haben. Das gab es gar nicht in Wirklichkeit. Nicht in unserer.

Um wieder in die Realität zurückzufinden, brach ich also das doch so herrlich spannende Schweigen und murmelte, natürlich ohne mich auf den Rücken zu drehen: »Womit ich ich das jetzt verdient habe?« Es wäre wie ein Akt der Kunstschändung gewesen.

Jetzt aber wurde es noch viel schlimmer-schöner. Ich spürte nämlich, wie sich Anitas Mund meinem rechten Ohrläppchen so nahe näherte, wie bislang noch nie.

Sie wird doch nicht?! Meine Nackenhaare mussten sich doch schon aufstellen und ihre Wange streifen.

Was sich zur gleichen Zeit zwischen meinen Beinen auf dem Rasen abspielte, konnte sie, Gott sei Dank, nicht sehen.

Der Herr des Himmels – und auch der Hölle! – hatte aber ein Einsehen und ließ Anita nur in mein Ohr flüstern:

»Die Antwort steht auf deinem Rücken … weiß auf braun.«

Ich musste schlucken. Und wenn ich mich nun doch nicht getäuscht hatte?

»Ich kann sie aber nicht sehen«, sagte ich.

»Sollst du auch nicht«, entgegnete sie und setzte sich wieder auf.

»Warum hast du es dann geschrieben?«

»Was habe ich denn geschrieben?«, fragte sie neckisch.

Mehr fragend antwortete ich: »Zwei Wörter?«

»Mmjjj … nein … drei.«

Drei? Ich hatte mich also doch getäuscht. Aber halt, es waren ja spanische.

»Auf Spanisch sind es nur zwei, stimmt's?«

»Mmjjj … kann sein. Und?«

»Was und?«

»Und welche waren es?«

»Ein kurzes zuerst? Und dann ein etwas längeres?«

»Jjjia … klingt gut.«

Wie es wohl erst geklungen hätte, wenn sie mir die zwei Wörter ins Ohr geflüstert hätte. Unvorstellbar.

Ich konnte es tatsächlich immer noch nicht glauben, dass sie mir wirklich diese zwei Wörter, fast wie ein Brandzeichen, auf den Leib geschrieben hatte.

Sie?? Und mir?? Wusste sie etwa nicht, was »querer« bedeutet? Dass es auch für »wollen« stehen kann?

Da drehte ich mich unwillkürlich um, damit ich ihre Augen sehen konnte, in denen ich doch sonst bei Zweifeln meistens einen sicheren Ratgeber gefunden hatte.

Nur vergaß ich in diesem Augenblick, dass ihre selten gespürten Finger nicht nur meiner Fantasie auf die Sprünge geholfen hatten. Ganze zwei spanische Wörter nur auf meinem Rücken, mit heißem Strich aufgebracht, hatten einen wahrhaften Aufruhr in meinen Niederlanden verursacht, der noch nicht ganz niedergeschlagen war, als ich ihren Blick suchte, während ich mich umdrehte.

Der glitt, gerade noch merklich, auf meine Körpermitte.

Mit einem Blick durch die hohen Bäume bemerkte Anita daraufhin schnell: »Es wird schattig hier. Wir sollten heute noch mindestens bis Linares kommen, meinst du nicht?«

Felisa Kowalewski

Das Uhrwerk der Informationen

Rattattattat – kalte Finger flattern über Tastaturen und klappern auf deren Plastikknöpfchen. Es klingt wie das Prasseln etlicher kleiner Steinchen. Wie Steinchen, die durch eine riesige Sanduhr hinabrieseln. Immer schneller – rattattattat – hektisch, fieberhaft. Darunter mischt sich das dumpfe Sirren und Surren der Computer. Eine einzige riesige, geräuschvolle Maschine in blinder Ausführung.

Etwa zwanzig Menschen sitzen in dem dunklen Raum, nur erhellt durch einige wenige Neonröhren an der Decke. Ihre Augen kleben starr an den Monitoren, die fahlen Gesichter glänzend in deren grellem Schein. Telefone schrillen, aber die Menschen achten gar nicht darauf, sie starren nur weiter auf ihre Bildschirme und tippen ohne Unterlass. Neue Nachrichten kommen herein, Schlag auf Schlag, niemals Stillstand. Sie müssen kopiert, weiterverarbeitet, ausgetauscht werden. Und es bleibt keine Zeit.

Wie mechanische Puppen sitzen die Menschen an ihren Plätzen, führen immerzu die gleichen Bewegungen aus, starr und unnachgiebig. Sie arbeiten nach klaren Regeln mit Blick auf den Zeitplan. Sie kopieren, verschieben, löschen endlos, denn die Flut an Informationen, ein Tsunami, droht sie fast zu ertränken. Die Nachrichten kommen beinah schneller herein, als sie denken können, und sie tippen, tippen, tippen, durchgetaktet wie ein Uhrwerk.

Doch plötzlich stutzt einer der grauen Menschen. Er hört auf, in die Tasten zu schlagen und beugt sich vor, noch näher an den Bildschirm, bis seine Nase ihn fast berührt. Zwei gleißende Rechtecke spiegeln sich in seiner dicken Brille. Der Rest des Uhrwerks tickt unbehelligt weiter.

»Hmm«, sagt der Mann. Rattattattat, niemand reagiert.

»Hmm«, sagt der Mann noch einmal, diesmal etwas lauter. Noch immer keine Reaktion. Er beugt sich etwas zur Seite, um um den Monitor herum den schemenhaften Kollegen ihm gegenüber anzusehen. Das Licht des Computers lässt nur dessen Gesicht erkennen, ein hartes Relief aus Schatten.

»Sag mal«, fragt der Mann zaghaft, »können wir das so machen?«, und er schickt dem Kollegen die Nachricht, die ihn selbst aus dem Takt gerissen hat, auf dessen Schirm.

Der Kollege zuckt, als die unerwünschte Anfrage mitten in seinem Sichtfeld aufploppt und zieht verärgert die Brauen zusammen. »Was?«, fragt er unwirsch. Er schließt schnell das neue Fenster und tippt hastig weiter.

»Naja, das scheint mir nicht richtig. Können wir das so übernehmen?«, fragt der erste Mann wieder.

»Ja doch, das haben wir immer so gemacht«, erwidert der Kollege tonlos, ohne die Augen von seinem eigenen Bildschirm zu lösen.

»Warum eigentlich?«, fragt der Mann. »Sollte man das nicht vielleicht überprüfen?«

»Nein«, antwortet der Kollege, »dafür ist keine Zeit. Die Menschen wollen nur das Neueste vom Neuen. Immer aktuell.«

»Auch wenn es falsch sein könnte?«

»Ja, am besten in Echtzeit. Also mach weiter!«

Der Mann schaut seinen Kollegen an und lehnt sich dann zurück in seinem Stuhl. Er schaut an die Decke, als würde er sehr angestrengt nachdenken, während um ihn herum die Maschine ächzt und ackert.

»Wieso überhaupt? Was nützen ihnen Informationen, die falsch sind?«, fragt er in den Raum.

Der Kollege, der weiterhin tippt ohne aufzusehen, fühlt sich anscheinend immer noch angesprochen, denn er antwortet: »Sie vergessen es doch sofort wieder, die nächsten Nachrichten kommen unmittelbar hinterher.«

»Was wollen sie denn dann damit?«

»Wissen. Wissen ist Macht.«

Der Mann schaut immer noch zur Decke. Er hat sich einen Stift zwischen die Zähne geschoben und kaut darauf herum, die Stirn in Falten. »Ja, aber wie sollte sie das mächtig machen, wenn dieses Wissen nie hinterfragt wird?«

»Wir hinterfragen nicht, wir liefern! Und du kostest uns Zeit!«

Doch dem Mann ist noch ein neuer Gedanke gekommen. »Ist falsches Wissen nicht gefährlich?«, fragt er weiter. »Wer danach handelt, tut doch wohlmöglich ein Unrecht.«

Der Kollege lacht trocken, ein Geräusch wie raschelndes Papier. »Niemand handelt! Sie wollen nur informiert sein. Und deshalb handeln auch wir nicht, wir liefern nur die Informationen, die sie haben wollen. Also mach endlich deine Arbeit!«

»Heißt das«, fragt der Mann – und so ein komplizierter Gedankengang kostet ihn ungeheure Anstrengung –, »durch ihre Gier nach immer neuen Nachrichten bringen sich die Menschen selbst um ihre Fähigkeit zu denken und zu handeln, ohne es zu merken?«

Doch nun kommt das Uhrwerk an seine Grenzen. »Was ist denn das? Wieso geht es hier nicht weiter? Ist ein Computer ausgefallen?«, tönt es von weiter hinten im Raum.

Immer mehr Kollegen sehen jetzt auf und suchen nach der Störungsquelle. Sogar der Kollege direkt gegenüber hat endlich seine Augen vom Monitor gelöst und blickt den Mann zornig an. Der schleudert den Stift zur Seite und beugt sich rasch über seine Tastatur. Er tut, als hätte er von der Störung nichts bemerkt und beginnt, die bei ihm aufgelaufenen Nachrichten abzuarbeiten, die falsche zuerst.

Damit die Uhr weiter läuft – rattattattat – schnell und immer im Takt. Keine Zeit mehr.

Alexandra Leicht

Das Ende in Rosa

Das Ende hatte ich niemals rosa vor Augen, schwarz vielleicht, grau eventuell, doch über meinem Kopf schwebte ein Luftballon, rosarot wie ein Sommersonnenuntergang am Meer. In meiner rechten Hand trug ich rosa Blumen und meine linke Hand umkrallte die Leine von Winni. Vor meiner Nase war Sabrina gerade dabei zu verduften, und als ich sie aus meinem Augenwinkel verlor, ließ ich die Luftballonschnur los und blickte in den Himmel.

»Ich muss gehen«, hatte Sabrina ihren Abgang vor ein paar Wochen angekündigt; Wochen, die sich wie gestern anfühlten.

»Wohin?«

»Fort«, war ihre karge Antwort.

Ich hatte schon erlebt, dass manche Menschen ganz plötzlich weg waren, von heute auf morgen. Andere Menschen verschwanden jeden Tag Stückchen für Stückchen. Schrumpften zusammen wie der Luftballon, den ich gerade steigen ließ und aus dem die Luft täglich mehr entweichen würde. So war es zum Beispiel bei Herrn Lietz, dem Läufer gewesen, der jeden Tag einen Marathon lief. Sein Erscheinungsbild war muskulös und durchtrainiert, bis er begann immer mehr abzunehmen, obwohl er aß wie ein Scheunendrescher, aber Herr Lietz sah irgendwann aus wie eine Bohnenstange und verschwand schließlich ganz. Aber das waren doch alles alte Leute! Sabrina und ich waren erst vierzehn.

»Du musst Winni nehmen«, endete unser Gespräch über das geplante Fortgehen damals.

»Aber Sabrina«, stotterte ich, »ich kann doch nicht einfach deinen Hund nehmen. Für wie lange denn überhaupt?«

»Du musst ihn nehmen«, bestimmte Sabrina. »Ich kann mich nicht um ihn kümmern, und meine Familie hat den Kopf in nächster Zeit auch nicht frei. Es wird jetzt alles sehr schnell gehen, und ich kann nicht mehr mit ihm Gassi gehen. Er braucht dich.«

Winni jaulte, während Sabrina aus der Tür ging und mich ratlos zurückließ. Ich blickte auf Winni; ihn ohne sein Frauchen zu sehen, war komisch. Die beiden waren eine Einheit und nun stand er verloren vor mir und wusste auch nicht so recht, was er tun sollte. Ich holte eine Wurst aus dem Kühlschrank und da wedelte er wenigstens zaghaft mit seiner Rute.

Danach brauchte ich Gewissheit, rief bei Sabrinas Mutter an, aber erreichte nur Tante Nicole.

»Sabrina und ihre Mutter sind schon vorausgefahren.«

Diese Aussage trug nicht gerade zu meiner Aufklärung bei.

»Aha«, antwortete ich daher gedehnt, um Zeit zum Nachdenken heraus zu schinden, denn ich wusste eigentlich nicht, wohin die Reise ging. Ich stand wie vor einer großen graffitibeschmierten Wand, über die ich nicht hinübersehen konnte und daher immer nur den flimmernden Beton vor meinen Augen erspähte.

»Der Hund ist übrigens bei mir«, erklärte ich weiter am Telefon, weil ich irgendetwas Neutrales sagen wollte.

»Der Hund?«, rätselte Nicole.

»Ja, euer Hund«, half ich ihr auf die Sprünge. »Sabrina war vorhin kurz bei mir.«

»Ach so, Sabrina war bei dir«, wiederholte Nicole gedehnt und schien ebenfalls Zeit hinauszuzögern, um sich die richtigen Worte zurecht zu legen. »In ein paar Tagen oder vielleicht Wochen können wir uns wieder um ihn kümmern, dann kannst du ihn vorbeibringen, aber zieh etwas rosafarbenes an.«

»Rosa?«, wiederholte ich verständnislos, genauso gut hätte Nicole Chinesisch mit mir sprechen können. Plötzlich gehörte ein Hund zu meiner Existenz und ich brauchte scheinbar Klamotten in rosa. Was sollte das? Ich hatte keine Lust auf eine Einkaufstour ohne meine beste Freundin.

Rosa. Das war Sabrinas Lieblingsfarbe, nicht meine und ich besaß rein gar keine Klamotten in diesem Schweinchenton. Doch ich besorgte fürsorglich die Sachen und reihte mich danach in die Phase des Wartens ein, wie ein Auto im Stau. Ich konnte nichts weiter tun. Bewegungsunfähig wie ein Eisblock; meine innere Unruhe hingegen krabbelte wie eine Ameiseninvasion auf Abenteuerurlaub.

Kribbelig lief ich herum wie Falschgeld, und es war gut, dass ich jetzt einen Hund besaß. Wir gingen täglich Gassi bis zu Sabrinas Haus, machten aber immer im letzten Moment eine Kehrtwende. Solange ich nicht genau wusste, was los war, konnte ja auch nichts passieren. Die Erwachsenen waren im Schweigegelübde, und ich verspürte nicht den Drang, an meinen Scheuklappen vorbei zu schauen. Anklingeln kam nicht in Frage! Nur Winni zog gelegentlich an seiner Leine und winselte, weil er auch nicht verstand, wo sein Rudel abgeblieben war.

An einem Abend brachte mein Vater, wie ein großer Sprengmeister, die Betonwand des Schweigens zum Einsturz, als er sagte: »Sabrina geht es sehr schlecht.«

Ich starrte ihn an. Wollte ich mehr Infos haben oder einfach nur weglaufen? Flüchten wie ein hakenschlagender Hase.

»Ihre ganze Familie lebt seit Tagen bei ihr im Krankenhaus aber Sabrina wird immer schwächer. Verstehst du?«

Er sprach einfach weiter, drang in meinen Kopf ein, brannte seine Worte in mein Hirn, egal, ob ich sie hören wollte oder nicht.

»Ja«, keuchte ich schließlich.

»Es könnte sein, dass sie …«, er stockte mitten im Satz und sprach nicht aus, was er sagen wollte, sondern wischte sich mit der Hand übers Gesicht.

»Du solltest dich verabschieden«, betonte er stattdessen mit fester Stimme.

Einfacher wurde es durch die geänderte Wortwahl allerdings nicht. Es änderte auch nichts daran, dass die Krankenhausflure nach Desinfektionsmittel rochen und Sabrinas Zimmer aussah wie eine abhebende Raumstation zum nächsten Orbit.

»Gibt es irgendetwas, was du dir wünschst?«, flüsterte ich.

Sie dachte eine Weile über diese wichtige Frage nach, denn es würde nicht mehr allzu viele Wünsche geben.

»Die Leute sollen ab und zu rosa Blumen auf mein Grab stellen«, antwortete Sabrina schließlich vorausschauend.

Fassungslos schaute ich meine Freundin an.

»Wenn es doch mein Schicksal ist.«

Rosa. Sabrinas Lebensende glitt in ihrer Lieblingsfarbe an mir vorbei, wie ein Schnellzug auf Reisen.

»Bitte tragt keine schwarze Kleidung«, hatte Sabrina ihrer Tante Nicole anvertraut.

Jetzt lauschte ich angestrengt den Worten des Pfarrers, und mein Blick war die ganze Zeit starr auf meine rosa Fußspitzen gerichtet, bis der Sarg nach unten abgesenkt wurde und ich den Luftballon steigen ließ.

Cholena Maurer

Hannah

Du könntest über Weihnachten zu Besuch kommen.« Unsicherheit liegt in der Stimme seines Bruders, eine testende Zurückhaltung, die den Vorschlag zur Frage macht.

Nick brummt eine Zustimmung, während sein Blick über die Töpfe und Teller gleitet, die sich in der Spüle stapeln. Tomatensauce in verschiedenen Trockenheitsstufen gedeiht auf ihnen. Er wird sie abwaschen müssen, wenn er Hannah einladen will.

Im Gefrierfach liegt noch Gemüselasagne. Ihr gestriges Essen. Früher haben sie keine Reste gelassen. Heute reicht jede Mahlzeit noch für eine weitere. Vielleicht kocht er trotzdem etwas Neues. Lasagne schmeckt aufgewärmt nie so gut, wie sie frisch schmeckt – und es ist ihr Lieblingsgericht.

Er rutscht auf seinem Stuhl hin und her, während seine Augen die Uhr finden.

»Seit wann trinkst du Sojamilch?«

Irritation flammt in ihm auf. David steht noch immer neben dem Kühlschrank. Halb lehnt er sich in ihn hinein, als gäbe es einen anderen Ort als die Kühlschranktür, an dem er seine Milch lagern könnte. Ein Karton Sojamilch klemmt zwischen seinen Fingern. Auf seinem Gesicht Unverständnis, dabei weiß er, dass Hannah immer Sojamilch getrunken hat.

»Tue ich nicht. Milch ist in der Tür.« Selbst hinter dem leeren Becher, den er an sein Gesicht hebt, spürt er Davids Blick.

»Also, wie ist das mit Weihnachten?«, fragt David, als er zu seinem Platz zurückkehrt und den Milchkarton zwischen ihnen auf dem Tisch abstellt. Sie beide kennen die Qualität seiner Zustimmung.

»Mal sehen«, sagt er und David rollt seine Augen. Die Beine seines Stuhl kreischen auf dem Küchenboden. Er wird gehen, sie wissen es beide, in fünf Minuten, zehn, vielleicht fünfzehn. Frustriert und wütend und Nick wird bleiben, am Tisch sitzen, während er die Tür zuschlagen hört, sich schlecht fühlen, dafür, dass es ihm egal ist. David wird nicht anrufen, und er ohnehin nicht, nicht, bis Weihnachten vorbei ist. Ein paar Tage vor Neujahr wird das Telefon klingeln und David wird sagen, seine Frau wolle die Kinder zu ihren Eltern nehmen, ihn fragen, ob sie in der Zeit zusammen ein Bier trinken wollen, das Feuerwerk ansehen, wie sie es getan hatten, bevor sie geheiratet haben.

»Du solltest kommen. Wirklich.«

Er nickt in seinen leeren Becher. Zwei Jahre zuvor hat er Weihnachten mit David verbracht. Schlammiger Schnee hat an seinen Fingern genagt, ihnen jedes Gefühl entzogen und er hat gelacht, wie er es lange nicht mehr getan hatte. Sein Neffe hat den Garten zu einem verschneiten Kriegsgebiet erklärt und sie sind hinter Baumstämmen und Büschen in Deckung gegangen, um eisigen Kugeln zu entgehen. Später hat er im Wohnzimmer gesessen und seine Hände an einer Tasse heißer Schokolade aufgetaut, deren Inhalt, zugegeben, größtenteils an seine Nichte verloren ging, die ein Dutzend Mal höflich nach nur einem weiteren Schluck fragte. Ein stilles Grinsen haben sie ausgetauscht, als sie mit ihrem Ärmel Sahne und Milch von ihrer Lippe wischte, bevor ihr Bruder sie sehen konnte.

Er wird nicht wiederkommen.

»Ruf an«, sagt David, doch es klingt wie ein Abschied. Kennt die Antwort, weiß, dass sie existiert hat, lange, bevor er die Frage gestellt hat.

»Mal sehen. Wenn ich Zeit habe.«

Die Stille zwischen ihnen breitet sich aus, kehrt zurück zu vertrauter Größe. Er kann sich nicht daran erinnern, wann David zuletzt in seiner Küche gesessen hat. David kann sich nicht erinnern, wann ein Gespräch mit seinem Bruder sich zuletzt zwanglos angefühlt hat. Instinktiv stattgefunden hat. Nebensächliche Unterhaltungen über das Telefon, Anrufe, die nicht geplant wurden, in Rot im Kalender standen, fortgeschoben wie Zahnarzttermine. Bedeutungslose Worte, die einfach von seinen Lippen kommen, keines abgewogen, bereits in seinem Kopf ausgesprochen, bevor er den Mund öffnet.

Es fühlt sich auch jetzt bedeutungslos an. Doch die Bedeutungslosigkeit in jedem Wort ist nicht mehr leicht, ist nicht mehr unbekümmert.

Sie ist schwer, zieht sie hinab wie Steine an ihren Knöcheln, während die Flut steigt.

»Vielleicht könntest du irgendwann in den Ferien kommen. Die Kinder sind für einige Tage weg, bevor sie zurück in die Schule müssen. Großeltern.«

Er nickt – mehr Bestätigung, dass er gehört hat, als Zustimmung.

»Wir könnten weggehen, nur wir drei, irgendwo essen gehen.«

Erneut hebt er den leeren Becher an seine Lippen. Er könnte ihn auffüllen, es ist noch Kaffee da – doch er will David nicht ermutigen, noch länger zu bleiben.

»Wir haben den neuen Star Wars für die Kinder gekauft, vielleicht könnten wir ihn zusammen sehen, wie früher.« Davids Lippen verdrehen sich in ein vorsichtiges Lächeln, beinahe instinktiv, doch Nick zuckt nur mit den Schultern. Es ist nicht nur früher, es ist früher früher, Tage im Keller ihres Elternhauses, sein Arm um Hannahs Schultern und seine Augen auf ihrem Gesicht. »Ich weiß nicht, muss ich sehen.« Vielleicht braucht Hannah ihn. Braucht ihn hier. David wohnt drei Stunden entfernt. Sollte Hannah anrufen, er wäre nicht rechtzeitig hier. »Ich denke nicht.«

Augen verengen sich und Brauen nähern sich, doch David entgegnet nichts.

»Man sieht sich«, sagt er schließlich, glaubt es nicht. Er richtet sich auf, zu schnell, stößt seinen Becher um, doch er ist beinahe leer, verteilt nur Tropfen auf dem Tisch. Einen Moment zögert er, will ihn aufrichten, die Flecken aufwischen, doch er tut es nicht.

Die Tür fällt laut hinter ihm zu. Beinahe tut es weh, doch Nick steht nicht auf, um ihm zu folgen.

Es ist besser so. David lenkt ihn ab, stiehlt seine Zeit und versteht nicht, dass Hannah ihn braucht.

Im Treppenhaus knarren die Stufen, dann verblassen auch sie. Alles was zurückbleibt, sind Flecken auf dem Tisch.

Nick wischt sie auf, bevor er sich Jacke und Schuhe überzieht, sich auf den Weg macht, Hannah abzuholen, um sie zum Essen auszuführen. Das Restaurant am Park, vielleicht, wo die Sonne in Hannahs Haar gefallen ist, oder das kleine Café, in dem sie sich kennengelernt haben.

Wo er allein an einem Tisch für zwei sitzen wird.

Lisa Meyer

Märchen

Es war einmal ein fröhliches Kinderlachen, das über eine weite Farm hallte. Das Lachen schreckte einige pechschwarze Krähen vom staubigen Boden auf, ansonsten regte sich weit und breit nichts.

Es war Hochsommer und die Sonne brannte vom tiefblauen Himmel herab. Ein kleines Haus stand mitten im Nirgendwo, als hätte es jemand dort vergessen und einige Meter weiter standen schiefe, heruntergekommene Pfähle notdürftig in den Boden gerammt, die das Haus umrahmten. Und dort, auf einem der schiefen Pfähle, saß das kleine Mädchen und baumelte lächelnd mit ihren Beinen. Ihre kurzen blonden Haare fielen ihr immer wieder in die Stirn und ihre großen blauen Augen ruhten auf der schweren braunen Tür.

Diese Erinnerungen huschten mir durch den Kopf, als ich in das heruntergekommene Haus trat und meine alten Schuhe von den Füßen streifte. Damals hatte ich den Ausblick geliebt. Den blauen, endlos scheinenden Himmel, all das. Wenn ich die Augen schloss, konnte ich immer noch die braune Tür vor mir sehen. Und dann sah ich wieder das kleine Mädchen. Dann sah ich wieder mich.

Das Mädchen wartete. Worauf sie wartete? Das hatte sie schon unzähligen ihrer erfundenen Freunden erzählt. Ihren einzigen Freunden. Aber lange musste sie nicht mehr warten. Mit einem Knall öffnete sich die Tür, auf die sie so lange gestarrt hatte. Ein braunhaariger großer Mann streckte den Kopf durch die Tür und blickte hinüber zu ihr.

»Na, meine Kleine? Kannst du deinem Vater wieder helfen?«

Sie verzog das Gesicht und schmollte: »Aber Papi ... ich will nicht ... nicht schon wieder.«

Sie wusste, dass sie das nicht sagen durfte. Sie wusste, dass es ihn nicht glücklich machte. Und genau das sah sie, als sein Lächeln zu einer seiner dunklen Grimassen wurde.

»Aber willst du keine gute Tochter sein? Willst du deinen Vater denn nicht glücklich machen?«

Das Mädchen nickte eifrig und rutschte von dem Pfahl herab. Sie wollte eine gute Tochter sein. Papi hatte ihr gesagt, eine gute Tochter machte so etwas. Und Papi hatte immer Recht. Mit langsamen Schritten ging sie auf die Tür zu. Sie wollte ihn doch nicht enttäuschen. An der Tür angekommen, ließ er sie durch, legte eine seiner großen Hände auf ihre Schulter und schob sie unsanft die lange Treppe in den Keller hinab.

Wieder ging ich eine Treppe hinab. Nur ging ich dieses mal allein. Viele Jahre waren vergangen und trotzdem vergaß ich nie.

Auf dem Weg die Treppe hinab musterte das Mädchen die

weiße Wänden. An ihnen hingen verschiedene Diplome ihres Vaters. Papi hatte einmal gesagt, wenn sie nicht weinen würde und eine gute Tochter sein würde, dann könnte er bald wieder eines der Diplome an die Wand hängen. So glücklich wollte sie ihn machen. Er schob sie unsanft weiter, bis zu dem Stuhl, den das Mädchen nicht mochte. Nein, bis zu dem Stuhl, den sie hasste.

Einmal hatte sie ihn gefragt, was er machte. Warum sie ihm immer helfen musste. Er hatte sie mit seinen braunen Augen angeblickt – die Augen, die ihr manchmal Angst einjagten – und gesagt, dass er experimentiere. Sie hatte es nicht verstanden. Nicht verstanden, warum sie ihm dabei helfen musste. Da hatte er gesagt: »Nun, wenn dein Papi Erfolg hat, dann wird er irgendwann ganz vielen anderen helfen können. Meine Kleine, dann werde ich Krankheiten heilen können überall auf der Welt. Und irgendwann wird es soweit sein. Bis dahin …«, er hatte ihr einen Kuss auf die Stirn gedrückt, »bis dahin wirst du mir helfen müssen zu verstehen.«

Sie hatte darüber nachgedacht und später gefragt: »Was willst du verstehen, Papi?«

Er hatte sie wieder angelächelt, während er eine der Spritzen in der Hand gehalten hatte: »Ich will den menschlichen Körper verstehen. Wie er auf Krankheiten reagiert, auf Bakterien …« Seine Augen begannen zu leuchten, als er damit anfing: »Aber nun, lass deinen Vater arbeiten, sei eine gute Tochter. Was macht eine gute Tochter?«, hatte er mit einem prüfenden Blick in ihre Richtung gefragt.

Sie hatte schlucken müssen, bevor sie so wie immer geantwortet hatte: »Eine gute Tochter weint nicht.« Dann hatte er den Stuhl zurück geschoben und hatte begonnen zu arbeiten.

Es war einmal … so hatte diese Geschichte begonnen. Es war einmal. Ein Satz, der Märchen ankündigte. Ein Märchen, eine Geschichte, in der das Gute über das Böse triumphierte. Eine Geschichte, in der es eine klare Linie zwischen Gut und Böse gab. Aber ich wusste, dass das nicht stimmte. Das Gute triumphierte nicht immer. Tatsächlich waren es nur Märchen, in denen das Gute gewann.

Darüber musste ich nachdenken, als ich mir die Handschuhe anzog, den Laborkittel zuknöpfte und auf den Stuhl zuging. Mir war bewusst, was andere von mir hielten. Es gab Menschen, wenige Menschen, wie meinen Vater. Diese Menschen würden mich bewundern. Und es gab Menschen, die mich als das Böse, viel schlimmer als das aus den Märchen bezeichnen würden. Ich kannte die Moralvorstellungen der Menschen. Und sie brachten mich nur zum Lächeln.

Immer noch lächelnd näherte ich mich dem Suhl und beobachtete, wie ihre Atmung schneller ging, ihre Augen größer wurden und sie hinter dem Panzerband um Hilfe flehte. Ich wusste, dass ich das Böse war. Doch eine Frage hallte immer wieder durch meinen Kopf, als ich die Liege zurückstellte und lächelnd zu arbeiten begann.

War es denn meine Schuld?

Anna Niedieck

Nur der Mond

Glücklich laufe ich mit ausgebreiteten Armen den schmalen Pfad zwischen den Dünen hinunter und drehe mich unten angekommen lächelnd um die eigene Achse. Sofort verliebe ich mich in die kleinen Badebuchten, die sich halbmondförmig aneinanderreihen, den weichen weißen Sand, das sachte Küssen der Wellen, die Brücke, die weit ins Wasser hinausragt. Hinter uns versteckt sich bereits die Sonne hinter dem Deich und bringt den Horizont leuchtend gelb zum Glühen. Es ist ein lauer Abend Anfang März. Tief atme ich den Geruch vom salzigen Meer, Algen und Sand ein, höre den Möwen zu, wie sie kreischend ihre Bahnen ziehen. Vor uns erhebt sich schwer der Mond und wirft sein blasses Licht auf die gekräuselte Oberfläche des Wassers.

Das alles wird noch schöner, als du dich neben mir eingefunden hast. Mit dir rückt der Alltag in so unendlich weite Ferne. Mit dir bin ich glücklich, befreit und ehrlich. Bei dir kann ich ich sein. Deine Nähe tut mir gut.

Aber heute ist der Tag der Wahrheit. Es steht noch eine Erklärung aus. Du fragtest mich vor Kurzem, ob ich in all den Wirren aus Studienabbruch und Ausbildungssuche auch daran gedacht hätte, wieder nach Hause zu meinen Eltern zu ziehen. Ja, darüber habe ich nachgedacht. Jedoch bringe ich es nicht übers Herz. Die Begründung auszusprechen kostet Überwindung. Ich habe Angst vor deiner Reaktion, obwohl ich das sonst nie habe – haben muss.

Nach einer Weile, in der ich nach den richtigen Worten gesucht habe, gestehe ich, dass die Nähe zum Wasser und du der Grund dafür seien, warum ich hier bleiben möchte. Das habe ich an einem tränenreichen Abend zu Hause herausgefunden. Für eine kurze Weile bin ich mir so sicher, das Richtige getan zu haben, fühle mich einen Moment befreit, bevor mir die Angst vor deinen Worten die Kehle zuschnürt und ich jedes einzelne der wenigen Worte bereue. Doch deine erste Reaktion geht erinnerungslos in meinem Herzklopfen und dem Rauschen meines Blutes unter.

Nach anfänglichem Schweigen deinerseits stellst du einige Fragen, rechtfertigst dich gar für deine Gefühle – oder eben für die, die du nicht hast. Und ich kommentiere sie, widerlege sie, versuche sie zu entschärfen. Jedes Mal ärgere ich mich darüber, es tut mir leid und doch tue ich es jedes Mal unbewusst wieder. Aber noch mehr ärgere ich mich darüber, dass du das Gefühl hast, dich rechtfertigen zu müssen. Deine Gefühle brauchen keine Rechtfertigung. Es wird eine Weile weh tun, aber das kann ich überwinden. Es wird irgendwann wieder normal sein, neben dir zu laufen.

Die Erkenntnis trifft mich wie ein Blitz. Unglaublich, wie man sich gleichzeitig so nah und so fern sein kann. Da ist diese körperliche Nähe. Du läufst nicht einmal eine Armlänge entfernt von mir, unsere Schritte setzen wir im Einklang und ab und zu berühren sich unsere Jacken. Dann überkommt mich eine leichte Gänsehaut, ein angenehmes Prickeln. Aber da ist auch die emptionale Nähe. Deine Ruhe und Kraft, deine Sicherheit und Geborgenheit üben eine ungeheure Anziehungskraft auf mich aus. Die intensiven und ehrlichen Gespräche, die Vorliebe für Skandinavien, unser Interesse aneinander vom ersten Tag an. Wir teilen oft dieselben Ansichten. Gefühlt gibt es tausende Dinge, die uns verbinden. Gleichzeitig trennen uns aber auch zwei Etagen, sechsundzwanzig Jahre Altersunterschied, die damit zusammenhängende Lebenserfahrung und unsere Zukunftsplanung. Bisher konnte ich das ganz gut verdrängen. Doch jetzt werden mir die Unterschiede aufdringlich bewusst und betrüben meine Stimmung.

Die Dunkelheit senkt sich stetig weiter über uns. Der Mond ist unser einziger Zeuge. Er scheint kräftiger aufs Meer und bewirkt eine paradox romantische Stimmung. Leise plätschern die Wellen an den Strand. Die Möwen werden leiser. Muscheln knacken unter unseren Füßen. Ein sanfter Wind streichelt unsere Haut.

Wie geht es dir mit diesem Geständnis? Bist du sehr erschrocken? Ist es sehr komisch für dich? Wird das etwas ändern zwischen uns? Denn genau davor habe ich seit Tagen Angst. Ich habe Angst, dass es unangenehm für dich ist; dass du nicht damit umgehen kannst; dass du eventuell ein schlechtes Gewissen bekommen könntest und dich von mir abwendest. Keine Ahnung, ob du das auch so siehst, aber ich möchte dich auf keinen Fall verlieren! Wir kennen uns doch erst 165 Tage und es gibt noch so viele Dinge, die wir erleben können. Nächste Woche möchte ich für uns kochen, wir wollen zusammen essen gehen, so viele Spaziergänge sind noch nicht gegangen, im Sommer können wir zusammen schwimmen gehen, den Sternenhimmel betrachten und später gemeinsam den dunklen Winter überstehen – und wenn »nur« als Freunde. Denn das ist schon nicht wenig!

Das Verlangen dich zu berühren, mich einzuhaken, deine Hand zu nehmen oder mich an dich zu lehnen, ist kaum zu bändigen. Am liebsten würde ich dich in den Arm nehmen, dich halten und gehalten werden, nie wieder loslassen.

Um diesen Wunsch zu unterbinden, schiebe ich meine Hände tief in die Jackentasche, greife dort nach einem vor Monaten gesammelten, kleinen glattgeschliffenen Stein und spiele in der Tasche damit. Es verhindert jedoch nicht, dass mir eine kleine Träne aus dem Augenwinkel fällt und meine Wange hinunterkullert. Ungehört und hoffentlich ungesehen tropft sie in den Sand und ist sogleich nicht mehr sichtbar. So unbedeutend sie für den Strand sein mag, so drückt sie einen tiefsitzenden, obwohl gerade erst aufgekeimten Schmerz aus. Den Schmerz meines jungen Herzens, für den es keine Worte gibt, der gefühlt und ausgehalten werden muss, der vorübergehen wird. Das einzige, was mir jetzt übrig bleibt, ist zu hoffen, dass unsere relativ junge Freundschaft stark genug ist, das auszuhalten, dass sie nicht vorübergehen wird.

Sterne leuchten über uns am dunklen Firmament, in der Ferne ziehen Wolken auf, der Mond scheint uns in den Rücken, der Deich liegt vor uns, bereit zum Überqueren. Dahinter liegt die unheilvolle Welt, die Rückfahrt, die Trennung für heute und der Alltag.

Und alles hält mich hier mit dir – bei dir.

Katharina Nobis

Charlies Blubb

Tapp. Tapp. Tapp. Bob tippt mit dem Zeigefinger auf die Plastikdose. Zarte bunte Plättchen schweben aufs Wasser und breiten sich wie ein Teppich aus. Schnell taucht Goldfisch Charlie auf und stürzt sich gierig auf das Futter. Bob mag es, ihm beim Fressen zuzusehen. Wenn der kleine Fisch flink wie ein Delphin umher schwimmt und immer wieder an die Oberfläche schießt. Bob sitzt dann ganz nah am Glas und jedes Mal kommt Charlie herangeschwommen, starrt ihn mit großen Augen an und bewegt sein Maul, als ob er Bob etwas sagen wollte. Dabei stößt er kleine Luftblasen aus, die wie silberne Perlen aussehen. Und wenn sie tanzend nach oben schweben und an der Luft zerplatzen, hört Bob jedes Mal ein zartes »Pling«.

Bob füttert den Kleinen mehrmals am Tag mit dem Super-Food »Fishy´s Yummy«. Charlie liebt es über alles und da Bob Charlie über alles liebt, füttert er ihn hingebungsvoll mit dem edlen Kraftfutter.

So vergehen Tage, Wochen, Monate. Und Bob bemerkt nicht, dass Charlie immer größer und muskulöser wird.

Eines Tages wird Bob von einem seltsamen Quietschen geweckt. Irritiert sucht er die ganze Wohnung nach dem eigenartigen Geräusch ab, um schließlich entsetzt festzustellen, dass es Charlie ist, der so quietscht, wenn er mit seinem dicken Körper am Glas entlang schrubbt. Als dann auch noch eine riesige unförmige Blase aus seinem Maul quillt und an der Luft zerplatzt, traut Bob seinen Ohren nicht. Die Monsterblase klingt wie ein gigantischer Rülpser. Charlie glupscht ihn dabei traurig mit spiegeleigroßen Augen an. Spätestens jetzt bricht es Bob fast das Herz. Sofort beschließt er ein neues, viel größeres, schöneres und vor allem gemütlicheres Zuhause für Charlie zu kaufen.

Kaum zur Tür raus, bleibt Bob wie jedes Mal, wenn er das Haus verlässt oder betritt, am Schwarzen Brett stehen. Er muss dann immer die vielen Zettel lesen, das stärkt sein Gemeinschaftsgefühl. Minki, Familie Müllers Katze, ist entlaufen. Morgen wird wegen Rohrarbeiten im ganzen Haus von neun Uhr bis drei Uhr das Wasser abgestellt und Familie Böck hat eine grüne Mütze bei den Briefkästen gefunden.

Wieder daheim, lässt Bob die Tür ins Schloss fallen und stürmt ins Wohnzimmer. »Sieh nur«, ruft er freudig. Charlie begrüßt ihn mit einer rülpsenden Luftblase und kugelt dabei asynchron mit den Augen. »Dein neues Zuhause.« Stolz zeigt er ihm das riesige Aquarium. »Und hier, das ist feinster Muschelkies von den Seychellen. Ich hab auch noch eine leuchtende Schatztruhe und ein Piratenwrack.« Bob lächelt zufrieden. »Und ein paar Pflanzen. Allerdings nur aus Plastik, weil du sie sonst frisst.« Er zwinkert dem Fisch zu. »Morgen ziehen wir um.«

Am nächsten Morgen wacht Bob mit einem seltsamen Gefühl im Magen auf. Er kennt diesen Zustand. Immer wenn er etwas Wichtiges vergessen hat, fühlt er sich so. Gähnend schlurft er in die Küche, wie jeden Tag setzt er erst den Kaffee auf, bevor er Charlie füttert. Tapp. Tapp. Tapp. Bob tippt wie gewohnt auf das Futter. »Heute ist der große Tag. Freust du dich?« Er sieht auf die Uhr, halb neun, bis der Kaffee fertig ist, hat er noch genug Zeit zum Duschen. Nach einem ausgiebigen Frühstück stellt Bob das neue Aquarium in die Badewanne. Er montiert einen kurzen Schlauch an den Hahn, den er vorsichtig ins Becken hängt. Gedankenverloren dreht er das Wasser auf und geht zurück ins Wohnzimmer. Nachdenklich betrachtet er den dicken Charlie und fragt sich, wie er ihn wohl durch die enge Glasöffnung bekommen soll. Da kommt ihm die Idee: Er trägt Charlie in die Badewanne. Dort zerschlägt er dann vorsichtig das Glas und setzt ihn schnell ins neue Fischbecken. »So wird's gemacht. Guter Plan.«

Bob lächelt den dicken Freund an. Und als er Charlie anhebt, ist er verblüfft wie schwer er ist. »Ich setz dich auf Diät, mein Lieber. Ich schwör's.« Vorsichtig jongliert Bob den Goldfisch Richtung Bad. Charlie blubbert aufgeregt, da er noch nie irgendwohin getragen wurde, und versucht, mit den Flossen zu schlagen. Bob sieht sein Maul hektisch pumpen. Charlie schlägt jetzt immer stärker mit seinem massigen Körper gegen das Glas. Wasser schwappt über und Bob hat Mühe, das glitschige Gefäß mit dem panischen Fisch zu halten. Plötzlich rutscht ihm das Glas samt Charlie aus den Händen und schlägt auf dem weißen Fliesenboden auf. Es zerbirst in tausend Stücke. Der Fisch schlittert über den Boden, bis er mit einem dumpfen Schlag von einer Wand gestoppt wird. Regungslos bleibt er liegen. Bob hält die Luft an und starrt auf den fetten orangenen Haufen am Ende des Ganges. Erst Charlies schlagende Flosse lässt ihn wieder atmen. »Du lebst!«, jauchzt er euphorisch. Schnell ist Bob bei ihm und hebt ihn liebevoll auf. Vorsichtig trägt er seinen Liebling ins Bad, aber da trifft ihn der nächste Schock. »Das Wasser!«, ruft er spitz. Verzweifelt wandert sein Blick vom leeren Aquarium zum erstickenden Fisch in seinen Händen. Bob legt Charlie auf den Seychellenkies ab und nestelt verzweifelt am Wasserhahn herum. »Das Klo!«, schreit er. Bob packt den Fisch an der Schwanzflosse und wirft ihn ins Klo. »Scheiße.« Ungläubig starrt er in die Schüssel. Charlie liegt im Trockenen, er ist zu dick, um bis ins Wasser zu gelangen. Bob drückt die Spülung. Klack, nichts passiert. Bob überlegt fieberhaft. »Baggersee!«, kreischt er, packt Charlie und rennt los.

Als Bob endlich den nahegelegenen See erreicht, er ist keine fünf Minuten entfernt, regt sich der Goldfisch nicht mehr. Trocken und irgendwie komisch weich wie ein Gummiball, klebt er an Bobs Händen. Mit Tränen in den Augen lässt er seinen einzigen Freund zu Wasser. Charlie treibt, Bauch nach oben, langsam davon.

Wie jeden Morgen verlässt Bob das Haus, aber ohne am Schwarzen Brett zu lesen und am Leben der Hausgemeinschaft teilzunehmen. Als einige Tage später sein trauriger Blick auf einen der vielen Zeitungskästen fällt, lächelt er plötzlich. »Monster-Goldfisch in Baggersee gesichtet.«

Tapp, Tapp, Tapp, durchbricht es die Stille frühmorgens am See. Bob joggt jetzt jeden Morgen um den Baggersee.

Cornelia Scharfschwerdt

Grüße aus der Vergangenheit

Es kam mit der Morgenpost: ein Paket.

Eingewickelt in braunes Packpapier und verschnürt mit derber Doppelschnur, unterschied es sich in nichts von den Tausenden anderen Paketen, die die Postboten tagtäglich austragen. Mit diesem aber hatte es eine besondere Bewandtnis.

»An Hildegard Bläum, Bucheckernweg zwölf«, stand in gleichmäßig geschwungenen schwarzen Buchstaben auf dem robusten Papier. Es fehlte nicht nur der Name der Stadt in der ich lebte, sondern auch die Adresse des Absenders. Ich drehte das Paket um, aber die Rückseite war leer.

Meine rheumatischen Hände hatten Schwierigkeiten, die Schnur mit der großen Schere zu durchtrennen. Früher hatte mir diese Arbeit mein Mann abgenommen. Seit er im vergangenen Jahr gestorben war, fehlten mir nicht nur seine hilfreichen Hände, ich war auch einsam und hoffte, ihm bald folgen zu können. Das Haus schien mir ohne ihn noch größer als früher. Vor allem die Stille, die nur durch die wenigen Geräusche, die ich selbst erzeugte, durchbrochen wurde, wirkte auf mich bedrohlich. Ich hatte nicht mehr das Gefühl der inneren Ruhe und Geborgenheit. Oft dachte ich wohlwollend über den Tod nach und doch fürchte ich mich vor diesem letzten Schritt.

Als ich das Paket geöffnet hatte, sah ich zwischen der Holzwolle einen Teddy. Es war ein altes Modell. So etwas bekam man heute nicht mehr in den Läden. Genau so einen hatte ich als Kind. Ich schaute ihm in seine Glasaugen und mir war, als öffnete sich ein Fenster in meine Vergangenheit.

Ich war etwa sieben oder acht Jahre alt und wir lebten auf dem Lande. Der zweite Weltkrieg lag noch in weiter Ferne und wir hatten keinen Grund, uns vor irgendetwas zu fürchten. Doch eines Tages änderte sich alles.

Ein kleiner Junge, Rainer war sein Name, verschwand. Er war keine fünf Jahre alt und niemand glaubte daran, dass er weggelaufen sein könnte. Vergebens suchten wir in den angrenzenden Wäldern nach ihm. Viele glaubten an eine Entführung und uns Kindern wurde verboten, nach Einbruch der Dunkelheit draußen herumzulaufen.

Es waren vielleicht zwei Tage vergangen und ich durchstreifte allein mit meinem Teddy die Felder. Er war mein größter Schatz. Als er einmal eines seiner grünen Augen verloren hatte, war ich untröstlich, bis meine Mutter schließlich die fehlende Glasperle durch einen roten, glitzernden Knopf von Augenqualität ersetzte. An jenem Tag lief ich also mit meinen Bären durch die Weizenfelder und beobachtete Krähen, wie sie sich die Körner aus den Ähren pickten. Plötzlich hörte ich ein Geräusch. Ich hielt inne und lauschte. Es klang wie ein Seufzen. So wie es sich nachts anhörte, wenn der Wind um unser altes Haus fegte. Aber dieses Seufzen war menschlicher. Ich folgte dem hin und wieder verstummenden Laut und entdeckte am Waldrand, versteckt hinter einer Hecke, einen alten Brunnenschacht. Es war so dunkel, dass ich nicht erkennen konnte, wie tief er in die Erde hineinreichte. »Hallo?«, rief ich hinunter. »Hallo? Ist da jemand?« Nur das Echo meiner viel zu ängstlich klingen Stimme hallte zu mir herauf.

So sehr ich mich auch anstrengte, meine Augen konnten sich an die Dunkelheit nicht gewöhnen. Eine moderige Kälte stieg empor und legte sich feucht über mein Gesicht. Dann hörte ich erneut das Stöhnen.

»Hallo? Ist da jemand?« Ein schwaches Wimmern drang nach oben und ich hörte eine Kinderstimme. »Mama! Mama!« Von diesem Moment war mir klar, dass es nur Rainer sein konnte. »Ich hol Hilfe. Wir holen dich sofort raus!«

»Nich weggehen!« Der kleine Junge klang verzweifelt und von Tränen erstickt. »Bleib hier!« Ich hörte ein helles Klackern und Klappern, das ich zuerst nicht einordnen konnte. Es ertönte immer, wenn der Junge nichts sagte. Doch plötzlich wusste ich, dass es seine Zähne waren, die in dem kalten Schacht unkontrolliert aufeinander schlugen. »Hilfe!« Seine Stimme klang so schwach, als würde er jeden Moment die Besinnung verlieren. Meine Augen füllten sich vor Mitleid mit Tränen und ich tat das, wie es mir damals schien, einzig Vernünftige und ließ meinen Teddy hinabfallen. Ein dumpfes Aufschlagen verriet mir, dass mein Plüschtier den Grund erreicht hatte. »Nimm den Teddy. Er passt auf dich auf. Ich hol jetzt Hilfe.« Als ich keinen Widerspruch vernahm, rannte ich so schnell wie nie zuvor ins Dorf und innerhalb der nächsten Stunde hatten sie Rainer an die Oberfläche geholt. Der Junge war schon vor diesem Unglück ein zierliches Kind gewesen, aber die Tage ohne Nahrung hatten ihm einen erschreckenden Anblick gegeben. Dunkle Augenringe stachen aus dem bleichen Gesicht. Die Haare klebten dreckverkrustet auf seiner Stirn, die Kleidung stank nach Kot und Urin und bei jedem Atemzug rasselten seine Bronchien. Aber er lächelte. Als sie ihn wegtrugen, hielt er meinen Teddy fest an die Brust gedrückt.

Zwei Tage später starb Rainer an einer Lungenentzündung.

An seiner Beerdigung nahm das gesamte Dorf teil. Alle schritten an dem offenen Sarg vorbei, um dem kleinen Jungen, die letzte Ehre zu erweisen.

Neben dem Sarg saß seine Mutter. Ein paar Stunden zuvor war sie weinend zusammengebrochen. Nun kauerte sie reglos auf einem Holzstuhl und ihre Augen starrten ins Nichts.

Dann war ich an der Reihe, mich von Rainer zu verabschieden. Ich hatte meinen Teddy mitgenommen. Kurz nachdem Rainer gestorben war, hatte man ihn mir gewaschen zurückgegeben. Die Tränen liefen über mein Gesicht, als ich das Plüschtier zu dem kleinen toten Jungen in den Sarg legte. »Hier, damit du keine Angst hast.«

Noch am selben Tag wurde Rainer mit meinem Teddy beerdigt. Ich weiß es, denn ich war dabei.

Nun sitze ich als alte Frau in meiner Küche und halte einen Teddy in den Händen. Ich schaue in seine Augen. Eines ist rot, das andere grün.

Erst jetzt entdecke ich noch etwas in dem Päckchen. Es ist ein kleiner Zettel. Ich lese die schwarze, geschwungene Handschrift: »Damit du keine Angst hast.«

Martin Simon

»Vom Sinn des Suchens und Findens«
Fundstücke auf dem Weg zu sich selbst.

Die herbstliche Abendstimmung mit ihrem magischen Lichtspiel zog ihn in seinen Bann. Den ganzen Nachmittag schon war er am menschenleeren weiten Strand unterwegs. Er liebte diese Jahreszeit. Die Farbenpracht der Natur, die vom Wechselspiel des Lichts täglich ein neues Aussehen verliehen bekam. Jetzt war die Zeit des Suchens und Findens. Sein Rucksack jedenfalls hatte an Gewicht zugenommen. Darum war die Pause verdient. Er entfachte nun ein Feuer in einer Kuhle, die wohl Sommergäste als windschützende Sandburg angelegt hatten.

Vor seinen Füßen lag ausgebreitet der Inhalt seines Rucksacks. Die Fundstücke der vergangenen Stunden: verschiedenste Muscheln, Steine, farbige Glasscherben, vom Meer matt geschliffen und rund gebrochen. Einige Keramikscherben und Stücke ehemaliger Fliesen rundeten seine Sammlung ab.

Seine Sinne wanderten, von der Abendstimmung inspiriert, durch Raum und Zeit in die Vergangenheit. Schon immer war sein Leben von Suchen und Finden geprägt. Dabei reichten die Pole seiner Erinnerungen vom kindlichen Ostereiersuchen bis hin zur Sinnsuche und Selbstfindung.

Da war das Fotoalbum seiner Kindheit und Jugend. Postkarten, Eintrittskarten, Fotos in Schwarzweiß, zum Teil selbst entwickelt. Das Passfoto der ersten Freundin. Mit kindlicher Handschrift liebevoll kommentiert.

Da war jener Kugelschreiber, scheinbar achtlos in den Schneematsch geworfen und von ihm aufgenommen. Erst später hatte er den Hundertmarkschein entdeckt, der, sorgfältig gerollt, in dem Schreibutensil versteckt war.

Da waren die Patronenhülsen aus Metall, die ein Schütze auf einem Kinderspielplatz hinterlassen hatte. Als er damals seine Fundstücke den Eltern zeigte, reagierten diese betroffen und brachten sie zur Polizei. Wie stolz war er gewesen, als der Polizist sich bei ihm bedankte. »Gut gemacht, Junge!«, hatte er gesagt.

Das knisternde Lodern des Feuers ließ langsam nach und verlangte hölzernen Nachschub. In weiser Voraussicht hatte er Holz gesammelt. Sein Blick wanderte zu den übrigen Fundstücken zurück, die im Sand vor seinen Füßen lagen und vom flackenden Licht der Flammen beleuchtet wurden.

»Welchen Wert mag diese Sammlung wohl haben?«, fragte er sich. Was machte den Wert seiner Fundstücke aus? War die blaue Keramikscherbe Teil eines Tellers, der nun nichts mehr wert war und vielleicht auf dem Meeresboden gelandet war? Und die zerbrochene Fliese? Blieb etwa das Tagwerk eines Handwerkers unvollendet?

Und die Muscheln? Worin lag ihr Wert, wenn der mit materiellen Möglichkeiten nicht zu erfassen war? Er dachte an die Worte eines Meeresbiologen. Der betonte den ungeahnten ökologischen Wert, den Muscheln für das Wasser der Meere haben. Ohne die Filterfunktion dieser Tiere könnte kein Mensch im Meer baden. Ob dies die Sommergäste, die seine Sandburg gebaut hatten, wohl vor Augen hatten, wenn sie achtlos darauf traten? Er besah die Kalkgebilde genau an, hielt sie ins Licht des Feuers und staunte über die Vielfalt an Farben, Formen und Arten. Selbstverständlich steckte er die Muscheln ein. Nicht nur als Erinnerungsstücke an diesen Abend, sondern als wertvolle Fundstücke seines Lebens.

Und dann waren da noch die farbigen Glasscherben. Grün, blau, braun, weiß und sogar rot. Er stellte sich vor, was in den Gläsern und Flaschen, deren Teil sie waren, aufbewahrt war. Wo mochten sie ins Wasser geraten sein? Wie lange waren sie unterwegs?

Das abnehmende Licht erschwerte nun die genaue Betrachtung seiner Sammlung. Der klare Himmel zeigte die Sternbilder der nördlichen Halbkugel. Er erkannte den »Großen Wagen«. Sein Vater hatte ihm damals während abendlicher Spaziergänge erklärt, dass der Große Wagen zum Sternbild des »Großen Bären« gehört. Wie war das doch gleich? Man kann den Großen Bär entdecken, wenn man in Gedanken eine Linie von den hinteren beiden Sternen des Wagens um das vier- bis fünffache verlängert. Angeblich kommt man dann beim Polarstern raus, der das Schwanzende des »Kleinen Bären« oder »Kleinen Wagen« bildet. Oder war es doch anders? Wie schon damals landete sein suchender Blick in einem schwarzen Loch des Universums. Dennoch dachte er gerne an die abendlichen Gänge durch den Wald. Die Geräusche der Nacht faszinierten ihn. Der Sternenhimmel, der die Dunkelheit brauchte, um sichtbar zu werden.

Eine klare, kalte Nacht war hereingebrochen. Nur im Westen war noch ein schwacher rötlicher Streifen am Firmament zu sehen. Er erstickte die Glut mit Sand, sammelte seine Fundstücke ein und ließ sie in den Rucksack gleiten. Bier, Toast und Schnaps in der heimeligen Atmosphäre des Dorfkrugs hinter den Dünen würden ihm guttun und ihn bei der Betrachtung weiterer Fundstücke beflügeln. In diesem Moment aber beschloss er, den »Großen Wagen« in seine Sammlung aufzunehmen und zum Fundstück seines Lebens zu erklären.

Wenig später lagen die Steine vor ihm auf dem Tisch in der Gaststätte.

Er nahm einen erdfarbenen Stein in die Hand und betrachtete ihn nachdenklich und abwägend. Wertvoll oder wertlos? Echt oder unecht? Bernstein oder Flint? Klar, man kann vom Äußeren nicht immer auf das Innere zu schließen! Oft verdeckt ein wertlos erscheinendes Äußere das wertvolle Innere. Das ist bei den Steinen genauso, wie bei uns Menschen! Die Fragen lauten doch: Was bin ich mir selber wert? Und was sind mir meine Mitmenschen wert? An welchen Werten und Normen orientiere ich mich?

»Ja, es ist wie bei meinen Steinen!« Indem er so dachte, nahm er einen Stein aus seiner Sammlung in die Hand. Echt oder unecht? Wertvoll oder wertlos?

Er machte den Test in der Kerzenflamme. Nach kurzer

Zeit brannte der Stein und gab etwas von seinem Innenleben frei. Jetzt war es klar, dies war ein Bernstein! Echt und etwas wert! Er freute sich über seinen Fund. Dennoch ließ ihn ein anderer Gedanke nicht los.

»Die sind alle echt«, dachte er grinsend und ließ sie übrigen Steine klackend durch seine Finger gleiten.

Saskia Stelter

Pandoras Leib

Die Landschaft flog so schnell an ihren Augen vorbei, dass sie gar nicht hinterherkam, außer, sie konzentrierte sich auf einen Punkt, dann flitzten ihre Augen jedoch von links nach rechts, links, rechts, links, rechts, bis alles verschwamm und sie fast einen Drehwurm bekam. War es nicht auch so mit ihrer momentanen Gegenwart? Schnelllebig, gefühllos, ohne Rücksicht auf Verluste. Den Blick auf das Wesentliche richten. Was war schon wesentlich? Die Zukunft? War das der weit entfernte Horizont, den sie aus dem Zugfenster betrachten konnte? Zumindest konnte man diesen klar und lange beobachten, kein dickwabernder Nebel. Die Zukunft …

Dazwischen Hügel, Wälder, abgesenkte Dörfer, wellenförmig hebt die Erde ab und fließt den Wall hinunter, und dies in mehreren frontalen Ebenen bis hin zur Sichtgrenze versetzt, verschoben, verwoben. Feinste Kondensstreifen zerschneiden hartkantig das fließende Bild, fügen sich jedoch wunderbar in diesen wolkenlosen blauen Himmel ein, und dies am kühlsten Tag der Woche.

Vorhin hatte sie ihm geschrieben. Die ganze Wahrheit, ihre Liebe zu ihm und die Lösung des Problems. Er sollte es schließlich erfahren. Dennoch sollte es ihn kaum stören, war er ja von Beginn an nur an der Lust interessiert. Ihr schallen noch seine Worte im Kopf nach.

»Was ist denn daran nicht zu verstehen? Romantische Gefühle oder irgendwas anderes in der Art ist von meiner Seite aus nicht gegeben. Das klingt jetzt vielleicht ein bisschen fies, aber selbst sexuell würde ich dich am liebsten einfach nur benutzen.«

Benutzen.

Selbst Schuld, denkt sie sich, und sieht sich im Abteil um. Versucht, die Geräuschkulisse auf sich wirken zu lassen. Die Vierergruppe da vorne, was für eine Sprache ist das? Serbisch? Sie sind aufgedreht, große Wanderrucksäcke sind in die Gepäckablage über ihnen gestopft. Einer von ihnen trinkt Kräutertee, der Geruch zieht angenehm in ihre Nase. Die alte Dame genau vor ihr erinnert sie an Lots Frau. Wer weiß schon, wie die Frau von Lot aussah, es ist eh nur eine der vielen Bibelgeschichten, die die Menschen in Angst und Ehrfurcht versetzen soll. Lots Frau hat noch nicht mal einen Namen. Sexistische Scheiße. Und trotz aller Namenslosigkeit bleibt ihr ihr Schicksal nicht erspart. Die Neugier, wie schon Eva sie verspürte, übermannte sie und sie wurde vom Elend erschlagen. Erstarrte zur Salzsäule. Und genauso sieht diese Dame aus. Starrer Blick, noch nicht mal ein Wimpernschlag, genausowenig scheint sie zu atmen. Ob sie ihr Ziel wohl noch erreicht? Alles ist so schrecklich vergänglich.

Der Junge links über den Gang schaut sie wehmütig an. Wehmut? Kann ein kleiner Junge dies überhaupt schon fühlen? Kann er reflektieren? Oder erkennt sie in ihm nur die Wut auf sich selbst? Die Traurigkeit über diese endgültige Entscheidung? Ist es der Schlafmangel, dieses ewige Herumgrübeln, die Lösungsfindung der letzten Nächte, die ihr nun diese Einbildung beschert?

Ihr Blick wandert jedoch ein paar Zentimeter nach rechts-oben, zu seinem Vater. Wow. Was für ein Mann. Nein. Nicht schon wieder. Dieses Thema hatte sie doch bereits durch. Wollte sie sich denn nicht diese Tage von jeglicher Art Verführung fernhalten? Das Wesentliche.

Den Blick aufs Wesentliche richten.

Aber dieses unersättliche sexuelle Verlangen, die Neugier ... War sie ... war sie etwa die Pandora? Das personalisierte Feuer für den Mann? Ausgestattet mit Durchtriebenheit und der Fähigkeit zu lügen. Ihr eigener Leib. War er ... Pandoras Büchse? Und das Ding, das da tief in ihrem Unterleib schlummerte, war dies alles Übel der Welt? Oder war es doch die eingehauchte Hoffnung? Dann wäre ER Hermes und sein Samen hätte etwas Gutes vollbracht. Bilder voller Leidenschaft bauschen sich in ihr auf. Er. Götterbote Hermes.

Nein! Sie schüttelt irritiert und belustigt den Kopf. Er war nicht Hermes, ganz und gar nicht. Wenn, dann wohl Ares. Groß, schön, athletisch. Die muskulösesten Waden, die sie je zu Gesicht bekommen hatte. Sie selbst war somit Aphrodite. Und dieses Ding, dieses schmarotzerartige Etwas, ist nicht die Hoffnung, sondern es ist das unzerstörbare Bronze-Netz, welches ihre gemeinsame Affäre aufdecken wird.

In diesen Gedanken streicht sie über ihre Zugfahrkarte. Ihr Blick huscht zu ihrem Zielort.

Ja. Sie hatte die richtige Entscheidung getroffen. Das

Netz aus Bronze zerstören, bevor es sich über sie legen könnte. Aber wäre sie dann nicht eher Medea? Ihre Liebe wird nun mörderisch ... Jedoch war dies keinesfalls ein Rache-Akt. Sie verspürte Ekel, Sehnsucht nach ihrem Geliebten und Trauer, sehr intensive sogar. Vergänglichkeit.

Sie lächelt die alte Frau freundlich und mitfühlend an. Diese ist weiterhin geistesabwesend. Der Vater tippt auf seinem Handy rum. Große, starke Hände hat er. Ob sie wohl rau sind? Nein, verdammt, Schluss jetzt. Ein Witz auf Serbisch, die Gruppe lacht. Die Außenwelt verschwimmt. Ihr Herz klopft verstärkt. Der Zug rattert gleichmäßig vor sich hin. Irgendwer rotzt lautstark in ein Taschentuch.

Vibration. Sie zieht ihr Handy aus der Tasche. Sieht den Namen im Display. Ihr Herz setzt aus. Dieser Moment ist wie in einem alten Western: Die Sprengladung wurde unter der Brücke angebracht. Es gab eine kaum merkliche Detonation weit weg, tief unten am Boden. Zeitlupe. Der Zug, das Abteil fliegt in der Luft. Stille. Ares.

ER ruft an. Alles. Nun gerät alles ins Wanken. Sie drückt auf den grünen Knopf, hält sich das Telefon ans Ohr und ... holt tief Luft.

Die alte Dame lächelt zurück.

Lisa Strobl

Der Mann und die Geige

Langsam wurde ich von der Menschenmenge, die sich auf dem breiten Gehweg drängte, vorangeschoben. Die Gesichter und Bewegungen meiner Mitmenschen verschwammen unter meinem trägen Blick zu einer undefinierbaren Masse, als schaute ich durch eine verschmierte Scheibe. Für mich stellten sie nichts anderes dar als namenlose Lärmmacher, die mich durch ihr Gequetsche und Geschubse an meinem Vorankommen hinderten.

Ich sog die kühle Luft dieses verregneten Tages tief in meine Lungen und entließ sie schließlich in einem lauten Seufzer wieder in die Freiheit. Nicht nur ich, der gesamte Gehweg strahlte diese Ungeduld aus, dieses Gefühl der Hast und der Rastlosigkeit, was in unserer Zeit genauso zum Leben gehört, wie das Atmen selbst. Auch der Wind tat seine Unzufriedenheit seufzend und heulend kund, schlug mir in den Rücken, als wollte er mich zusätzlich vorantreiben.

Alles in allem unterschied sich dieser Tag in keiner Weise von jedem anderen.

Bis ich es hörte.

Das Lied.

Zuerst wurden die zarten Töne fast augenblicklich von Lärm und Wind verschluckt, kaum hörbar für jemanden, der nicht gezielt darauf achtete. Es war die Musik einer

Geige. Ihre Klänge hingen leise und melancholisch in der Luft, brachten sie in Schwingung, sodass ich die Vibration in jeder Faser meines Körpers fühlen konnte.

Ich tat etwas, das ich schon lange nicht mehr getan hatte: Ich hielt inne, schloss die Augen und lauschte. Stumm ließ ich die Flüche und Beschimpfungen der vorbeiwalzenden Menge über mich ergehen, hielt der Strömung, die mich mitzureißen drohte, stand, bis die Menschenwellen einen Bogen um mich schlugen.

Wie in Zeitlupe schlenderte ich auf einen schmalen Rasenstreifen zu, der den Gehweg vom Asphalt der Straße trennte. Ich lehnte mich an das kühle Metall eines Laternenpfahls und ließ mich langsam zu Boden gleiten. Die Feuchtigkeit des Grases wurde ebenso von meiner Kleidung aufgesogen, wie die vom Himmel fallenden Tropfen. Ich spürte die Kälte des Wassers und des Windes, roch den beginnenden Regen, sah die Wolken über den Himmel ziehen und hörte das Lied, welches meine Gedanken zum Tanzen brachte. Begleitet von der immer lauter und klagender werdenden Geigenmusik, richtete ich meinen Blick wieder auf die Menschen.

Sah sie wirklich.

Den wütenden Mann mit dem Smartphone am Ohr, der sich rücksichtslos schimpfend seinen Weg durch die Masse pflügte. Die Frau, die sich ein Brötchen in den Mund stopfte, während sie ein kleines Kind hinter sich her zog. Sie sahen mich nicht, waren blind und taub für alles, außer dem Ziel ihres eigenen gehetzten Trottes.

Mit einem Mal drängte sich mir das Bild einer unaufhörlich arbeitenden Maschine auf, die pfeifend und ratternd grauen Rauch in die Luft bläst, bis sie eines Tages rostig und alt in sich zusammenfällt. Das Lied hatte diesen seltsamen Gedanken ausgelöst und einmal gedacht, ließ er mich nicht mehr los. Bald wurde mir klar, dass all die Stadtgeräusche auf ihre eigene Weise genauso klangen wie das Rattern einer Maschine. Das Summen von Stimmen und Motoren, gelegentlich vom Klingeln eines Telefons verschluckt, folgte einem nie enden wollenden Rhythmus. Einem Takt, der ebenso eintönig und mechanisch war, wie die Bewegungen seiner Erzeuger.

Als Mensch um Mensch an mir vorüberging, Frauen, Männer, Kinder und Alte, erkannte ich zum ersten Mal, was ihre Existenz wirklich war. Gefangen waren sie, in einem Käfig, dessen Türen sie eigenhändig verschlossen hielten. Sie selbst, als gnadenlose Wärter ihres eigenen Glücks. Beinahe willenlos verrichteten sie ihre täglichen Verpflichtungen, wurden Teil dieses Laufbands, das sie ahnungslos als Leben bezeichneten. In ihrer Vorstellung gab es kein Hier und Jetzt, nur die Zukunft, den nächsten Termin, die nächste Sorge. An wie vielen von ihnen strich Tag um Tag vorbei, ohne dass sich einer vom anderen unterschied? Ohne dass sie etwas erlebten, das ihnen in Erinnerung bleiben könnte? Was unterschied sie da noch groß von der Maschine?

Auch ich war nichts als ein Zahnrädchen, das sich in dem riesigen Uhrwerk der Gesellschaft immer und immer weiterdrehte. Auch ich ließ die Zeit an mir vorüberfließen, beachtete die Welt um mich herum nicht wirklich, sog ihre

Vielfältigkeit, ihre Wunder nicht auf. Doch an diesem einen, besonderen Tag hatte das Lied der Geige etwas ausgelöst, das Rädchen in mir zum Stillstand gebracht. An diesem besonderen Tag konnte ich den Sinn des Lebens im Leben selbst finden. Im Bewusstsein der Schönheit all der kleinen Dinge, die man nur wahrnimmt, wenn man gewillt ist achtzugeben. Eine Schönheit, die ich lange vergessen hatte.

Während all diese Gedanken durch meinen Kopf rauschten, tat sich in dem endlos scheinenden Menschenstrom eine Lücke auf und ich sah den Mann mit der Geige im Schatten eines hohen Gebäudes sitzen. Mit wissenden Augen blickte er zu mir herüber.

Er lächelte mir zu.

Ich lächelte zurück.

Die letzten Töne der Geigenmusik mischten sich mit dem Geräusch des prasselnden Regens, dem Heulen des Sturms und dem Rattern der Maschine zu einer traurigen Symphonie. Zu einer Anklage an alle, die taub für ihre Botschaft waren.

Erst als es langsam dunkel wurde, erhob ich mich von meinem Platz neben der Laterne. Der Mann, der noch immer auf seiner Geige spielte, hielt inne und warf mir einen wehmütigen Blick zu. Ich reihte mich wieder in den Strom der Menschen ein, ließ die leiser und leiser werdende Melodie der Geige hinter mir, die mich mahnend auf meinem Weg nach Hause begleitete. Am nächsten Tag verrichtete ich meine versäumten Pflichten, wurde wieder zu einem Rädchen in der Maschine.

Jeden Tag gehe ich denselben Weg an der Laterne vorbei. Doch der Mann und seine Geige sind fort. Vielleicht ist er wirklich nicht mehr hier. Vielleicht sehe ich ihn einfach nur nicht mehr, höre seine Musik nicht mehr, bin wieder blind und taub geworden.

Elke Werner

Then she comes to stay

Und die Liebe?«, fragst du.

Oh. Was kann gerade ich dir über die Liebe sagen? Ich bin kein gutes Beispiel für ein gelungenes Leben zu zweit. Das mag unter anderem an dem Typ Mann liegen, der mich zeitlebens faszinierte. Genauso misstrauisch wie ich, sprang er in den Lebensdschungel mit der unbändigen Energie und der Scheu eines wilden Tieres, das fauchte und weit mehr riss, als es das für seine reine Erhaltung gebraucht hätte.

Stumm bestaunte ich diese ungezügelte Kraft, seine Eleganz, seine Schnelligkeit, sein glänzendes dickes Fell. So verlockend, es lud mich zum Kraulen ein, hinter den Ohren und an den Flanken, nah an den Weichteilen, dort, wo er verletzlich ist. Was für ein Genuss, das steile Prickeln auf der Haut, wenn sich die Härchen hochstellten und das Herz gleich neben dem Kehlkopf schlug. Auge in Auge mit dem wilden Ursprung, dem Duft der Wildnis, der Weite, der freien Prärie. Es würde mich umbringen oder in den Himmel katapultieren, mir war beides recht.

So ein Graupelz, einsam wie ich, sein Ingrimm und seine entfesselte Energie grenzten ihn aus, er war ebenso wenig ein Herdentier wie ich. Des Nachts umschlich er das Rudel, ohne zu wissen, ob er es bewachte oder einsperrte, ein dumpfes Grollen in der Kehle. Und ich konnte nicht anders, als mich anzuschleichen, um erschrocken zurückzufahren, wenn er wütend schnaubte oder mit der kräftigen Pranke nach mir schlug.

Seine Augen blitzten. War es Erregung oder ein Impuls für Angriff oder Flucht, ich wusste es nicht. Wir beobachteten, tänzelten, umschwänzelten einander, ließen uns nicht aus den Augen. Manchmal schnupperten wir an dem anderen, argwöhnisch, wissend, dass das Gegenüber gefährlich war – für den bisherigen Alleingang, für die Freiheit, in der wir uns gewähnt hatten. Ach, ich konnte es nicht lassen, einfach nicht lassen.

Mit jeder Niederlage lernte ich. Mich zu ducken und auszuweichen, eine Meisterin wurde ich darin. Bis ich gewann, an Erfahrung und an Ausdauer, opferte ich meine Ideale und brachte ihnen teure Selbstaufgaben dar. Im Gefecht mit dem anderen wuchs ich über mich hinaus, irgendwann erlag er meiner Zärtlichkeit. Lang ausgestreckt lag er neben mir, hingegeben, ganz und gar. Es war eine neue Macht, ich konnte es schmecken, dieses metallene, eiserne Aroma von dem, der erst Gegner war und dann Verbündeter wurde. Wie hatte ich die Kraft des Blutes unterschätzt, der Tränen.

Den anderen in seiner Verletzlichkeit auf-zu-spüren, löste ein entrücktes Sehnen aus, wurde bald zur Sucht, ich fühlte sie mit schmerzhafter Intensität, bis ins Mark erschüttert. Die Gier nach mehr, immer noch mehr, berauscht von der Wehrlosigkeit des anderen und von der eigenen. Unser Brüllen nurmehr ein sanftes Brummen, ein

Seufzen, ein Flüstern. Die erste Paarung, roh und wild, wandelte sich zu zarten, nimmermüden, nimmersatten Entdeckungstouren auf Haut und Haaren, den Muskeln, den Knochenschwüngen des anderen nachspürend. Da war das leise Staunen über jede Mulde, jede Erhebung, über die straffen Flanken, die weichen Rundungen, das Entzücken über die Grübchen am Jochbogen. Kampfschmuser, wir beide. Unsere Pfotenballen folgten rauschenden Blutbahnen, verloren sich in ihrem Verlauf. Ohren stellten sich auf, ummuschelten die rasenden Herzschläge des anderen, lauschten ihnen geduldig. Ganz still. Ruhe für einen schmerzhaft kurzen, ewigen Moment.

So nah. Wir waren so dicht dran, einander zu vertrauen, zu vergeben. Aber am Ende, an unserem Ende, siegte die Furcht, sich ganz zu verlieren, in dem anderen, in dem eigenen hilflosen Begehren nach Verschmelzung. Einswerdung. Für immer.

Er und ich, das war ein langes Ringen. »Ich ergebe mich«, habe ich geflüstert, als alles zu Staub geworden. Menschenleere Steppe, überall. Die Siege, die Verluste, alles eins, zerrieben zu Sand, die Nerven und die Gefühle, die vor allem.

Als ich dann verletzt von spitzkantigem Rückzug und beinhartem Schweigen dahindämmerte, halb bewusstlos und dachte, das überlebe ich nicht, kam jemand, der mich nähren und pflegen wollte und zu lindern versuchte, was nicht zu kurieren war. Und ich? Schnappte nach der Hand, die mir die Tränen trocknete und die puckernden Wunden verband.

In meinen Träumen war ich Lorelei. »Höre nicht auf meinen Sirenengesang«, sagte ich stumm, »so traurig er klingen mag. Zieh weiter, kümmere dich nicht, nicht um mich.« Eine andere Stimme, zu leise, als dass ich sie hätte erhören können, sprach von, es klang wie – »verdient«, und »dass alles endlich gut werden« könnte. Aber ich saß nur da, sang weiter und bürstete mein langes Haar, das ewige Lied.

Wie dumm ich war. Wie blind. Die Liebe. Glaub mir, sie gibt nie auf. Aber sie ist denen vorbehalten, die vertrauen können. Mir ist diese Kraft verloren gegangen, untergegangen in den kalten schäumenden Fluten des *Rhein*en Grolls und der Erbitterung. Und ich bin in mein Seelenödland zurückgekrochen und dort geblieben, als sei ich süchtig nach Kälte und Schmerz und könnte gar nicht mehr anders.

»Die Liebe«, hast du gefragt. Ja. Ich glaube, dass es sie gibt. Es gibt sie für jene, die zuvor gelernt haben, sich selbst zu schätzen. Das ist ein mitunter langer Weg, auf dem ein anderer kaum mehr als ein Lückenbüßer ist, für all das, was in uns leer und wüstig ist. Manche lernen das, andere nicht. Ich habe es erlebt: das Straucheln, das Scheitern, das knappe Überleben und – endlich – das Verstehen.

Und in dem Reigen aus Dämonen und Heilern, aus Teufeln und Göttern, stehe ich heute da. Allein. Die klaffenden Wunden, sie sind vernarbt, ich bin übersät davon. Die Sehnsucht, sie ist verstummt. Da ist ein Rest von Verlust und Verlorensein, wie Nebel wabert er über dem Fluss und den Auen und wird dünner mit dem ersten Morgenwind. Es, es lässt sich aushalten.

Du, nimm dir kein Beispiel an mir. Bitte mach es anders als ich. Sei auf der Hut, sei behutsam, zuallererst mit dir selbst. *Then it comes differently*, ich glaube, dann kommt sie anders, diese Liebe. *Then she comes to stay.*

Dann kommt sie, um zu bleiben.

Cornelia Zarth

Eine wahnsinnige Ordnung

Das Ticken der Wanduhr vermischte sich mit dem Prasseln des Regens, das durch die geöffneten Fenster ins Wohnzimmer drang. Der vertrocknete Rasen vorm Haus atmete dichte Dampfschwaden aus. Es war sehr heiß gewesen in den vergangenen vier Wochen. Jetzt kehrten allmählich Ruhe und Entspannung ein. Der richtige Tag für ihn, seine vernachlässigte Arbeit wieder aufzunehmen.

Die Wanduhr schlug neun.

Er machte es sich auf der Couch bequem. Griff sich eine Zeitung und begann, darin zu blättern. Ab und an kreuzte er einen Artikel an. Ab und an nahm er einen Schluck Tee aus der Tasse, die auf dem Tischchen neben ihm stand.

Nach einer halben Stunde stand er auf, ging in die Küche, belegte eine Scheibe Brot mit frischem Schinken. Beim Blick aus dem Fenster sah er den Briefträger. Die Tageszeitung wartete also schon. Er eilte die Treppenstufen hinunter.

Zurück in der Wohnung setzte er sich wieder auf die Couch. Lesen, ankreuzen, ein Biss ins Brot, umblättern, lesen, ankreuzen, ein Schluck Tee.

Die Wanduhr schlug zwölf.

Er hob den Blick aus der Zeitung, räkelte sich, streckte sich. Zeit fürs Mittagessen. Er müsste sich stärken. Schließlich hatte er sich viel vorgenommen für diesen Tag.

Sein Blick wanderte im Wohnzimmer umher. Zählte die Stapel durch. Links, vor dem Sideboard, die Wochenzeitschriften. Fünf Stapel. Für jedes Jahr einen.

Unter dem Esstisch drei Stapel »Stiftung Warentest«.

Auf den vier Biedermeierstühlen in Pappheftern gesammelte Schriften. Über Hirnforschung, Geldanlage, Steuerhinterziehung, Gerichtsurteile, gesunde Lebensweise. Über die Religionen der Welt, obenauf das aktuelle Heft über den Islam.

Neben der Couch, die Reisekataloge, Literaturtipps, Kochrezepte und Infomaterial zum Einbruchschutz in Wohnungen. Jedes Thema ein Stapel.

Diese Vorsortierung hatte ein paar Wochen in Anspruch genommen. Heute sollte die Feinarbeit beginnen. Unmöglich konnte er all diese Papiere, Hefte und Bücher aufheben, die Wohnung wurde zu eng. Seine Frau war schon ausgezogen. Vor zwei Monaten. Er hatte das Zeichen verstanden.

Wollte jetzt Ordnung schaffen. Stapel für Stapel, Zeitung für Zeitung, Seite für Seite würde er durcharbeiten. Sich auf die Artikel konzentrieren, die wirklich wichtig waren. Die, und nur die, schnitt er aus. Legte diese Zettel auf die dafür vorgesehenen Flächen auf dem Teppichboden. Mit Notizblättern hatte er sie markiert, so dass nichts durcheinander kommen konnte.

Der kleine Stapel »Ärger mit dem Mieter« war schon 10 Zentimeter hoch gewachsen. Die Restauranttipps daneben nahmen sich noch bescheiden aus mit ihren drei Blättchen Papier. Er wusste aber, hierzu hatte er viel mehr gesammelt in den letzten Jahren. Welche der Restaurants es wohl überhaupt noch geben mochte?

Er kratzte sich am Kopf. Doch der leise Zweifel wollte nicht verschwinden. Was tat er hier? Wozu alles sortieren? Und aufheben? Um es wieder zwanzig Jahre ruhen zu lassen? Diesmal nicht in Stapeln, sondern fein säuberlich in Schuhkartons einsortiert?

Diese warteten schon auf ihre Bestimmung im angrenzenden Zimmer. Hier hatte er sie aufbewahrt, aufgeschichtet, aufgetürmt. Sein Bett, noch aus Singletagen, war im Laufe der Jahre darunter verschüttet worden. Doch er hatte ja mit seiner Frau das gemeinsame Schlafzimmer genutzt. Sein Zimmer war somit nicht mehr nötig gewesen, und er hatte es mit seinen Sammlungen gefüllt. Ebenso wie das kleine Büro, die freien Flächen im Flur. Und den Keller sowieso. Dort warteten alte Holzschränke, Stühle, eine Waschkommode und Sperrmüllmöbel jeglicher Art auf ihre Restaurierung. Werkbank, Werkzeuge und Materialien dafür hatte er liebevoll im Laufe der Jahre zusammengetragen: Blattgold, Schellack, Poliermittel, Stechbeitel, Stichsägen und vieles mehr. Daneben seine ersten Skier aus Holz, auf denen er mit Hilfe des Großvaters einen kleinen Hügel hinuntergerutscht war. Das war nun beinahe sechzig Jahre her. Er seufzte.

Und die Folgemodelle, mit denen er später in Südtirol die Steilhänge genommen hatte. Mit den jeweils dazu passenden Skistöcken. Auch von ihnen würde er sich nicht trennen. Das wusste er genau. Egal, was er seiner Frau vielleicht nach einer ihrer Auseinandersetzungen versprochen hatte. Wie sonst sollte er die Erinnerung an sein Leben bewahren können?

Er dachte an seine Tennisschläger aus allen Epochen der Sportgeschichte, die er in kleinen Vereinen mitgeschrieben hatte. An die Fotoalben und Kisten mit den Dias all ihrer gemeinsamen Reisen: USA, Kanada, die Fahrradtour zum Nordkap, die Hochzeitsreise in die Toskana, Campingreisen mit dem Wohnwagen, kleine Städtereisen. An die alte Leica des Großvaters väterlicherseits.

Die Goldwaage aus der Werkstatt der Mutter. Deren Mineraliensammlung und …

»Genug!«, unterbrach er seinen Gedankenfluss. Dinge waren Erinnerungen, und sie gehörten zu ihm. Basta! Sollte sie doch in ihrer Hochglanzwohnung die Leere genießen. Für ihn war das nichts. Seine vielseitigen Interessen brauchten eben Raum.

So auch die Bücher über die Küchen Thailands, Jamaikas, Griechenlands, Italiens, Chinas – voller Rezepte, die endlich gekocht werden wollten. Einen Messerschleifkurs hatte er auch schon besucht. Um die teuren Kochmesser gewissenhaft pflegen zu können. Auch an das Legieren von Saucen würde er sich endlich heranwagen. Ohne ihre Kritik fürchten zu müssen.

Wozu hatte er denn seine Karriere als Beamter vorzeitig beendet? Doch genau deswegen: um seinen Interessen frönen zu können, seine Kreativität auszuleben, die Welt zu entdecken!

Jetzt endlich hatte er erneut die Gelegenheit dazu. Nach zwanzig Jahren Ehe konnte er sich auf sich konzentrieren!

Die Wanduhr schlug zehnmal in die Stille des Wohnzimmers hinein. Draußen dämmerte die Sommernacht herauf.

Genüsslich kuschelte er sich tiefer in die weichen Polster der Couch, griff sich den Stapel »Psychologie«, blätterte, kreuzte an, nahm einen Schluck Tee.

Gedichte

Maja G. Anders

Tag und Nacht

Blut tropft aus der Wolkenader,
spielt dem Tag das Lied vom Tod,
fächert schattenkühlen Atem
wandelnd bis zum Morgenrot.

Lautlos drückt die Nacht dem Tage
ihre Kissen auf den Mund,
breitet samtig schwere Decken
über Menschen, Katz und Hund.

Ruhelose Nachtgestalten
jagen sich im Sternenlicht.
Poesie zerfetzter Seelen
schminkt dem Morgen das Gesicht.

Schaurig schön ertrinken Tage
blutend in des Abends Flut
bis sie ausgeruht erwachen
mit beseeltem Übermut.

Thomas Barmé

schwarz gemalt
von der nacht
stets fest
auf dem papier
im gerinnsel vertuschter schrift
in gestalt einer narbe
und fällt

das wort
das dir allein gehört

es verliert
die geduld

Svenja Bertermann

Was ist, wenn der Morgen kommt?

Was ist, wenn der Morgen kommt?
Wird die Nacht vergessen sein?
Weicht der Nachtalb scheu dem Licht,
bricht sein schauerlich Gesicht,
stürzt des Dunklen Festung ein?

Was ist, wenn der Morgen kommt?
Endet die Magie der Nacht?
Fällt der Schleier aller Dinge,
schwebt davon auf leiser Schwinge,
lässt sie nackt, wenn man erwacht?

Was ist, wenn der Morgen kommt?
Ist er aller Mühen Abend?
Die Vollkommenheit erreicht?
Kommt nicht Nacht, wenn Zeit verstreicht?
Kurz man fand am Glück sich labend …

Kann man jemals sicher sagen,
was da kommt – beginnt's zu tagen?
Ist's nicht müßig, das zu fragen?
Wird's doch immer Menschen geben,
die, trotz allem Müh'n und Streben
ihren Morgen nie erleben.

Harriet Bosse

Ballerina / Tanz des Lebens

Sie steht grazil auf einem Bein.
Sie steht ganz still,
als wäre sie aus Stein
gemeißelt, elegant und kühl,
so zart und so fragil.

Aus der Ferne tönt ein leiser Ton,
klingt in uns nach, erfasst auch sie.
Auf Ton folgt Ton,
und Ton um Ton wächst eine Melodie.

Zu gleicher Zeit erwacht auch sie.
Musik haucht ihr ein Leben ein,
sie hebt den Arm und beugt das Knie.
Mit den Händen zeichnet sie.

Der Augen Glanz erstrahlt ganz neu,
lebendig jetzt wie nie,
nimmt sie das Crescendo auf
und folgt der Melodie.

rond de jambe à terre,
rond de jambe en l'air
une Pirouette, dreht sie adrett
c'est très particulière.

Sie tanzt als ob's kein Morgen gäb',
sie tanzt gar um ihr Leben,
es ist, als müsse sie im Hier und Jetzt
ihr Ein und Alles geben.

Musik passè. Adieu Adieu.
Der Glanz erlischt, das Licht ist aus.
Die Beine schwer, geht sie nach Haus,
im Strumpf da ist ein Loch.

Und doch glimmt noch ein Funke in ihr fort,
und leuchtet immer noch.

Daniela von Glasow-Kalischek

zu zweit

sich erkennen
vor Sehnsucht brennen
in die Seele sehen
sich wortlos verstehen
taumeln, schweigen
vor der Liebe verneigen
zu allem bereit
gemeinsam zu zweit
ins Leben lassen
das Glück erfassen
von Sinnen schweben
sich restlos ergeben

trunken, benommen
ganz angekommen
teilhaben, Teil sein
zu zweit – nur Schein
beide Leben
miteinander verweben
als Teil agieren
sich selber verlieren
von der Liebe verlassen
nicht in Worte zu fassen
nebeneinander sein
zu zweit – allein.

Annette Gonserowski

Augenblick

Den Augenblick
betrachten
von der Düne am Meer.

Höre das Branden
der fernen Welt
ans nahe Ufer,
sehe das Fliehen der Zeit
mit dem Wind über's Meer.

Ich stehe still,
spüre das Fließen
des Sandes,
sinke,
versinke in ihm.

Franz Juhra

Lustfahrten

Wir trieben's im Dunkeln, bedingt auch im Hellen,
auf dem Wasser der Ostsee und auf den Seychellen.

Wir verkehrten in Riga, nach Kairo im Flieger;
in Eschnapur war ich noch immer dein Tiger.

Auf Irland machten wir's unter Beschuss
und hatten mit London ein' Koitus.

Wir vereinigten uns in den nördlichen-Staaten
und wagten's sogar im Englischen Garten.

Auch in Bombay hatten wir reichlich Verkehr,
doch in Singapur war es, glaub ich, noch mehr.

Ein besonderer Akt bleibt im Osten die Krim,
da warst du nicht bei, da war's mit Tim.

Wir machten's zusammen oder machten's allein.
Jetzt, da wir alt sind, stell'n wir es ein.

Nicht weil der Sex uns zu stressig und schwer,
ich vertrage das Reisen einfach nicht mehr.

Jürgen Keidel

Höhenflug

Cessna vollgetankt und Himmel heiter,
flattern wir wie einstmals im Trabant,
nur ein wenig höher, schneller, weiter
über unser angestammtes Land.

Guten Flug entbietet uns der Tower.
Uns'ren Kurs bestimmt die pure Lust,
und es schlagen Übermut und Schauer
hoch in uns'rer Spaßgesellenbrust.

Damals hatten Straßen ihren Sinn,
denn wir träumten dort in Karawanen
uns zu Genschers Prager Botschaft hin,
auf zu Freiheit, Gleichheit und Bananen.

Dass im freien Luftraum über Sachsen
uns nun Bäume in den Himmel wachsen,
konnten weder jene Karawanen
noch das Montagsvolk von Leipzig ahnen.

Nichts setzt unsrer Reisefreiheit Grenzen,
nichts, das uns da noch am Boden hält.
Wir sind, die hier oben stählern glänzen,
und verlauten dies an alle Welt.

Wo uns sächsische Verwandte winken,
die uns bisher nicht als Flieger kannten,
lassen wir, und sei's zum Kaffeetrinken,
uns'ren Eisenvogel zwischenlanden.

Unter diesem Himmel möcht ich liegen,
wenn, weil's allen großen Spaß verspricht,
alle derart Kaffeetrinken fliegen
– oder lieber nicht.

Helene Klein

Stille Zeit, in einer lauten Welt!

Pssst …

Ich lass mich gern auf Stille ein,
es ist meine Welt, in Gedanken zu sein.

So kann ich mit mir selber diskutieren,
über »Für und Wider« trefflich sinnieren.

Mal bin ich behutsam, unmerklich Zugang,
mal heftig und im Überschwang.

Emotionen, Gefühle stehen auf,
streiten in mir, nehmen ihren Lauf.

Sie liefern den Text für so manche Zeile,
bei der ich nachdenklich dann verweile.

Stille ist kreativ, bereitet mich vor
auf neue Texte, darum bin ich ganz Ohr.

Horst Kooi

Odem

Am letzten Tag schweben die Engel
tot zwischen allen Sternen.
Der Garten Eden ist verdorrt,
das Himmelreich, ein düstrer Ort,
Götter und Heilige sind fort,
verbannt in fernste Fernen.

Ein Sog ins Nichts, der Sternenfall,
Äonen lange Leere.
Milliarden Jahre zieh'n dahin,
ein Seufzer nur, ein Neubeginn,
es atmet, dehnt sich aus, hat Sinn.
Und wieder – Sternenmeere.

Birgit Linhard

Filomena

Wie stolz du immer warst,
wenn du meine rote Weste tragen durftest.
Übermütig tanzten dann deine schwarzen Locken
um deine viel zu schmalen Schultern.
Ich wusste, du hättest sie gerne gehabt,
aber du gabst sie mir immer zurück,
wenn wir Schule aus hatten,
wenn du auch manchmal so getan hast,
als wolltest du sie mir wegnehmen.
Du hast gemerkt, ich plapperte nicht nach,
was die anderen sagten.
Ich wollte deine Freundin sein.

Eines Tages kamst du nicht zur Schule,
aber deine Mutter stürmte zornig ins Klassenzimmer.
»Mein Tochter nicht stehlen!«
Filomena kein Lügen, nix Flöhe!
Warum nicht spielen mit sie?
Warum stoßen und Haar reißen?«
Ihre Augen funkelten wütend,
ihre Armreife klirrten wild.
Sie ging so schnell auf und ab,
dass der Rocksaum hart an ihre Knöchel schlug.
Die Worte der Lehrerin
waren halbherzig und kraftlos
und blieben in der Ecke stehen,
in der sie gesprochen wurden,
fast so, als schämten sie sich.
Mein Gesicht glühte.
Ich wollte sagen, daß ich dich mochte,
traute mich aber nicht.
Deine Mutter spürte die Ablehnung
aber nicht die Unsicherheit vieler
und ihre Augen sahen sehr traurig aus, als sie ging.

Dich Filomena, mein kleines Zigeunermädchen,
habe ich nie mehr wieder gesehen.

Wolfgang März

Nur gestrandet

Deinetwegen
Bin ich in Seenot geraten
bin ich fast ertrunken …

Sie,
Die Andere
Rettete mich
Zog mich in ihr Boot
Brachte mich an ihr Ufer
Trocknete mich mit ihrer Liebe

Aber
Dieses Ufer
Ist zu kühl
Hat nicht die Wärme deiner Haut
Den Duft deines Körpers
Die Geborgenheit deiner Stimme

Ihre Wärme
Erreicht mich nicht
Reicht nicht
Um mich anzulehnen
Und anzukommen

Ich stehe am Strand
Schaue auf das Meer
Du schickst mir
Deine Wellen
Sie erreichen nur meine Füße

Sie sind zu seicht
Du willst nicht
dass sie mein Herz erreichen
Aber
Du willst
Dass sie mich erinnern …

Erika Merkel

kein Titel

Wir haben uns nun ausgeliebt und auseinanderlaufen bleibt die Folge.
Mein Mund ist heute ungesellig, die Fragen tonlos, unbelebt.

Ich höre auf, um aufzuhören,
um rauszuhören »es macht mir nichts, bin unverletzt«.

Wir sind ja keine Scherbensammler,
nur
Schattengänger sind wir jetzt.

Karin Mulawa

Illusionen

Soll dich doch der Teufel holen,
mitsamt seinen glühend Kohlen.
Hast dich lang genug vergangen
und in Ausflucht dich verfangen.

Glaubst du denn der Teufel spinnt?,
und die Zeit, die du vergeudest,
wird ans Leben dran gepinnt?

Denkst du dir vielleicht im Stillen
mit gefühlvoll weichem Willen,
mit viel Nettigkeit und Lieb'
wär' der Teufel doch kein Dieb?,
lässt dir deine Zeit genussvoll,
schaut am Ende nur verdrussvoll
was für ihn dann übrigblieb?

Da kennst du ihn aber schlecht,
er holt sich genau das Recht,
das du ihm hast überschrieben
mit gelebten Lebenslügen
und er gibt dir nichts zurück –
er vertilgt uns … Stück … für … Stück …

Gudrun Nagel-Wiemer

In der Mitte vom Marktpatz

In der Mitte von dem Marktplatz
steht ein wunderschöner Baum.
Geschmückt mit vielen Lichterketten,
am Tag beachtet man ihn kaum.

Ringsherum das alte Fachwerk,
abends wird es angestrahlt.
Dann ist alles hell erleuchtet,
wie von Künstlerhand gemalt.

Tiefblau ist der Sternenhimmel,
auf dem Marktplatz liegt der Schnee.
Hier und da nur ein paar Tauben,
die ich auf den Dächern seh.

Der Abend neigt sich nun dem Ende,
der Marktplatz ist wie leergefegt.
Ich lehne an der alten Mauer,
schau, wie der Baum sich leicht bewegt.

Ein paar hundert Lichter wippen
auf seinen grünen Zweigen.
Stolz ragt er in den Sternenhimmel,
möcht' seine Pracht mir zeigen.

Wolfgang Rödig

Poetenwanderung

Der Poet zieht seines Wegs der Wege
durch die Felder von Betriebsamkeit,
im Gepäck des eitlen Tuns Belege,
an der Hand die Unentschlossenheit.

Soll denn einfach so er anempfehlen,
die gefund'nen Worte nicht verhehlen,
wo schon kühner offerier'ndem Sänger
aufzulauern pflegt der Stimmenfänger,

wo die vielen, die entlang schon zogen,
so ergebnisreich dazu bewogen,
dass gepflastert mag der Weg erscheinen.
Bahn aus ähnlichkeitsbewehrten Steinen.

Und er sagt sich: »Muss ja trotzdem weiter,
bin mir selbst auch nur ich Wegbereiter,
setze auch ich meiner Wand'rung Schritte
als Gewähren nur gewähnter Bitte.«

Der Poet trägt schließlich sich zu Grabe,
zeigt sich endlich einmal unbeirrt.
Kaum beständigere Wesenshabe
das Papier nicht überdauern wird.

Sarah-Veronica Schießl

Sturm

Ich sehe den Sturm kommen
mit wilden Rössern, und du,
du legst Hand an mich.
Zaust mir die Haare
Blähst mir den Mantel
Wirfst mich an die Wand
wie den Teufel
und küsst mich, als ginge ich fort.
»Wo gehst du hin«, fragst du danach.
»Nirgends«, sage ich,
die Augen über deine Schulter gelegt.
»Lüge nicht«, sagst du.

Ich lüge nicht.

Elisabeth G. Schmidt

Unerfüllte Liebe

Meine leise geflüsterten Worte:
ich liebe dich,
tropften ungehört auf den Staub,
der die Erde bedeckte.
Ein leichter Windhauch wehte sie hinweg
und trug sie in deine Richtung,
immer weiter fort von mir.
Du, für den sie eigentlich bestimmt waren,
hast sie nicht gehört und wusstest nichts von ihnen.
Auch als eine starke Windböe sie gen Himmel hob,
und sie in den Wolken verschwanden,
hast du sie nicht gehört.
Die Wolken wanderten und als sie genau über dir waren,
entluden sie sich in einem heftigen Gewitter.
Nun tropften die Worte auf dein Gesicht,
das erhitzt war und sich über die Abkühlung freute.
Selbst da hast du sie nicht gehört, hast nur gespürt,
dass sie dir gut tun.

Stefanie Schneider

Zweite Heimat

Du Königin der weiten Weiden,
der dichten, dämmerdunklen Wälder.
Deine Seen glänzen seiden –
Seidengold auch deine Felder.

Der starke König der Natur,
mit samten glänzendem Geweih,
steht majestätisch auf der Flur:
Eindrucksvoll und stolz und frei.

Deine Flagge – blauer Grund,
durchzogen von dem gelben Kreuz –
flackert kräftig und gesund,
und ein jeden Menschen freut's.

Er freut sich an sein'm Vaterland,
dankbar jeden neuen Tag.
Stolz auf Vaterland entbrannt –
Und fröhlich weht die Flagg'.

Lustig weht sie dort am Mast –
Steht für Landes Leichtigkeit.
Wie sie tanzt – schon menschlich fast –
voller Glück und Heiterkeit.

Ich fühle mich wie gelb und blau,
wie der Stoff dort an dem Mast.
Fühle Freiheit ganz genau –
Stress des Alltags macht heut' Rast.

Alle Zellen komm'n zur Ruh',
setzen sich im Walde nieder.
Glück durchfließt von Kopf bis Schuh:
Zweite Heimat hat mich wieder!

Thomas Schneider

Grüßt uns erneut das Murmeltier?

Als ich noch voller Fragen war,
da glaubt' ich noch, das neue Jahr
biete mir die Möglichkeit,
zurückzulassen, und zwar weit,
was im vergang'nen Jahr gescheh'n.

Hab' längst inzwischen eingeseh'n,
dass das ein frommer Wunsch nur war,
weil sich doch leider Jahr für Jahr
immer das Gleiche wiederholt.

Denn wurden damals wir »verkohlt«,
so ist es heut' die Angela,
sitzt an Silvester immer da,
verkündet rosige Prognosen,
doch alle geh'n sie in die Hosen,
und man muss traurig konstatieren,
sie wird auch nächstes Jahr uns führen,
ob es uns passt oder auch nicht,
weil weit und breit niemand in Sicht
erscheint, von dem man denkt,
wenn er uns're Geschicke lenkt,
könnte es wieder aufwärts gehen.

Womit wir jedes Jahr dort stehen,
wo wir letztes Jahr schon standen
und gleichfalls keine Lösung fanden.

Man fühlt verkauft sich und verraten,
doch blickt man einmal in die Staaten,
dann stellt man mit Entsetzen fest,
wer immer auch geglaubt bis jetzt,
dass er bestimmt schon alles kennt,
hat nicht mit diesem Präsident
gerechnet, der der ganzen Welt
nun völlig neue Fragen stellt.

Vielleicht wünscht man im nächsten Jahr
sich das zurück, was vorher war.

Jennifer Sellner

Ich will, dass es Sinn macht

Ich will, dass es gut wird.
Ich will, dass es reicht.
Ich will, dass es Sinn macht
und dass etwas bleibt.

Ich will,
dass ich irgendwann sagen kann,
ich hab' zur Sache
meinen Beitrag getan.

Ich will jeden Tag versuchen,
ein gutes Ich zu sein,
ein bess'res als am Vortag,
im Großen und im Kleinen.

Ich will mich auch selber mögen,
damit ich dich lieben kann.
Ich will mich nie mehr selbst verbiegen,
doch wo fängt sich-verbiegen an?

Da sind einfach so viel' Fragen,
und manchmal sind sie mir zu viel,
und dann hoff' ich, dass es ausreicht,
dass ich wirklich gut sein will.

Ich will sein, wer ich bin,
will sagen, was ich denke,
will jede Meinung respektieren,
und dennoch für meine Werte kämpfen.

Ich wünsch' allen nur das Beste,
und mir selber etwas Glück.
Ich verlauf' mich in Gedanken
und geh' an den Start zurück.

Ich weiß nicht, ob ich's wirklich schaffe,
ich versuch' es jeden Tag.
Sollte ich es doch verbocken, sollst du wissen,
dass ich dieses Leben mag.

Dass ich es gerne lebe,
dass ich diesen Weg gern geh',
und wenn ich hinfall', dass ich nicht nur für die andern,
sondern auch für mich selbst wieder aufsteh'.

Ich will, dass es Sinn macht,
also bitte lass mir meinen Glauben,
ich will nicht, dass mir deine Zweifel
meine Träume rauben.

Ennow Strelow

Altes Wissen

Regale, leergeräumt und staubbedeckt
sprechen traurige Sprachen
zeugen wissentlich von besseren Tagen
aus Zeiten, wo das Wissen wohnte;
sich leise unterhaltend,
weise und fast feierlich,
die alten Sprachen pflegend
in winterlangen Tagen
frischgelesen, schweinsgebunden,
aus fernen Ländern Gäste kamen
mit Fußnoten beladen,
der Jungfernschaft beraubt,
im Stolze sichtlich nicht verletzt,
die Würde ehrenhaft erhalten,
geschmeichelt und umworben,
zum Übersetzter selbst erkoren,
das Wörterbuch sich wichtig tut.

Und hinter Hemingway versteckt
ein Weinbrand …
aus guten alten Tagen

Julia Strobl

Der alte Baum

Siehst du ihn am Hügel dort,
den großen, alten Baum?
Er steht seit vielen Leben dort,
spürt Wind und Wetter kaum.

In all der langen Zeit hat er
so vieles schon gesehen,
sah, wie Tier- und Menschenleben
kommen und vergehen.

In seiner dunklen Rinde steht,
in zarten, feinen Narben
was Menschen über viele Jahre,
dort verewigt haben.

Ein Mann zu seiner Liebsten sprach:
»So wie wir hier nun stehen,
sollen wir ewig zusammen sein,
dies Glück wird nie vergehen.«

Und seine Liebe bannte er
in jedes schöne Wort,
doch er, der jene Zeilen schrieb,
er ist schon lange fort.

In Schlachten dort im grünen Feld
Menschen ihr Leben gaben,
tapfere Männer in den Armen
trauernder Gefährten starben.

Ein Mann, an dessen starken Händen
frisches Blut noch klebt,
schnitt in die Rinde jenes Baums
»Wir haben überlebt.«

Alles schien nur kurz zu weilen,
nur einen Augenblick,
als stiller Zeuge jener Zeit
bleibt jener Baum zurück.

Viele Geschichten stehen hier
stumm in den Stamm geschrieben,
als Denkmal der Erinnerung
ist jener Baum geblieben.

Und ewig steht am Hügel dort
der große, alte Baum,
erinnert sich an jedes Wort,
jeden vergangenen Traum.

Ursula Strohm

Berlin

Berlin,
Metropole mit Herz;

das trägt eine blutige Narbe.
Unschuld zahlte den höchsten Preis
für ein Imponiergehabe.

Musik und Kunst gibst du gern ein Zuhaus'
war oft bei dir zu Gast.
Habe Menschen aus aller Welt vorgefunden
und niemand hat dich gehasst.

Berlin,
interkulturell vereint nun im Schmerz;

dein Herz kriegt keiner klein.
Dafür hast du zuviel davon,
wirst immer weltoffen sein.

Alfred Tersek

Traumvergessen

Ein frühes Grau der Morgen schickte
Schon näherte sich jener Tag
Da ich das Licht der Welt erblickte
Als man mir meinen Namen gab

Vor meinem Sessel dort am Fenster
Spielte die Welt das gleiche Stück
Verdrängte wieder die Gespenster
Die mir das Leben ließ zurück

So saß ich dort und reflektierte
Hielt meine Jugend fest im Blick
Bevor ich dann realisierte
Die Zeit, sie lag schon lang zurück

Wie wenig war mir noch geblieben
Nach der Jahrzehnte Reise
Vom besten Alter längst geschieden
War ich auf dem Weg zum Greise

Die Erkenntnis, sie kam leise
Ich träumte still und währenddessen
Auf eine wundersame Weise
Hatte mein Alter ich vergessen

Hannelore Thürstein

Sehnsucht

Dein Lächeln kam zur rechten Zeit,
befreite mich von Einsamkeit.
Wir waren frei und noch so jung,
nicht jeder bereit für den nächsten Sprung.

Du, du wolltest ihn nicht wagen,
verschmähtest mich nach all den Jahren.
Den Schnitt, den hab dann ich gemacht,
der führte bei uns zum Herzenskrach.

Die Jahre sind sehr schnell verflogen,
ein jeder damals hat sich selbst belogen.
Die Sehnsucht schlich oft in mein Herz,
und führte zu heftigem Seelenschmerz.

Nun treff ich dich nach all den Jahren,
mit Falten und viel Grau in den Haaren.
Du bliebst allein, warst nie zu zwein,
könnt es die Sehnsucht nach mir gewesen sein?

Mein Weg verlief anders, seit wir waren ein Paar.
Vor der Welt zunächst machte ich mich rar.
Doch als das Schlimmste war vorüber,
verliebte ich mich neu hals- und kopfüber.

Ein Mensch, der besser zu mir passt,
bei dem ich fand Glück und Seelenrast.
Doch eines ist mir trotz allem geblieben.
Die Sehnsucht nach dir, um dich zu lieben.

Ralle Tik

Die wahre Liebe

Die wahre Liebe verankert sich im Herzen
Nichts kann ihr etwas anhaben, weder Leid noch Schmerzen

Die Liebe kann nichts erschüttern, sie geht seltsame Wege
Bleibt oft an einem Ort … aber nie träge.

Die Liebe ist Freude, Lebensglück und Zweisamkeit,
bringt auch mal Trauer, Sorgen … aber nie Einsamkeit.

Die Liebe ist bunt, lustig, sie ist absolut rein
Sie ist Vermissen, Erwarten … aber nie allein.

Die Liebe ist schnell, forsch und manchmal sonderbar,
mal langsam, betrübt … aber nie unwahr.

Die Liebe riecht, schmeckt und ist furchtbar verrückt,
voller Kompromisse, Annäherungen … aber geht nie zurück.

Die Liebe ist knackig, klein, das Richtige für mich.
So ist die Liebe … aber niemals ohne dich!

Katharina Weiss

Erste Liebe

Als ich noch friedlich in meinem Bette war
am frühen Morgen, warst du schon da
mit deinen braunen Augen, schwarzem Haar.
So gleich war es Liebe, als ich dich sah.

Mit dir kämpfe ich gegen Ritter und Drachen,
dringe ein in Burg und Schloss,
verstecke mich vor bewaffneten Wachen,
entgehe stets ihrem Geschoss.

Du bleibst auch nachts an meiner Seite,
behütest mich sowie am Tag,
während ich stets träume von der Weite,
in die ich mit dir fliehen mag.

Ich bin so vergnügt, seit wir uns kennen,
gibst meinem Leben seinen Wert.
Keiner wird unseren Bund durchtrennen,
Du, mein heißgeliebtes Schaukelpferd.

Anne Magdalena Wejwer

Gedanken bei Nacht

Ideen fliegen fort bei Nacht
vermag sie nicht zu halten
ich hatte sie so schön gedacht
die flüchtigen Gestalten.

Sie waren fort, kaum schuf ich sie
der Wind riss sie nach Süden
und tonlos bleibt die Melodie
mir bleibt nur das Ermüden.

Gedanken fliegen fort bei Nacht
vermag sie nicht zu finden
vergänglich ist, was ich gedacht
beständig nur das Winden.

Elke Werner

In Gold und Leder

Bin nicht schuld
an den geplatzten Träumen
manchmal nur
drücken deine Fragen
meinen Rücken wie zu schweres Gepäck.

Bin nicht schuld
an deinem vorwurfsvollen Blick,
deinem trotzigen Schweigen.
Bin nicht schuld
an den nicht gehaltenen Versprechen
den offenen Rechnungen
den ungedeckten Schecks.

Einst lebte ich mit euch
in Gold und Leder,
feinstes Leinen betuchte unsere Tafel
erlesenes Porzellan, vorgewärmt die Teller,
ein Sausen und Brausen war's.
Aktien nannte ich mein
und sichere Börsenpapiere.
Bin nicht schuld,
dass mir das alles wertlos war.

Ich tauschte es ein
mit klopfendem Herzen
in einer einzigen Fluchtnacht –
gegen die Hoffnung auf Frieden,
gegen befreites Lachen,
gegen Angstlosigkeit.
Ich tauschte es ein
gegen Tinte und Feder.

Bin nicht schuld
an der Enttäuschung in deinen Augen,
an der wachsenden Kluft
deiner Wünsche und ihrer begrenzten Erfüllbarkeit.
Habe mein Bestes gegeben, weißt du
und erkenne in deinen spöttischen Zügen:
es ist nicht genug.
Heiß brennt dir
das Kleingeld in der Hand,
welche Worte habe ich schon,
dir zu erklären,
dass das, worum du dich betrogen fühlst,
ach so wandelbar ist?

Bin nicht schuld, mein Sohn,
ich schulde dir nicht Gold noch Leder,
ich schulde dir nur
die Freiheit
selbst zu wählen.

Kerstin Werner

Weil Liebe dich beseelt

Spuren, überall Spuren, sie brennen
sich ein in dein Gesicht,
und willst du sie verbergen,
verbirgst du, wer du bist.

Auch du gehst niemals spurlos
an Menschen, die du siehst, vorbei,
sie sehnen sich nach einem Lächeln,
nach einem Wort, ganz ahnungslos, herbei.

Du kannst dich stets entscheiden,
wohin dein Weg dich führt,
du darfst die Menschen meiden,
weil Stille dich berührt.

Denn tief im Schmerz dir inne ruht
ein Samenkorn, noch klein,
streu aus das Korn, es wächst und blüht,
so zart im Blumenhain.

Und wenn der Wunsch in dir bereit,
sich zu verbinden mit der Welt,
dann öffne deine Augen weit,
weil Liebe dich beseelt.

Julius Wolf

Dieser Mann

Ich sehe diesen Mann in mir.
Dieser Mann und Junge, der ich bin
und der schon immer in mir war.
Er steckte unter einem Panzer,
einem Schutzwall, um zu überleben.
Er war klein,
versteckt,
fast nicht mehr da.
Doch mit jeder abgetragenen Schicht
bekommt er mehr Luft,
wird größer.
Ich kann ihn sehen,
ihn, der ich bin,
ich, in meinem ursprünglichen Sein.
Ich sehe ihn.
Sehe Kraft, Gefühl,
Selbstsicherheit.
Er sieht gut aus, ist stark – hat Geschichte.
Noch sind wir nicht eins.
Noch trennen uns Schichten.
Doch ich kann ihn sehen
und weiß,
wir werden eins sein.
Er ist ich.
Ich, wie ich sein werde
Wenn alles Alte, nicht zu mir Gehörige,
gegangen ist.
Wenn ich weit genug geheilt bin.
Dann werden wir eins sein.
Und ich so stark und selbstsicher wie er!